In Search of
Shakespeare

莎士比亚是谁

[英] 迈克尔·伍德 著

方凡 译

浙江大学出版社

目 录

序言

「时代的变革」

1563 年冬天，就在威廉·莎士比亚出生前四五个月，他的父亲受镇议厅委托处理一件棘手的事情。约翰·莎士比亚在这之前是个恪尽职守的斯特拉福德治安官，如今掌管财务大权，负责整个镇的收支。在这一年中最昏暗寒冷的日子，他请了雇工，带上梯子、脚手架、石灰桶，前去拆毁镇里的宗教印迹：抹去镇政厅和学校旁的小教堂墙上中世纪的绘画。

在亨利王之前的时候，圣十字公会教堂一直都是斯特拉福德人民生活和行礼的中心。公会捐赠创办了语法学校，举办宴会、慈善活动，还经营着镇里的救济院。教堂墙上布满了花里胡哨的绘画，讲述着英国人民津津乐道的扎根在近 1000 年历史民族文化中的故事：有圣·乔治屠龙、君士坦丁大帝的幻象、圣海伦娜和真正十字架的发现等。这些在 700 年前就出现在古英语诗歌中，那时收录在卡克斯顿出版的《金色传奇》中，这本书是首批用英语印刷的书籍之一。教堂门边墙上挂着描绘温和友善的当地女圣徒的画像，如莫德温纳，沃里克郡的当地居民常常去看她在特伦特河畔伯顿地区的那口圣井，还有对谋杀托马斯·贝克特事件的描述，乔叟已使他的伟大朝圣名垂千古了。在教堂正厅的拱门上方，是油漆过的木质基督受难十字架——圣架，在这后面是一幅很大的"最后的审判"壁画：基督端坐在彩虹上方，世界都踩在他的脚下，人类的灵魂或升入天堂，或降到地狱、炼狱，炽红的铁链缠绕着那些受到诅咒的人，两旁的七宗罪罪人和魔鬼吹着号角，手执大棒，象征威慑与慰藉、恐惧与极乐。

这些都是 16 世纪上半叶约翰·莎士比亚在童年和青年时期就耳熟能详的故事。和许多同时代的乡下人一样，他的思维世界是在传统的英国基督社会影响下形成的：遵循传统的农忙季节和宗教节日，以及随之而来的宴会和圣日。不过当时这些都被官方斥为无知的迷信。伊丽莎白女王统治初期，女王下令地方议会"抹除祈祷场所所有偶像崇拜和迷信的印迹，这样教堂和房子里的墙上、玻璃窗上就不会再有这些画像了。"斯特拉福德议员把这事整整拖了 5 年，现在可不能再拖了。不管约翰自个儿心里怎么想，他还是得负责把这些几百年来构建记忆世界的图像抹去。这是父辈熟悉而又热爱的东西，是将他和祖先及英国社会传统观念联系在一起的广袤而引发共鸣的象征世界。

这是怎么回事呢？我们很容易想起破坏现代社会的宗教冲突，反对崇拜圣像者心中的怒火——这就是那个时候的英国。16 世纪 20 年代到 30 年代伊丽莎白的父亲亨利八世挑起了一场变革，英国从一个中世纪的天主教国家变成了现代的新教国家。亨利的改革源于他对安妮·博林的爱以及他急于和元配——阿拉贡的凯瑟琳离婚的欲望。一场对至高无上权力的争夺战就此展开：谁才是这个王国里的最高权威？是国王还是罗马的教皇？这场争夺战以和罗马的决裂告终。英国和罗马之间的联系自597年圣奥古斯丁让英国人信仰基督教以来就牢固确立。为了达到离婚的目的，国王自己取代了教皇，成为英国教会的至高权威。亨利本想就此止步，可因为两件事情而事与愿违：一是1536年，亨利的财政出现麻烦，这就导致他篡取了英国信奉基督教以来就属于修道院的土地、建筑和财产。二是德国新教徒思想的涌入，德国的马丁·路德公然反抗教皇和国王，成为民族英雄。对于路德来说，通往上帝的路是基于《圣经》经文的个人良知，既不需要天主教堂也不需要其"迷信似的"教义，因为这些在他看来都是约束头脑简单的人的枷锁。修道院的解散和随之而来的新教改革使得英国权力发生改变，一个专制的国家从此诞生，新兴的拥有大量土地的阶层也因支持新的政体及其国教而获得利益。正是宗教、阶级冲突和内战等造成的动荡，促成了世俗的现代英国。

不过，在斯特拉福德这样草根阶层的小镇里，在约翰·莎士比亚成长的乡野里，直到1547年亨利八世驾崩时一切并无多大变化。在和罗马教皇决裂后不久，英国确立了用新教祈祷书的半新教、半天主教的国教。爱德华六世是亨利八世在第三次婚姻中和简·西摩的儿子，正是在他短暂的统治时期，真正的革命开始了。爱德华伪善、冷漠、刻板，他身边人们之间的关系盘根错节，都有政治企图。那个时候，摧毁修道院的火焰落在了所有的教堂和教会上，爱德华下令去除所有画屏、雕像和绘图。不过在很多地方，这种变化的步伐走得慢一些。1553年，20岁不到的爱德华驾崩，他的同父异母姐姐玛丽，即阿拉贡的凯瑟琳之女，坐上了女王的宝座。这个狂热的天主教徒的继位大受欢迎，但很快玛丽失去了公众的好感，因为她容不下任何异议。她试图推翻亨利的革命，让时光倒转。在短暂的在位期间，由于在英国大范围迫害新教徒，她获得了"血腥玛丽"的绰号。在这场迫害中，有宗教分歧的英国统治者以上帝的名义犯下了种种恶行。

1558年玛丽去世，亨利的第二任妻子安妮·博林之女伊丽莎白继位。这个国家正处在新旧泥泞之中。伊丽莎白信奉新教，但并不狂热。这位荣耀、柔弱、受过伤害的君主孤注一掷，熬过了各种麻烦，和她的智囊们一起，着力让这个国家回到她父亲和同父异母兄弟的宗教改革之路上来。

再回到1563年冬天的斯特拉福德，20年不到的时间里人们经历了3次宗教改革。那时他们正要将中世纪的画像涂盖起来。这一切应该结束了：用伊丽莎白的话来说，这是历史的终结，或是历史的一个版本而已。至少那是当时政府的意愿。这座小镇正要将它的过去摆在一边，迈开步伐，走向一个勇敢的新教未来。它的后代，譬如约翰的儿子威廉一代，将是伊丽莎白革新国家的忠实子民。

可是一切真的如此吗？人们都认为这次涂盖恰恰证明了斯特拉福德在那时就是一个新教小镇，约翰自己就是英国国教的顺民——还是一个狂热的顺民。仔细看看小镇的细微之处，就会发现还是有截然不同之处。斯特拉福德镇政厅和他们的财务主管实际上把所有的彩色玻璃都妥善摆放着，也拒绝卖掉精心绣制的牧师圣衣和服装。他们没有去碰墙上的画，想着总能侥幸逃脱处罚，甚至还将圣坛隔开，这样所有的画就不会被毁坏——1641年内战前夜，这些画都还保存完好。就是那些被涂盖了的绘画，也只是被薄薄地掩盖了一层，几百年后被发现时它们依然栩栩如生，完整无缺。因此约翰所做的一切是和1559年的强制令背道而驰的。画像只是草草地用石灰水刷了一下，1个小时左右就又恢复了原状，就像戴安娜的圣地，是老老小小天主教徒未来的希望和日常的安慰。人们所做的一切都是可以恢复的，当然也是故意这样做的，毕竟那时在斯特拉福德没有人知道历史会走向何方。

我们故事的一开始，就是这样一个含混的寓言。粉饰之下掩盖的是什么？在下令遮盖、隐匿和掩饰的时代，其言语和行为背后掩藏的是什么？这些问题都和我们这位最伟大的诗人的生平相关，厘清了他家乡的父亲和邻居的故事。

这是一个人的生平故事，他所生活的年代贯穿了一个变革的时代——那时，不仅是英国，英国以外的广阔世界也在经历着重大的变革。在伊丽莎白最负盛名的一幅画像中，她站在一幅小小的英国地图上，一脚踩着牛津郡的迪奇雷——小国家大巨人。莎士比亚出生的时候，英国还是一个小地方，和当时伟大的文明王朝无法相比：印度莫卧儿王朝、伊朗萨法维王朝、土耳其奥斯曼帝国以及中国大明王朝。波斯沙赫王和印度莫卧儿王在他们那个时代标志性的画像中站在自己的版图上时，脚下的世界从中国一直延伸到地中海，将古老文明的中心团团环抱。而当时的英国，人口不到 300 万，是老套而又落后的欧洲边缘之地。不过随着历史的重心开始发生变化，随着亚洲古老文明被大西洋岸边的航海国家包围，英国的时刻就要到来了。

莎士比亚很幸运，他出生在这段历史的初期。如果早出生二三十年，出生在他父母的年代，他的思维就不会碰触到现代社会的挑战。要是晚出生几十年，他也不会接触到旧世界的观念，不会和英国及欧洲中世纪基督文明的想象世界有什么联系。也许就如我们现在所宣称的，莎士比亚是第一个现代人，是现代意义上的个性创造者，"人的创造者"，但他也同样是西方哥特基督教最后一个伟大产物。如果说伟大的作家是他们的时代造就的，那么出生在 1564 年确实非常有意思。

　　这些巨大的变化给莎士比亚时期的艺术家、诗人和思想家带来了创作资料，这是一个内战和弑君的年代。从宏观到微观，莎士比亚的作品贯穿了这些理念。新世界被发现了，旧世界逝去了。人民起义，君王被推翻，妇女要求与男子平等，黑人在英国拥有发言权。轮船周游世界，满载着人、香料和各种理念。土豆从天而降，有关拉普兰男巫、波斯王和出使爱斯基摩的故事四处流传。在塞拉利昂海岸，非洲权贵在一艘英国船上观看《哈姆雷特》，印第安公主宝嘉康蒂出席了伦敦的假面舞会。那时和现在一样，全球化就意味着理念的全球化。

　　最后一抹灰泥喷在基督的彩虹宝座上，沿着耶稣的脸滴下来，冬日的夜光洒在教堂街道上。工人把脚手架上的绳子解开，等着领工钱，好到布里奇街上的伯比奇小酒馆喝上一杯啤酒。约翰·莎士比亚在寒冷的教堂里跺着脚取暖。事情办好了，这件活儿和修理牧师家烟囱、修补大钟绳索一起记在了他一月份的账目上："此为支付涂盖教堂画像的款项。"（多年以后，他的诗人儿子会写道："抹去我们亲爱的救世主的珍贵画像。"）在1563年到1564年冬天的斯特拉福德，约翰·莎士比亚不知道未来的事情，但那时的世界正处在新旧交替之间，在结束和尚未结束之间。或者，如他儿子所说的，介于"垂死和新生之间"。

第一章　根

　　沃里克郡艾汶河畔的斯特拉福德是莎士比亚出生的地方——他出生于 1564 年 4 月——那是一个乡村市集小镇，离伦敦大约 100 英里，虽然距离上并不遥远，但精神领域的视野可就相差了一大截。这个地方就是今天离此不远的维康比，黯淡的冬日阳光使得中世纪牛队经过时留下的沟壑更加清晰可见：那是莎士比亚时期英国大概的样子。从山脊的上方，就是他们说的风呼号着掠过山谷的地方，你可以看到艾汶河就像一道银色的丝带沿着北安普敦郡的山脉蜿蜒而行。北面是耕地，南面是阿登森林地带。斯特拉福德就在横渡河流的地方，两岸的特产在这里的集市上交换和买卖。就算把偏远的小村庄也包括进来，这个镇的人口也不到 2000 人，像样点的房子不过 100 幢。这个小地方比沃里克郡还小，却是考文垂的市中心，随着 16 世纪中叶的衰退日渐颓废下去。

那个时候，从伦敦到那里需要三天三夜。路况不好，偏僻的地方还有强盗出没。最安全的办法就是结伴同行，或者搭乘定期驮马队出行。每两个星期，斯特拉福德的运货队格林威，会把当地的货物运到伦敦去卖——乡村的特产，譬如亚麻衬衫、订制的手套、羊毛织品、奶酪和亚麻籽油——这只不过是涌入伦敦市场的、满足首都居民消费欲的众多农产品的一小部分——大量供给首都市民消费。回乡的时候，他们会进一些奢侈品货物，对于沃里克郡的中产阶级来说，这些东西可受欢迎了。在类似剪羊毛节等乡村节日时，这些东西——枣子、白糖、大米、无花果、葡萄干和杏仁——也一样受欢迎。通过克洛普顿桥穿过河，回乡的运货队就在横渡河流口的市场那里的格林威院子里卸货，离亨利街上莎士比亚出生的房子只隔了几户而已。

莎士比亚家族及其先祖

一个人的生平要追溯到他或她出生以前。我们的价值观和世界观都来自于家族，是家族给予我们最深刻的印象：我们坐在妈妈膝盖上听到的故事；我们看到的家族成员劳作的样子；父母之间的关系；他们解决纷争或讲笑话的样子；他们对待劳作、游乐、生命、爱、社会上的成功与失败以及律法的态度。

威廉·莎士比亚的双亲都来自农户养殖家庭，世世代代扎根在沃里克郡乡间。和所有 16 世纪中叶的英国人一样，他们的家庭都经历了痛苦难忘的、因英国现代世俗资本主义社会而出现的宗教危机。有人说诗人出身卑微，恰恰相反，莎士比亚家是有抱负的中下阶层家庭——他们有钱，父亲后来还是斯特拉福德的镇长。不过，他的双亲祖上都是农民，比不上那些拥有一幢农房、100 英亩地，还有马、牲口棚和牛群的自耕农。他们周边都是吝啬现实的人，靠双手劳动养活自己。莎士比亚的许多亲戚也还是过着那样的日子，姨妈琼和叔叔哈利终身都是农民。

莎士比亚的足迹不是从斯特拉福德开始的，而是在其北边一点点，因为他父母都来自阿登森林地带的村庄聚集区。他母亲的姓就是阿登。沃里克郡的诗人喜欢把阿登称为英国的中心。今天，在伯明翰的南部和沃里克的西部，沿着轰鸣的 42 号高速公路两边，有零星的林地，在 16 世纪这片林地还是很可观的一大片。曾在这里打猎过的诺曼人将其称作"波德赛特"，即"美丽的自然之地"。这里和伦敦喧闹的街道是完全不同的地方，莎士比亚却在伦敦度过了自己大半的人生。

这是一个点燃梦想的地方，和那些出身都市或受过大学教育的同代人所著作品不同的是，莎士比亚的戏剧充满了花朵、树木和动物的形象。他的语言扎根于此——而不是被社会更加接受的伦敦方言或宫廷语言。莎士比亚说话带有沃里克郡口音，就像今天的伯明翰人：更像兰尼·亨利，而不是劳伦斯·奥利弗。高雅文化和上流社会的伪装是后来才有的，虽然在莎士比亚戏剧中那个沃里克郡男孩总是会背离自己的出身，却常常在不经意间流露出乡村的习俗和言语。实际上，他会特意用它来作为一个想象的世界呼应君王贵族的世界：那里有砸到手指甲的琼，冰冻了的木桶，带着羊毛、大米和枣去赶集的羊倌儿子。在成名很长时间后，莎士比亚仍然使用沃里克郡语言中特殊的语音拼写，这让他的伦敦印刷商大惑不解。他的笔下偶尔会冒出细察的内陆形象，用一些 20 世纪还在使用的方言文字，描述牛队经过时留下的犁沟的转弯处（"伸角地"）、八月末格洛斯特郡收割的小麦（"红色拉莫斯"）、科茨沃尔德苹果（"红外套"和"茴香果"），或者孩子们用来吹口哨的草（"凯科斯"——至今在沃里克郡仍然使用这个词）。莎士比亚甚至在《安东尼和克里奥帕特拉》中描述埃及女王从亚克兴之战中逃出时用"微风"（牛虻）这个词描述了一个令人难忘的意象：她就像是六月的牛，一碰到牛虻，就立马舞起尾巴，仓皇而逃。

这里"微风"和风没有关系，它是一个盎格鲁－萨克森词，在都铎王朝时期的内陆地区方言中使用，它指的是夏天烦扰着牛的牛虻。牛虻一来，牛就会马上抬起尾巴在空中挥舞，惊慌而逃。这种常识可是从牛津、剑桥或富贵人家得不到的。

莎士比亚语言中丰富的农民词汇在西内陆地区一直使用到今天。20世纪30年代，在科茨沃尔德还能听到莎士比亚表示头的"欧洲甜樱桃"，表示富有的"苍翠"，表示水池的"积水坑"，表示泄密人的"傻子"，表示马虎的"口水"，表示剩菜剩饭的"残屑"。而且，那里的农夫仍然在用"芦苇"代替"茅草"，用"编织"和"毛织"来代替"扎篱笆"。在康普顿阿戴尔村还有个75岁的农夫用"惹毛了"来代替"发火"，用伊阿古的"关门说话"来代替"轻声说话"。

诗人虽出生在一个小小的乡镇，他的祖先却还是农民。他们居住在波萨尔村附近，那里有古老的教堂和圣殿骑士团大堂。沿着格林街一直走下去，到处都是厚厚的灰尘和银色的桦树。穿过一处只在冬天才会泛滥的浅滩，会看见一幢红砖的农房，14世纪时奥迪奇的亚当住在那里。因为在战事中立功，国王奖赏了他这块土地。亚当的儿子将自己的姓改成"莎士比亚"，也许是意指他在战场上的表现[1]。100年后，都铎王朝的奥迪奇还有莎士比亚家的人，几乎可以肯定他们就

---

[1] 编注：莎士比亚的英文写法可拆作 shake（握）spear（矛）。

是这个家族延续下来的。

到 16 世纪时，莎士比亚家族在这片土地上发展壮大，他们居住的区域扩展到了 4 个村庄：罗灵顿、罗科索、诺尔和帕克伍德，它们都有护城河环绕的会堂和古紫杉树围隔的教堂。帕克伍德的莎士比亚家族是威廉的父亲约翰的生意伙伴，很可能还是他的亲属。很有意思的是，历史学家拉斐尔·何林塞就是在这里作为私人管家度过了自己最后的岁月，1580 年去世。莎士比亚用他的《编年史》(1577)作为后来历史剧的主要参考书，也许就是因为与何林塞本人早已相识？

历史感

每个家族都有自己过往的故事。放到现在，人们可能会围绕着旧盒子里的照片、服役勋章和剪报，谈论第二次世界大战或经济危机。有件很特别的事表明，莎士比亚家族也是这样做的。1596 年，威廉 32 岁，也出名了，他和父亲去伦敦，想为父亲争取盾形纹章以获得绅士的地位。在英国皇家纹章院卷宗中，仍可以找到他们的申请，那是一份有官员批注的申请书。莎士比亚声称，他的一位英勇祖先效忠亨利七世，获得过嘉奖，还有"封地和房产"。指的应该就是战场立功一事：威廉的祖先曾在 1485 年博斯沃思原野地区为都铎王朝的亨利打仗，对抗理查三世。

也许这些纯属想象，只不过是一个不断絮叨着的家族神话。也许这个故事是真的，从祖辈那里听来，或者由床底下盒子里翻出来的破烂的有国王签名的旧地契上联想而来。虽然没有人去追溯过这位特别的祖先，但他很可能是来自巴尔萨的托马斯·莎士比亚，和妻子阿丽莎一起在 1486 年加入了诺尔教堂的富人公会并确立了自己的地位。也许托马斯曾服过役，是当地贵族的随行人员，胜仗之后获得了一小块土地，而这块土地是没收自理查和他的支持者在沃里克郡的不动产。不过，重要的不是故事的真假，而是家族传统。这个故事口口相传，直到 1596 年的这一天才匆匆记下。我们可以自信地说，这段历史——实际上也是国家历史——是莎士比亚家族史的一部分。

成年后的莎士比亚着迷于英国和英格兰历史：过去 200 年里贤明和昏庸君主的国家叙事，君主的圣洁，正义和权力、政权和良知之间的斗争，穷人和权贵之间的联系，爱国主义的构成，等等，这些都有着独特的魅力。在伊丽莎白时期，国家叙事是为了留下记忆，因为历史总是一再被彻头彻尾地重写。莎士比亚早期的名声不是源自喜剧或悲剧，而是历史剧。

历史的重要性有很多方面。它构成了我们的身份，给予家族和社会生活真实感，为我们创造了分享过去的感觉，还构成了我们的正义感。莎士比亚家族的格言清楚地说明了这一点："一切出于正义。"不过这句格言似乎是威廉为了给家族和祖先做个综述，为了见审核官员而杜撰的。

宗教源泉：阿登社团

在伊丽莎白新贵和旧绅士之间的冲突中，沃里克郡是意识形态斗争的重心。在这些地区推行伊丽莎白新教革命的执法者是莱斯特伯爵罗伯特·达德利。和他的地方代理人，如查理寇特的鲁西家族一样，达德利也是个外来户。像阿登家族这样的旧式家庭，即诗人母亲这一族的，是天主教徒，他们怨恨达德利和他的党羽势力。阿登家族的首

领，爱德华·阿登，把达德利叫作暴发户和奸夫，他断然拒绝在 1575
年女王访问肯纳尔沃斯堡时穿上达德利制定的服装。从亨利八世时代
起，沃里克郡——昂德希尔斯、斯洛格莫顿和阿登——这些旧派拥护
者的意志一直存在：这是旧宗教的最后一丝喘息。他们还在建教堂，
留下虔诚的遗赠，为善举做准备，这一切都是出于对旧圣人和"亲密
熟悉的地方"的爱。1526 年，约翰·阿登给阿斯顿教堂留下"我最好的
锦缎做祭衣……最好的盔甲装扮圣乔治，将它放在我常坐的教堂条凳
上……还有两头两岁的母牛，卖了它们用来支付教堂大钟的维护费用"。

　　直到 17 世纪，斯特拉福德许多这个阶层的家族都仍然忠诚于旧
信仰——其中最有名的就是特雷瑟姆家族、温特家族、凯茨比家族和
斯洛格莫顿家族。这片树木丛生的乡村土地上零星矗立着他们的房
子：亨丁顿庄园、派克伍德庄园、布什伍德庄园，以及有护城河、牧
师住所和秘密通道的巴德斯利农庄等。16 世纪 80 年代和 90 年代，这
些地方对于秘密天主教徒来说都是安全的。议会爆炸阴谋[1] 后的一段
时间里，这里还是冲突公开化的地方。那些莎士比亚熟知的沃里克郡
著名的家族就在冲突中消逝，无望地忠于英国历史的旧时代。

　　除了这些贵族，很多阿登森林地区的农民也有着同样的信仰。伊
丽莎白继位 25 年后，有个罗灵顿人这样告诉朋友，说如果可以自由
选择，在他居住的这片大教区，只有"不到 10 人"会去参加新教教
会。他很可能是对的：政府的调查和审讯表明，忠于旧信仰的势力一
直到莎士比亚成年都是十分强大的。

　　在亨利八世解散修道院之前，教会的公会手册记载有诺尔的莎士

---

[1]　编注：指激进的天主教徒盖伊·福克斯策划的一次阴谋，意欲用火药炸死国
　　王和议员们，后来失败，福克斯被捕。又称"火药阴谋"。

比亚家族和阿登家族与当地贵族的往来记录，如今存放在伯明翰公立图书馆。1526 年登记的条目中有来自派克伍德和罗灵顿的莎士比亚家族名单，沃里克郡的旧家族中有一个理查德很可能就是诗人的祖父。名单如下：

多米娜·简·莎士比亚

罗伯特·凯茨比及其夫人简

乔治·斯洛格莫顿爵士及其夫人凯瑟琳

爱德华·福尔拉斯爵士及其夫人康斯坦斯

威廉·克洛普顿爵士及其夫人伊丽莎白

理查德·莎士比亚及其夫人爱丽莎

威廉·莎士比亚及其夫人爱丽莎

约翰·莎士比亚及其夫人琼安娜

这份名单勾画出一个沃里克郡的老社团。在亨利八世革命的前夜，当地的农民和阿登的贵族深深扎根于此，他们对拥有大量土地的旧家族恭恭敬敬，忠于当地的圣坛和公会。这是 16 世纪早期阿登社团的缩影，是莎士比亚父母出生的时代，也是莎士比亚本人对英国及其历史形成自己观点的起源。

走出故乡，进入上层

尽管这些家族联系本身并不能证明威廉对于传统的忠诚，但还是有力地证明了他的世界观源自父辈。他所处的时代是传统的，人们推崇和铭记这样的忠诚。当今世界，我们能想到的亲密家庭关系不过祖孙三代，亲属关系也很有限。但都铎王朝的人们对于家庭关系的理解更为广泛。比如说，"远亲"就意味着即使迁移了一到两次，也还是沾亲带故。一般来说，他们的家谱更宽泛一些。

即使在传统社会，这种根深蒂固的地方文化也分很多种。和其他家族一样，莎士比亚家族只有努力劳作才能获得实际的发展，才能兴旺起来。威廉的爷爷理查德是从洛克苏和罗灵顿的家族迁出的。16 世纪 20 年代他还是个年轻人的时候，就在离老沃里克路不远，距斯特拉福德东北部 5 英里的斯尼特菲尔德租了一块地。他在这里整整耕作了 35 年。

最近莎士比亚家的地点被辨认出来。理查德那块 80 英亩的地在贝尔路拐角处，顺山势坐落在斯尼特菲尔德小溪上游的浅滩上。家族的房子包含了部分都铎王朝时期风格的农家建筑。这块地最初是当地一支阿登家族出租给他的——也是类似的殷实农家，同样种着田地，有着同样的人生展望和同样的信仰。在斯尼特菲尔德的这个家里，理查德的妻子为他生了两个儿子，约翰和亨利。诗人的"哈里叔叔"亨利，一生都在这片土地上劳作耕耘。这栋房子的一间外屋因靠近教堂，被保存了下来。约翰大约出生于 16 世纪 20 年代后期，他从这里迁移到了城里，身份不再是农民。约翰本可以一生为农，却因为他的抱负、魅力和奋斗（当然也是因为精明好胜），有着不同于别人的想法。他一边在斯尼特菲尔德租用的土地上耕作，一边在城里干活，整整当了 7 年的学徒才成为斯特拉福德的手套贩卖商。

约翰·莎士比亚的升迁

斯特拉福德坐落在艾汶河的右岸。这个城镇除了后街小巷外，有

2 条或 3 条大街。其中一条主要街道贯穿东西，另一条贯穿南北。伍斯特主教就是这座城镇的镇长。整座城镇都是用木头建造的。曾经有一年圣路德节在这里有过一次盛大的集会。教堂占地很大，祥和安宁，坐落在小镇的南端……这个教堂奉行三一教。

16 世纪 30 年代或 40 年代晚期，约翰·莎士比亚给手套商迪克逊做学徒时，旅行家约翰·利兰乘车来到这个小镇，他对这个地方的描述就像今天的旅游指南一样精确。他还提到小石桥、语法学校、救济院以及有死亡之舞壁画的"大教堂"。随着时代的发展和旅游业的兴起，小镇的模样今天依然清晰可辨：公会教堂、克洛普顿桥，还有救济院（现在还有一些穷人住在那里，不过由当地政府管理）、镇政厅和语法学校（1553 年重建）都还在。尽管莎士比亚辞世的"那幢漂亮的砖木房子"早已不复存在，还是见得到一些半木头建造的房子。

16 世纪的斯特拉福德只是一个小镇，人口却很兴旺，有 1500 人。每年 9 月 14 日举办的集会上，常常会付钱招募新劳工。那些自由商人——小商贩——将鸡蛋和家禽全部买下，运到更大的城镇去出售赚钱。这也是那些有钱的当地"布罗格"——不法的羊毛商贩——来买砖瓦和汉理街上铁匠铺的铁器的地方。随着 16 世纪 40 年代和 50 年代经济衰退后的缓慢复苏，对零售商和手艺人来说，那里还是有很多生意可以做的。

还有一些奢侈品。店主们卖那些进口到伦敦的货物，格林威运来的地中海水果和坚果、弗吉尼亚的土豆。新中产阶级的发展刺激了一些特殊的生意：人们开始渴望要漂亮衣服。商机就在这里，这可不是赶着 8 头牛在斯尼特菲尔德的田地上来回耕作能得到的。就在这里，约翰·莎士比亚成就了他作为手套商的事业。

斯特拉福德有关约翰的最早记录是在 1552 年的一份文件中，这似乎是莎士比亚家族漫长官司中的头件案子。约翰因为在汉里大街上丢"粪堆"——废物垃圾，或是一堆腐烂的皮革碎片和边角料而被罚。学徒期满后，约翰就成了专做订货的手套商，在市场十字路口和其他手套商一起将自己的手套摆在摊子上卖。他在家里把皮革切好弄好——这是家庭手工业，也许是和来他家帮工的工人以及在外屋做缝补的女人一起干的。

1561 年，做农活的父亲死后，约翰出现在斯尼特菲尔德。不过那时候他在斯特拉福德的社会地位已经上升，成了镇里的地方议员、治安官、警官和啤酒品尝官。"这个随时会开玩笑的满脸欢乐的男人"成为城镇管理层的实权人物，也是判断力强、能力强的受人欢迎、令人尊敬的人。这位斯尼特菲尔德的昔日农夫现在成了伊丽莎白新市民秩序中的一份子，这种秩序也就是他们称作大英"联邦"的一部分。约翰似乎从来都没有学会写字，总是用一个表示手套商的罗盘或是拉皮的"驴"的记号来代表签名。不过他肯定有最基本的阅读能力，以完成镇政工作和记账。

英国地方政府遵循传统的磋商和陈述环节，管理着 300 年前就已经为富有农夫所熟知的"国家社区福利"——君王代表国家社区，只要君王关心人民疾苦，就是他们效忠的重心。约翰的 24 个地方议员同事都是中产阶层的人，是手套商、帽商或服饰商。他们在公会关起门来开会。地方议会的工作就是治理这个城镇，需要监督教育，确保城市整洁，照顾穷人、病人和失业的人，保持治安、解决纠纷。议员没有工资，但报销工作开支。他们不可以拒绝这个职位，也不能辞职。只有犯了严重错误或大吵一顿才会离职，约翰最终就是这样离职的。

作为镇议员，约翰的作用在他儿子的故事中是重要的。莎士比亚的父亲及其同事都是被迫卷入国家政治和历史的。作为中央政府的代表，他们必须控制或鼓励人们和政府保持一致，并及时发现不和谐的声音。他们的命运就是去适应变化，指引这座城镇安然度过天主教女王玛丽和新教女王伊丽莎白的时代，这也是英国发生天翻地覆改变的时代。

阿登家族：莎士比亚母亲的家族

16 世纪 50 年代后期，即玛丽女王统治的末期，约翰很可能 30 岁左右了。都铎王朝男人结婚的平均年龄是 28 岁，女人 26 岁。约翰开始着手找老婆。她是约翰父亲在斯尼特菲尔德老房东的女儿，是他自童年起就认识的女孩子：玛丽·阿登。

就莎士比亚的文化和社会背景而言，母亲给诗人的人生添加了另一个特色。玛丽来自一个在沃里克郡真正有地位的家庭，和郡里几个实力雄厚的天主教家族有来往。重要的是——这怎么可能不给这个孩子留下印象呢——他们有斯特拉福德北部沃里克郡森林地区古老的名字。据 17 世纪地方古文物研究者说，阿登家族的祖先可以追溯到盎格鲁–萨克森时期阿登的萨克尔领主。据《英国土地志》所说，1066年柯德沃思的土地实际上就在萨克尔领主手中。不过细观历史，可能还会追溯到诸如来自沃里克的英雄盖尔等传奇人物，他是 16 世纪诗歌中的人物形象，威廉·莎士比亚很熟悉。阿登家族的祖先加重了这个家族的国家历史感。托马斯·阿登在 13 世纪的内战中为巴伦斯家族和蒙特福特的西门家族作战。罗伯特·阿登在玫瑰战争中为约克党而战，并在 1452 年被处决。约翰·阿登是玛丽的叔祖父，在亨利七世时期任皇家骑士。这个家族甚至在帕克宫都有自己的房间。20 英里外的柯德沃思有他们的房子，被称作"国王的会所"——也许亨利真的在那里待过。

对于玛丽·阿登和拥有帕克宫的阿登家族之间的关系，还有很多不确定之处，但是有证据表明她确实是托马斯·阿登的后代。托马斯是拥有帕克宫住所的瓦尔特·阿登的小儿子，他在玫瑰战争中夺回了家族财产。托马斯在沃里克郡的威尔姆寇特和斯尼特菲尔德都有地产。他的儿子罗伯特则在两个地方都有农田，1596 年莎士比亚提交申请到皇家纹章院时称他为"虔诚的绅士"。这稍稍有些偏离历史。实际上罗伯特只是一个富有的当地农夫而已，自称是庄稼人。不过，不论关系如何，罗伯特的家族历史悠久，他是玛丽的父亲，诗人的外祖父。

玛丽·阿登的童年家庭：物质的世界

多亏了一部吸引眼球的侦探作品，玛丽婚前居住的房子在 2001 年被确定为是威尔姆寇特的格力波屋，位于斯特拉福德北边 4 英里处。这幢房子有维多利亚时期的砖墙，在二层却有都铎王朝时期的木板条、灰泥和横梁，横梁的树轮显示这些树木是在 1514 年砍伐的。房子最初就是一间普通的厅房，55 英尺长。正中有个开阔的大厅，一头是有地板的卧室，另一头是厨房。屋子外面有个工作间。院子里有牛、干草棚、马厩、井和厕所。玛丽的父亲拥有大约 135 英亩地，还拥有一片 30 英亩大小、叫作阿斯比的田地。在斯尼特菲尔德他也有地。对于当时的农夫来说，这可是不小的资产了。

玛丽家有 7 姐妹，她们是富有的农夫家女儿，拥有沃里克郡最古老的姓。很幸运，1556 年 11 月罗伯特·阿登立下的遗嘱保存在沃斯特档案局，得以存留至今。那时玛丽还没有嫁人，是遗嘱执行人，这清楚地表明她很能干。遗嘱体现了威廉出生前传统农村的社会状况，并因其对天使、圣母玛丽亚以及"所有圣人"的诉求而体现出彻底的天主教倾向。亨利八世的改革只是轻微触及了沃里克郡。和大部分同阶层的邻里一样，玛丽·阿登在注重仪式而老套的英国乡村天主教氛围中长大。

这份遗嘱附有一份罗伯特的财产清单，让我们足以想象玛丽嫁人前房子里的摆饰。清单展现了都铎王朝时期中下层人民的变迁：有8张绘图挂毯、桌子、椅子、长凳、壁橱、床和床上用品，但没有提到碟子。有些地方直到19世纪都是这种习俗，像阿登家族一样，人们是用木碗吃饭的。厨房里有罐子、煎锅、平锅、大锅和合金烛台，屋顶上还挂着咸肉。在外屋罗伯特保留了一整套木匠工具——很明显他是个技术熟练的木工。牲口棚里放着一辆小推车、马具和其他工具，包括重型犁和自诺曼底公爵征服英国之前就有的传统八牛耕犁。这份清单还包括牛、羊、猪、马、蜜蜂和田里播种的小麦。这一大堆的资产表明，罗伯特是一位富有的16世纪中产地主，既雇用长工，也雇季节工。尽管还没富裕到拥有织毯，但这个家还是买得起莎士比亚后来在作品中写的类似绘图彩布的东西。福斯塔夫曾提到"被一块绘图彩布吓到"，指的就是这种有宗教主题的彩布。在《鲁克丽丝受辱记》中，诗人也提到过一块讲述特洛伊围城的绘图彩布。

莎士比亚祖父的财产清单很有意思，它表现了威廉这个阶层人民的物质文化，还让我们明白莎士比亚孩提时的情况。在他的戏剧中，不单单有墙上或恐怖或迷人的绘图彩布，还有煎锅、铁撬棍、木桶、锄头、大锅、钻子、手推磨、手锯、折凳、壁橱、长凳、垫枕、枕头和各种棉织物等在他母亲家的财产清单上出现的资产。这幢房子，包括所有的摆饰，都代表了即将出生的威廉所处的世界：富有而又务实。

伊丽莎白女王继位

父亲死后，玛丽拥有了威尔姆寇特的土地和斯尼特菲尔德的一份财产。几个月后，也就是在 1557 年初，她嫁给了约翰·莎士比亚。那时她至少 17 岁了，也可能 20 岁出头一点。婚礼很可能是在阿斯顿坎特罗的威尔姆寇特教堂里隆重举行的。这个时间和家族的历史都决定了婚礼肯定是天主教式的，随后还有一场弥撒。这对夫妇搬进了汉里街的新房子，憧憬着富有的中产阶级生活：桌上摆着白蜡、壁橱里放着上好的家用织品，墙上挂着帘子，有一张供客人使用的桌子，还有一两个仆人。在玛丽女王时期的斯特拉福德，能这样生活就意味着拥有一定的身份地位。

可是他们的世界发生了变化。约翰和玛丽婚后不到一年，女王驾崩。在她短暂的统治时期，天主教被恢复为国教，新教徒受到残酷迫害，有些新教徒在考文垂附近被烧死在火刑柱上。1558 年 11 月 17 日，玛丽的同父异母妹妹伊丽莎白登上王位。她是亨利八世和安妮·博林的女儿。伊丽莎白力图回到父亲和同父异母弟弟爱德华六世所推崇的新教改革路线上。英国已处在因统治者和宗教的不断变迁而引发的极度焦虑状态中，此时人们绷紧神经，准备迎接重塑英国精神领域的又一次斗争。

和其他教区一样，斯特拉福德以传统的仪式庆祝新统治者的继位。在接下来的星期日，即基督降临节的第一周，镇里的首脑人物，包括约翰·莎士比亚，都去教堂称颂新女王，祈祷她的王朝幸福繁荣。

不过他们仍然以诵读"我们的父"和"为玛丽亚欢呼"来祈祷女王统治的繁荣昌盛，用为天主教统治者准备的拉丁连祷文和集文歌唱。集会气氛可能很紧张。虽然有些邻居是新教徒，有一两个还有清教倾向，但大部分还是天主教徒，镇里的传统主义者（尽管他们很可能被考文垂的火刑吓坏了）也许和贝克郡教区的教会取得一致，坚称在亨利和爱德华的统治下，"所有神圣庆典和合理的消费都被驱除出了教堂……所有善良和正直都被鄙视，被放逐……（那时）人们虔诚的宗教和诚实行为都被认作是迷信和虚伪"。对他们来说，玛丽女王的统治是"教堂再次恢复和得到安慰"的时期。在沃里克郡，很多人赞同这一点。甚至25年后，一个罗灵顿的村民代表他的社区讲话时，他还这样评价旧信仰："这就是我们这里的宗教。"

那么未来会怎样继续呢？集会过后，全英国的教区都回荡着钟声，教堂大门口点亮了篝火，摆放着奶酪、面包和啤酒等为穷人准备的救济物。庆祝伊丽莎白继位庆典的篝火也将成为英国天主教的终结典礼。一年后，即1559年7月，政府采取措施"培植真正的宗教"。这就意味着所有天主教庆典和雕像都将遭到压制：摧毁祭坛和宗教形象、教堂的十字架龛、墙上画像、彩色玻璃以及宗教仪式圣衣。教区的牧师（大部分还是属于玛丽女王时期的教堂牧师）也被教导采用新仪式、新祈祷书和钦定的新教《圣经》。在这个国家的大部分地区，教会委员都被要求准备一份记录，上面有"教堂财物"清单，还有"教区内所有'好斯令'名单，仲夏后埋葬在教区的名单，以及全年受洗和结婚名单"。"好斯令"这个词是莎士比亚从老哈姆雷特的鬼魂嘴中说出来的，指的就是那些皈依天主教的教徒。

在这最初的阶段，政府慢慢地打开了一张网，将旧信仰的支持者团团围住。一场权力和良知之间的战争开始了，这一争端的解决整整耗时近半个世纪。广义地来讲，今天的历史学家将这一历程分成 4 个阶段：伊丽莎白统治的头 12 年左右的时间，一直维持着动荡的局势；自 1571 年莎士比亚求学开始，风暴不断积聚；1580 年他离开学校后不久，天主教反改革行动开始，镇压随后而来；最后，16 世纪 90 年代开始，政府当局占据上风。这一文化革命时期贯穿了莎士比亚生平的大部分时间，对了解他的思想和观点非常关键。

两次葬礼和一次洗礼

尽管伊丽莎白在统治初期清洗了意识形态的强大集团——大学，但她并没有一开始就迫害臣民。她是个虔诚的新教徒，但不是一个狂热的改革者，也没有渴望"打开人类灵魂的窗户"。这种放任自由的态度一度让平民很开心。谁能在这个时候断言他们会被号召去信仰什么呢？在斯特拉福德并没有什么不安定，而是人们继续维持生活现状。在新女王的统治下，小镇还是以旧体制治理。约翰·莎士比亚升迁得很快，成为镇里的财务主管和镇委员会成员。他是人们可以信任的估断事态的人，估断的内容包括故去邻居的财产、公司资产及技艺水平，或是啤酒酿造师的啤酒质量，等等。

在私人生活方面，约翰希望成为父亲。玛丽很快怀孕了，他们的第一个孩子琼出生于 1558 年 9 月，受洗成为天主教徒，却很快夭折了。按照惯例，这个名字会再次被使用。第二个女儿玛格丽特出生于 1562 年 12 月，5 个月不到也夭折了。那个时候，婴儿死亡率比较高，在大城市，将近三分之一的孩子周岁前夭折。甚至在斯特拉福德，儿童的死亡率也达到 16 世纪 60 年代的平均水平。他们的另一个女儿安妮也在 7 岁的时候夭折。

　　最初两个孩子的夭折一定给这对父母带来了沉重的打击，不过玛丽在 1563 年的夏天又怀孕了。人们一定很有兴趣知道这对夫妻是否求助任何特别的祷告或仪式来保佑这个特别的孩子。有证据表明，约翰的守护神是霍利威尔的维尼福瑞德，他的圣坛在传统的沃里克郡家庭朝圣的地方，譬如阿尔维斯顿的斯洛格莫顿家族和福特斯克斯家族。人们总会对着那些和蔼可亲的女圣人祈祷求子，她们的画像常常就在斯特拉福德公会教堂的正中央。

　　约翰和玛丽的第一个儿子，威廉，出生于 1564 年 4 月底。随后一两天，他在斯特拉福德教堂受洗。施洗的是约翰·布莱希戈多，一个同情天主教的人文学者，天主教祷词由他的助理牧师起草好。布莱希戈多为教区居民进行过很多旧式的施洗。施洗的日子是 4 月 26 日，因此依照传统，出生的日子应该是 23 日，但这都只是假设而已。通常孩子在出生后 5 天内就必须受礼，这意味着莎士比亚也有可能是 20 日出生的。依照传统的看法，让婴儿尽早受洗是很重要的：人有原罪，如果一个婴儿没受洗就夭折了，他就不会升入天堂，只会堕入地狱。当然，隔了两三代后，这种想法不那么盛行了。男孩的名字也没有什么重要意义，很可能是以他的教父威廉·史密斯命名的。史密斯是个服饰商，也是汉里街上的邻居，他的家庭渴求知识——五个儿子个个识文断字，还有一个上了大学。有关这次受洗，在教区牧师登记的条目上写道，"4 月 26 日约翰·莎士比亚之子威廉"，这一条后来还被誊写了一遍。

第二章 国家的后代

　　1564 年的盛夏，艾汶河的强大水流在克洛普顿桥下绕着石堆打旋，孩子们都喜欢在那里游泳消暑。水位低的时候，他们会站在那自罗马时期就有的浅滩上，小镇因此而得名（浅滩音为"福德"）。圣三一教堂高高的塔尖在榆树林从中隐约而现——据说有 1000 棵榆树——榆树林给了那些通往小镇的小路足够的阴凉。实际上，这个乡下地方就在城镇的边缘。沿着汉里街莎士比亚家屋后的花园出去，就是一片田地，一条名叫米瑞斯的小溪穿过小路，顺着溪沟穿过市场。

　　在这样一个都铎王朝的英国小镇，随着生活水平的大力提升，中产阶级开始"大规模地重建"民宅。在莎士比亚父母出生的年代，每个家庭都生活在一个公所里。人们睡在草垫子上，"头下枕着一段圆木"。当时的人们认为，枕头都是"分娩床上妇女用的"。不过旧习俗在改变：人们总爱打听隐私，财产也成为身份的象征。对亨利八世时代的生活还记忆犹新的老人来说，"在他们清晰的记忆中，有三件事情在英国发生了很大的变化"，1587 年威廉·哈里森这样写道："民房需要更多的烟囱，房子里的家具和财产越积越多，中产阶级人民各种需求也表露无遗。"

当然，这一切都是有代价的：通货膨胀、高利贷、地主对租户的剥削，等等。这都是莎士比亚童年时期最普遍的抱怨。随着中世纪封建制度的瓦解，农民被剥夺土地，贫困问题加剧。这些对于内陆的人来说印象深刻。毫无疑问，在布里奇街的伯比奇小酒馆，人们也在讨论这些。而莎士比亚年轻的父母，作为新兴中产阶级的一分子，力图在新旧之间的各方面保持平衡。

"宴请这些人时，他们太过喧闹了"

都铎王朝的出生手册上规定，新妈妈必须在分娩一个月后才能进行洁净礼或"安产感谢礼"。这是一个古老的天主教仪式，在伊丽莎白统治时期的新教教堂里仍然持续了一段时间（在有些地方直到 20 世纪仍然还有）。这一规定是要刚分娩过的女人保持清净，这样她和孩子都可以慢慢恢复元气，免受感染。1564 年，在斯特拉福德近三分之二的孩子一周岁不到就夭折了：这样我们很容易明白，为什么在那个时候孩子出生的头几个星期被看作是最危险的时候。

玛丽在 5 月 28 日的"安产感谢礼"是圣三一教堂的牧师约翰·布莱希戈多实施的。按照那时乡下的惯例，一家人在汉里街为朋友和邻居举行了一场宴席，桌子上摆满了"水果馅饼、禽类野味、奶酪和黄油"。据说乡下人在这种事情上要比城里人做得更好："在宴席这种事情上，他们一般都会更热情一些，特别是在婚礼和妇女洁净礼时。在这些场合，很难说人们吃的到底是什么，因为每个客人都会带一道菜来，主人和妻子则会去请教那些菜是什么。"

人们都觉得，这样的乡下宴席要比起城里的宴席大方得多、有趣得多，席间尽是"粗俗下流的话"。和那些从不喝醉的"更理智的宴席"不一样，"郁闷先生和严肃先生在哪里都不受欢迎"。和莎士比亚父亲同时代的沃塞瑟特郡人这样说道。汉里街不太可能是个宁静的地方，毫无疑问，人们用热热闹闹的宴席欢迎这个孩子的到来。6 个星期之后，威廉还不到 3 个月时，这座城镇迎来了一场大风暴。

斯特拉福德遭受瘟疫

1564 年的历书准确地预测了一个炎热的夏天和迟到的丰收，还有"让很多人痛苦的发烧和隔日热"。在过去的 12 个月里，伦敦已经因瘟疫失去了十分之一人口。那年夏天，勒弗尔围城战中沃里克伯爵的士兵把瘟疫从首都熙熙攘攘的街道带到了考文垂市和斯特拉福德镇。7 月 11 日，斯特拉福德丧葬登记简单地记录了学徒奥利弗·冈恩死亡时的那一刻："瘟疫开始了。"斯特拉福德有 200 多人死于这场瘟疫，占这个小镇人口的六分之一。8 月末，被小镇瘟疫震惊的镇议会在镇政厅后花园举行了紧急的露天会议（正如莎士比亚后来在《雅典的泰门》中所写的，人们认为瘟疫会在室内因空气受染而蔓延开来）。镇政委员会的会议记录记下了他们商议拨钱给那些遭受瘟疫的市民："1564 年 8 月 30 日在镇政厅花园举行会议，拨款救济穷人。"作为镇里最富有的人，镇议员都被寄予希望出钱救济穷人，减轻邻居日益增长的痛苦。约翰·莎士比亚也是伸进口袋掏钱的一员。作为财政官，他还负责钱财的发放。

　　和大多数流行病一样，逃不过这场瘟疫的大多都是年老体弱者和儿童。对于这样一个紧密联系、相互熟悉的小团体来说，这是很可怕的。镇里的书记员理查德·西蒙斯失去了两个儿子和一个女儿。邻居格林家，在汉里街上离莎士比亚家三户远，失去了四个孩子。莎士比亚家的儿子威廉幸存了下来。也许正是因为已经失去了两个孩子，玛丽把威廉带回了威尔姆寇特，在那里她和约翰刚刚建了一幢小小的房子。夏末，斯特拉福德遭受了毁灭性的打击，而威尔姆寇特却逃过一劫。

旧方法，新需求

　　伊丽莎白统治初期，在一个小城镇，孩子的前途是什么？比起现在有过之而无不及的是，一切都要取决于钱和阶级地位。如果威廉的父母待在乡下，他就会成为一个农夫——也许会继承母亲在威尔姆寇特的80英亩地。不过他的父亲搬到城里了，还成了一位镇议员，因此威廉可以获得体面的教育，以及更多的发展机会。拉丁文好的话，他可以成为一名职员，在律师行工作；或者也可以子承父业，做一个手套商。他也可以成为大城市里的学徒，譬如在考文垂，甚至是伦敦，就像很多沃里克郡的男孩子一样。在同时代的斯特拉福德人中，有一个叫理查德·菲尔德的就成了伦敦的印刷商；还有爱德曼·史密斯的儿子威廉，他上了大学。我们知道莎士比亚成了一名演员和剧作家，不过关于他是如何实现这一飞跃的，仍然是个谜。

　　和其他人一样，年轻的莎士比亚也受到家庭、工作、教堂和周边环境的影响。尽管我们几乎没有诗人童年时代的细节，但还是可以通过其他一些信息看到影响他的东西。和很多守旧的英国小地方一样，斯特拉福德对新事物很谨慎，对旧事物抱有同情心。在莎士比亚的童年和青年时期，沃里克郡在政府和沃赛斯特教会当局眼中就是一个不虔诚的地方，是天主教的大本营，也是臭名昭著的拒绝伊丽莎白新教牧师意愿的地方。在诗人出生的那一年，有人向枢密院递交了一份报告，说这个郡的 42 个治安官中，有半数是"真正宗教的对抗者"，新教主义的"支持者"只有 8 个。有个沃里克郡的新教作家在提到"那些完全无视上帝话语的大教区和集镇"时，就提到了斯特拉福德和周边的阿登大教区。

过了 20 年一切还是那样，伊丽莎白的宗教密探搜集的一份引人注意的记录中清晰地显示出了这一点。一份 1585 年的政府调查对沃里克郡这样评判："那里的教堂状况很糟糕，很需要一个虔诚的知识渊博的牧师。"令人吃惊的是，当时只有不到一半的教区有 1568 年的钦定主教《圣经》。186 个牧师中，据说有 120 个都是"愚钝的"，还有 48 个肯定或被怀疑是天主教徒。一直到 1607 年都在司本诺任牧师的哈姆弗雷·斯泰尔，给了女王特派专员一个简单的回答："我们的《圣经》不是主教钦定的……我没有大学学位，也不会讲道……对于其他法则我也无话好说。"郡里 65 个教区中有差不多三分之一都无视这个调查，根本没有回答。这当中还有 12 个教区牧师被直接指控是天主教徒，他们仍然在阿登森林地区的斯特拉福德西部和北部旧教区里主持宗教仪式。奥德巴若的牧师乔奥弗雷·西斯被人密告是"天主教徒，还使用符咒"。派克伍德的雨果·贝特是"一个老牧师，还愚弄众人，是个酒鬼，愚昧，还被认为是个巫师"。他们都是莎士比亚在戏剧中带着一贯的喜爱和怀旧之情描写的那类牧师和修士。有趣的是，这份牧师名单中也包括坦普尔格拉芙顿的约翰·弗里斯，他曾主持了诗人的婚礼，被描述成"一个宗教信仰不坚定的老牧师"。当地人找他大多是因为他的医术，这让人不禁想起《罗密欧与朱丽叶》中那个鼓捣药剂的老修士。

天主教信仰的幸存、新教教堂的仪式以及民众为逝者、为驱魔和符咒而进行的弥撒，在这个国家此起彼伏地共存着。到了莎士比亚生命的后 20 年，据说英国政府的情报人员认为："大部分民众内心里都还是天主教徒，喜欢说旧宗教的时代还是不错的，一切都很便宜，圣礼时人们可以吃面包，还对圣母发誓……"像弗里斯这样的人不是迷信的守旧者，而是忠于教区居民，忠于当地风俗，可以说是新旧之间的联系而已。

这些有助于我们理解莎士比亚头 20 年的生活。这些复杂的、逐渐发生的变化以及新老世界之间的交叉影响了他。变革不再被看作是广泛的共识，而是极端分子之间的相互争执。这种长期确立起来的思想只是赢者诉说历史的例子而已。对于约翰·弗里斯以及他的同伴来说，这是实实在在的现实。16 世纪 50 年代开始到 80 年代，老一代人使新老模式得以融合。在英国很多地方，特别是沃里克郡，这些都是历史变革的现实。我们看待莎士比亚在世时发生的大变革以及他个人生活时，都应该记住这一点：莎士比亚在新旧两个世界都留下了足迹。作为一名作家，他还会成为新旧之间的桥梁，将大变革前的一些东西传给他的子女甚至孙辈—— 一直到我们这一代。

"对你们嗤之以鼻"

斯特拉福德的居民是如何看待这些变化的呢？莎士比亚的童年时代的镇议会的记录让我们看到了很多人们没有明说的话。他们没有对东部盎格鲁城镇，甚至附近的考文垂涌现的早期新教主义热情提出任何预警。官方没有记载有无款待来访的新教牧师，也没有记载关于是去教堂还是打破安息日规矩的激烈争论，更没有记载对新来者和陌生人的劝诱式调查。这对于一个众多镇议员及其太太都自认是天主教徒的地区来说很有意思。惠勒一家就是坚定的天主教支持者。1592 年，他们和约翰·莎士比亚一起被控是叛逆者（"违逆新教教派者"）[1]；到了 1606 年，莎士比亚家双胞胎的教父教母，哈姆内特·萨德勒和朱迪斯·萨德勒，因信奉天主教在教堂法庭被指控。肖特雷的德波戴尔家也出现在 1592 年的叛逆者名单上，他们的一个儿子作为耶稣会的殉道者死在了断头台上。

在这样一个地方，在对旧信仰和习俗的坚持中，妇女可能起到了特别重要的作用。1580 年伊丽莎白的枢密院接到预警报告："妇女在她们的日常聚会中总是会不逊地谈及这个国家现行的宗教。"正如莎士比亚家的老朋友和邻居伊丽莎白·惠勒回忆起 1592 年，她在教堂法庭中对坐在长凳上的清教徒说的话："那是上帝的创伤，神将赐给你们所有人瘟疫，对你们嗤之以鼻！"

富有的温和派天主教家庭

和许多处在动荡的伊丽莎白统治初期的英国人民一样，莎士比亚的父母很可能也是被称作"温和派天主教徒"中的一份子。约翰，作为镇里的头面人物，只会在周日或宗教节日的时候才去教堂，但在参

---

[1]　编注：即"顽固派天主教徒"（recusant），与"温和派天主教徒"（church papist）相对。

加团契的时候就会划清界限。在家里，玛丽私下给孩子们灌输旧的祈祷、仪式、信仰和故事，威廉的戏剧中就曾多次指涉这些事情，也曾很明显地表达对中世纪英国基督教的热爱。从一开始，年轻的莎士比亚就在充满各种冲突观点的世界里长大。等他离开学校时，他还明白了作为一个局外人的感受。

　　在威廉的女儿苏珊娜·霍尔位于斯特拉福德的房子里，挂着一幅让人难以忘怀的当时中产家庭喜爱的荷兰画。这幅画可能创作于16世纪末期，让人对于汉里街房子的模样有深刻的印象。画中的这个家庭——父母和子女，也可能是儿子和媳妇，手拉手祈祷——在用餐前感恩祷告。所有人都穿得很肃穆，大人穿着黑色服装，女人带着环领、珍珠和蕾丝头饰。他们的服饰、拘谨的举止以及虔诚的姿态都表明，这是一个受加尔文主义影响的商人家庭，比英国乡下的中产阶层要更加沉默。我们可以想象，约翰和玛丽的家会自由一些，在他们的餐桌上，气氛会更欢乐。

　　不论如何，这幅画让我们对莎士比亚的家庭氛围有一个基本了解。在画里，一家人围着桌子坐在木凳上，桌子前面有个很大很光滑的陶器水罐。桌子上铺着亚细麻布，还有锡铅盘子、碟子和茶杯、盐罐子、一大块肉骨头和一条面包。一个女仆正从右边走进来。木屏风那边可以看到花园里的桑树。近景是两个大约8岁的男孩子，穿着棕色的短上衣、条纹的红色短裤、短皮靴。其中一个男孩子正面对着观众，头发参差不齐，杏眼很大、神情专注，也许就像是当年的小威廉。

　　约翰和玛丽在16世纪60年代末期有了更多的孩子：先是吉尔伯特，然后是琼，接着是理查德和埃蒙德。另一个妹妹安妮在威廉7岁的时候出生。房子里的人一下子多了起来。这段时间，约翰·莎士比亚自己发展得很好。1569年，威廉5岁的时候，约翰当选斯特拉福德的法官，和镇长这位"女王的官员，镇里的头儿"平起平坐。约翰不再像他的农夫父亲，他现在可以自称"莎士比亚老爷"了。这一家人在看着他身穿貂皮衣和红色羊毛长袍，头戴议员帽，在穿着米色制服、拿着武器的士兵护送下，沿着教堂街走到镇政厅的时候一定十分自豪。

放债人"布罗格"约翰

最近几年几份有关莎士比亚父亲记录的发现，为了解诗人早年的生活带来了令人兴奋的新曙光。约翰在汉里街的房子后面有个牲口棚和外屋，他的手套制作间应该是在屋内，从客厅出来经过一个通道便是。手套制作是一项对技艺要求很高的行当，需要十分注重细节。那时和现在一样，缝细线的活大多是女人干的，很可能是玛丽和她的丈夫还有雇来的工人、学徒一起做。

作为在汉里街长大的小孩子，威廉毫无疑问地见证了这一切。他的戏剧里用了不同寻常的制作手套的修辞：他提到"像羊皮一样伸展的"才智或良知，很明显是因为曾见过用手拉展开羊皮的样子。只戴过手套的人是不太可能知道这一过程的。莎士比亚还用制作手套的人使用的大弧形削皮刀对胡子做了一个不可思议的比喻。有多少读者会注意到这一些？鉴于约翰不可能在屋子里宰杀动物，他很可能是从不远处泰勒家的屠宰场拿到羊皮的。年幼的莎士比亚肯定也看到了这一交易：不仅仅因为宰杀的动作在他的戏剧中作为修辞不断出现，他对流血的方式观察得也很仔细，令人不安。

威廉很小的时候，约翰已经购买了更多的资产，似乎赚了比做一个小镇的手套商更多的钱。他是如何做到的？在 17 世纪，人们都说约翰暗地里是一个羊毛"大"商家。这种说法常常被早期莎士比亚研究权威排斥，认为这只是不可靠的传说而已。甚至到了 19 世纪，人们在威廉出生的房子中的"羊毛车间"地板下找到羊毛残留物时，他们仍然不予理睬。后来人们又找到了一份法庭案件记录，说威尔特郡马尔伯勒的一位市议员于 1569 年在斯特拉福德的约翰那里购买了羊毛，却没有付钱。这一发现的重要价值起初并没有被人们注意，直到最近在英国档案局的惊人发现，才迫使专家们重新审视"神秘的"莎士比亚所涉及的其他方面。

伊丽莎白政府雇用有一个由间谍、情报和赏金猎人构成的网络，他们打听市民生活的各个方面：生意、宗教、甚至他们的性生活。威廉 6 岁的时候他的父亲两次被告发，原因是触犯了严禁高利贷的法律。威廉 8 岁的时候，约翰出庭应了两次起诉，都是涉及非法羊毛交易。后面这两件案子证实了有关他是羊毛商的说法：两次都是购买了 2 吨羊毛，每次付了 210 英镑现金。那个时候一幢不错的房子价格也不过 60 英镑。有一批货是从威斯敏斯特羊毛集市上一个沃里克郡羊户手中购买的，很明显约翰做这笔生意时假装获得了许可权。高利贷的案子和一个名叫约翰·穆塞姆的羊户有关，他来自斯特拉福德附近的一个小村庄沃尔顿。约翰借给他两笔钱，80 英镑和 100 英镑，每笔钱必须还利息 20 英镑——比法律允许的 10% 要高出很多。

现在我们知道诗人的父亲是一个"布罗格"了，也就是一个自由的羊毛商，没有从伦敦羊毛市场获得许可权就非法进行交易的人。在那种动荡的经济环境下，这可是一桩很有竞争性、高风险、快收益的生意。这些诉讼信息的发现让我们明白那些威廉童年时期约翰·莎士比亚卷入的法律纠纷。将这些信息集中到一起，再加上约翰的社会关系、借款、债务、销售和购买，就形成了这样一个画面：他和沃赛斯特郡及沃里克郡的羊户先达成协议，很可能是达成有关羊皮生意的协议；然后，他增加了个羊毛生意。他和邻近斯特拉福德几个地方的朋友和亲戚一起干——比如他的远亲，派克伍德的莎士比亚家族、沃尔顿的穆塞姆、查德萨特的瓦尔特·纽舍姆、沃赛斯特郡边界的托马斯·萨奇。更有趣的是，还有诺斯布鲁克和斯尼特菲尔德的格兰特一家，这个古老的天主教家族可是在议会爆炸阴谋中的关键人物。这些家族中有些人很明显就是生意伙伴，沃尔顿的约翰·穆塞姆就是其中一个，斯特拉福德手套商约翰·洛克西里也是。还有一些关系远些的，如马尔伯勒的服装商、班伯里的手套商以及诺丁汉的帽商也都可能是生意伙伴。约翰的生意网甚至可以解释莎士比亚的戏剧《亨利四世》下篇中出现的一大堆和科茨沃尔德相关的东西：他提到一个叫乔治·维泽的人，是自格洛斯特郡文考特（伍德曼寇特）的无赖，在一次法庭案件中和来自斯丁奇康姆山的克莱门，伯克斯搅在一起。税收文件和教区记录表明，维泽家族和伯克斯家族都是历史上的真实人物。维泽家族有荷兰血统，在德斯利和伍德曼寇特拥有羊毛工厂。沿着俯瞰伯克利的科茨沃尔德悬崖，在那里有 30 个都铎王朝的羊毛工厂（这个景象在莎士比亚的《理查二世》中也提到过）。

看到的事情和无意中听到的事情

"布罗格"的生活给我们提供了另一个童年时代的莎士比亚所熟知的世界的样子。他或许曾见过在羊毛车间，成托德（每托德约 28 磅）的羊毛装袋打包，然后放在汉里街那幢房子后的仓库里。也许他曾伴随父亲一起去做生意——在传统社会，长子到了一定年龄就会帮父亲干活，当然那时他必须已满 8 岁。为了钻法律的空子，"布罗格"通常会将他们的羊毛生意和耕作相结合，像约翰那样和体面生意结合起来做。他们会在 4 月或 5 月安排货物采购，因为那时羊户能相对准确地预估当年的羊毛产量。"布罗格"会在 6 月剪毛后收集羊毛再卖出去，也许是到他们有联系的地区市场上卖。牛津郡的泰晤士就是其中一个市场——今天，教堂旁的旧仓库还有人在那里给羊毛定级标价。

在一个沃里克郡的羊毛"布罗格"账本中，我们看到了 16 世纪 40 年代到 50 年代的一幕：彼得·坦普尔的收支总账中的条目展示了约翰的生意情况，也告诉了我们约翰可能认识的人的名字。譬如，18 托德羊毛"从福莱肯侯的理查德·昆尼处购得，每托德 21 先令"。莎士比亚在《冬天的故事》中栩栩如生地描写过这个场景："看看——每剪羊 11 头出 28 磅羊毛；每 28 磅羊毛可卖一镑几先令；剪过的羊有 1500 只，一共有多少羊毛呢？"

坦普尔的账本详细记录了打包羊毛及运送到伦敦的费用，也许是送到伦敦肉类市场，也许是到威斯敏斯特的羊毛市场。作为回报，商贩们也运回羊户特别需要的货物，以及鱼和其他稀奇的杂货。"布罗格"的账本提到"50 根黄蔓，6 磅杏仁，2 磅大米，4 磅白糖，2 筐无花果"。在《冬天的故事》中，莎士比亚让牧羊人的儿子去买同样的奢侈食品，来开剪羊毛人的聚会：

> 让我看，我要给我们庆祝剪羊毛的欢宴买些什么东西呢？3 磅糖，5 磅小葡萄干，米——我这位妹子要米作什么呢，可是爸爸已经叫她主持这次欢宴，这是她的主意。她已经给剪羊毛的，和唱三部歌的人们扎好了 24 扎花束；他们都是很好的人，但多半是唱中音和低音的，可是其中有一个是清教徒，和着角笛他便唱圣诗。我要不要买些番红花粉来把梨饼着上颜色？荳蔻壳？枣子？——不要，那不曾开在我的账上。荳蔻仁，7 枚；生姜，

一两块，那可是我向人白要的；乌梅，4磅；再有同样多的葡萄干。

这些细节表明，在童年时代，莎士比亚对于手套生意、乡村羊户与城里的羊毛商之间精明而又实际的往来十分了解。

这一切在年幼的莎士比亚的成长过程中都是公开的。因为父亲的生意往来，这个孩子认识了社会不同阶层的人，熟悉了生意场和赚赔，这些在他后来的文字中也有体现。作为一个成熟的作家，他特别擅长描写社会交往，特别是男人之间的交往。就算是人们言谈之间的间隔，遗留的物件，他都观察得很仔细。

上文曾经提到，莎士比亚在他的戏剧和诗歌中使用了颇具效果的丰富的乡下词汇和充满各种口音的单词。有时候，同时代人的记录给了我们和他的语言准确对应的词。譬如，治安官约翰·费什在16世纪80年代的记录中，就提到了往来于沃里克和斯特拉福德之间的流动商贩等，这些记录至今保存在沃里克市政厅。在这本记录中，我们会看到形形色色的人：赶牛人、偷羊贼、失业劳力、爱尔兰战争退下的老兵、扒手、抓兔子的和下流胚。他们的故事也很精彩，譬如在沃里克有处独角兽出没的地方；厄秀拉·拉迪什的传奇故事以及她的情人，一个沉迷女色、重婚、来自曼彻斯特的羊毛洗刷工——"那个三心二意的坏家伙"。

这是莎士比亚年少时纯朴自然的沃里克郡小镇生活。人们来自全国各地，远的来自贝里克，尤其是兰开夏郡和约克郡，不同的口音和故事在这里交汇。这让莎士比亚戏剧中所有的下层人物都栩栩如生，他们说的话具有生活感，显得真实。沃里克镇的记录展现出他们在真实生活中对应的角色，譬如"和妻子或女人一起的亨利·卡尔背着小贩背包（是《冬天的故事》中的奥托里古斯吗)",“多萝西·格林，从斯特拉福德出发，在路上偷了一位贵妇的罩裙被处以鞭刑，并以化名‘傻姑娘’被发了传票（就像《亨利四世》下篇的多萝西·特尔希特)"。

到了19世纪，和莎士比亚时期相比，丰富多彩的沃里克郡方言变化也不大。以收豆季节（那是《亨利四世》下篇中奎克里夫人用来计算日期的日子）流动商贩的到来为例：“在我面前晃动着长长的黑衣，黑色的胡子，还有红茶罐子，还有那些鞋子，看上去好像被踩扁了又弹回来的样子……还有那奇怪的名字，就像是硌脚的沙砾：戴革、罗普、克罗么、葛浪奇和丁克。”很难相信这样一个世界会一直持续到维多利亚时期，但根据20世纪后期斯特拉福德一位将近百岁的老人记载，我们看到了一个奥托里古斯后人嘴里的奥托里古斯剪羊毛的场景：

> 他们的故事直接来自仙境：草莓像马铃薯一样大，这是苹果酒的地盘，还有大片大片的百合花，如彩虹般绚丽多彩，视野所及之处，都是剪下的羊毛，像雪貂的毛皮一样白，人们陷入了白色的海洋！河畔的母亲呼唤着孩子回家，这样的呼唤惊起了孩子们，让人想到老奸巨猾的狐狸闯进鸡窝的感觉。

北方危机

1569年收豆季节，威廉还只有5岁的时候，从沃里克和考文垂来的人带来了无情的消息：传言说有人叛乱，动摇伊丽莎白尚未稳固的权力。在斯特拉福德，镇委员会发现自己陷入了日益纷乱的事件中，最终打破镇里原本就不稳定的局势。不管愿意与否，一切都变了。

危机是从苏格兰边境开始的。那年年初，天主教的苏格兰玛丽女王——她是苏格兰詹姆士五世的女儿，也是法国弗朗索瓦二世的寡妇——在兰塞德战役中失败之后逃往英国，受到了伊丽莎白的"款待"。有些英国人和外国天主教徒视玛丽为伊丽莎白女王的未来继承人，因此英国政府十分谨慎，生怕进退两难。1569 年 2 月，玛丽被带到内陆地区。沃里克郡的高级长官严令警戒所有道路，严查和惩治流浪汉，每个月都对所有市镇进行彻查，严防陌生人，禁止一切非法行动和暴乱。6 月 27 日，斯特拉福德地区首席地方官托马斯·鲁西爵士从郡中征兵 640 人，包括那些来自斯特拉福德的"诚实和谨慎的人"。市政厅记录了河边靶场射箭的行动，罗伯特·洛克受雇去清理盔甲和马具。"工匠"罗伯特还受命去制作新枪托，西门·比多负责装饰两根矛和一张弓。

有关北方叛乱和玛丽与天主教的诺福克公爵结缘的谣言四起。10 月 8 日，西班牙大使这样写信给国王菲利普二世："诺森伯兰·威斯特摩兰伯爵、坎伯兰伯爵和德贝伯爵以及整个天主教团体将武力控制玛丽，然后控制北部郡县，重兴天主教信仰。"叛乱在 11 月爆发，是对早些时候在北部爆发的反对都铎王朝统治的暴乱的响应，特别是响应了 1536 年亨利八世解散修道院时的"恩典朝圣"[1]叛乱。11 月 14 日，诺森伯兰郡伯爵查理·博西号召"所有诚实虔诚的子民"恢复"神的教堂中古老的传统和自由"。接着叛军到了达拉谟，人们在教堂举行了天主教弥撒。这个消息像野火一般蔓延到了南方。安全起见，玛丽被带到考文垂。沃里克郡的士兵准备北上。一时之间，伊丽莎白的政

---

[1]　编注：1536 年，因亨利八世查封天主教修道院引起民愤，约克郡爆发了都铎王朝最为严重的叛乱，被称为"恩典朝圣"（Pilgrimage of Grace）。

权似乎不稳。

不过很快，紧张的局势缓解了。随着伊丽莎白部队的挺进，叛乱被镇压了下去。但是斯特拉福德是倾向于旧宗教的，受到了余波波及。教区牧师、助理牧师和学校校长都离开了。教区牧师是在11月危机时离开的，校长是在圣诞节。助理牧师在镇里的记录中被描述成"逃亡者"，一个明显同情叛乱的逃亡者。

余波："在教区盲点"的城镇

接下来的一年中，镇里的记录本呈现了斯特拉福德对这起危机的反应。托马斯·鲁西的一个仆人被安排做了管理员。1570年镇政厅被要求将公会教堂里的彩色玻璃全部铲除。一年后，在新镇长艾德里安·昆西主持的第一次会议上，表决通过低价出售天主教的圣衣和祭服："3套蓝色天鹅绒祭服……3套白色锦衣，2件黄褐色天鹅绒圣衣，1件白色锦衣圣衣，1件蓝色天鹅绒圣衣，3条祭带，3副手套或手上用品（用来处理遗体的）。"

因此，在新教女王继位13年后，镇政厅最终丢弃了他们曾经珍视的祭服，也就是新教徒所称的"阿摩利人的遗物"。

1571年2月，伊丽莎白女王被教皇佩厄斯五世宣布为不合法，并被逐出教会，这是英国都铎时期宗教冲突的重要时刻。从那时起，宗教冲突变得更加激烈，许多虔诚的英国天主教徒很快发现他们的处境十分糟糕。伊丽莎白的地方官，譬如罗伯特·达德利，继续压制支持旧信仰的地方贵族——如爱德华·阿登。1570年镇里的记录表明，一系列镇压陆续降临在这里，特别是像斯特拉福德这样有名的"不虔诚的城镇……处在教区盲点的城镇"。时代开始变了。

毫无疑问，这样的事件是镇政厅会议室和汉里街关起门来交谈的主要话题。每个议员都明白发生了什么。6 岁的威廉在家听到的话，也会明白一点的：也许这就是他最初的一课，他将明白国家大事如何影响了地方事务，了解普通人是如何被卷入历史的漩涡。作为一个孩子，他永远忘不了他眼睛看到的、耳朵听到父母低语的那种权力和良心的争斗。

第三章

教育：学校及校外

作为斯特拉福德的镇政官，约翰·莎士比亚完全可以将他的儿子送到镇里的自由学校。这所学校曾是镇公会的附属学校，但 16 世纪中叶时成为由镇政厅资助的语法学校。男孩子通常在 7 岁开始上语法学校，那时他们已经基本能够读和写基础英语了，也能基本阅读拉丁语。威廉很可能 5 岁的时候就开始在家或在一个小学校开始学习了。

"我母亲给我的"

斯特拉福德公会教堂承办男孩和女孩的小学校，有时在一段时间会特地有老师来上书法课。莎士比亚的写字风格就是所谓的"秘书体"，是《初级英语书法》书上展现的 37 种字体之一。这本书出版于

1570 年，是一个居住在伦敦的法国校长博沙·西纳所著。诗人的字体很像博沙·西纳的样板。他很可能是在一个小学校跟着用这本教材的书法老师学会了基本的字体。

不过，也可能他是在家受到教育的。尽管如前文提到的，他的父亲从来没有学过写字，但他的母亲还是会一些的，至少在阅读方面。玛丽擅长法律事务，是遗嘱执行人，也是陪审员。她在文件上的签名完全能表明她是一个知道如何用笔的人：那个优美的"M"是将羽毛笔先侧着，再正着写的，还有一个时尚的装饰性圆圈，让人想起她儿子在写自己名字首字母时那种显眼的风格。玛丽还用私人奔马印章（她的父亲养马），这又一次表明她是个识字的人，习惯自己处理事务。

玛丽有可能是莎士比亚的启蒙老师吗？ 16 世纪 40 年代末在威尔姆寇特的童年时期，她是否接触过小诗集或祈祷书呢？不论如何，那时母亲教孩子还是很少见的，特别是在乡下的天主教家庭。有关于此，莎士比亚在《泰特斯·安特洛尼克斯》——也许是他最早的剧作——中，设计了一段情节，里面有一段关于书籍的话：

泰特斯：路歇斯，她在不断踢动着的是本什么书？

小路歇斯：爷爷，那是奥维德的《变形记》，是我的妈妈给我的。

诗人的母亲玛丽是他生命中重要的人物之一，也是我们希望了解更多的。

神话和魔幻：坐在妈妈膝下听的故事

莎士比亚童年时代的斯特拉福德常被描绘成一个没有什么文化和书籍的小镇。但事实并非如此。镇议会有几个议员是识文断字的，有些人也拥有书籍。约翰·布莱希戈多，那个给莎士比亚施洗的牧师，就有一个让人印象深刻的图书馆。作为一个牧师、木匠和拉丁学者，布莱希戈多遗赠了30多本书给朋友、镇上的居民以及他们的孩子，还有语法学校——其中就有西塞罗、约瑟·法斯、维吉尔以及贺拉斯的著作，还有《伊索寓言》和一本希腊词典。学校校长约翰·布朗斯伍德是一位拉丁诗人，曾模仿奥维德的《变形记》给托马斯·鲁西爵士写了一首诗。所以说，斯特拉福德绝对不会是一个文化沙漠。

在试图了解莎士比亚早期教育的同时，我们不能过度夸大书籍的重要性。汉里街的人家可能拥有各种各样的书，譬如《圣经》，旧的祈祷书或入门书。在当时那种文化氛围中，妇女不仅仅应该打理家务，还应该充当医生和药剂师，玛丽很可能也有本历书来确定放血的日子以及药草书来提高她这个乡下女人使用药草的知识。不过在斯特拉福德，很少有人家拥有书籍，就连当时的房屋物品清单中也没有提到过书。尽管当时的英国人开始对书籍和印刷有兴趣，但还更多只局限于口头的文化。讲故事是最重要的一种，听故事就是孩子受教育的第一步。

在他的戏剧中，莎士比亚常提到那些都铎时期沃里克郡作家重述的故事，它们常出现在他那个时代的民间剧、歌曲和民谣中。每个孩子都很熟悉这些故事，特别是沃里克的高尔的故事，是典型的16世纪中叶丰富的民俗文化的一个体现。

高尔是一个抗击丹麦人入侵的萨克森传奇英雄，他打败了巨人科布兰，参加十字军到圣地和撒拉逊人作战，最终又回到沃里克郡，在阿登森林地区隐居。高尔死后和因思念他而死的情人葬在了一起。这是一个充满冒险、妖怪和神话般曲折情节的故事，这段中世纪的浪漫史也是一个救赎的故事。在莎士比亚的戏剧中对此有一些奇妙的回应。在孩童时代，莎士比亚可能曾被告知沃里克的高尔是他的亲戚，他母亲的家族曾声称高尔是他们的祖先。

对沃里克郡的作家来说，这些故事中的阿登地区就是英国神秘的中心：一片荒野，一块逃离势力强大的敌人的避难地，让人们能接近魔幻和神仙世界的地方。14 世纪的一首诗歌这样写道，"这是一片神秘而魔幻的地方，人们将它称作伟大的阿登"，莎士比亚也在他的田园风格戏剧《皆大欢喜》中提到了魔幻的阿登地区。

传奇中对阿登作为一片仙地的描写也让人想起了莎士比亚在戏剧中对神仙世界的丰富描述，他一定是在创作时想起了自己孩提时代听到的故事。《仲夏夜之梦》的背景虽然是在雅典，但那片森林和精灵——迫克或好人儿罗宾、豆花、蛛网、飞蛾、芥子——都是彻头彻尾的英国人。他们是大变革前想象中的一部分。但对于新教徒来说，神话故事就像是鬼故事，是天主教牧师早些时候"为了让无知的人保持敬畏"而编造的。新教徒还将神话王国看作是"宗教混杂的国度，既有异教徒，也有天主教徒"。在莎士比亚时期，他对神仙之地的热爱让人很容易忘却他是传统的人，也不难理解他为什么在自己的戏剧中选择神话故事的模式甚至是内容。

拉丁文懂一点，希腊文基本不懂

年幼的威廉顺利地进了语法学校：7 年后，即 1571 年开始，他

上了教堂路上的大学校（和小学校正相对），这所学校位于救济院和
公会教堂之间。尽管人们对于莎士比亚戏剧的作者一直有争议，还坚
信莎士比亚是个没受过教育的乡下人，很显然这种坚信有点过于自信
了。不过莎士比亚不是作者的说法并非毫无道理，毕竟在爱德华六世
时期斯特拉夫德的语法学校没有留下他的学习记录。但是戏剧中体现
出来的直接与莎士比亚生平有关的部分就是无可争议的证据。这些伟
大戏剧的作者，如我们从他的朋友和同事的证明中可以得知，就是
艾汶河畔斯特拉福德的威廉·莎士比亚。在戏剧中，他引用的模式和
他回想起自己阅读过的东西都透露了这样一个事实：即作者曾受过都
铎王朝时期语法学校的课程教育。尽管这不能证明学校就在斯特拉福
德，但却提供了强有力的证据，表明他曾上过语法学校。约翰·莎士
比亚有能力送儿子去斯特拉福德的语法学校并在城里居住，直到完成
学业。我们可以很确定这就是威廉曾经上过的学校。

　　他受到的教育主要是当时政府当局、教堂和律法中使用的语言
拉丁文。多年以后，本·琼森在一次恭维中略带讽刺地说，莎士比亚
"拉丁文懂一点，希腊文基本不懂"。人们通常引用这句话去否定莎士
比亚是受过教育的人，但是琼森的话也需要正确对待。琼森自己是个
非常优秀的拉丁学者。在那个时候掌握"一点点拉丁文"可比现在的
古典专业毕业生掌握的要多得多了。就算是在德文郡和坎布里亚郡这
样的乡下语法学校，男孩子也被要求"能够说纯粹而流利的拉丁文"。
莎士比亚戏剧中引用的部分表明，他从当时全国规定的教材《莉莉拉
丁语法》开始学习（这在《温莎的风流娘儿们》中有所体现），然后
是"句法"，再到"对话"。接着在8岁或9岁的时候，开始阅读诸如
奥维德这样的作家作品。

　　正如琼森告诉我们的，莎士比亚也懂一丁点希腊文。这确实也是

课程中的一部分。1568 年在威尔士的班戈，据说"在上述学校只教拉丁语法和拉丁作家写的东西，还有希腊语"。莎士比亚时期，在哈罗男孩子于第四年开始学习希腊语法。如果斯特拉福德的制度也相似，他也许就会学习诸如《伊索寓言》的希腊语—英语对照本。

在这种教育之下，诗人成了能坐下来阅读拉丁文书或戏剧的人——尽管，那个时候和现在的大多数人一样，为了求阅读速度，他也许更喜欢译本。在创作生涯后期，他在《暴风雨》中给了奥维德作品中一个词正确的翻译，而这个词在亚瑟·戈尔丁的英文译本中是略过去的。

如果这一切都让你吃惊的话，要记着都铎王朝的英国很可能是历史上最有文化的社会了。托马斯·莫尔在他的《道歉》中估计当时60% 的民众有基本的识文断字能力。在一个半数人口都生活在贫困线下的国家来说，这似乎是令人难以置信的。英国第一次扫盲革命是在 13 世纪，这次革命使得农民都能基本进行阅读，能处理简单的抵押、法律案件和做祈祷。早在 13 世纪初，都铎王朝自由民因知识有限，在中世纪先祖拥有的一些土地文件上只用个人印章的情况比比皆是。都铎王朝时期的大范围扫盲运动是长期发展达到的高潮。16 世纪 50 年代，全国各地涌现了许多语法学校。伊丽莎白统治时期更增添了 160 所。有些学校是富有的慈善捐助基金建立的，但很多就是公会学校直接传承下来的，比如斯特拉福德那所。16 世纪 60 年代和 70年代期间，因语法学校突飞猛进的建设而受到教育、识文断字的人增加了很多。不仅仅只有男孩识字——我们知道女孩在斯特拉福德也能上小学校——但从 7 岁开始，只有男孩可以上学，女孩则除非出身富有的或贵族家庭才能继续学业。莎士比亚是英国复兴时期的一个孩子，也很幸运地出生在有特权的时代。

死记硬背的学习、争论与屈服

天刚刚亮，一天开始了。语法学校的男孩子 5 点起床进行晨祷，夏天 6 点就出发去学校，冬天则是 7 点。上学的孩子只吃一点点早饭：在都铎王朝时期，正餐是午餐（中午）和晚餐（对像约翰那样的生意人来说是 6 点钟，对他在斯尼特菲尔德而且一天工作时间更长的兄弟来说则是 8 点）。学校有两个班，都在一个教室里，各占一头，有时中间用屏风隔开。小一些的孩子由助理教师指导，大一点的孩子由教师指导。那些需要补课的小孩子可能由外面的老师提供特殊的写作课程。冬天天气很冷的时候，教室会点火盆。父母要给他们的孩子准备墨水、纸张、鹅毛笔和蜡烛。

学校制度是很严格的，学习必须死记硬背，挨打也是家常便饭。在他后来的戏剧中，莎士比亚描述了一幅刻苦用功学习的画面。在《皆大欢喜》里，他提到了一个男孩上学的时候，"脸上带着清晨的亮光"，让人想起寒冷而又黑暗的斯特拉福德的清晨，以及童年时期他那难以抑制的乐观。

莎士比亚所受的教育就是一种记忆文化，大量的文学都是用心记忆的。现在我们不再生活在那样一种文化中，但死记硬背的学习确实也能带来很多好处，尤其是诗韵、节奏和优雅的感觉——这是一种更高雅的语言感觉。它能培养思维习惯，人们所说的"记忆艺术"是一个很重要的准备演讲的法宝。老师也运用教室辩论来提高拉丁文水平和修辞技巧。1580 年哈罗学校法规规定，每个校长每天都要花 1 小时听三、四、五年级的孩子（也就是那些 9 到 11 岁的孩子）辩论。每个男孩子轮流站在讲台前，为一个命题辩论，譬如布鲁图斯是否该去刺杀凯撒（学校的写作课本，即托马斯·威尔森的

《修辞艺术》，还强调了用英语书写有关英国事务的重要性，建议孩子们就英国历史人物或事件进行对比，譬如用理查三世和亨利六世之间的情况来作比较）。后来这一切在莎士比亚戏剧中都展现出来：《温莎的风流娘儿们》中，他描述了一个拉丁文班级和一个威尔士校长（是他自己的校长杰肯斯先生吗？），引用了那本让他和同学们枯燥致死的《莉莉拉丁语法》，还拿那些拗口的词猛开玩笑。那是在校男孩子一贯的幽默。

伊丽莎白时期的校长反复地告诫小学生要有礼貌，要尊重别人："顺从父母，对人要有礼貌，无论在城里还是乡间都要举止有礼。"在当时的一封信中我们可以看到对父母的尊重，这是一封用拉丁文写的学校习作，是 11 岁的斯特拉福德男孩理查德·昆尼写的，昆尼的父亲是莎士比亚家的朋友。信的开头这样写道："带着敬意——更多的是带着对您的孝敬爱意，我的父亲，我谢谢您给予我的好……"在 12 行正式的拉丁文后，照着西塞罗书信风格手册，这个男孩子的信件是这样结尾的："尽管我永远都无法报答您，我还是衷心地祝您一切都好……您顺从的小儿子理查德·昆尼。"

这就是都铎王朝时期的教育风格：孝心和公民意识。这封信表明了一个 11 岁的斯特拉福德杂货商的儿子在语法学校学习 4 年后的写作能力。威廉毫无疑问也要这样给他骄傲的父亲写信。在他的戏剧中这种礼貌的感情不时会表达出来，它让我们想起后来莎士比亚"绅士般"人物的描写，他有"礼貌而又诚实"的行为，又有爱开玩笑的高雅。这就是良好的乡下学校教育能给予的。

旧信仰的校长

莎士比亚求学的那间屋子至今依旧在"镇政厅"的二层，仍然用于教学，孩子们还把它叫作"大学校"。这个学校仍然很有气氛，有一排排18世纪的课桌，桌上满是刻着的首字母和各种涂鸦，随着岁月的逝去这些都变黑了。在"镇政厅"的一楼，都铎王朝时期的壁画残片仍然在旧公会教堂板条与灰泥做成的墙上清晰可见。这里是镇议会聚会的地方，也是莎士比亚童年时代巡回演员演戏的场所。1586年，在当时最伟大的单人表演喜剧家理查德·塔尔顿把头伸出幕布，露出那张英国戏剧史上最负盛名的脸庞时，挤在这里的小镇居民的欢呼声几乎掀翻了屋顶。

斯特拉福德镇议会每年付给学校校长20英镑，还提供一幢房子和搬家费用。当时这样的工资待遇是很不错的——比伊顿公学的校长待遇还要好，尽管伊顿公学校长的津贴更多一些。那些回来参加1553年学校重建的在斯特拉福德学校任职者的名字刻在了大学校的木板上。他们都是优秀的牛津毕业生，是镇议会的头儿挑选的。在镇子的记录本上记载了每位新校长的宣誓词："要成为值得信任和受人爱戴的人文学士……守法而又诚实的博学的语法和圣律专家（这种联系是中世纪的教育家创立的）。"他"从此就要努力让自己拥有神圣的智慧和学识，正如神已经和将要赋予他那样：在上文提到的这个语法学校学习和教学，所有学者和孩子要聚在一起学习神圣的、适合语法学校的学识和智慧，为词法和语法学习打基础，做准备"。

这样的合约展现了在都铎王朝时期教育中宗教的重要性。都铎王朝学校的规定包括了对信仰的指导，目的就是要培养优秀的、顺从新教国家的臣民。在政府的眼中，莎士比亚就是他们瞄准的一代。莎士比亚很可能早就了解了主祷词、信条和教义问答，在学校他可能也花了很多时间研习新教的主要信条。不过在伊丽莎白统治初期，学校里没有完全禁止另一件事情：那时在斯特拉福德任职的 6 位老师中，至少 4 位有天主教倾向。两位老师来自牛津大学中与天主教联系特别紧密的学院——圣约翰学院（耶稣会殉道士埃德蒙·坎皮恩所在的学院）和布拉斯诺斯学院（直到最近我们才知道它和兰开夏郡的天主教会联系密切）。校长中也有天主教徒，大约 1573 年开始教威廉的西蒙·亨特私下里就是，或至少同情天主教。1575 年他归隐杜埃的神学院，成为耶稣会士。

这种情况并不是斯特拉福德特有的，政府也充分了解这一点。1580 年 6 月，莎士比亚离开学校后，伊丽莎白的枢密院致信所有教区，详述了他们一直以来对天主教在教育界中的影响的关切。他们敦促主教"注意公立和私立学校校长在教育和指导年轻人时日益显现出来的腐败"。1582 年 4 月，这种干涉触及学校使用的书本，特别是"语法学校里学生常常阅读和学习的诗人作品"。枢密院推荐了一本新教历史诗歌本，还附录了一个女王统治下的"和平政府"概况，取代"校长让学生阅读和学习的一些异教徒诗人作品……"

鉴于这样的证据，在 16 世纪 70 年代斯特拉福德语法学校中，拥有众多同情旧信仰的人就值得我们注意了。镇议会负责审核并雇用这些老师时，当然要看他们的"学识和虔诚"，但很明显他们更喜欢雇用那些有共同想法的老师。西蒙·亨特在北方叛乱一年后仍被雇用，而那时约翰·莎士比亚是副镇长。这是一个老派的镇议会故意为之的政治行为吗？时代依旧在变化。

街头剧场和镇政厅里的表演

对于一个男孩子来说，有比宗教更重要的东西。每年在斯特拉福德街头，都会有圣乔治和恶龙的露天表演（那把杀死怪兽的剑仍然保存在镇政厅里）。对于沃里克郡这样一个小镇来说，这只是基于当地历史和传奇的表演、露天戏和民间剧中的一个例子而已，还有譬如沃里克的高尔、邓斯莫尔牛和卡里登的野猪等故事。在考文垂的霍克节露天表演中，观众会了解英国如何打败丹麦人，表演本身最后会以"我们英国妇女牵走那些侵略者战俘"而结束。此外，还会有很多年轻人闹哄哄地在那里吃吃喝喝、高声谈笑。莎士比亚一定在很小的时候见过这种娱乐方式。毕竟在当时，表演、做戏和演讲都是英国文化的重心。不论你是国王还是市议员，你都必须能在公开场合演讲、辩论。那时候的大型表演，不管是在舞台上，还是在教堂讲坛或在断头台上，都会树立这种风格。那也是展现勇气、坚定或价值的方式。

当然，清教徒很反感这些舞台、街头戏院等喧闹的东西。对他们来说，演员就是"那些邪恶的校长，刺激更多的腐败"。他们想通过全面禁止这些戏剧来保护年轻人。"对孩子的教育需要投入很多的关注，"有位年老的守旧份子这样写道，"不要让他们看到那些教坏年轻人的表演，听到那些色情和下流的话，因为他们年轻的记忆就像是一尘不染的写字台"。后来就有了审查制度，不过不是在莎士比亚生活的时代。又一次，他很幸运地生活在这个时代。

莎士比亚可能在上学前就已经见识过剧场的魔力了。镇里的账本显示，1569 年，莎士比亚的父亲作为镇长欢迎表演者来到斯特拉福德，并从镇财政拨款：

> 支付女王表演者 9 先令
>
> 支付伍斯特（沃赛斯特伯爵剧团演员）12 便士

罗伯特·威利斯和莎士比亚同年出生，他这样描述了格罗斯特类似的表演：

> 演员来到镇里时，会先去类似镇议厅的地方见镇长，告诉他他们是侍奉哪位贵人的，以便获得许可，进行公演。如果镇长喜欢这些演员的话……他就会让他们在他和镇议员面前表演第一场，那叫作镇长戏剧，所有人都可以免费入场，如果镇长认为应该对他们表示敬意的话，就会给演员一点报酬。我的父亲带我去看戏，他坐在长凳上看，我站在他腿边看，我们都看得听得很清楚。我对这个印象很深刻，当我走进这家房子前，一切都像刚刚发生过一样，在我的记忆里栩栩如生。

"见证……上帝并不存在"

莎士比亚上学后，戏剧和表演这种被看作是教育重要因素的东西一定在他的求学生涯中很常见。实际上，在大变革初期的 16 世纪 50 年代，教育家写下了说教式的戏剧《拉尔夫·罗伊斯特·多伊斯特》，这部戏剧是一场道德教育，有不少爱国歌曲和献给女王的祈祷词。

在学校里，莎士比亚也用拉丁文读戏剧。可能就是从这里，他首次接触了普洛提斯的罗马喜剧，激发他后来在自己的喜剧中也添加了张冠李戴的情节，譬如《错误的喜剧》和《第十二夜》。更重要的还是罗马剧作家塞涅卡，他的戏剧形成了文艺复兴时期欧洲想象力的源泉。那时希腊戏剧的拉丁文版在欧洲知识分子中很受欢迎，譬如伊拉斯谟的欧里庇得斯作品译本。这些剧本是在专制时代创作的，伊丽莎白时期的剧作家们从塞涅卡的作品中找到了共鸣。塞涅卡是尼禄统治时期的哲学家和诗人，最后自杀身亡——这是一个作家在暴政时代的命运。16 世纪 50 年代塞涅卡的作品被译成英文，但在学校里学生还是学拉丁文版的。对于学校的孩子来说，他的作品令人震惊：它们太过残酷，可怕的人物形象让人几乎无法忍受，而残酷的内容简直可比伊丽莎白时期为宣扬司法而公开上演的例证剧。伟大的希腊剧作家用神的正义来平衡人类的苦难，但塞涅卡拒绝举出任何正义的例证。实际上，对他来说，神不过就是历史上那些神秘莫测的无情力量和人类自我毁灭的推动力的代名词而已。"一直冲上高空，"塞涅卡的伊阿宋对着美狄亚大喊，"你所到之处可以见证，那里没有神。"在艺术中，他用理性对抗盲目的恶势力；在生活中，他以斯多葛派的观念坚守内心信念，绝不被暴政动摇，被恐怖压制：

> 财富造就不了国王……
> 做国王的会把惧怕放到一边，
> 不去管内心所有的感受……
> 是思维让你成为王者
> 每个人都可以赋予自己的王国。

莎士比亚永远不会忘记这一切——年轻人接受能力强，在形成自己喜好的过程中，风格是其选择的最重要的部分之一。不论他的色彩有多单调，不论他对恐怖的重复有多令人厌烦，塞涅卡肯定是有自己风格的。莎士比亚年轻时创作的第一个悲剧《泰特斯·安特洛尼克斯》

就是纯粹的残酷表演。这个年轻人在风格上模仿赛涅卡，就像今天昆廷·塔伦蒂诺写电影脚本一样。

然而天才是不能简单地用积聚各方影响来解释的。罗马喜剧和悲剧是莎士比亚在学校知识中的一部分。他的记忆力超凡，在自己后来的职业生涯中也充分地使用了这些知识。在诗人的童年时期还有另一个重要的东西，更是全方位地影响了他的艺术情感和观点，那就是神秘剧：都铎王朝时期的英国公共剧场扎根于历经数百年沉积的民间传统，后者具有深刻的戏剧和精神力量，对 15 岁前的莎士比亚敞开怀抱。

考文垂神秘剧

离斯特拉福德 18 英里的地方——骑马也不过 1 天的路程——就是中世纪著名的羊毛城市考文垂。从远处看，这座城市还有着 14 世纪繁荣时期的印记：3 英里的城墙上有 12 扇门和 32 座塔，还有大量的教堂塔尖和楼塔——圣三一教堂、圣约翰教堂和圣迈克尔教堂，300 级塔尖耸立着，俯瞰墙内众多房子、花园和果园。

16 世纪 60 年代晚期，威廉还是个孩子。他第一次进入这座城市是坐在父亲的马鞍上。作为英国的第三大城市，全盛期的考文垂拥有居民 1 万多人。16 世纪 20 年代经济衰退后，旧工业崩溃，这座城市见证了其艰难的时光。那时集市上的民谣歌手唱着"物资缺乏、失业无数、口袋空空"。正如都铎时期一位评论员说的："这座曾经人口众多的富庶城市……现在却人口稀少，到处一片荒凉，生活困苦。"

在莎士比亚的童年时期，考文垂仍是一个有着伟大市民传统、令人骄傲的中心城市。每年那里都会巡演著名的中世纪戏剧。到莎士比亚十几岁的时候，日益清教化的市议会将其贬为"天主教迷信"，巡演才终止了（他们最终禁止了五月柱庆典，甚至足球活动）。从他的戏剧中效仿的部分来看，年轻的莎士比亚肯定看过这些神秘剧。约翰是个传统主义者，很可能每年都带全家人去看。在很普及的《一百个快乐故事》（莎士比亚熟悉的一本书）中，一位沃里克郡的牧师建议他的教区居民去看看考文垂的神秘剧，他觉得从这些戏剧中学到的东西比从讲道中学到的要多得多。

考文垂的神秘剧是基督教的民间戏剧。10 部内容丰富的神秘剧讲述了《新约》故事，这些戏剧每年都于圣体节游行时在四轮马车上巡演。它们费用不少，花了不少精力，但也给了市民不少荣誉感。在考文垂神秘剧的全盛时期，曾吸引了人山人海的观众。17 世纪的古文物研究者威廉·达格代尔说："远近涌来的人们汇集到一起，观看那无比伟大的表演，给这座城市带来了不少的收益。"1567 年伊丽莎白去凯尼尔沃斯时，也看到了由铁匠公开表演的希律王前的基督审判。

神秘剧是由平民为平民创作的。它们的情节包罗万象：神话、历史、爱情、热情和背叛。有粗俗下流的幽默，也有崇高、恐惧和极度的悲怆。它们是打开人类情感最深处的简单寓言，故事和象征众所皆知。戏剧中悲剧和低级趣味共存——甚至有时还出现在同一幕中，譬如那些粗鲁的体力工人在讲低俗笑话的同时，又发出一声大吼将钉子砸进基督的十字架。即使有天大的痛苦也有世俗的生活，这是莎士比亚从来都没有忘记过的一课。

在后来的生活中诗人对这些旧事物始终怀有眷念。很显然他热爱神秘剧，在作品中也常提到巡回演出。譬如，他提到犹大用"所有人称颂您"来和基督打招呼时，他没有引用《新约》里的句子，而是引用了考文垂的神秘剧。希律王屠杀无辜的情节对他一定特别有影

响——应该说对任何一个孩子都一样——他在好几部戏剧中都提到了
这一点。当哈姆雷特抱怨那位表演拙劣的演员将情感表述得支离破碎
时，是用希律王来强调他的观点（"真是比希律王还要希律王。求你
不要这样了"），这表明年轻的威廉看过考文垂有关剪羊毛人和裁缝的
戏剧。都铎王朝时期的记载曾提到过这部戏剧，哈姆雷特所指的也就
是那一幕，因为年幼的耶稣已经逃脱了他的魔掌，希律王"在大街和
露天表演的马车上暴怒"（舞台指导就是这样安排的）。为了原汁原味
地欣赏这一部分，我们还是看看原文吧：

> 希律王：什么，什么，什么？
> 那些家伙竟然这样对我？
> 我恨，我瞪，我四周张望，
> 要是我逮着他们，我要将他们碎尸万段！
> 我恨，我怒，我要派人四处追踪！
> 啊，这些人居然这样对我！
> 要是我逮到他们，定要绞死他们！

　　业余演员把这段精彩的带着手势展现的罪恶演过火了。不过莎士
比亚对这些戏剧的了解不仅只是开开表演风格的玩笑。他在主题、意
象、文字和舞台设计上都和它们相呼应，甚至还加以借用，以达到强烈
的情绪效果，因为他知道，在很多观众脑海里旧意象的世界仍然存在。

打开通往古典世界的门

　　莎士比亚大约 9 岁时，他的学校老师西蒙·亨特有一次在课堂上

用拉丁文介绍了罗马诗人奥维德。（我们不知道斯特拉福德学校具体的课程有哪些，但在约克郡的罗特哈姆语法学校，男孩子就是在这个年纪开始学习奥维德的。在诺丁汉郡朱什的阿什比，孩子们在 9 岁或 10 岁，即 3 年级时开始学习奥维德和维吉尔。在哈罗，三年级先学奥维德，稍后才是维吉尔。）这本作品就是《变形记》，即"变化的书"，关于神和古代社会神话的故事以及宇宙的准则——变化本身：

> 我要说的是可以变形的物体，
> 神赐予你经历各种变形，
> 从大自然远古的开始
> 到现代的社会，
> 他给予你灵感，
> 指引着你在延续不断的歌声中前进，
> 陆地、海洋和笼罩一切的天空自此产生，
> 在这个宇宙下，自然的面容保持不变，
> 就是那一个混沌。

每个人都知道发现开启想象之阀的书时有多么激动。它让我们处在另一个世界——有着高超的语言、思想和看法。伟大的文学包含着某种自由的种子，伴着我们一生，如果熟记于心就更是如此。和莎士比亚同时代的、年纪稍长的法国哲学家米歇尔·蒙田（此处引用约翰·弗洛里奥的译文）这样描写自己发现这位罗马诗人时的心情："我读到这些书的第一个感觉或反应，就是一种欢愉，这种欢愉来自阅读奥维德的《变形记》，尽管我当时只有七八岁，我还是能够让自己远离其他享乐，只阅读这些书籍。"

奥维德是西方文化重要的诗人之一，他优雅、聪明、性感、激情，是位伟大的故事叙述者、导师，也是一位令人愉快的伙伴，他在和读者说话时就像在吐露自己的心声：

> 这些元素本身不会永久生存，
> 看看他们是如何变化，我会告诉你……
> 没有什么能永远保持形状，
> 最初的自然，伟大的造物者，
> 不断地创造，形成新的状态。
> 相信我，所有的造物中，没有死亡——没有死亡，
> 只有变化和推陈出新，我们所说的出生
> 只是完全不同的一个新的开始，死亡
> 就是和以前不再一样……

这首有关希腊神话的长诗很可能是莎士比亚最喜欢的了。虽然他还有其他心爱的东西——在英国的诗人中，他喜欢乔叟，对老约翰·高尔也心有眷念——但对奥维德，他会不时地去翻看。他读了伊阿宋和美狄亚的故事、皮拉摩斯和提斯柏的故事，还有特洛伊之围以及伟大的英雄赫克托耳、阿喀琉斯和奥德修斯的故事。对于孩子来说，那些也许相当于都铎王朝时期的《纳尼亚传奇》《指环王》或《哈利·波特》，只是需要更高和更深的心力投入其中：这些故事以高雅的诗化语言来勾画出古老的传统，读懂它还要借助一门外语。这些故事打开了一扇门，通往无比丰富的古典世界，让孩子的思绪超越了16世纪70年代幽闭一统的教育环境。

莎士比亚在学校和西蒙·亨特一起研习拉丁文本，大声朗读、分

析词句，还进行阐释。他的家人（或是他的教父）给他购买了亚瑟·戈尔丁的最新译本。后来在伦敦做职业作家时，莎士比亚运用了戈尔丁的译本，有时直接从拉丁文本中引用，很可能他也有拉丁文本。（在牛津发现的一本扉页上带有首字签名的 16 世纪拉丁文版本的奥维德作品很可能就是莎士比亚的。一条 17 世纪的记录表明，这是莎士比亚从他的女婿约翰·霍尔医生那里借来的。）莎士比亚对《变形记》了解得越来越多。在整个创作生涯中，他使用的书籍并不是很多，《变形记》是其中之一。在众多书籍中，只有这本书和《圣经》、霍林斯赫德的《英国历史》、钦提奥的《一百个故事》以及博鲁塔克的《生活》是莎士比亚常常浏览、略读、摘录或仔细阅读的作品。在莎士比亚独著的最后的戏剧《暴风雨》中，他把奥维德的美狄亚混合魔力药草的情节变形成了普洛斯佩罗在告别演说中放弃魔力。这个演说通常也被看作是莎士比亚对艺术的告别。如果真是如此，这就是最恰当的源泉。作为诗人，莎士比亚总是沉浸在隐蔽、饰角和幻影中。奥维德也乐于将自己的意象展示给读者，和他们玩乐，并指出一个知性的现实，即文本只是文本而已，但他却又强迫我们相信文本创造的世界是对应现实生活中的世界的。在奥维德的作品中，充满幻想、才华横溢的诗人莎士比亚找到了他一生的灵魂伴侣。

人文寓意和清教表义

对于都铎时期的孩子来说，在理解文本的字面意义之外，还有一个阅读方向。奥维德的《变形记》不仅仅是一本有好听故事的书。由于看神秘剧的经历，莎士比亚对奥维德的阅读不只停留在故事、意象以及机械地借用文字的层面上。《变形记》带来的还有看世界的方式问题。戈尔丁在他的扉页上警告读者此书的精神健康性存疑，而且直接承认了《变形记》能改变人们看待世界的方式。1567 年这本书在奉行新教主义的英国第一次出版时，被描述成是"一部令人愉悦、让人喜爱的书"。然而，戈尔丁却说："这本书必须小心谨慎、有判断地去读，它对读者没有益处。"引导莎士比亚学习奥维德的老师，也就是那位牛津毕业生亨特，是老派的人文学者，他所属的文艺复兴时期的基督教人文主义对异教是相当友好的。对于受过大学教育的人文学者蒙田或英国的约翰·柯勒来说，奥维德和维吉尔的作品亵渎了《圣经》。换句话说，他们认为神也给了异教徒永恒的启示。异教徒的著作不是干巴巴的文本而已，在易变和神的主题中，他们给予了大变革后的世界一个可选择的思维世界，其关键就在于文字表义和寓意之间的联系。正如伊拉斯谟在他的《指南》中说道："阅读那些让人想起有寓意的异教徒文学（诗学）比只阅读经文要有意思得多了。"

不出乎意料的是，清教徒和更为严格的新教徒将这样的观点视为是危险的，甚至是异端的。他们不接受寓意，只接受表义。路德曾强烈谴责那些利用奥维德进行说教的人："他们把阿波罗看作基督，把戴安娜看成处女玛丽亚。"英国清教徒教会试图禁止异教诗人，枢密院在 1582 年 4 月的一次备忘录中，号召"人们去除语法学校通常阅读和学习的那些淫荡诗人的作品，譬如奥维德这样的人的书"。

莎士比亚的整个创作生涯表明，他支持人文主义者对奥维德的看法，反对清教徒的看法。在后来的浪漫剧中，他用这个晚期中世纪寓意传统，将异教徒的神带上舞台。譬如，在《泰尔亲王配力克里斯》中，他用戴安娜来唤起处女玛丽亚。过去，毁灭中世纪寓言传统对英国文化的丰富性来说是一个很大的打击。而莎士比亚的戏剧如此成功，一部分正是因为他利用了传统，并将它融入自己的剧作，传承给了我们。

　　莎士比亚仔细研读过的书比那些他只是读过而已的给予我们更多东西。在学校里他将大量的文学著作熟记于心。他学会了拉丁文，能够从拉丁文的词根创造出新词来。他也要面对高深的语言、精炼的表达、语言的声音和韵律以及对传统的尊重。但最重要的是，他吸收了故事和神话，发现了其中的寓意和另一个世界的样子——这对一个年轻人的想象力来说，是最令人激动的天赋了。童年时代的阅读和他在外面经历世界十分吻合，因此他总会从不同的角度观察生活。古希腊讽刺家阿尔基罗库斯的著名警句说，狐狸知道很多事情，而刺猬只知道一件事情。莎士比亚很早就学会了做一只狐狸。

前景：语法学校毕业后的生活

　　对于男孩威廉来说，他的前景是什么呢？在 16 世纪 70 年代，一个治安官的儿子能期待在学校毕业后有什么样的前景呢？快到 13 岁生日的时候，按照惯例，威廉应该对已为他谋划好的未来有所期待。在这样一个都铎时期的小镇，对于一个受过良好拉丁文教育的前镇长儿子来说，有很多工作的机会。毕竟，他父亲快 50 岁的时候，已做了 20 年重要人物，有钱、有地位、有影响。不过，1576 年冬天后，莎士比亚 12 岁时这个家庭的命运发生了很大的变化。

第四章
约翰·莎士比亚的秘密

16 世纪 70 年代中叶以前，约翰·莎士比亚一直干得不错，在斯特拉福德买了更多的土地，又买了两幢房子。就在那个时候，他向伦敦的纹章院申请盾形纹章，希望能成为一个绅士。出于某种原因，他没有成功。是被拒绝了，还是他放弃了这件事情，无从得知。也许他看到了某种不祥之兆，他的命运开始转变了。

做"布罗格"，即非法买卖羊毛，是一件很危险的生意：既然靠信用运作，就必须相信你的供应商。毫无疑问，"布罗格"总是偶尔会欠下一笔恶账，就像约翰 20 年来一直向马尔伯勒服饰商索账，却始终未果。1572 年的诉讼案就是一次警告：约翰花了 210 英镑购买威斯敏斯特和斯尼特菲尔德的羊毛，却被一个告密者告发，说他违反了保护羊毛市场商人垄断权的律法（有些政府密探品性极其可恶：告发约翰的詹姆斯·朗瑞科后来因强奸女仆和敲诈别人锒铛入狱）。这一次念在初犯，约翰交了点罚金就没事了。但后来他只能像其他人通常做的那样——和告密者庭外达成和解——摆平诉讼案件。

羊毛交易的崩溃

1576 年到 1577 年的冬天，英国的一切可不太妙。经济陷入困境，人们对伊丽莎白统治的失望情绪也在蔓延。新的一年里，枢密院警觉到这个国家民情沸腾的状态，"似乎有某种叛乱的迹象"。有初步的迹象表明约翰·莎士比亚有了麻烦。在镇政会的结账日，即 1 月 23 日，约翰没出现在镇议会会议上，13 年来他只缺席了这一次。1577 年他没有参加任何会议。第二年仍然如此。很快这家人就开始抵押资产，约翰似乎开始陷入债务纠纷中。

没有人知道是什么引发了这次经济滑坡。1576 年秋天，原材料的短缺引发了羊毛产业日益严重的危机，也导致了全国经济衰退，特别在科茨沃尔德地区。第二年夏天，枢密院质询了羊毛集市官员以及普通的"有经验的服饰商"："造成原材料短缺的原因是什么，该如何补救？"他们的回答还是老一套的抱怨：就是"布罗格"的错。于是7 月枢密院下达命令，要求各郡当局严打"布罗格"。但很明显，这一措施没有奏效。1580 年 9 月，政府要求揪出"布罗格"，并按照法律起诉他们——他们将被驱逐出城镇。到了这时，约翰陷入了更多的麻烦。

高级教会委员会

就在"布罗格"受到排挤时，当局发动了对旧宗教跟随者的政治迫害。伊丽莎白统治的前 10 年到 15 年，社会各阶层都遵守各自宗教惯例。可现在这种灵魂战争进入了一个新的阶段。1576 年 4 月，女王任命了一个高级委员会，去调查一起反对她 1559 年颁布的至高权力法规的事件。当时的法规确认英国教会的最高统治者是君主，而不是教皇。这个委员会的目标就是要"拨乱反正，改革和惩罚那些蓄意和执意缺席教堂和礼拜活动的人"。每个教区的教会都可以征收天主教徒的罚金来资助穷人。如果情节严重的话，委员会可以施加更重的罚金或惩罚，对那些犯错的人实行契约和担保制度。担任市政职位的人必须发誓在宗教问题上忠于女王。这项调查是在 1576 年下半年进行的，正好与约翰缺席斯特拉福德镇议会的时间大致吻合。

第二年，枢密院任命委员会在每个郡的地主、绅士和不动产拥有者中招募武装力量。这项运动不仅仅是一个军事顶演，更是一项政治和宗教控制。10 月，集结兵力的委员会成员到达斯特拉福德，其中就有当地反天主教的执行者，来自查理窟特的托马斯·鲁西爵士。与此同时，所有主教都接到命令："必须确定教区中拒绝去教堂的人的名字，并统计他们拥有的土地和财物价值。"政府以罚款和土地充公进行威胁，采取了一致行动要求他们对女王表示忠诚。但在南沃里克郡，这些却很难实施。沃赛斯特的主教不得人心，许多地主、中产市民和教士都同情天主教邻居，因此那个不服权威者的名单也就从来没有被确定过。

1578 年 1 月，为了加强民兵组织，斯特拉福德征了一次税（用来抗击可能的叛乱并加强打击天主教的措施）。在这个名单中，约翰·莎士比亚的财产估价税是 3 先令 4 便士——和其他议员相比，只是他们的一半，但他拒绝缴税。和他一起抗税的还有乔治·贝奇，镇里最忠诚的天主教徒之一；托马斯·雷诺德，也是天主教徒，威廉朋友的父亲；托马斯·纳什，诗人另一个朋友的父亲。有意思的是，镇政厅免除了约翰的税款以及他在 1578 年 9 月选举日因缺席而需缴纳的罚金。没有记录表明他缴纳了因缺席而需支付的罚金。

更严重的家庭困境

尽管约翰不愿意或不能支付他的税款和罚金，他还是受到了议会里朋友的保护。1578 年秋天，约翰和玛丽开始处理土地和其他资产。11 月，夫妇俩把 86 英亩地转让给了托马斯·维比和汉弗雷·胡珀，他们可能都是阿登家族的远亲。那份租契里的条件很奇怪，讲明这块地必须租给乔治·吉比斯 21 年。吉比斯是阿登家族的朋友，他必须"每年付一夸特小麦和一夸特大麦"。这份空有其名的地租很明显地说明交易的真正目的不是要赚钱，而是暂时将土地的拥有权进行转让。（转租地产，将它转给朋友或家人，是一种常用于挫败政府企图确定土地和财物的计谋，天主教徒往往会采用这一招。）两天后，约翰和玛丽将他们在威尔姆寇特新建的房子以及 80 英亩地抵押给了玛丽的姐夫，来自希思河畔巴顿的埃德蒙·拉姆波特。这似乎只是一个短期的策略，大约一年以后约翰试着收回这些资产（却没有成功）。

1578 年的冬天漫长而可怕，霜冻严重、大雪纷飞。"雪花四处飞散，东北风刮得那么猛，几乎让人难以置信。"一位观察员曾这样描写道。冰雪初融，造成了大面积的水灾，比如在伦敦，泰晤士河决堤，淹了威斯敏斯特议会大厅。在这样一个洪水泛滥的春日，很多人和牲畜都患了病。4 月初，威廉 7 岁的妹妹安妮夭折了。教堂的记录表明，约翰支付了 8 便士"用于教堂钟声和棺椁"——很明显那是一个规格很高的葬礼，因为这个家庭想在整个社区昂起头来。莎士比亚一家在各方面都受到打击。当麻烦来临时，如他们的长子所说，屋漏偏逢连夜雨。

10 月，约翰和玛丽最后一次低价出售财产，放弃了玛丽在斯尼特菲尔德继承她父亲财产的那一份利益，将其转让给亲戚罗伯特·维比——这一次维比得到了物超所值的东西。就在这段时期，约翰债务累累，被债主告上法庭。不过其他文件表明，他被免除缴纳税款。很明显，在镇政厅还是有人为他们的老朋友和同事说话的。快 50 岁的时候，约翰放弃了自己在镇里的位置。10 年来，他没有参加过会议，只有为老朋友约翰·萨德勒的儿子投票那一次破了例。1586 年，他被除名。为镇政厅服务了 20 年后，约翰退出了。

威廉离开学校

看到曾受人欢迎、春风得意的父亲一落千丈，为钱烦恼、贱卖苦心获得的大片土地，还被人当众羞辱，威廉一定对此印象深刻。长大成人后，威廉努力收复在斯特拉福德流失的土地和财物——甚至努力为约翰申请绅士资格，那是父亲在破产前一直渴望却没有成功取得的绅士资格。

威廉本应该在 1580 年 16 岁时才从学校毕业，而且他想上大学的话，还能再待一段时间。不过据 18 世纪早期的尼古拉斯·罗威所说，威廉被迫提早离开学校，原因正是约翰的窘况，"以及家里需要他做帮手，这一切迫使他父亲让他退了学"。考虑到家庭的问题，这一点是可信的。威廉很可能是在 1578 年快 14 岁时离开学校的。当时，家里有 5 个不到 12 岁的孩子，所以父母需要这个体格健全的长子帮大人养家。

那么后来威廉干什么了？据说他在一家当地律师事务所当公证人，但是除了他拥有特别丰富的法律术语知识外，没有证据表明这一点。这种推测也有可能是因为他和一位常打官司的父亲生活在一起吧。传统说法是莎士比亚曾当过一段时间的乡村校长，但这肯定不对——14岁还太小了些。迄今为止最有可能的答案是，他先为父亲工作了一段时间。罗威和17世纪以写日记记录英国日常生活而知名的约翰·奥布里都是这么说的。两年后，一件十分特别的事对整个英国都产生了影响，当然也包括莎士比亚家族和他们在沃里克郡的朋友们。正是这次事件使得约翰·莎士比亚在16世纪70年代遇到的麻烦有了一层完全不同的背景。

"罗马在英国有集结的兵力"

1580年，在伊丽莎白统治下的英国，暗中攒动的宗教派别仍然是政府最担心的事情。那一年春天的枢密院会议记录表明，政府有着这样或那样的焦虑，而且入侵的威胁总是萦绕在他们的脑海中。议会要求加强萨福克郡从奥尔德堡到洛斯托夫特的海岸防卫力量。而在爱尔兰，英国政府要出动武装力量保护当地新教徒，但混乱且腐败的后勤系统成为军需供给的痛处。同时，那些巫术类的奇谈怪论一直从希罗普郡、沃赛斯特郡和威尔士边境传来。暗地里总有关于巫术、偶像和蜡人的传言，在埃塞克斯甚至发现一个女王模样的蜡人身上扎满了针。在这片土地上，到处都有政府密探和治安官报告"新教渐失民心……那些表面服从的人们暗地里仍然进行天主教礼拜"。令枢密院恐慌的是，他们正失去下一代人灵魂的认同，因为他们始终无法控制学校、校长以及通过英国并不严实的海岸线渗透进来的书籍和

"非法之物"。

那年春天，有消息传来，一小股教皇部队和避难的英国天主教徒试图在爱尔兰登陆。与此同时，伊丽莎白在法国兰斯和意大利罗马的天主耶稣会大学里的密探也提到有人计划将牧师送到英国，充当天主教地下组织的先头部队，重振旧信仰。在这个危险的时刻，甚至有人谣传这只是开端而已，很快就会有西班牙人入侵英国，推翻伊丽莎白，重建天主教的权威。

内忧外患的政府开始收集新的地主名单，以区分谁是可靠的军事后备，谁是天主教同情分子。1580 年 3 月 18 日，女王命令军事委员会在全英国集结人力，"保卫女王陛下、王权、王国和良民，反对任何国内外的反动势力"。枢密院在 4 月 14 日写信给兰开夏郡的治安官，明确地将叛逆者和集结人力联系在一起，并告诉他"女王陛下的目的就是要给犯上者一个下马威"。

约翰·莎士比亚的名字出现在斯特拉福德"绅士和地主"一栏中。几个星期后，他遭到政府控告，于是在 6 月的某一天，他和其他人一起出现在了威斯敏斯特的英国高等法院，发誓会"为女王和她的子民维持治安"。这次被告的名单上超过 200 人，包括绅士、帽商、裁缝、手套商、布商、丝织工、酒商和杂货商，还有很多自耕农和农夫，甚至还有一对中殿律师夫妻。名单中有女人也有男人。其中就有这一记录：

约翰·莎士比亚　沃里克郡艾汶河畔斯特拉福德　自耕农 20 英镑

诺丁汉的约翰·奥德莱　诺丁汉县　约翰·莎士比亚的帽商担保人　10 英镑

烧火工托马斯·库莱　约翰·莎士比亚的自耕农担保人　10
英镑

在同一页上约翰·奥德莱的保证金是 40 英镑，他的担保人是莎士
比亚和库莱，各付出 20 英镑。还有其他两个当地人：柯德敏斯特的
尼古拉斯·沃顿和来自埃尔姆利的自耕农威廉·罗莱，他们都来自沃
赛斯特郡。

这样一个神秘的关系网在中央政府的文件中有何重要性？令人奇
怪的是，制定这样一个名单的动机仍然不为人知。很可能这些互相担
保的事件并没有什么联系。表面看来，在国家政治的关键时刻，这个
名单关系到王国的和平与安全。某个比邻里情谊更深刻的东西似乎将
人们联系在了一起，详细的证据表明这样东西是宗教。"罗马在英国
有集结的兵力，深入内部，"掌玺大臣尼古拉斯·贝肯爵士这样给女
王写道。1580 年 4 月，一项对伦敦监狱关押人员的调查产生了一个
天主教囚徒名单，他们都是经担保而"立约的"。第二年这个体系就
上了法令全书：每个 16 岁以上的人，如果不遵守伊丽莎白的统一礼
仪法，就会被罚"20 英镑，在被罚的那个月必须支付"，否则就会上
升到没收"所有财产和他们的土地"。那些 12 个月没有去过教堂礼拜
的人，除了罚金之外，"必须担保 200 英镑来保证良好行为，直到他
们全部归顺为止"。

约翰·莎士比亚在政府眼中成了有污点的人。他的经济状况很糟
糕，没能在规定的日子出现在伦敦处理他的担保案件。因此，他被罚
40 英镑——20 英镑是因为他为奥德莱担保，另外 20 英镑是因为他的
缺席。这可是一大笔钱——约翰卖掉了威尔姆寇特的资产才筹齐这笔
钱——而且很奇怪，因为对这样一个负债累累的人来说，他不得不

卖掉妻子的财产份额才筹集 6 英镑，为什么还要缺席法庭，宁愿被罚款呢？

埃德蒙·坎皮恩的使命

6 月 12 日，就在担保事件进行的时候，一个穿着讲究的陌生人来到了多佛。他的黑色外套和绅士帽很耀眼，黑发却剪得很短，有些过时。耳朵尖的人可能会发现他有那么一点点意大利口音。在伊丽莎白新教革命头 10 年虚张声势的战争和随后 10 年集结兵力的风暴过后，天主教反变革运动拉开了危机的序幕。这就是埃德蒙·坎皮恩耶稣会使命的开端。

英国政府一直在等着他。和任何政权的反应一样，他们给海峡港口的海关官员提供了艺术家画的坎皮恩人像。这幅画是基于在兰斯和罗马的研讨会时冒充神学学生的双重间谍的描述完成的。实际上先期的耶稣会秘密人员在 6 年前就已经潜入英国。不过坎皮恩是最大的那条鱼：他是这个时代最有才华的学者，曾在牛津用拉丁文女王面前进行抨击。现在，他从多佛再次进入英国。坎皮恩被耽搁了一会儿，经过市长例行质询后，他就自由了。别人却没有这么幸运，他的一个伙伴被逮捕了，还被控携带"海外书籍"。紧张颤抖的坎皮恩带着感激在黑暗中徒步走向伦敦。

三个和斯特拉福德有密切联系的耶稣会员计划与他会合。托马斯·考特姆以前是校长，也是威廉在斯特拉福德一位老师的兄弟。罗伯特·德波戴尔，是莎士比亚母亲的一个亲戚，他来自邻近的肖特雷村，很可能也在语法学校受过教育。还有罗伯特·皮尔森，一脸大胡子，已经假扮成一个部队军官进入了英国。他是玛丽·莎士比亚的另一个亲戚爱德华·阿登的朋友，并将阿登家作为活动基地。

坎皮恩在熙熙攘攘的伦敦郊区南卢一幢安全屋里居住下来，从此开始了他的使命。从那时起，天主教徒不能再保持温和派态度，也不可以去新教徒的教堂，这样做是"能够想到的最邪恶的行为"。但这是一个绝对错误的要求，就像伊丽莎白被逐出教会只会加速英国天主教的毁灭一样。

随着玛丽女王时期老一代牧师逐渐消失，耶稣会担心新教当局会加强对教育和灵魂的控制，他们希望能组织秘密行动援助天主教徒。他们也知道从众和适应会意味着天主教传统在英国逝去。"如果大格里高里和圣奥古斯丁现在看到这个国家，他们会怎么想？"有人问道，"这可是他们以上帝的名义在597年就传福音的国度。"新一代成长起来了，却很无知，只知道教皇是反基督者，弥撒是可笑的仪式，地狱和炼狱是让头脑简单的人敬畏的把戏；这是不会将天主教当成自己国教的一代。

面对四处蔓延的反叛，当局视耶稣会为恐怖分子。但对于天主教徒来说，他们却是自由战士。几个星期后，这些新来的人离开伦敦。7月，坎皮恩到了北安普敦郡、牛津郡和东安格利亚；皮尔森去了西内陆、沃赛斯特郡和格鲁斯特郡。他们随身携带着便捷祭坛和白色法衣，对那些路上遇到的旅行者自称商人。皮尔森向沃里克郡前进。考特姆也曾计划走这条路，德波戴尔写了一封信，把他托付给自己在肖特雷的父母。不幸的是，信被拦截了，考特姆被捕。斯特拉福德风声越来越大，网越来越紧了。

根据政府的审讯记录，我们可以将那年夏天皮尔森的路线图拼凑起来。他和格朗特一家待在一起，格朗特是约翰·莎士比亚在诺斯布鲁克的生意伙伴，而诺斯布鲁克离莎士比亚家在斯尼特菲尔德的农庄很近。在受到罗灵顿的斯基纳一家人的款待后，皮尔森继续前往拉普维斯宫，或许是去布什伍德，那里是威廉·凯茨比爵士的家乡，著名的叛逆者避难地。坎皮恩第二年一直待在那里。费拉尔一家在巴蒂斯雷克林顿的房子是另一处避难地。"非常安全，是我们以前常常用来开会的地方。"一个耶稣会士后来写道。政府的密探也报告说，坎皮恩在离斯特拉福德北部 20 英里远的帕克宫受到款待，那是莎士比亚母亲的亲戚爱德华·阿登的住所。这一点从来没有被证实过。但一封由耶稣会士罗伯特·索思韦尔写的信至少说明了爱德华·阿登是一个积极的天主教支持者："他是皮尔森神父的朋友，皮尔森常常在他的房子里避难。"

在 1580 年这次使命中唯一逃脱处决的皮尔森曾说，耶稣会士在那年夏天受到了成千上万人的欢迎。对坎皮恩来说，这也是"一次令人开心的丰收"。在他们的秘密会议上，忠诚的天主教家庭来见他们，一起做弥撒。教徒们来自社会各个阶层，包括上等人、绅士地主、自耕农和当地牧师等，这个郡的旧社团里有很多人都来见这些传教士。这些天主教徒也许并不知道自己是在逆历史的潮流。

不过耶稣会士可不光是来做弥撒的。虽然他们允诺不涉及政治（并声明无意伤害女王），但坎皮恩在南卢制订的计划具有明显的政治性。他不止要人们放弃温和派的态度，更要他们拒不参加英国国教礼拜仪式。传教士的信件表明，他们希望"行为失检"的天主教徒能发誓效忠来重申天主教信仰，这种天主教的誓言和伊丽莎白政府提倡的新教誓言恰恰相对立。

在一封信件中，坎皮恩谈到了旧天主教徒和新"签名"的皈依者。目的何在呢？坎皮恩和皮尔森带了什么关于信仰的圣约书吗？这样的疑问至今悬而未决。这次使命过后不久，沃赛斯特郡的天主教徒威廉·贝尔写了一份圣约书，以遗嘱的形式和带着信仰的忏悔去证明这样一个传统："英国是从埋葬了基督、随后来到英国的阿里玛西亚的约瑟夫那里接受了基督教。"由于耶稣会士随身带着小册子，坎皮恩一行人中有人就因携带海外印刷品在多佛被捕了。但是那年从兰斯写信给罗马时，耶稣会首领威廉·阿勒说，这次使命证明了他们是如此受欢迎，以致皮尔森"想要三四千册，甚至更多的圣约书（testamenta）"。"圣约书"这个拉丁词既可以指遗嘱，也可以指《新约》。尽管天主教的兰斯版《圣经》的确在那一年年末印刷出来，但阿勒写这封信时不像在暗示罗马方面，皮尔森在兰斯筹集尚未出版的《圣经》。这其中有很多似是而非的解释，却让我们意外看到了莎士比亚家族最耸人听闻和最具争议的东西。

约翰·莎士比亚的秘密圣约书

1757 年 4 月，在莎士比亚的出生地汉里街工作的一些人发现，在屋檐和托梁的缝隙中藏着一份长达 6 页的手写英语天主教圣约书，每一页上都签了约翰·莎士比亚的名字。这一发现有好几个证人，包括工头、哈特家族的成员（莎士比亚妹妹琼的后人）、斯特拉福德教区牧师以及一位当地议员。最重要的是，伟大的 18 世纪莎士比亚学者埃德蒙·马隆曾仔细看过这份圣约书。在他看来，这份文书写于 16 世纪末或 17 世纪初。后来，马隆认为这不可能是约翰或其他家庭成员写的，但他"很确定的"是，这份文书确确实实是晚期都铎王朝文书的真品。

不幸的是，这份手稿真迹现在不见了。1790 年，马隆曾将它印刷出版："我约翰·莎士比亚，在此声明我愿意，我确实渴望，谦卑地恳求，作为我最后的遗愿，与荣耀的、永恒的圣母玛丽亚，罪人的保护神和辩护者（我敬她超过其他圣人），缔下圣约，她是首要执行者，和其他圣人一起，我的恩主……"约翰的恩主是弗林特郡霍利韦尔的圣人威尼弗雷德，对他朝圣深受斯特拉福德地区人民的欢迎，也从来没有受到政府的镇压（耶稣会的首领，亨利·加内特在1605年的议会爆炸阴谋之前还去霍利韦尔祈祷过）。不仅如此，约翰还祈祷恳求："我所有亲爱的朋友、父母和亲戚，侍奉我们的救世主耶稣基督……在我死后为我的灵魂做弥撒。"这份文书涉及英国变革期间最引发争论的信条：拒绝祈祷和为死人做弥撒。约翰还郑重承诺，"我会耐心忍受所有的虚弱、病痛和死亡的折磨"，绝不会放弃天主教信仰。这似乎正是1580年天主教使命团成员所要求的忠诚之誓。

这份文书很奇怪，而且冗长，不像英语。它有着巴洛克风格的天主教辞藻，以至于很长时间以来，似乎这份文书不可能是一个良好的英国市民、前斯特拉福德镇长、国家诗人的父亲拥有的。马隆于1812年过世，在他之后，这份圣约书被看作是赝品。做出这一鉴定是因为第一页丢失了，一个著名的斯特拉福德古文物家引用了哈姆雷特鬼魂的章节拼凑出了这一页（这愚弄了好几位现代传记作家）。不过真正的要点是，对于大多数19世纪的学者来说，很难想象这位诗人的家庭会被天主教"玷污"。

到了20世纪，人们先是发现了这份圣约书的西班牙语版本，接着一本1634年出版的英语译本也被发现了。它们毫无疑问地证明，汉里街房檐上找到的，实际上是16世纪70年代米兰红衣主教博罗梅奥用拉丁文所写的《心灵契约》的英译版。坎皮恩和皮尔森在去英国的路上一直和博罗梅奥待在一起——在一封发自英国的信中，皮尔森要读信的人问候红衣主教，并称呼他为恩主。这说明，"约翰的"圣约书确实是真正的 16 世纪文本。

　　那么这份特别的文书是如何到了莎士比亚家房子的屋檐上呢？诗人父亲的名字为什么又出现在上面？约翰是从坎皮恩或皮尔森那里得到这个的吗？当然，他完全可能接触过这份圣约书，并在接下来的 20 年里通过朋友和邻居的手抄本将它散发出去。在那么正式的文书上签名的动机很可能是受到了传教士的直接影响。当然，还有一种可能性——这是 18 世纪的赝品。但是，18 世纪时约翰的天主教信仰并不是重要的议题，有什么理由使当时的研究者要将此归于约翰·莎士比亚呢？

　　诸多证据都证明这份文书是真实的。传教士使用这些东西，触及了 16 世纪宗教纷争的关键要素：拥护天主教堂，为死者祈祷以及抵抗。当然这并不绝对，很可能数量有限的印刷的圣约书是 1580 年 6 月"从海外带进英国的"。在耶稣会秘密弥撒上，传教士们分发了这些书，它们广受欢迎，因此需要印刷更多。最有可能的是，这些印刷的书是由皮尔森分发出去的，书不够时，就以手抄本来补足。

　　总的来说，很可能约翰·莎士比亚，斯特拉福德的前治安官，确实收到了这份圣约书——也许是通过当地的牧师，也许是通过朋友，但最有可能的是通过罗伯特·皮尔森本人之手，这可以从后面一个奇怪的传统得以解释。那时约翰处在极度的经济窘迫中，他被剥夺了公职，女儿安妮刚过世一年。受到使徒极具感召力的讲道鼓舞，当时温和派天主教徒和迷失的天主教徒往往能重新确认自己的信仰。也许约翰就参加了在布什伍德的凯茨比家的弥撒，或在帕克宫和他妻子的阿登家族一起参加了弥撒。这就意味着，文书本身不是朋友或邻居的手抄本，但是就因为这是写于他宣告自己信仰的时候，所以倍加珍惜。后来，也许迫于某种威胁，约翰不得不放弃这本书，但他没有销毁它，而是选择了将它藏在屋檐下。

尽管这一切意味深远，但圣约书没有实质地改变约翰对宗教的看法。如果这是真的，就支持了从其他资料得出的观点。1592 年，斯特拉福德举办了两次皈依国教的活动，都留下了记录。第一次是在复活节后进行的。复活节是天主教徒最重要的教堂节日，也是他们最不希望在新教教堂进行礼拜的日子。在那些没有参加新教教会的人员名单中就有著名的抵抗者，"顽固的天主教徒、神学院学生的保护者"。诗人父亲的名字出现在两次活动的名单中，但是位居那些以债务为由不出现在教堂的人中。

当代学者对这个证据表示怀疑。约翰的借口在天主教徒中很常见，即因害怕债主会抓住他，所以不能在诸如教堂等公众场合露面。这当然只是一个借口——那年夏天约翰还出现在镇里公开做生意，为两位死去的朋友的房产进行估价。约翰也许还不想公开不服国教，但又表现出他不仅仅只是一个温和派天主教徒。

决定性的线索是在 1964 年梅德斯通的主教记录中发现的。1606 年 5 月，议会爆炸阴谋后不久，在一个自认天主教徒和温和派天主教徒的名单中——这些人"不出现"在斯特拉福德新教复活节教会活动——有苏珊·莎士比亚的名字。她是诗人的女儿，约翰的孙女。担保案件、托梁上的神秘圣约书、叛逆者名单，现在连孙女都很可能是天主教徒，如果有些是意外事件，有些是巧合的话，这些巧合也太多了一些。看起来整个莎士比亚家族都是忠诚的天主教徒。

在危险的氛围下重申自己的信仰时，约翰·莎士比亚郑重地恳求最亲近、最亲爱的人在他死后为他做弥撒，并为他在炼狱煎熬的灵魂祈祷。从《哈姆雷特》中鬼魂有关炼狱的演说来看，那确实会让人颤抖。威廉写《哈姆雷特》大约是在 1600 年，那时他已经是伦敦戏剧界重量级的人物了。我们都知道他不是一个天主教徒，但他也从来没有表现得像个新教徒。如果说威廉的成长环境是与这些暗中的良知与权力之争相依的，那么这肯定给他后来的生活和创作带来了有益的东西。

走向绞刑架：坎皮恩使命的结局

坎皮恩只自由活动了一年。1580 年到 1581 年冬天，大批人在追捕他。在南方，斯托纳位于切尔屯的房子里有一间秘密印刷厂，坎皮恩在那里印刷了反政府的小册子。接着他去了兰开夏郡，和霍顿的家人一起待在利厅和霍顿塔，并在那里度过了 1581 年的复活节和五旬节。6 月，罗伯特·德波戴尔被捕，接着被捕的就是坎皮恩和考特姆，他们被押解到伦敦。坎皮恩到达伦敦的时候，迎接他的是一条写着"煽动叛乱的耶稣会士坎皮恩"的横幅。他受到了漫长的审讯，挨饿、被夹拇指。人们还用针扎指盖下的肉，并把他压在名叫"清道夫女儿"的金属酷刑架中，在阴湿黑暗的机井坑里关了八天。7 月 30 日，政府颁发许可令可以对他行大刑。最终坎皮恩招架不住了，向折磨他的人供出了名单。

11 月 14 日，伦敦开始审判坎皮恩和托马斯·考特姆，整个过程简直像是一部伟大耶稣会士的良知大戏。一个叫安东尼·穆恩迪的双重间谍提供了指控坎皮恩的证据。穆恩迪曾在兰斯伪装成一个天主教学生，他大肆炒作自己在耶稣会神学院的所作所为，博得了很多眼球。当然，坎皮恩注定是要死的，尽管为他辩护的知识界力量十分强大。受审时，虽然饱受折磨、健康状况极差，坎皮恩还是有力地驳斥了所有目击证人。最终，坎皮恩被判有罪，处以死刑。对于这个判决他回以预言性的话语，鉴于伊丽莎白时期英国面对的历史困扰，这些话产生了极大的影响："你处决我们，就是处决了你所有的祖先，所有先前的主教和君王，他们曾是英国一切的荣耀。"

所有和坎皮恩有联系的人都受到调查，包括密探指出的人或据说曾参加弥撒活动的人。坎皮恩曾住过的所有房子都被彻查。北部地区的一些重要人物遭受毁灭性打击：亚历山大·霍顿在那年秋天离奇死亡；托马斯·海斯克斯被关进曼彻斯特大牢，并死于狱中。审判者还沿着坎皮恩的足迹到达斯特拉福德地区。布什伍德的凯茨比被捕，托马斯·鲁西爵士对他进行了审讯。那年秋天约翰·考特姆辞退了斯特拉福德语法学校的教职，回到兰开夏郡。这应该不是巧合，毕竟他的兄弟是那个时代最耸人听闻的叛国审判中两个主要被告之一。回到家乡后，考特姆和妻子为天主教的孩子建了私人学校，常常因为叛逆而被罚。语法学校里替代他教职的是亚历山大·阿斯比诺，兰开夏人。至少从外表来看，阿斯比诺是个顺从的新教徒。令人惊奇的是，在镇政厅最终想任命，或者说被迫任命一个更加正统的校长前，他在伊丽莎白统治时期整整干了20年。

12月1日，坎皮恩在泰伯恩行刑场先被绞死，然后被大卸八块——泰伯恩是莎士比亚时期惩罚犯人或"得到救赎"的地方，这当然取决于人们的看法。屠场的遗迹——包括一块沾满鲜血的布，一把大刀和一根指头——至今仍被天主教忠诚份子保留在兰开夏郡的圣坛上。

童年时代的终结

有时候童年会在经历创伤后的一瞬间结束。经过四年多的时间，约翰的财产慢慢消失了。不论担保案件和与 1580 年耶稣会使命事件是如何发生的，都可能是年轻的威廉进入成年的最后一步。那是权力和良知的冷酷现实。伴随着这一切，黄金时代的童年逝去了。

不久之后，威廉从我们的视野消失了，这被称作是他一生中"消失的岁月"。到底发生了什么呢？回到那年夏天，耶稣会首领被捕的消息就像野火一般在天主教徒中蔓延开来。人们曾经给这位首领提供过庇护，现在当然也就置自身于危险的境地。1581 年 8 月 13 日，亚历山大·霍顿在兰开夏郡匆忙立下遗嘱。他奖赏了许多仆人和随从，还推荐了两个人——福尔克·吉罗姆和威廉·沙克沙夫特——给他在利厅的兄弟托马斯，结果却没有成功。他又将他们介绍给邻居和亲戚托马斯·海斯克斯爵士。沙克沙夫特和吉罗姆似乎是演奏师或乐师，因为在遗嘱中霍顿提到了乐器以及和他们相关的"演奏服"。海斯克斯是有名的演奏家恩主，霍顿希望他能雇佣沙克沙夫特和吉罗姆或者"帮助他们找到一个好雇主"。

现在，人们认为亚历山大·霍顿的遗嘱是了解莎士比亚那段消失岁月的关键。许多学者相信沙克沙夫特就是当年 17 岁的莎士比亚。他在斯特拉福德求学时的最后一个校长，约翰·考特姆，是霍顿的人，人们由此认为，很可能就是他把自己的前学生推荐给霍顿做私人教师的。有些权威人士想得更为大胆，认为年轻的莎士比亚被坎皮恩使命团从天主教上流人士中招募进来，一路北上受训成为下一代中的先锋。

这似乎有些牵强。当然其中有些奇怪的巧合。比如近 20 年后，莎士比亚在环球戏院的董事和赞助者托马斯·萨维奇，也来自兰开夏郡的这一地区，他的妻子也姓海斯克斯。因此莎士比亚与霍顿的这种联系可能不仅仅是一种幻想。不过沙克沙夫特就是莎士比亚吗？在兰开夏郡，"沙克沙夫特"曾经是，现在也是一个非常常见的姓氏——普雷斯顿公会在 1580 年到 1581 年的记录上就有很多沙克沙夫特，有个约翰·沙克沙夫特还是个手套商。表面上看来，在霍顿的遗嘱中，这个拥有普雷斯顿地区姓氏的人应该是当地人。有了这个铁证，年轻的莎士比亚与兰开夏郡之间的联系就消失了。基于这一点，也基于很多其他早期莎士比亚传记的细节，实际情况是，目前还没有发现令人信服的证据，证明"兰开夏郡观点"的正确性。

毫无疑问，在莎士比亚生命中的这个时刻发生了许多事件。1582年 8 月底或 9 月初，他到达了人生转折点。另一位年轻的斯特拉福德人，耶稣会士罗伯特·德波戴尔，还在伦敦监狱中，他的父亲通过斯特拉福德的运货人威廉·格林厄维给他送去了食物包裹——"两块奶酪、一条面包和五个先令"。二个星期后，罗伯特被释放了——也许是这个吓坏了的年轻人主动加入了新教教会——他回到肖特雷的家，正好赶上了一场婚礼。

第五章　婚姻与孩子

斯特拉福德城外大约一英里的地方就是小村庄肖特雷。在莎士比亚时代，从汉里街出发，轻松地穿过市场来到罗瑟街，在那里有条小路北上一直通往肖特雷河。现在这条河边遍布各家房产，但在16世纪河的两岸都是玉米地，穿过玉米地才会到达一片半木头造的茅草房。18岁的莎士比亚也许常常在1582年的夏天走上这么一圈。回到汉里街，威廉就和他三个弟弟共处一个房间。作为一个十几岁的男孩子，毫无疑问那个时候的他情窦初开——特别对那个大他8岁的肖特雷女孩。正如当初流行的那首歌唱道，年轻就是爱的时节，来得快去得也快。

肖特雷的一处房子有花园和苹果园，是属于理查德·哈撒韦家的。他是一个农夫，也是个羊户，把羊毛卖给莎士比亚的父亲。理查德是一个鳏夫，前一年夏天去世后留下女儿安妮和她的兄弟巴瑟洛缪打理家里。那个家配备很齐全，很讲究，有两张"合床"（四柱）。那个年代，年轻人婚前性行为很平常，通常还会在田野里。对于威廉来说，哈撒韦家和这幢房子的女主人十分具有吸引力。快到丰收季节时，8月底或9月初，安妮怀孕了。

"调情和青春的碰触"

这是个很平常的故事。据估计，三分之一都铎王朝时期的女人在结婚时已经怀孕。根据教堂法庭，即所谓的低级法庭拥有的记录表明，婚外性行为在社会各个阶层都有发生，伊丽莎白时期的人根本无视法定年龄这一说。周日的各个教区教堂没有布道时，人们就会读到官方反对"卖淫和不洁性行为"的言论。清教徒和更严格的新教徒当然会特别强烈地反对这种"极度的罪恶"，一个官方说教者激动地说："整个世界蔓延着骇人的通奸、卖淫、私情和不洁性行为，以至于这一罪恶都不算什么恶行，只是一种消遣、调情和青春的碰触而已。人们对此没有斥责，却只是眨眨眼，没有惩罚，只有笑笑而已。"

所以，尽管威廉和安妮可能在他父亲的客厅里、在亲友们面前早已牵手，说过订婚的甜蜜话语，为了对方"放弃其他友人"，但他们的事情很可能只是"青春的碰触"。后来的日记表明，为了避免怀孕，年轻人"相互愉悦"不会造成深度的来往。年轻的女孩子通常只有在和男人订婚后才会有性行为，所以年长一些的、更有经验的女人才更有可能和年轻男性发生性关系。安妮在26岁的时候并不一定是嫁不出去的，那是都铎王朝时期英国妇女的平均结婚年龄；不过也许她的年龄在一个农村社区有引发担心的理由，毕竟，女孩子在农村会结婚早一些。而对于威廉来说，18 岁的他还是未成年人，要想结婚，就要征得父母的同意。

婚姻的谜局

直到 11 月末，这对情侣才朝结婚前进了一步。教堂法律禁止在基督降临节（在 1582 年是 12 月 2 日）和 1 月中旬期间办婚礼。那个时候，安妮的肚子会很明显。因此，在最后一刻，也就是 11 月 27 日，安妮父亲的两个农夫朋友可能带着威廉和他们一起到沃赛斯特向宗教法院申请了一张特别的结婚许可证。沃赛斯特的主教档案中仍然有这个许可证的记录（但不是许可证本身）和结婚契约。这两份文件和其他与诗人有关的物件一样让人好奇无比。

在这份特别的许可证上，莎士比亚的名字丝毫不差，但新娘的名字却写成了安妮·沃特利。许可证还显示她不是来自斯特拉福德，而是斯特拉福特西边 4 英里远的坦普尔格拉芙顿居民。第二份文件的日期是 28 日，是肖特雷的两个农夫约翰·理查德森和福尔克·桑代尔订下的契约。上面说明威廉莎士比亚将迎娶安妮·哈撒韦，而且这对夫妻都是斯特拉福德人。我们知道，莎士比亚的妻子名叫安妮·哈撒韦，来自肖特雷，隶属斯特拉福德教区。如何解释新娘的另外一个名字呢？这么多年来这些公认的令人困惑的登记条目引发了大量的研究。有些权威甚至认为安妮·沃特利才是威廉真正想娶的女孩，但因为另一个安妮怀孕，他只好被迫与其结婚。不过，令人难过的是，安妮·沃特利似乎只是一个忙昏了头的办事员的抄写错误而已，因为当天那个办事员一直在办理某个沃特利的案子。

如果我们接受这个解释，那么很明显，当时是匆忙之下去获得这个许可证的，也是很快发布结婚预告的。通常规定，要在周日或在随后几个星期的圣日或宗教节日发布三次预告才能结婚。但现在唯一可以结婚的日子就是圣安德鲁日，11 月 30 日，降临节前的周五，在结婚季结束前也就只有这一天了。这就是为什么他们在周二的时候带着文字材料去沃赛斯特，这些文字材料肯定包括了莎士比亚父母的同意书、新娘和新郎的地址以及他们恳求特别许可的原因"陈述"。

这对情人的急切心理真的是申请特别许可的唯一原因吗？根据法律，他们应该在其中一方的家乡教区结婚。他们两人都来自斯特拉福德教区，如果不想在那里结婚，这也可以是需要许可证的原因。有趣的是，主教维特吉弗特作为莎士比亚结婚许可的颁发人，在他后来的一份备忘录上证实了在不同教区举行婚礼的庄严性，其理由是有"合理的秘密"。也许这个家庭想要一个安静的婚礼，也许因为新娘怀孕了，也许因为新娘和新郎的社会地位不同，也许因为他们只是想节省点钱。那么，在许可证上，新娘的住址为什么是坦普尔格拉芙顿呢？在其他地方幸存下来的婚礼陈词告诉了我们新娘和新郎的永久住址，这显示坦普尔格拉芙顿不是笔误。安妮要么当时就住在那里（那是她母亲的村庄吗），要么是选择住在某地 15 天以满足在另一个教区结婚的必要条件（这个规定至今仍然如此）。

"老牧师和宗教立场不坚定"

那么为什么是坦普尔格拉芙顿，而不是他们自己的教区教堂呢？这也是主教维特吉弗特"合理的秘密"之一吗？因为新娘怀孕了，他们中的一个或者双方都不想大张旗鼓？莎士比亚家人认为这场婚姻的社会地位并不般配？这倒不太可能。那么，还可能有其他的原因。从表面上看，安妮和威廉是在尽力避免在斯特拉福德结婚。当时斯特拉福德的牧师亨利·荷柯勒福特是一个坚定的新教徒。而坦普尔格拉芙顿的牧师（在莎士比亚婚礼四年后，他的名字出现在政府密探的报告中）很明显并不是新教徒："约翰·弗里斯牧师是个老牧师，宗教立场不坚定，他既不能布道，也不太识字，他的主要事务就是治好那些受伤或生病了的主战派份子，正因如此他们常常护着他。"

因此，这位约翰·弗里斯老"爵士"来自玛丽女王时代，在近30年前的天主教英国曾做过牧师。他被密探控诉为天主教徒，是我们见到的最典型的沃里克郡农村牧师：忠诚于他们教群的人，只要有需求，就会按照古礼为他们洗礼、主持婚礼和葬礼。虽然他也接受一些新教徒教堂的事情，但还是会固守传统，譬如给新妈妈做礼拜，为死者祈祷。

在伊丽莎白统治时期的大量档案中，我们还可以找到更多有关弗里斯的记录。譬如，他见证了或者很可能记下了卢丁顿的理查德·斯马特的遗嘱。斯马特正是一位天主教徒，1571年他将自己的灵魂"交给了万能的上帝，以及天堂的所有神灵"。最明显的是，就在安妮和威廉婚礼的两年前，弗里斯被控在新教教堂固定的时间以外非法主持婚礼，而且也没有发布结婚预告。弗里斯一定受到过强烈怀疑，因为他对法令通融，还实行旧仪式。那么，原因找到了：安妮和威廉——或更有可能是他们的家庭——需要一个传统英国模式的、以罗马弥撒结尾的婚礼。

莎士比亚的第一首诗？

在莎士比亚、理查德森和桑代尔回到斯特拉福德后，只剩下一天的时间发布结婚预告：圣安德鲁日。碰巧，坦普尔格拉芙顿教堂是供奉圣安德鲁的，传统上他是未婚女子、特别是那些想成为母亲的未婚女子的保护神。乡间有个古老的迷信宣称，如果女人向他祈祷，并在圣安德鲁日的那一夜裸睡的话，她就会梦见未来的丈夫。

很可能那个周五，弗里斯只在教堂门口发布了一次结婚预告，并在同一天举行了结婚典礼。因为坦普尔格拉芙顿早期的教区登记册丢失了。不过还有一条让人好奇的线索。大约 30 年后的 1609 年，莎士比亚成了伦敦著名的作家，出版了一些十四行诗，描写他和一位英俊的年轻男子之间的亲密关系，以及对一个不是他太太的女子不可自拔的性欲。在结尾，他用了一首稚嫩的诗歌，直到最近学者们都不相信是他写的。不过，引人瞩目的是，在倒数第二行，似乎隐藏了他妻子姓氏的双关词：

> 爱神亲手捏就的嘴唇，
>
> 对着为她而憔悴的我，
>
> 吐出了这声音说，"我恨"，
>
> 但是她一看见我难过，
>
> 心里就马上大发慈悲，
>
> 责备那一向都是用来
>
> 宣布甜蜜的判词的嘴，
>
> 教它要把口气改过来：
>
> "我恨"，她又把尾巴补缀，
>
> 那简直像明朗的白天，
>
> 赶走了魔鬼似的黑夜，
>
> 把它从天堂甩进阴间。

> 她把"我恨"的恨字摒弃，
>
> 救了我的命说，"不是你"。

这个双关词就在哈撒韦（Hathaway——hate away）这个姓氏的沃里克郡发音。在最后一行，听众也可能会听到"安妮拯救了我的生命"（Anne saved my life——And sav'd my life）。这首诗不是很棒的一首，但人们越来越认同这首诗是威廉为他的婚礼所作，也就是他幸存下来的最早的作品。如果是这样的话，那么这首诗就让我们看到了莎士比亚作为诗人和情人更多的东西。很显然，这个十几岁的少年阅读过就在那一年出版的托马斯·沃特森的十四行诗集《爱的炽热世纪》。沃特森和沃里克郡有着千丝万缕的关系，他写下这部诗集，一部分是为了以此作为韵律形式的模本：这部诗集堪称热情洋溢的诗人准备的教学手册，或者说"特别哀婉的"彼得拉克主题的参考书（即中世纪意大利诗人彼得拉克首次使用的那些主题）。沃特森的十四行诗展现了高傲地美化古典历史和神话的各种方法。他以复杂的思维和自我意识的情绪扩张，为十四行诗在接下来 20 年里的兴旺发展奠定了基础。伊丽莎白时期的情人们都唱着这样的歌："如果这不是我感受到的爱，那这是什么？如果这是爱，那么爱是什么？"

年轻的莎士比亚已经有野心要成为诗人了。他买了或借了一些沃特森的书，和其他年轻的情人一样写十四行诗取悦自己的女人。这位紧张的少年新郎是否曾经在汉里街的婚宴上，在人们品尝水果派、大嚼野禽肉、喝着乡村啤酒的时候，朗诵十四行诗给他怀孕的新娘？他显然以一种自传体的模式把他人——男人或女人——写得更好、更有力、更热情。在他所有的作品中没有更令人感动或个人情绪化的诗歌了。

关于这首幸存的第一首诗，还有一点需要弄清楚，这和诗的第二行中奇怪的刺痛感有关：他用了"我恨"这两个词。沃特森的诗歌中也有类似的被爱人开玩笑地鄙视。不过安妮是否先是拒绝了威廉？他们的婚姻之谜引发了自此之后无限的猜测：威廉21岁的时候，他们最后一个孩子出生后（为什么没有再生了），开始了分居两地的生活（为什么不居住在一起）；诗人遗嘱中给安妮的是简短而神秘的馈赠（为什么没有爱语）。不过我们不能光从表面来评判一段关系。威廉当时18岁，不再有童年的天真。父亲家道败落，他变得很脆弱。安妮当时已经26岁，对这个世界了如指掌。字里行间，我们都能读懂，在他的一生中安妮都是威廉的靠山，支持他在伦敦的事业。也许他的意思确实是说她"挽救了我的生活"。多年以后，当他发表这首诗时，这些话依旧情真意切。后来安妮还希望能和他合葬。也许这首诗就是打开他们神秘婚姻的钥匙。

尽管如此，奉子成婚也许不是婚姻生活的最好开端。那时候，对于一个男人来说，婚姻会阻碍他上大学，甚至当学徒做生意。这很可能不是威廉的父亲期待长子做的。

被恐惧击倒的一家人：萨默维尔阴谋

1583年5月，威廉和安妮的第一个孩子出生了。他们在给她领洗时取名苏珊娜。安妮和她的婴儿很可能与约翰、玛丽以及威廉的弟弟妹妹同住在汉里街。那时的约翰总是担心受到仇敌、债主和密探的伏击，所以一家人住在一起也不安定。当然，都铎王朝的人民对隐私和个人空间的要求比现在要少得多。

那年秋天，他们结婚还不到一年，这个拥挤的家庭气氛急转直下。重要的国家事件接踵而至，可怕地影响了一大批沃里克头面人物，包括这个家庭的亲友。当时，政府开始收到"消息"，说有反对伊丽莎白的所谓天主教阴谋，还谣传和离斯特拉福德很近的斯洛格莫顿家族有关。人们日益疑神疑鬼，到处都是密探和间谍，伴有各种传言。10月25日，一个名叫约翰·萨默维尔的年轻人——他来自斯特拉福德附近艾德斯通村庄——在一个路边小旅店被逮捕，这个小旅店位于去伦敦途中的班伯里和毕赛斯特之间的安恩侯。据说，他挥舞着手枪，说伊丽莎白女王才是真正的异教徒，她的脑袋应该钉插在伦敦桥上。这简直令人震惊。人们说萨默维尔还嚷着要刺杀女王。这个场景是否真实人们一直存疑。当时大家的看法是，萨默维尔一定是脑子坏了。而他的岳父不是别人，正是莎士比亚母亲家的家长，爱德华·阿登。

阿登是著名的天主教徒，曾为保护一位牧师而将他假扮成园丁。还有谣传说，他曾庇护过坎皮恩使团的成员。他有宿敌，特别是莱斯特伯爵罗伯特·达德利。达德利是伊丽莎白的新宠，温文尔雅、英俊潇洒。要说女王喜欢谁，那可是非达德利莫属。但他在沃里郡遭到了旧社团的憎恨。1575年，伊丽莎白访问肯纳尔沃思时，阿登拒绝穿上制服，让达德利下不来台，还叫他"暴发户""通奸犯"。这一场景不禁让人想起莎士比亚在《仲夏夜之梦》中的描述。现在萨默维尔事件正好给了达德利和他的地方支持者一个镇压阿登及其亲友罗伯特·斯洛格莫顿的机会。

10月31日，政府颁发了一项逮捕许可令，"那些以任何方式与其有联系的人都要逮捕，并搜查他们的房子"。11月2日，枢密院官员托马斯·威尔克到达位于查理寇特的托马斯·鲁西家，就在斯特拉福德镇外。在接下来的15天里，威尔克将那幢房子变成了自己的据点。

11 月 3 日，带着鲁西的家兵，威尔克和鲁西对 20 英里外帕克宫的阿登家族发动了武装袭击。

尽管在伊丽莎白时期赫赫有名——在 1575 年的萨克斯顿版的沃里克郡地图上还有标记——如今的地图上已经不再有帕克宫这个地方了。如今，6 号高速公路环绕着伯明翰东北部的工业区，一片乡野环绕着克尔希尔霍尔和华特欧顿。这条高速公路向西蜿蜒到了泰姆河流域，可以看到河的上游有一块林地，那就是帕克宫林地。那幢大房子位于 6 号高速公路和铁路中间的那片河滩，现在横跨在河两岸的是一大片污水处理场。一条石头小道顺着 100 英尺高的悬崖曲折而下，通向一小块河边草地。在 20 世纪 60 年代，尽管已废弃，阿登的大房子依旧屹立在那里，直到 20 世纪末才被彻底拆毁。现在这里建起了巨大的电缆塔，不远处就是高速铁路和高速公路，不间断的轰鸣声此起彼伏。

理查德·查托克是当地人，他对 19 世纪 20 年代时的这片土地十分了解，他是这样描述帕克宫的："一幢精美古老的住所，华丽和浪漫气息无处可比……房子对面的山上到处都是野樱桃、玫瑰和金银花。河水清澈，环绕着林地坡下的花园墙。那片林地到处是巨大的橡树、榉树、桦木和冷杉，矗立在小溪边。"查托克的祖先在 16 世纪前曾居住在帕克宫边的小村庄，记录下了莎士比亚曾经有过的家庭传统。他的旧照片展现了一幢漂亮的砖建农房，窗子和山墙在 18 世纪装修过，但主体部分还是都铎时期的。可现在剩下的只是高速公路和林地下方杂草丛生的废墟堆、几簇古老的果树，还有几处高墙包围的花园遗迹，露出薄平的都铎时期的砖片，似乎在讲述着古老的历史。

阿登家族自 11 世纪开始就居住在这里，并在玫瑰战争中扬名，但他们属于旧宗教阵营。自大变革以来，他们就一直受到严重猜疑。

在伊丽莎白的变革政治中，诸如达德利这样的新宠就和像阿登这样的旧家族作对。此时阿登因为和大天主教家族斯洛格莫顿家有联系，更是备受打击。爱德华·阿登在孩童时受到斯洛格莫顿家族的监护，还和他们的女儿玛丽结婚。就是这层关系带来了致命的结局。当萨默维尔叫嚷着要杀死女王时，国务大臣弗朗西斯·沃辛汉姆爵士的密探开始追查弗朗西斯·斯洛格莫顿的行踪。在那个疑云四起的时代，阿登就是所谓的另一场阴谋的煽动者。对政府来说，证据已经足够，爱德华·阿登的厄运降临了。

塔楼日记

　　萨默维尔被带到了伦敦塔。一位被关押在那里的牧师所写的日记捕捉到了当时的紧张和恐惧："10月30日，约翰·萨默维尔绅士，名人爱德华·阿登的女婿，因为他是个天主教徒，被控阴谋杀害女王而关进伦敦塔。"阿登在沃里克被起诉，斯特拉福德镇的治安官亨利·罗杰斯将他押送到伦敦，带着"7或8盒证据"（他的住宿票据依然保存着：所有专制国家都是事无巨细，一律严控的，伊丽莎白政府也是如此）。这份伦敦塔日记的下一篇揭露了政府如何千方百计将阿登和萨默维尔以及所谓的斯洛格莫顿阴谋联系起来："弗兰西斯·斯洛格莫顿，这位有名的富家公子被捕，还被控因苏格兰女王而谋反。第一天他就被送到'大麻烦'酷刑室。"这是一间极其狭窄的石头牢房，受刑者进去后既不能直起身站立也不能躺下。一周后阿登的妻子玛丽、女儿玛格丽特、萨默维尔的妹妹还有斯洛格莫顿的兄弟乔治都被关进了伦敦塔。

　　与此同时，在沃里克郡，政府密探突袭了萨默维尔位于艾德斯通的家；布什伍德凯茨比家族的家；斯基纳家居住的罗灵顿的希尔费尔德乡间小屋；格兰特一家在斯尼特菲尔德附近的居所——格兰特是约翰·莎士比亚的生意伙伴，和萨默维尔家联姻；昂德希尔斯家在艾德里寇特的房子，这也是个一直谋逆的家族。1597 年莎士比亚从这个家族手中买下自己的房子"新普雷斯"。就是在昂德希尔斯家，阿登的牧师休·霍尔被捕。

不过政府发现很难将阿登治罪。11 月 7 日，托马斯·威尔克从查理寇特写信给沃辛汉姆："除非你能让萨默维尔、阿登、霍尔牧师、萨默维尔的妻子及妹妹直接说出那些你希望找到的，否则我们不可能在这里找出比现在更多的东西。这个地方的天主教徒一直在清理他们的房子，把所有引起怀疑的东西都处理掉了。"

沃里克整肃行动

这些日子的气氛通过沃里克的审讯记录可窥一斑。鲁西是治安官，达德利是最有权势的家伙。通过迄今为止还存放在沃里克镇议会的镇书记员记录中，我们可以看到，11 月 1 日，也就是逮捕令发出后的第二天，好几个外乡人被捕，包括一个来自兰开夏郡普莱斯顿的名叫罗伯特·查德伯恩的锯木匠。经过审讯他招认自己已经好多年没去过新教教堂了。接下来发生的事情将当时很多人面对的良知拷问显露无遗：

在被问及为何不去教堂时，他说因为他的父母将他抚养长大的时候，正是亨利八世时期，那时的法令不是现在这样的。他一直小心遵守那条法令，侍奉主，上帝高于一切。

　　在被问及他不喜欢教堂里的什么东西时……他请求审讯者原谅他，因为他什么都不会说。

　　在被问是否会遵守女王陛下制定的各项法令……不论是世俗的还是宗教的，他回答说首先他害怕让至高无上的神不高兴。然后他才害怕让伟大的君王不高兴。

　　在被询问女王陛下下达的命令和在英国教堂普遍实行的制度是否符合上帝的旨意，或者本就该如此，他回答说这违背了他的良心。

　　如果他当晚就去教堂，在礼拜时去教堂或在安息日和宗教节日去听布道的话，他就会获得自由，他断然拒绝，根本不愿意那样做。

处决爱德华·阿登

　　当政府密探和镇里的官员如火如荼地在沃里克郡搜查和审问时，伦敦对于阿登家族和萨默维尔的审讯继续进行。这场悲剧的节奏不断加快，伦敦塔日记有关这一段的内容十分引人注意，因为这一段都是用密码表述的，而且即使这样，仍是冒着风险的："11月13日，弗朗西斯·斯洛格格莫顿到达伦敦塔。"18日，沃辛汉姆派人送信给威尔克，要求他前来"见证弗朗西斯·斯洛格格莫顿受刑"。5天后，日记写道："弗朗西斯·斯洛格格莫顿在刑架上受尽折磨，同一天被扔进坑里。"那是白塔下废弃的井坑。"同一天爱德华·阿登也受刑。"日记继续写道，"24日休·霍尔牧师也上刑架受折磨……12月2日弗朗西斯·斯洛格格莫顿又一次上了刑架，一天之内上了两次。"1584年终审后，他被绞死，然后被大卸八块。

事态朝着可怕的必然结局发展。16 日，阿登、萨默维尔、霍尔和阿登的妻子玛丽都在伦敦的市政厅受审，被判处死刑。玛丽将被绞死再处以火刑，但得以缓期执行。男人却没有缓刑。19 日晚，他们被移送到西门监狱准备受死，但 2 小时后萨默维尔被宣称死在自己的牢房内。伦敦塔日记这样解释道："约翰·萨默维尔，神智几乎癫狂，被移送到另一个监狱。第二天晚上，他被发现勒死在自己的牢房里，不确定是自杀还是别人干的。"那本日记的最后一篇写道："12 月 20 日。爱德华·阿登被带上绞刑架，处以绞刑。阿登一直抗议对他的控诉，强调自己是无辜的，他真正的罪行就是宣称自己的天主教信仰。他如往常一样精神饱满，到最后一刻还在声明自己只是个天主教徒，他是无辜的。"

记录此事的春秋笔法留下了满满的恐惧。根据惯例，阿登被放在马拉着的跨栏上从西门监狱一直穿过无眠的城市，来到位于史密斯菲尔德的处决地。伊丽莎白时期的死刑被拖得很长，十分野蛮、充满羞辱，也很公开。一旦被判处死刑，法官就会告诉死刑犯准备好"先是脖子被绞，然后被活砍，私密部分被切掉，肠子从肚子里掏出来，然后焚烧，而这时你还活着"。这就意味着在犯人尚有知觉的时候，就会遭到阉割和掏肠，让他眼睁睁地看着自己的内脏被焚烧。在犯人的身体被屠刀大卸八块前，犯人的心脏会被先挖出来，展现给大众看。为了广布天下，这种残酷的表演会在公众场合进行，通常是在市场或集会的地方，譬如泰伯恩刑场、史密斯菲尔德刑场、齐普赛街或圣吉尔斯大教堂前。

阿登的结局在天主教团体中引发了震动，特别在沃里克郡。之后的六十年里人们都传言他是被陷害的。就是因为他是郡里的天主教首领，是达德利的死对头，他才会被杀。有关阿登如何被诱捕的详细描

述传到了威廉·达格代尔耳中后，这位伟大的 17 世纪沃里克郡历史
学家得出这样的结论：

> 牧师的狡诈让这位绅士上当受骗，这位绅士也因他的证词锒
> 铛入狱，但这位绅士的悲惨结局，都归咎于莱斯特伯爵的恶行。
> 这位绅士在各方面都鲁莽地反对莱斯特伯爵，并责备他是通奸
> 者，是暴发户。所以这位绅士引发了莱斯特伯爵的不满。

"彻查这幢房子"

1583 年 12 月到 1584 年 1 月，托马斯·鲁西对阿登—萨默维尔
阴谋案的调查范围扩大到了斯特拉福德北部村庄：拉普沃尔斯、巴德
斯利·克林顿和罗灵顿。档案局保存的国家文件详细记录了对罗灵顿
主要天主教家庭的质询。比如斯基纳一家，人们认为他们曾庇护过坎
皮恩使命团，并自此一直都有这种行为。受到质询的人包括家仆、牧
师、村官、制革工、邻近的索利哈尔语法学校的老校长，还有几个
"被疑为天主教徒且是斯基纳先生朋友"的当地农夫。在斯特拉福德
之外的乡下，旧秩序仍然盛行。

在这些质询中问出了对枢密院来说有如梦魇的内容：他们不但承
认庇护过牧师，而且甚至以苏格兰女王玛丽的名义承认反对过伊丽莎
白至高无上的权力，提到过"退位，让别人继承"。有人说在房子里
或花园里做过弥撒，还有一些关于拉丁文圣约书和秘密传播旧宗教的
校长的流言。有一段内陆口音的证言强调了鲁西在直接审讯中遇到的
困难："这是我们这里的宗教。如果你想知道我们的秘密，就必须用
其他方法，而不是逼我们发誓，让我们放弃它，否则你什么也问不出

来。"斯基纳自己，用密探的话来说，是"这20年来福音的致命敌人"，顽固而又狡诈。据说他有"很多朋友，很多钱"，怀有"这样一个希望，那就是改变目前的宗教，或者应该有一道法令，让所有人按他要求的那样生活"。"如果认为宗教是真理，那你就是个蠢货，"斯基纳说；如果可以选择，"想象一下会有多少人愿意去教堂？在我们教区连10个人都不到。"这确实令人惊诧，但很可能就是事实。

当时新婚的威廉只有19岁，沃里克郡地区的政治和宗教氛围就是这样。这个家庭受到牵连了吗？鲁西和他的手下搜查汉里街的房子了吗？在阿登的审判之前，许多沃里克郡天主教家庭都受到搜查，特别是阿登家族的亲戚家。伦敦给威尔克和鲁西下达的指令是，他们必须"逮捕所有与之有关的人，然后彻查他们的房子"。威廉是爱德华·阿登的远亲。在都铎王朝，家族对他们的远亲比我们现在要更亲密一些。阿登和他共有一个曾曾祖父。莎士比亚家后来提交给纹章院的材料表明，威廉和他的父母都因这种关系而骄傲。前镇长约翰·莎士比亚和阿登家还联姻了，他当时视自己为阿登的"表兄弟"。这明显使得莎士比亚家成了怀疑目标，也许还和约翰3年前的担保案相关。来自枢密院的威尔克和托马斯·鲁西负责这项彻查行动。

斯特拉福德地区的亨利·罗杰斯——他是镇里的官员，也是鲁西的密探——协助了两位大人彻查作为定罪证据的"书和文字东西"。为此，罗杰斯后来从政府财政拨款中获得了60先令。如果汉里街的房子确实被搜查了，那么很可能就在这个时候约翰·莎士比亚觉得他必须放弃从皮尔森那里得到的会被定罪的圣约书。但是他曾经发过誓会保存好它，不毁坏它，这样我们推测约翰会把这个小册子藏在屋檐下就合情合理了，也就有了这份令人震惊的、声明永远忠诚于旧秩序的文书在18世纪的出现。

良知与权力

诗人还没到 20 岁时，国家恐怖机器和叛国污点牵连了他的家庭。当他们亲戚的头颅在伦敦桥上被涂上焦油示众，良知在这一切面前却软弱无力。按严酷的惯例，阿登身体的其他部分被放在沃里克郡的镇出入口处示众。第二年夏天，政府又进行了更多的搜查，因为塞西尔试图证明确实有阴谋。他继续审讯阿登的亲戚朋友。基于密探报告，政府开始搜查在伦敦的可疑住所。出版商也遭到调查，看是否有"倾向天主教的书籍"：在著名的天主教同情分子、出版商加布里埃尔·卡伍德的住所里，爱德华·阿登的一个儿子被抓住了。同一天，在搜查一处位于斯特兰德的南安普敦住所时（那是一位天主教伯爵在伦敦的房子，他的儿子后来成为莎士比亚的恩主），找到了一位名叫罗伯特·阿登的人，"后来也被投入大牢"。

惩治出版商的运动在所难免。就在阿登被处决的那天晚上，政府觉得有必要发表塞西尔写的《论英国正义的处决》，以宣传证明他们对这些阴谋的处决是正确的。不过正是这种偏袒引发了一场檄文大战。英国国内和国外的秘密出版社印刷了反驳这一观点的檄文。第二年，极具讽刺意味的《莱斯特联邦》在海外出版，叫嚣要将达德利定罪。威廉·艾伦在杜埃写了《对英国天主教徒真诚和诚挚的辩护》，简述了阿登其人其事，一条条反驳对他的指控，并严正指出："某些令人羞耻的定罪和处死这位可敬、勇敢、无辜的绅士阿登先生的行为……不仅使得他遗憾地死去，也让所有人类陷入悔恨之中。"

对于萨默维尔阴谋事件，莎士比亚在作品中有一个奇怪的反映。在他的戏剧中，偶尔会冒出真实人物的姓名，也许他是故意为之。所有的作家都这样，譬如说狄更斯就用了特别多的真实生活中的人名来命名小说人物。不过莎士比亚的选择有时让人惊讶，譬如，在《亨利五世》中，巴道夫和弗洛伦这两个名字都是 1592 年和他父亲的名字一起出现在斯特拉福德叛逆者名单上的。另一个例子出现在他早期剧本《亨利六世》中的中篇。考文垂的市长和沃里克伯爵一起站在城墙上，后者不知道从索瑟姆到考文垂需要走 2 个小时。莎士比亚于是塑造了一个人物，让他说了一段话，将沃里克郡的细节呈现在戏剧中。当时，沃里克伯爵正朝着错误的方向找他的对敌克莱恩斯，别人纠正他：

> 不是他，我的主人。索瑟姆在这边。
> 您听到的鼓声是从沃里克走来。

这个角色在剧中没有其他的作用，但莎士比亚给这个人物命名为萨默维尔。

第六章　消失的岁月

　　这个时候我们的追踪陷入了困境。这段时间里，热情的少年诗人成了一个技巧娴熟的剧作家，10 年后他突然出现在伦敦舞台上，恍若巨星。但莎士比亚是如何做到这一点的呢？这成了众所皆知的"消失的岁月"。正是这段模糊的岁月加剧了人们围绕着他生平事迹进行想象和猜测的趋势。从 1582 年结婚到 1592 年第一次在伦敦剧场出现这段时间，唯一确定的莎士比亚存在的证据，就是他的孩子们的受洗记录以及 1587 年 9 月的一件法庭诉讼记录，当时他和父母想收回在威尔姆寇特失去的遗产。毫无疑问，这段岁月就是莎士比亚的秘密了。

双胞胎出生

1584 年复活节前后，安妮又怀孕了，这次是一对双胞胎。两个孩子在 1585 年 2 月 2 日于斯特拉福德的圣三一教堂受洗，并以莎士比亚家的邻居哈姆内特和朱迪斯·萨德勒命名。这对邻居是老天主教徒，很可能也是这对双胞胎的教父教母。这对双胞胎特别值得一提，莎士比亚不止一次让他们出现在自己的戏剧中——譬如《第十二夜》。不过，让人困惑的是，《错误的喜剧》中有两对双胞胎。

为什么他和安妮没有接着再生孩子呢？虽然在他那个时代，英国中产阶级流行小家庭，但在 16 世纪，只生两胎还是比较少见的。安妮当时快 30 岁了——无论如何都还没有到不能生育的年龄。是不是生了双胞胎后她有了妇科问题？还是他们的性生活很快就停止了？

偷猎迷局

后来发生了什么，莎士比亚何时离开斯特拉福德，为何离开，这一切始终都是个谜。不过，正如我们在故事中发现的，迷局也总是能够揭露一些事实。就让我们用迷局去探索"消失的岁月"吧。

17 世纪以来，有关斯特拉福德的故事是这样的。出于查理寇特的托马斯·鲁西爵士的敌意，威廉被迫离开了家乡。这位鲁西爵士就是积极配合政府镇压埃德蒙·坎皮恩和萨默维尔阴谋案的那一位。据说他们的结怨开始于威廉偷猎鲁西的鹿和兔子，也因为这件事情，威廉被打了一顿，投入大牢。为出这一口气，威廉写了一首充满人身攻击和怨恨的嘲讽性民谣，贴在鲁西家的大门上。这是促使威廉离开这座城镇的导火索。

那时，偷猎的故事被传得沸沸扬扬，在 17 世纪至少有 3 个版本，这也促使我们重视这件事情。毫无疑问，这个家庭很熟悉鲁西：他是大地主，也是地方治安官，有时会受到斯特拉福德地区官员惯常的吃喝款待。约翰·莎士比亚在汉普敦教区租用的因贡牧场，就在鲁西领地的旁边。

就是因为偷猎而被打吗？很多学者对这个说法不以为然，但这个原因并不是完全不可信。16 世纪的时候鲁西家族没有养鹿，但有养兔场。在 16 世纪 80 年代初期恶劣的环境下，沃里克郡到处在闹饥荒，贫困的人们当然会想到去偷猎。从约翰·费什的沃里克当地记录能推断出类似的故事，比如，1581 年夏天有一起兔子偷猎案件。这起案件引发了沃里克街头的暴打和吵闹，之后偷猎者出现在治安刑事法庭上，接受当地治安官的审判。这些治安官中就有托马斯·鲁西爵士。

一个名叫布罗姆的当地地主曾投诉过一位名叫雷诺德的年轻人，指控他和两个朋友偷猎了"三或四对兔子"。雷诺德否认自己去过布罗姆的领地，却承认了费什记录下的这一切。他对治安官的坦白让我们身临沃里克郡乡下夏日夜晚的小径：

> 在离布罗姆先生家领地不远的一条小路上，雷诺德设了陷阱，诱杀了兔子。正当他打算收拾诱捕器，带走兔子的时候，布罗姆先生的家人带着一群人越过篱笆走来，问他们在那里干什么。布罗姆先生的家人和他带来的人不肯放他走，揍了雷诺德，他被打得伤痕累累，还被击中脑袋，倒在了地上。因为布罗姆先生的家人揍了雷诺德，使得他没来得及提醒另一位先生格雷尼逃跑，于是他们把格雷尼也打倒在地，揍了一顿，并拿走了兔子和诱捕器。

这一切无法证明莎士比亚偷猎迷局的真相，虽然当时猎兔会受到惩罚，莎士比亚也确实有个好朋友名叫雷诺德，但这真的是莎士比亚和鲁西结仇的原因吗？我们现在知道莎士比亚的家庭背景，也知道鲁西是地方治安官，是清教徒，更在 1583 年到 1584 年发生重大事变期间作为伊丽莎白女王的地方施政者追捕爱德华·阿登，将他送上了死刑台，并彻查了周边阿登家族亲友的家。

那么，在鲁西与莎士比亚家族为敌的这个故事中，是否有某些隐蔽的事实呢？或者两者结仇另有缘故？有关偷猎之事，17 世纪有两种解释，不过都认为偷猎迷局的事实情况是莎士比亚用嘲讽民谣故意激怒了鲁西，以致鲁西执意让他在牢里待了一段时间。一直以来，不论是偷猎还是讽刺中伤都可以被看作是青春期的莽撞行为，因而减轻了这次事件中的宗教和政治因素，但是，如果 1583 年到 1584 年的宗教迫害是造成他们之间不和的真正原因，那么讽刺鲁西实际上是故意冒犯。由于沃里克地方法庭有关那些年的记录都失存了，我们已经无法获得真相。不过也许这次偷猎事件确实让我们看到了莎士比亚真实的一面。

处决之年

双胞胎出生后的第二年，国家政治正处在紧急关头。这段时间里，策划和陷害、阴谋诡计和宗教仇恨比比皆是。1586 年，巴宾顿阴谋[1] 事件爆发，最终以处决苏格兰女王玛丽告终。不过，也许这起阴谋根本没有真正存在过：政府此时已经很擅长设置陷阱将那些不够警惕和细心的天主教徒诱捕进来，并将不忠分子公之于众。他们利用

---

[1] 详见第 162 页编注。

表里不一的密探——就像莎士比亚笔下的伊阿古这样的人——将受害者逼向灭亡，就算毁了自己也在所不惜。最阴险的密探叫罗宾·波利，他后来还卷入谋杀莎士比亚的同行克里斯托弗·马洛事件。波利就像是冷战时期的双重间谍，没有人确切地知道他到底是什么身份，就算是资助他的政府也不清楚。譬如，他到底是天主教徒还是新教徒？他只是"像他自己"的人，牧师和诗人罗伯特·索思韦尔曾说过这样令人记忆深刻的话。波利的行为似乎是毫无动机的恶行，他就像是莎士比亚笔下真正的坏蛋，以毁灭别人为乐。

　　当时，伊丽莎白下令以新型的、更加恐怖的方法处决谋逆者，要尽可能地折磨他们。女王的手下向她保证，只要施以技巧，绞刑、挖心和分尸都能做到这一点。这些惩罚被残酷地应用在这次事件的受害者身上，以致在处决了第一批犯人后，人们开始反感。观看行刑的人群甚至自发地要求行刑人先彻底绞死犯人，再进行分尸。

　　巴宾顿阴谋事件的消息传到了汉里街。耶稣会牧师罗伯特·德波戴尔随后被捕，并受到折磨。他是莎士比亚妻子在肖特雷的前邻居，他母亲的亲戚也和莎士比亚一样，曾在斯特拉福德语法学校上过学。和德波戴尔有联系的人都受到质询，其中有个名叫萨拉·威廉姆斯的女仆，"品性动人"，透露了德波戴尔在伯明翰郡的德纳姆进行的驱魔活动。多年后她的证词被一字不落地发表出来。莎士比亚写《李尔王》的时候，对这份证词进行了仔细的研究。

　　据说，巴宾顿阴谋事件的谋反者意图谋杀伊丽莎白，让苏格兰女王玛丽取代她的王位。玛丽因此受到审判，在 12 月被判处死刑。自此以后，被处决的人不多，但罗伯特·德波戴尔没有逃脱处决。1586年 12 月 21 日，26 岁的他在伦敦被公开处决，罪名是"神学院牧师、施展魔力"（驱魔活动是对天主教牧师的常见控诉）。德波戴尔的尸体被大卸八块，其中一部分被送到乡下城镇，悬挂在大门口，还张贴布告历数他的罪行。他在肖特雷和斯特拉福德的朋友和邻居——就像安妮这样的人——一定相信，他们社团的成员只是因为良知而被处死。

旧秩序发生了改变

同年，斯特拉福德也发生了变化。约翰·莎士比亚最终失去了议员职位。有同样遭遇的还有约翰·维勒，另一个老天主教徒，理由就是他们"被警告后，也没有出席镇政厅会议"。另一次同样的会议上，议员威廉·史密斯拒绝再担任这个职位，也离开了镇议会。约翰作为斯特拉福德重要人物的生涯就此结束。随后他的货物遭到扣押，不久之后约翰和玛丽在一起法律诉讼中这样描述自己："没什么财富，也没什么朋友和同盟。"对于时常面带笑容的约翰来说，他恐怕相当怨恨此事。对于威廉，斯特拉福德和汉里街也逐渐失去了吸引力。

就在这时，南沃里克郡的气氛也发生了微妙的改变。这中间的十年是这个时代文化的分水岭。旧世界越来越遥远，新生力量开始占据统治地位。到16世纪90年代，这一地区大部分地方都是如此。社会的旧结构开始分裂。在附近的农村，新贵们把越来越多的普通耕地圈起来养羊，将那些失去土地的农民赶了出去。在考文垂，人口差不多下降了一半。街头歌手唱着"今日民谣"讲述着这段艰难的岁月。新掌权的清教徒搜捕不虔诚的人，压制那些曾将社团联系在一起的旧仪式。在其中一个教区，根据沃里克官员约翰·费什的统计，大约有250个大人和小孩住在救济院，依靠教区的帮助生活。许多人都是自远方而来的失业流动商贩。那年冬天，在考文垂、沃里克和斯特拉福德周边的路上，下面将要提到的这些人就代表着伊丽莎白时期英国社会各界的状况：托马斯·威尔森，30岁，约克郡人，住在沃里克，没有妻子，只有4个孩子，其中两个孩子十几岁了，没有工作，只能乞讨度日；威廉·奥奇德，80岁，没有经济来源，无法工作；安妮·伊斯汉姆，只有1条腿，单身一人抚养自己的孩子，她的丈夫亨利"作为逃犯"失踪了；约翰·哈比特和他的妻子，70岁，他们18岁的"傻"孩子遭受鞭刑，别人让他去找大人说理；斯特拉福德的罗杰·阿斯皮林，50岁，没有妻子，有4个孩子（16岁的罗伯特，14岁的瞎眼茜茜莉，12岁的乌苏拉和11岁的伊莎贝尔）。"所有孩子都只能乞讨度日，"费什说。这些人都在斯特拉福德出生，又被镇政厅驱逐出境。在外地，罗杰受到鞭刑，还和4个孩子一起被送回到通往斯特拉福德的路上。

这些都是莎士比亚戏剧中会出现的人和故事。他们为这个时期英联邦发生的巨大变化提供了一幅简画，展示了旧秩序的社会和心理上的衰退。变革影响了一切，影响了使整个社会运转的核心信仰，影响了社会相互联系相互维持的纽带。中世纪开始出现的大型有组织的市民慈善产业也濒临崩溃。罗杰·阿斯皮林和他的4个孩子在1586年11月冒着大雨艰难跋涉，朝斯特拉福德方向走去。新的时代开始了。

那么威廉呢？他现在22岁，是家里的主要支柱。他有妻子和3个孩子要抚养，还有5个兄弟姐妹和日渐老去的双亲。如果这之前他还没走，那现在是时候要出发了。

出发的时刻

莎士比亚是什么时候离开斯特拉福德的？他是怎么加入剧团，又是什么时候、怎样到达伦敦的呢？很不幸，我们没有什么实质性的证据说明这些。除非以后有更多的文件记录曝光，否则我们可能会一直无从得知。这些年是他人生发展的关键时刻，我们却不知道他在哪里。据说安妮一直待在汉里街——不过关于她是否在斯特拉福德怀上双胞胎我们都无法确定。事实上，威廉在 1582 年结婚后的任何一个时间段都有可能离开家乡。在约 16 世纪 80 年代末立足伦敦之前，他可能干过不少行当。1592 年开始，他的生命轨迹才更真实可靠一些。

但我们可以合理地猜测一下。莎士比亚在双胞胎出生，并于斯特拉福德受洗的时候只有 20 岁。4 年左右以后，他肯定在一家专业的剧团谋职。尽管不是很肯定，但这个剧团很可能在伦敦。在某一时刻他决定成为一名诗人。他已经学会了如何写诗。婚礼时的十四行诗只是一次稚嫩的练笔，是对诗歌新手法的接受。他一定写过其他诗歌，甚至戏剧。17 世纪末一位拜访斯特拉福德的人听过这样一个故事，说莎士比亚第一次去伦敦是"去做仆人的，在剧团里地位低下"——就是个跑龙套的人，或是为有钱的观众牵马的马夫。尽管人们一般认为这也是谜，但这是完全有可能的。他可能有很多机会见到斯特拉福德的剧团：在这个时间左右，伯克利剧团和莱斯特剧团正在那里表演。还有莎士比亚在 30 岁左右效力的斯特兰奇剧团，就在考文垂附近表演。

这些都只是可能，没有任何是确定的。不过有一个说法更可靠，最近还愈加被人接受。这一说法就是，莎士比亚大约 22 岁的时候加入了当时最当红的女王剧团。

泰晤士的谋杀

1587 年 6 月中旬，夏日的天气清爽舒适，女王剧团在牛津郡巡回演出，马车上装载着道具和服装，沿着老路驶进通向伦敦的必经之地——羊毛镇泰晤士。在伊丽莎白时期，6月剪羊毛的时候这里会有很多羊毛商。这是演出的好时光，许多巡回演出剧团都会来到这里。泰晤士市场大街两旁矗立着木结构的大房子，东边是供旅行者住的小旅店，去往伦敦的道路从那里一直延伸，通向切尔敦绿色的低矮山脊。女王剧团在这里的演出时间是6月13日的傍晚，地点就在一个叫白狗的小旅店院子里。

　　当时，女王剧团对观众是最有吸引力的。在有些城镇，大家都涌去观看演出，不免会引来骚乱。根据地方记录记载，在内陆地区，女王剧团来了以后，一些镇政厅常要为修补坏凳子和破裂的窗户拨款。当时，威廉·康奈尔常常扮演少年主角，譬如《亨利五世著名的胜利》中的亨利王子。这是一个讲述阿金库尔战役 [1] 的爱国故事，也是莎士比亚戏剧的先驱。30年后人们还一直记着康奈尔，视他为理查德·伯比奇和爱德华·阿莱恩之前那代演员中的巨星。他年轻、粗野、暴躁，却在一天晚上在泰晤士死于非命。也许那天演出后，他一直在喝酒。泰晤士的死因调查团被告知，晚上9点到10点间，康奈尔追着另一个演员到了小旅店后院，他暴跳如雷，手里挥舞着一把剑。伊丽莎白时期的验尸官留存下来的报告是这样描述这件事的：

　　　　约翰·汤，新索迪治人，自由民，当时正在泰晤士一个叫白狗的小旅店后院。威廉·康奈尔冲进来，右手拿着一把剑，朝约翰·汤杀过去。惊恐万状的汤担心自己的腿脚被康奈尔袭击乃至失去性命，退到一个土堆旁，却怎么都无法跨过去或爬过去。威

---

[1]　编注：阿金库尔战役发生于1415年10月25日，亨利五世率领英军以少胜多，打败法国，是英法百年战争中的著名战役之一。

廉·康奈尔还在继续怒气冲冲地攻击他，欲置他于死地。汤爬到土堆上，为了自救只好拔出铁剑（大概值 5 先令），他右手抓着剑，猛地刺进了威廉·康奈尔的脖颈，造成了 3 英寸深和 1 英寸宽[1] 的致命伤。

半小时内，随着仲夏日落牛津，最后一抹亮光黯淡下来，康奈尔的生命也渐渐消逝了。第二天，当整个剧团向阿宾顿和斯特拉福德方向前进的时候，他们发现少了一个人。镇记录表明那一年他们还是继续表演了。

一直以来，人们都注意到，莎士比亚和女王剧团之间的联系很有意思。这个剧团中有些人曾是沃里克的莱斯特剧团的演员，其中就有詹姆斯·伯比奇。伯比奇是莎士比亚职业生涯中重要的纽带（詹姆斯的儿子理查德在莎士比亚最伟大的戏剧中担任主角）。1587 年的巡演之后，剧团里的一个人，约翰·海明斯，娶了康奈尔的寡妇丽贝卡。海明斯是莎士比亚另一个终生朋友。就是这位来自德罗伊特维奇的海明斯，这个胖胖的说话口吃的家伙，和亨利·康代尔一起，在莎士比亚死后将他的戏剧出版。因此人们认为，就是在有关康奈尔的谋杀事件被披露时，莎士比亚替代了康奈尔的位置。戏剧历史上最伟大的剧团的核心力量可能就是在泰晤士的那个晚上促成的，这个想法可真有趣。不过要知道，在那样一个享负盛名的剧团做事，年轻人一定要有做演员的学徒经历，他们不太可能雇佣一个没有经验的人。莎士比亚和女王剧团之间的联系，恐怕并不是简单地建立在泰晤士康奈尔谋杀案这个不太靠谱的说法上。

---

[1] 编注：约深 7.5 厘米，宽 2.5 厘米。

莎士比亚和女王剧团

作为当时最高的表演艺术，戏剧仍然充满了政治气氛。女王剧团于 1583 年特意成立，它联合了所有重要剧团里最好的演员，并由伊丽莎白的密探头子弗朗西斯·沃辛汉姆爵士掌控——不是为了娱乐，而是出于政治目的。他们想要借着这个领域推广新教教义，进行保皇宣传。女王剧团的保留剧目都是基于英国主题而创作的。16 世纪 60 年代和 70 年代的戏剧中已经出现英国历史题材，此时更是占据重要位置。诸如《亨利五世的著名胜利》《理查三世的真正悲剧》《约翰国王麻烦不断的统治》等都是都铎王朝的保皇宣传品，有强烈的新教基调。譬如，约翰国王就被塑造成一个为反抗罗马（象征天主教）统治而战的民族英雄。这些故事被搬上舞台，因为他们是"真实的"，而不是"充满诗意的"悲剧。它们是人们喜闻乐见的娱乐，也一直给人们灌输着神、女王、新教教堂和国家等意识形态——这个意识形态在学校和教堂布道中一直被推动着，尤其是在 1588 年西班牙无敌舰队入侵威胁笼罩下的紧张岁月里更为流行。

女王剧团的核心力量和莱斯特剧团里的詹姆斯·伯比奇都共事过。有些人十分有名。莎士比亚的朋友托马斯·海伍德还记得上一代最棒的演员们：约翰·本特雷、威廉·康奈尔、托比亚斯·米尔斯、约翰·辛格、罗伯特·威尔森。还有最伟大的小丑理查德·塔尔顿，他以惯常的即兴滑稽表演、舞蹈和击剑成了一代传奇。舞台总监在本·琼森的《圣巴多罗买节大集市》中回忆道："我在塔尔顿老爷的时代任舞台总监，我感谢我的明星。哦，你应该看看他上场的样子，会让整个剧场都为之沸腾，那么棒，天哪，那些兴奋的人甚至会跳上去抓住他……"

女王剧团成了莎士比亚戏剧发展中重要的一部分，这些都是他刚刚成人后接触的。他们的表演对于一个职业作家来说有着深刻的影响。莎士比亚有6部或7部戏剧和女王剧团演出的情节紧密相关。《约翰王》有很多场景都和《约翰国王麻烦不断的统治》相似（尽管他努力去除其中反天主教的言辞）；《李尔王》和《理查三世》与它们的旧版《利尔》以及《理查三世的真实悲剧》有着相同的故事情节；系列剧《亨利四世》和《亨利五世》将《亨利五世的著名胜利》更加细化；《维罗纳二绅士》可能也是以一部失传的女王剧团的演出剧为原型的。

当然，莎士比亚可能是通过剧团的关系弄到了他们的剧本。不过一些出版业的人认为，他实际上是参与了创作的。就以《约翰国王麻烦不断的统治》为例，这部戏剧的第二版出版于1611年，在书名页上有莎士比亚名字的首字母；第三版出版于1622年，这一次给出了他的全名。这可能也是一种宣传效应，但至少有4家不同的女王剧团剧本的出版商认为他们是在出版莎士比亚的剧作。也许他们知道一些我们不了解的事情。也许莎士比亚真的在女王剧团的演出中参与了创作。

他和女王剧团剧本之间的联系，似乎很紧密很深刻——也很早。如果莎士比亚没有参与他们的表演，又如何认识他们呢？甚至还成为他们的剧本创作者之一？莎士比亚对女王剧团的戏剧有不同寻常的长时间的了解，而且在他们的剧本中并没有找到莎士比亚后期成熟风格的印迹。显然女王剧团的剧本是先出现的。莎士比亚是和他们一起开始自己的创作生涯的吗？这些对他如何开始戏剧职业生涯的暗示，给牛津郡小镇的康奈尔谋杀事件增添了几分可信度。

莎士比亚的职业生涯也许是以跑龙套和做杂务开始的。几年后，罗伯特·格林（女王剧团的剧本协作人）攻击莎士比亚是个"百事通"，认为他居然会放肆到自己创作无韵诗，"还借用了我们的手法"。也许这是事实。在职业生涯中，莎士比亚是一个不加选择的收集者，尽可能地借用和甚至剽窃，却又体面地逃脱处罚。也许他一开始是个演员，然后才是剧团里一个协作作家，在合作过程中不时做点事情，这也是当时大部分戏剧创作的方式。他不像威尔森或格林那样有名，日后在有信心、有经验、能自成一派的时候，他才成了大作家。

　　为女王剧团效力，莎士比亚可能必须以他们的独特风格创作，即使用一种有着跳动韵律却拘泥于字面的有力诗歌体。这个时期的莎士比亚一定在压制自己的才智，屈从于剧团的大作家和演员，譬如塔尔顿的表演技巧或威尔森充满朝气的主角形象。当然，他们的反天主教宣传，也迫使他将自己的情感埋在心里。

—

揭开"消失的岁月"的面纱？

　　照这种说法，整个 16 世纪 80 年代后期莎士比亚都和女王剧团在一起——也许在 1587 年他们来到斯特拉福德前就已经如此。他们是个巡回演出剧团，甚至会到苏格兰和都柏林。通过乡村镇记录，我们可以追踪到巡回演出的足迹。有些演出地点至今依然存在，比如莱斯特市政厅、约克和诺维奇的集会大厅、舍伯恩教堂大楼。女王剧团喜欢东英格兰和南部沿海富裕的城镇。在最初的 11 个演出季里，有 8 个是在北方巡演，也就是为庞大的兰开夏郡家族表演，比如在诺斯利和纽帕克的斯坦利家族、莱索姆的斯特兰奇爵士家——这些都是有政治动机的巡演中重要的停留点。剧团能帮助沃辛汉姆监视那些忠诚受到怀疑的家族。可能就是这样莎士比亚和兰开夏郡有了联系，这种联系对他后来的职业生涯十分重要。

1587年冬天，女王剧团在考文垂和斯特拉福德表演。圣诞节后在格林尼治宫为女王表演，快到复活节时他们去了肯特。当时有关西班牙入侵的谣言四起，他们又沿着南部海岸一个个城镇巡演——多佛、海斯、罗姆尼、里德、拉伊——用爱国的"真实"历史娱乐爆满的人群。6月初，他们到了莱姆利吉；6月中旬到达普利茅斯，海边的观众翘首期待，灯塔已经准备就绪。德雷克[1]的帆船发出信号，开始巡逻。无敌舰队正在靠近。如果那时候莎士比亚也和剧团一起参加宣传性巡演，那他一定会因见到这个场景而激动的。虽然一些政治思想让他如鲠在喉，但对于一个年轻而有抱负的作家来说，这是个多么特别的经历啊。

回到迷局

莎士比亚和女王剧团之间的联系很有意思。如果这一切属实的话，就对我们了解莎士比亚早期生涯很有启迪。当然这只是个由一连串猜想连接起来的故事，似是而非、引发联想，其他也没什么了。莎士比亚肯定对他们的演出剧了如指掌，可就算如此我们也不能证明他和这个剧团在一起。有关莎士比亚，我们还是有很多不解之谜。"消失的岁月"还是不清晰。但莎士比亚备受质疑的过往经历也确实能够帮助我们了解到一些东西：父亲非法的羊毛生意，与鲁西的不和，还有偷猎。在去伦敦前，和女王剧团在一起也好，不在一起也好，我

---

[1] 编注：16世纪英国海盗、探险家，在与西班牙无敌舰队的战争期间为英国立下大功，是无敌舰队覆没的关键人物。

们都要记住，莎士比亚离开斯特拉福德时还是个年轻人，在伦敦的剧团谋了个不怎么体面的工作。他在那里从底层干起，牵马或做拿着"书"的提词员。人们不是很把这些当回事。现实生活中事情往往就是这样。

有关莎士比亚这段岁月的记录中断了，但私人联系也会提供一点蛛丝马迹。在整个职业生涯中，莎士比亚与剧团最主要的联系就是伯比奇家族：詹姆斯·伯比奇，1576 年首座现代社会公共剧院的企业家；他的儿子卡斯伯特，后来成为环球剧院的经理；理查德，伟大的演员。他们是怎么认识的？又是在哪里？他们之间早期的联系从来没有被发现过，但追溯起来却都与沃里郡有关联系。人们发现，詹姆斯·伯比奇正是在沃里克与罗伯特·达德利的演员有所来往；有趣的是，斯特拉福德也有伯比奇家族的人，其中一个还是 1555 年的镇长。此外，1588 年米迦勒节时，伦敦民事诉讼法庭提请过一桩约翰·莎士比亚的案子，涉及了斯特拉福德的威廉·伯比奇。这件案子拖延了 4 年之久，直到约翰的老朋友尼克·巴恩赫斯特和威廉·贝奇最终对这个案子做了仲裁。案子的起因是 1582 年或之前，约翰把斯特拉福德的一幢房子租给了伯比奇，很可能是在格林希尔大街上。随后他们就该给多少租金陷入了分歧。一个伯比奇家族的人会成为约翰·莎士比亚的租客是个有趣的巧合，据说当时威廉已经到了伦敦，和詹姆斯·伯比奇及他的儿子们一起工作。

这个故事还有个奇怪的转折点。许多年后，1598 年 12 月，詹姆斯·伯比奇和他的家人拆了位于伦敦北部的索迪治戏院，还将属于他们房东财产中的木料搬走了。[1] 那天雪夜，和伯比奇及工人一起出

---

[1]　编注：见本书第 250 页。

现在拆卸房子现场的有个名叫威廉·史密斯的"14 岁多点儿"的朋友，一位来自沃特汉姆克洛斯的绅士。奇怪的巧合是，莎士比亚在斯特拉福德有个同代人就叫威廉·史密斯。他上了牛津大学，后来成了埃塞克斯学校校长，据说在 16 世纪 80 年代居住在沃特汉姆克洛斯。史密斯的父亲也叫威廉，是汉里街上的男子服饰商和议员，也是约翰·莎士比亚的朋友，或许还是诗人的教父。这种巧合引起了我们注意。想象一下，年轻的威廉·莎士比亚的职业生涯会不会始于 1584 年的斯特拉福德？也许就是在伯比奇的旅店里，在他的教父和詹姆斯·伯比奇签订合同的时候？

"消失的岁月"让人们进行了很长时间的探寻，也走进很多死胡同——但是我想，任何探寻都是有收获的。所有的一切向我们展现了那个时代的情况。现在我们说的就是，在 20 岁左右的某个时刻，威廉决心要成为一个诗人。不论他是加入了女王剧团，还是直接到了伦敦，在索迪治的伯比奇剧团里从事不体面的工作（他当然两个剧团的活儿都干过），到了 16 世纪 80 年代末，他在伦敦成为了作家。与此同时，无敌舰队逼近，旧式的以政治动机为目的的女王剧团的演出不再是戏剧界时新的东西。有抱负的艺术家将目光投向伦敦，新的戏剧开始出现。这些作家和明星吸引了大量的观众去剧团演出的大木屋，那可是能一次容纳 3000 观众的剧院。对于这位来自乡间的诗人来说，是时候他可以创作想要的戏剧和诗歌了。我们了解的一切都表明，1588 年到 1589 年，莎士比亚立足于伦敦，他的才能给人留下了深刻的印象，名声大振。

第七章　伦敦：声名大振

1588 年 11 月 17 日，教堂的钟声如往常一样为纪念伊丽莎白女王登基日响彻大地，不过这一年的纪念仪式有一层新的含义：人们在欢快地庆祝击败西班牙无敌舰队。这是伊丽莎白女王治下前 30 年的宗教冲突达到顶点的决定性事件。那年夏天，整个国家都处在备战状态：灯塔已准备就绪，沿海部署了执勤人员。即使是在离海边较远的城镇，如斯特拉福德，人们也都被号召起来备战。但是，当斯特拉福德的新兵长途跋涉到蒂尔伯里港，却和同胞们一起发现那儿已不需要他们了。从普利茅斯到肯特的南部海岸枪战中，无敌舰队已经败北。那一夜对西班牙人来说十分残酷。英国派战舰去破坏停泊在格莱芜莱恩旁的西班牙船，什么也没给那些士气大降的西班牙残兵败将留下。西班牙人只好试图绕着英国北部一路返回家乡，却在戈尔韦和多尼哥撞到岩石，一切毁于一旦。忠诚的英国天主教徒和大多新教徒一样，为西班牙入侵的失败松了一口气，整个国家由此涌现出一阵乐观主义的浪潮。

那天早上在伦敦，沿着齐普赛街到圣保罗教堂，女王和所有的议员做了一次特别虔诚的感恩礼拜。天还亮着，雨止了，教堂钟声的鸣响回荡在整个城市，几英里之外都听得见。如果旅行者从英国北部或内陆地区来到伦敦，从北部大门，即奥尔德大门或毕肖普大门走进来的话，他们一定能看到当时伦敦的壮美：那是一个正在快速成为世界城市的首都。

最好的风景从越过芬斯伯里田野的风车处开始。从威斯敏斯特到索迪治圣伦纳德教堂，这段三英里的路将整个城市尽收眼底。在莎士比亚剧院生涯的头几年，有位艺术家从这个角度画过一幅全景图。如果威廉是在这个时候从斯特拉福德来到伦敦，那就是他当时看到的景象了。

相机镜头：城市全景

在右边，穿过朗伯斯区的泰晤士环状路，就能看到远处的萨里丘陵。威斯敏斯特宫和大教堂的巨大屋顶十分突兀，上面的尖顶装饰和风向标闪烁着光芒。大教堂前面是整齐的威斯敏斯特区，那里有典雅漂亮的皇家建筑、公寓、网球场和斜院落。格林小旅店花园的木栅栏能让我们知道这一景象的大致时间：这些栅栏在 16 世纪 90 年代末用砖重新修葺过。再近一点，旅行者走出格林小旅店，就会看到从史密斯菲尔德出发的长途商贩将马车装满了货物，准备前往内陆。一群人在练习靶场箭术。穆尔菲尔德的印染工人正铺开他们的染色架，洗衣女把篮子里的东西倒出来，把洗的衣物摊晾在牛儿吃草的田野上。

眺望远处，可以看到河流上游大主教宫殿的塔尖，再近些就是律师殿。清晨的第一抹阳光照耀在镀金的灯笼、日晷和彩色玻璃上，照耀在格雷小旅店（格雷小旅店也是莎士比亚上演他的《错误的喜剧》的地方）、阿伦德尔家和中殿律师学院（那是值得记忆的《第十二夜》的演出地点）。此时城市西区的红房顶跃入眼帘，私人大豪宅及瓦片屋围绕着霍尔本和斯特兰，沿着福利特山谷而下，一直延伸到圣马丁的卢德门。21 世纪的人们如果想见到这样壮观的历史景象，就要去意大利的阿西尼城、美国的托莱多或秘鲁的库斯科了。

无数砖头砌成的烟囱里，缭绕的烟雾从燃烧的木头和煤粉中冉冉升起。向东望去，是克拉肯维尔教区，再远处就是庞大的有哥特山墙和塔尖的圣保罗教堂。教堂主体已有 300 英尺高，加上塔尖，差不多有 500 英尺 [1]，不过这塔尖已不见近 30 年了。再过去就是大片的中世纪晚期风格的城市，有 25 个教堂和塔楼，有很多还是盎格鲁－萨克森时期的。还有富人的豪宅，阳光偶尔会照在朱红色的楼顶和描涂过的钟塔上。从市政厅和伦敦交易所周边混杂的屋顶上方，可以看到伦敦塔上经日晒雨淋而变色的角楼。再往东看，格林尼治和肯特山映入眼帘，清晰而又泛着浅蓝。烟雾冉冉升入寂静的空中，那里有我们在交通噪声中无法听到的伟大的前现代城市的吼声。

对于海内外的来访者来说，伊丽莎白时期的伦敦绝对是一道风景。当时人口差不多 20 万人，还在不断增长。伦敦的同业公会、金器商、零售商、绸布商和男服装商的权力和排场都在增大。公民仪式和游行是庞大的公众庆典，那一天有装满酒的喷泉，城中装饰着有镀

---

[1] 编注：300 英尺约合 91.4 米，500 英尺约合 152.4 米。

金翅膀的小天使，还有向天才人物致意的号角声。在后来 20 年间，伦敦从四边扩展到了郊区，那里到处都是供不断涌来的新都市穷人居住的出租屋。

这样迅速的发展使得城市很快成为新类型喜剧的重心。在一个印象深刻的时代意象中，伦敦被比作"透视画"。随着观看视角的变化，就会看到美与丑，和平与战争，宽容与挑衅；财富惊人地四处泛滥，却是以吮吸农村生命之血为代价，成千上万的移民涌入城市，以维持城市运行的庞大消耗。不过这也是一个有很多机会的地方，特别是对于 1588 年秋天满怀热情的剧作家而言。

回到芬斯伯里田野的风车这个视角，城市的喧嚣越加严重。满载货物的马车车轮滚滚，嘎吱作响地一路驶向北方的霍洛韦。武装齐备的保镖一路护卫，以防海格特附近林地出没的强盗。往东看去，朝向阿德斯格特方向的开阔田野上有两架风车正转动着碾粉，为伦敦人民做面包。更远处的风车，隐约出现在索迪治郊区蔓延的地方。那是伦敦第一个剧院集中的地区。

索迪治在过去的 50 年里发展迅速，这是房东毫无控制填挤的结果。他们利用每一寸可用空间，租房给来自穷困乡下的大批失业农民以从中获利。剧院就在这个区域的正中。在我们的全景视野中，帷幕剧院坐落在穆尔菲尔德沟渠的上方，在农屋的屋顶间隐约而现。北边200 码 [1] 的地方有一幢八角木头大房子，屋顶插了一根大旗。这就是剧场剧院[2]，是现代社会第一座按习俗建造的专业娱乐场所。1588 年

---

[1] 编注：约合 182.8 米。

[2] 编注：剧场剧院由伯比奇和布莱恩投资建成，帷幕剧院由兰曼投资建立，帷幕剧院的建立初衷是缓解剧场剧院的客流压力，作为后者的补充场所而建设的。莎士比亚先后在这两个剧院工作过。

秋天，观众能在这里看到伊丽莎白早期最流行的戏剧表演。从芬斯伯里田野的这个视角，微风习习，你可以想象远方人群的喧闹声。

英国戏剧

> 我灵魂的永久物质，
> 禁锢在这无羁的肉体
> 各自发挥功用，满足他人所需，
> 我是西班牙官廷的朝臣，
> 我的名字叫唐·安德里亚。

　　这是伊丽莎白时期新浪潮第一部伟大诗歌《西班牙悲剧》的开头。其宫廷般的壮观混合着各种腐败，永久的折磨和血的报复即将来临——托马斯·基德的这部悲剧一下子抓住了当时的紧张情绪。这很可能写于击败无敌舰队的前一年，就像马洛富有爆炸性的第一部戏剧《帖木儿大帝》（*Tamburlaine*）。[1] 对于一个满怀抱负想成为作家的年轻人来说，这是多么激动人心的时刻啊。

　　戏剧一直都是英国本土文化的重要因素。中世纪神秘剧的延伸引发了专业剧院的迅速崛起，这绝不是巧合。伦敦是这种新型商业投机的核心区。最先是 1567 年建成的红狮子剧院，然后是 1575 年的纽因顿酒桶剧院，接着是 1576 年伯比奇的剧场剧院和 1577 年出现的帷幕剧院。这些都是莎士比亚创作生涯早期的著名剧院。南岸富丽堂皇的

---

[1]　编注：马洛的《帖木儿大帝》写于 1587 年或 1588 年，有别于都铎王朝早期烦琐、松散的戏剧，它以鲜活生动的语言、令人印象深刻的表演和自身的复杂张力吹起一阵清风，与《西班牙悲剧》一起紧紧抓住了当时观众的心。

玫瑰剧院、天鹅剧院和环球剧院是后来才出现的，就像城北出现的财富剧院。此外，还有很多位于小旅店后院的剧场，有些特别改成了固定的戏台，例如毕肖门的公牛旅店、格雷斯教堂大街的贝尔旅店和十字键旅店以及路德门外庞大的贝尔萨维奇旅店。这些都是可供各种社会背景的人士观看的公共剧场。针对上层社会的观众，则很快就有了室内剧场，如布莱克福莱尔剧院[1]和考克皮特剧场。许多个体机构定期以绚丽的舞台背景上演戏剧，譬如在中殿律师厅剧场和和格雷小旅店剧场。当然，莎士比亚的剧团总是在皇家宫殿的大型典礼上演出，譬如在汉普敦宫、白厅、瑞奇蒙德宫和格林尼治宫。

英国戏剧承继了中世纪传统，但专业剧院是一个新的现象。那里拥有大量的观众和特别为都市而设的剧场，还有崭新的应运而生的剧本，以及快速的淘汰。第一个按习俗建造的专业表演场伯比奇的剧场剧院，就是随后流行的大型圆台露天木制剧场的典范，它最多能一次容纳3000人。外国的访客，譬如瑞士的托马斯·布莱特，告诉我们当时的模样：

> 这些地方建成后是这样的：表演者在一个高高的舞台上表演，这样每个人都能看到演出的一切。不过那里有各种梯板和座位，可以让人坐得更舒服一些，你当然要多付点钱。如果只站在舞台下看，就付一个便士即可。如果需要座位，就要付钱从另一个门进去。如果你想坐在最舒服的座位，既可以看见一切，也可以让别人看到你，就要再多付一些钱，从另一门进来。

---

[1]　编注：又译为"黑衣修士剧院"或"黑僧剧院"。

几年后，剧院成为主要的公众艺术和最有效的娱乐形式，是表达观点和辩论的平台。剧院引起了国内外人们的特别兴趣，也成为政府当局、世俗和宗教关注的对象。正因如此，它受到了严格审查。16世纪80年代末，英国处于历史险境，此刻，剧院从最广泛地意义上来说就是政治性的。

伯比奇的剧院：莎士比亚的工作场所

帷幕剧院和剧场剧院是莎士比亚最先开始工作的地方，它们离城墙北部一英里远，处在城市管辖范围之外。这是出于当时清教徒反对任何舞台表演的考虑。清教徒认为这些表演鼓吹不道德行为，也是对新教最基本教义的一种威胁。16世纪80年代末，在伦敦通往索迪治的路两边都是房子，古文物研究者约翰·斯托的《指南》上说："很多房子是最近建造的，都有后门通往小巷，城市分界的栅栏附近住了太多人（这也是后来瘟疫感染的主要原因）。"那里住了很多人，演员爱德华·阿莱恩和他兄弟也在那里。再往北，靠近剧院的地方住着巴萨诺一家，他们是在亨利八世时期就来到这里的威尼斯音乐世家。巴萨诺家在圣玛丽教堂的医院附近有三幢房子，正好在象征城市管辖区域的分界线的栅栏前。

伯比奇的剧场剧院建在一座中世纪女修道院旧址上，旁边有一口古老的"圣井"。16世纪40年代亨利八世卖了这座修道院，教堂和其他建筑物的建筑石料都被拆了，谷仓和酿造室被当地小农占有。古老的石墙依然屹立着，将花园和先前修道院的果园团团围住。果园现在是伯比奇的房东吉尔斯·艾伦的私人花园。剧院是一幢半木制，有三层板泥的建筑，屋顶有瓦，还有两个外墙楼梯。剧院占地宽有100英尺，北面是私家花园；东面是一个大洗马池；南面是一个大牲口棚，一半是牛栏，一半是屠宰场；西边则靠近芬斯伯里田野。这面石墙外是排水渠，墙面上打了个洞，专供观众从这里进出。观众从城里出发到毕肖普门，用绳子把马拴在大洗马池那里，然后来到这个不起眼的剧院入口。后来，1598 年 12 月剧院被拆毁时，它的木料被拉到河边新的环球剧院，即后来莎士比亚在伦敦的主要工作场所。

索迪治是一个很粗犷的地方。因此，和同一阶层的其他人一样，莎士比亚身佩一把剑并不是为了显摆。和他一起的剧作家和演员中有些人，如康奈尔、斯宾赛和波特在决斗中被杀，还有几个，像是汤、戴、马洛和本·琼森则杀了别人。米德尔塞克斯地区议会留下不少和剧场相关的暴乱、闹事和谋杀事件记录，那里"下流的吉格舞曲、舞蹈吸引了很多""小偷和其他下流、居心不良的人"。1580 年 2 月，政府当局接到警报，说人们非法集会去看某些叫作戏剧的节目，那是詹姆斯·伯比奇和其他几个人在霍利维尔的某个叫"剧场"的地方的表演。很多居心不良的人会在那里非法集会、闹事、袭击、吵闹，甚至犯下叛乱以及其他各种不法行为和弥天大罪，大大地扰乱和平……

饮酒、卖淫和犯罪激发了戏剧中下层社会的情绪，台词里充斥着街头污语和急躁情绪。还有大量的无知废话、感伤的胡言乱语、明目张胆的政治宣传，带有偏执、侵略主义和种族主义的色彩。但与此同时这一切也可以得到升华，充满震撼和对抗。可以说，戏剧从一开始就在英国文化史，甚至是世界文化史上留下了自己的印记。

用来宣传的剧院，用来投资的剧院

政府很早就意识到了剧院在散播思想上的潜在重要性。伊丽莎白在继位后的第一年发布了一条法令，严控戏剧演出。所有剧本都要经过审查，而且大型剧团接受的资助通常来自与政府联系密切的贵族。譬如，伊丽莎白的密探头子沃辛汉姆组建了女王剧团，从各地将最好的人才搜罗到一起：这不是因为他热爱戏剧——没有证据表明他去看过一次戏——而是因为他想把当时最富影响力的媒体据为己所用。

我们并不清楚莎士比亚最早得到谁的资助、和谁联系、和谁有深厚友谊——很明显这是促使一个人谋求某个特别的位置或职业的动力。不过可以肯定的是，16 世纪 80 年代末的某个时候他到了伦敦工作。在这之前 25 年里，戏剧的风格刚掀起一次革命。威廉还在语法学校的时候，戏剧要么是传统的神秘剧和道德剧，要么是文学性的悲剧和喜剧。而到了 16 世纪 80 年代中期，女王剧团的押韵诗成了最流行的风格。在那十年中一种新的无韵诗的出现很快将戏剧变成最吸引观众的大众媒体。在莎士比亚于伦敦名声大噪前，引领潮流的人是托马斯·基德和克里斯托弗·马洛。

马洛和语言革命

马洛和莎士比亚同年，也出自同样的社会阶层。和莎士比亚不一样的是，他曾上过大学。他在剑桥摆放的画像向我们展示了这个人的形象：金纽扣、嵌着红丝斜纹紧身上衣，一看就价格不菲。他双臂交叉，神情高傲。最吸引观众眼球的是这样一句格言："成就我的也毁了我。"这是夸口，也是预言。在剑桥的时候，马洛被招募为密探。那时候的他说话轻率，是个年轻的煽动者。有些事情能让我们看到他善变的危险个性。熟悉他的人认为马洛是个"会突然袭击和暗中捣鬼"的人，他还和索迪治大街上的一起谋杀事件有关。不过他也有光彩夺目的才能。马洛不仅是古典著作的译者，还是有着强烈抒情诗感、擅长暗讽和黑色幽默的诗人，同时他也是个有虐待倾向、破除旧习的时髦人士。尽管是基德的《西班牙悲剧》掀起了新的戏剧浪潮，但真正在浪潮中翻滚的是马洛。1587 年，23 岁的马洛以他的《帖木儿大帝》迷住了伦敦的观众。那是一个东方拿破仑的故事。他用无韵诗的新形式来写，而不是他嗤之以鼻的女王剧团的那种"吉格"韵律。这种新风格 10 个音节一行，灵活有趣，外国访客——甚至法国人——都会将它和自己国家的风格相比："他们的戏剧是一种无韵诗，比我们的韵律更合适日常语言，还能产生一些旋律。他们认为，不断地让耳朵受同一种韵律刺激是件很令人厌烦的事情，还认为读英雄体诗歌 2 到 3 个小时让人可难过了。"

　　无韵诗出自本土诗歌，在韵律和句法上却受到拉丁诗歌的影响，并充满了古典主义。像马洛那样大学生出身的人都会在他们的诗行中夹杂一些：

　　　　海员们看到毕星团
　　　　聚拢起一大片辛梅里安云

　　只有剧院包厢专席里的贵族才明白毕星团就是预示着大雨的七颗星星 [1]，辛梅里安意味着黑色（在古典文学中，辛梅里安人 [2] 就生活

---

[1]　编注：毕星团（Hyades）在希腊神话中指阿特拉斯与埃特拉所生的许阿得斯七姐妹，因兄弟许阿斯之死而不停哭泣，后来被宙斯变为毕星团。因为看到毕星团是在雨季之初，人们将它与雨水联系起来，所以此处称"预示着大雨"。

[2]　编注：历史上确实有辛梅里安人，希罗多德认为他们栖居在黑海北岸，现代学者认为在南岸。但历史上的辛梅里安人和神话及文学中的没有关系。

在永久的黑暗中）[1]，但这音韵听起来很不错。

因此不仅是演出剧团、专业剧院发生了变革，无韵诗本身也发生了很大的变化。这个时候英语这门语言经历了一场猛烈的扩张，从各地借鉴了很多词汇。此外，人们开始产生扩张主义时期的幻觉，并在戏剧中有所展现。当时，船舰驶回提尔布雷和迪普特福德，满载着从西班牙大船上得来的大量战利品：尤卡坦黄金和波托西白银。舞台上展现着全球的景象，"从遥远的赤道线……到东方印度"。作家们模仿奥维德，运用很多奇异的名字来，展示他们的新视野，比如"有黑人居住的古巴"和"广阔宽大的尤克辛海[2]"。

在那样一个暴力的时代，剧院演出漫不经心地显现出残酷的共鸣。这是经典的莎士比亚风格，所有这一时期的伟大作家都拥有这种风格，这和他们的教育有关。譬如马洛，他让暴君帖木儿的脑海中浮现出卑微赌徒的身影，用以展现难以平息的爱和残忍，甚至还同情他的宗教信仰：

> 神圣的穆罕默德，上帝之友，
> 神圣的古兰经与我们同在，
> 他荣耀的躯体，在他离开这个世界时，
> 密闭在棺木中，直上云霄，
> 庄严地悬在麦加清真寺屋顶上……

更最重要的当然是这些世界征服者得到的大片领地。这就是

---

[1]   编注：《奥德赛》中有一个神秘的民族辛梅里安人，书中记载他们生活在大洋
　　　之外、冥界边缘的一块黑暗多雾的土地上。
[2]   编注：黑海的希腊名字。

本·琼森所说的马洛"强有力的声音节奏"：

> 现在清空空中三界，
>
> 让上天之主看看，
>
> 他们制造的天灾和降临在君主身上的震撼，
>
> 微笑吧，基督诞生时天上的星星，
>
> 让它们旁边的光黯淡下去，
>
> 不屑借用月亮女神的光，
>
> 因为我，掌控着地球上最亮的光，
>
> 缓缓地从东方升起，
>
> 在子午线上驻足不前，
>
> 在转向的球体点起火焰，
>
> 让太阳也向你借去光芒。

这是每个人都想要的声音，所有艺术家都在寻求模仿的东西：在 16 世纪 80 年代的伦敦，所有热情年轻的剧作家都以此标准估量着自己。

年轻人的游戏

在伊丽莎白统治后期，剧院里压力大、变化快。每天下午都有不同的表演，一部戏也许只演三场就被剧团撤换。只有引起轰动的剧才有可能多演几场，甚至可改编再度上演。对于剧本有很多的要求。在当代，皇家莎士比亚剧团的 150 场表演中只有 4 个剧本。而在伊丽莎白时期，剧院经理菲利普·亨斯洛 [1] 的日记表明，同样的表演场数却有 28 个不同的剧本，一半还是新剧。莎士比亚的演员在一个月内要进行 15 场不同的演出。这只有在熟记教育背景中才有可能——在斯特拉福德学校里学到的死记硬背的本领，此刻在这里就派上用场了。

演员的工作要遵守固定的日程表，这是属于年轻人的游戏。演出的排练通常是在上午进行，然后是简单的午饭（肯定不能喝酒——演员合约中说明喝酒上台会遭到解雇）。当天上演的剧目在下午 2 点开演，大约 5 点结束，冬天会稍早一些。卸完妆、脱掉假发和演出服后，演员们就回到镇里吃饭，通常是在自己的住处或"简居"，这时大约是晚上 6 点到 7 点。沿着回毕肖普门的路上就有好几处简居。39号的"三大桶"屋是最典型的：又长又窄，路的一头延伸下去就是马棚，还有个小厨房、有壁炉的暖房和一个大大的公共花园。

毕肖普门和小旅店剧场

第一个确定的莎士比亚曾待过的地方就在附近，即圣海伦毕肖普门教区的城墙内。他很可能在这里度过了 16 世纪 90 年代中早期，甚至之前更早的岁月。这是个小教区，前后只有 300 英尺 [2] 长，有 73户交地租的人家。这里的人大多在索迪治工作，也很方便。莎士比亚在伦敦的大部分印迹已经不见了，但是 1666 年的大火并没有摧毁这一地区，许多莎士比亚熟悉的建筑一直保存到 19 世纪 50 年代。维多利亚时期的照片就展现出了 16 世纪的城市风貌。此外，都铎王朝和

---

[1]　详见第 166 页编注。
[2]　编注：约 91.4 米。

17世纪的地图以及1598年约翰·斯托出版的城市指南，也让我们看到了莎士比亚当初居住时的伦敦地貌。

晚上从索迪治往伦敦走，在老城外的右边，你会经过贝德拉姆疯人院（这个地方现在属于利物浦街道站）。隔壁就是圣博托尔夫教堂，有"一个和镇里的沟渠毗邻的漂亮院子"，斯托写道，"就在沟渠边上，沟渠环绕着漂亮的砖墙"。教堂大门旁是一个"不错的小旅店"，那是建于1480年的白鹿旅店，有三层楼，矗立在街道边。再往前走，在霍恩慈迪奇的拐角处是著名的海豚旅店，这是从塞福克到诺福克的商贩们在伦敦的驻点，也是1587年威廉·哈里森笔下所描写的典型的小旅店，可以"轻松迅速提供二三百人的住宿，并喂食他们的马匹，这似乎不可思议"。

海豚旅店的外墙那头有一个二手衣棚，就在霍恩慈迪奇的石头街，旁边有家金属铸造厂和"许多经纪人、工匠、铜匠和做日用织品和家具装饰品生意的人开设的店铺"。新近涌入的"受洗犹太人"都在做服饰商和当铺生意。他们引发了人们的敌意，在一本当时的记录中被诋毁成"坏蛋"。不过这一地区一直都是犹太人区域，伦敦最古老的犹太教堂就在附近。离开毕肖普门的第二年，莎士比亚就写了有关犹太人的剧本。

毕肖普门外人口的激增使得各种新建筑逐渐遍布沟渠附近地区。在圣博托夫教堂大院隔壁，沿着砖墙的堤道通往目前大家熟知的小法国区域。这里挤住着一群法国胡格诺避难者，"屋子里的下水道污物和其他脏东西被倒进沟渠，使得沟渠成了一个窄窄的通道，堆满了恶心的东西，甚至可能威胁到整个城市都受污染"（因此邻居们都控诉他们）。铜匠铺总是浓烟滚滚、工匠铺灰尘漫天，喧闹无比，还有垃圾臭味，这一切都是人们走过毕肖普门进入伦敦城里时扑面而来的东西。

　　毕肖普大门内，大街上到处都是马车、运货的牲口和拥挤的人群。街边是一排排的三层、四层和五层的阶梯式房子，街道上小旅店、饭店和娱乐场所的数量是全伦敦之最。"你看到的"，斯托说，就是"各种庞大的旅店，容纳了各种旅行者"，最大的是摔跤手旅店和天使旅店。这些旅店特别受东部（英国最富有的农业地）地主和商人的青睐——他们一直住在毕肖普门附近，直到维多利亚时期铁路时代。再过去几英尺，是青藤旅店、四天鹅旅店、绿龙旅店以及著名的黑牛旅店剧场。商贩们从这里出发到剑桥，赶着马车到北艾塞克斯、萨夫伦沃尔登，越过郡界到哈德汉姆和赫特福德。

　　这是典型的伊丽莎白时期的城市旅店。一进门，人们先穿过一条长长的门廊来到一个大院子，院子里旅店的第一层是马棚，第二层以上才是房间。许多旅店是三层的，有时有阁楼。"在英国，每个人都视旅店如自家"，这是莎士比亚童年时期就流传的话，"世界上没有哪个地方的旅店是像这样以客人自己的快乐为准，提供便宜又优质的娱乐的"。

　　现代时期到来之前，在每个城镇和大一点的农村，旅店都这样提供服务：有人会从你手中牵过马并卸下马鞍，遛马、刷马，给马喂饲料，再给它喝水；服务员会把房间钥匙交给你，替你卸下行李，冬天的时候还会点燃壁炉。

　　房间里"有很好的寝具和绣帷"，客人睡在"洗衣女工已经洗干净的床单上"。至于食物，尽可以自由地去厨房看看，和主人一起在公共餐桌上吃饭，或者也可以拿进自己房间里吃。伦敦的旅店有很多外国酒供人挑选，还有当地的啤酒，名字古怪却很有意思，比如"哈弗凯普"（头等啤酒）、"天使食物""龙奶""疯狗"（当然尽量别喝这个）……最神秘的是"左腿"。

最好选择一个熟悉的旅店，或者是可靠人介绍的，毕竟伦敦旅店以"欺诈"声名狼藉。来自乡下的旅客会被警告小心骗子设的骗局，因为旅店主人或服务员可能是抢劫者的同伙。这种下层人民的生活在莎士比亚后来的戏剧中有所体现，比如《亨利四世》奇蒲塞德的酒馆那一幕，福斯塔夫就是在旅店里计划抢劫盖兹·希尔的客人。当然，在大城市犯罪行为在休息场所和娱乐场所总是会更猖獗一些。那个来自斯特拉福德的乡下小伙子可能就住过这样的一个小旅店，一晚上一便士，包吃包住，不用马棚。

毕肖普门附近的旅店是戏剧表演的中心，最著名的就是黑牛旅店，那是莎士比亚熟悉和曾经表演过的地方。伊丽莎白统治初期这里才被改成旅店剧场，有一个固定的舞台。一百年后这个舞台还是清晰可见。表演大多在店内或"大房间"里的舞台上进行。17世纪的一个项目记录表明，表演就在这里的内院进行。表演大约在4点钟开始，演员们在大街上敲锣打鼓宣布即将开演，这也是为了招揽生意。黑牛旅店是个很有名的剧场，莎士比亚还是个孩子的时候，约翰·弗洛里奥就在1578年出版的《英意词典》中提到了它（"我们去哪里？去看黑牛剧场的表演"）。1583年，这里被批准为女王剧团在伦敦的日常表演场地，他们经常在那里表演。如果在16世纪80年代，莎士比亚真的和女王剧团一起的话，黑牛旅店就是他在伦敦表演的地方。沿着毕肖普门走下去不远，在格雷斯教堂大街，正对着卖鱼、肉和药草的市场，就是另外两座莎士比亚熟悉的著名旅店剧场：一座是贝尔旅店，就像黑牛旅店一样于1583年被批准为女王剧团的表演场，塔尔顿和"他的伙伴们"在那里给观众留下永远的记忆；另一座是隔壁的十字键旅店，莎士比亚最重要的伦敦城内的表演场所。1589年他可能在那里和斯特兰奇剧团一起表演，1594 年他还和宫务大臣剧团[1] 合作过。

　　尽管现在人们都不记得毕肖普门内的地区了，但它应被看作是莎士比亚戏剧表演的另一个场所。它和更出名的索迪治和索思沃克不一样。这里的街道和房子更干净、更漂亮、更整齐，设施也更好。克拉肯韦尔山上的山泉水借着一条管道流下来。隐藏在大街东面小巷内的聚集地曾经是（现在也是）皮货贩子市场和救济院。这些都和莎士比亚时期的圣海伦教堂毗邻，这个教堂曾是一间女修道院。修道院四周是商人的大宅，最豪华的是 15 世纪 60 年代所建的克罗斯比屋。理查三世曾经在这里下榻，托马斯·莫尔爵士在写《乌托邦》和关于这位国王的书时，也曾在这里住过。1592 年末莎士比亚创作《理查三世》时，运用了诗意的手法而不是照搬历史事实，将克罗斯比屋看作是理查在伦敦的据点，也是整个剧本情节和秘密策划的中心。莎士比亚将两个场景都放在这幢房子里，用于展现 1471 年亨利六世之死以及 1473 年理查和安妮夫人的婚礼。事实上两件事都不是发生在这里。这只是一个例子，说明居住过的地方给了莎士比亚在戏剧中设置场景的灵感。

　　尽管观众少一些，但这里还是有很多地方好过索迪治，尤其是去看戏的人可以在寒冷的冬日下午表演结束后，且天色已晚的情况下，免去走上几英里的路或骑马出城的麻烦。若是天气不好，位于排水渠和大马池之间的剧场在观众未入场的时候也许有点冷清阴暗。当然索迪治居民有很多穷人，而毕肖普门这里有些观众还是挺有钱的。这里

[1]　编注：宫务大臣剧团（Lord Chamberlain's Men）成立于 1594 年，赞助人为时任宫务大臣（Lord Chamberlain）的亨利·凯里，故得名。1613 年因得到英王詹姆士一世支持，更名为国王剧团。

的旅店可以给观众提供更好的设施，比如过道上的私人房间、饮食、音乐和其他各种伊丽莎白时期的玩乐项目。

这一切看起来和斯特拉福德是多么不同啊。一个乡下小镇也许很繁忙，特别是在赶集的日子，镇上还有大型的季节性集市。但这里是大城市。每天一大早就有各种吵闹声、各种味道以及五彩缤纷的东西；运货马车夫开始卸下货物——煤炭、木头、啤酒、牛奶和甘草；商店店主和街头小贩招揽顾客，马车和定期运货的货车堵满街道，形成了都铎时期的交通堵塞。这就是我们可以想象的年轻的莎士比亚面对的城市景象。当他放下自己的行李，住进毕肖普门黑牛旅店旁的小房屋时，喧嚣的城市生活在窗外愈演愈烈。莎士比亚在伦敦生涯开始的时候，既为新的艺术形式而激动，也为这城市本身的活力而欢欣。

一位青年艺术家的画像

多年后，莎士比亚在十四行诗中十分明显地回顾了那段日子。一个怯生生的乡下出生的自由民，初次来到伦敦谋求功名：

> 我是多么小心，在未上路之前，
> 为了留以备用，把琐碎的事物
> 一一锁在箱子里，以便保险，
> 不至于被一些奸诈之手亵渎。

莎士比亚生性谨慎，会保护自己和认识的人。这首诗告诉我们，他从一开始就如此小心。这和他的个性背景相关。或许这也是艺术家的特点，他们通常远离外界的生活，只在笔下描述一切。这首十四行诗提供了一幅画面：一个乡下人如何小心面对这个复杂的、他将要混迹的社会。这种谨慎在后面的讲述中还会出现。

年轻的莎士比亚的画像有可能是幸存的。在曼彻斯特的约翰·瑞兰德图书馆，存放着一幅 1906 年在达灵顿屋发现的一张画像。这是一张完成于无敌舰队被打败的 1588 年的 24 岁男人画像——他和莎士比亚同年。这个年轻人不是贵族，他的斜纹紧身上衣是淡粉色的，没有考究的纽扣或环状领：他只是都铎时期普通中产阶级的一员。这位无名画中人的特点并不能让我们完全肯定他就是莎士比亚，但那一抹羞怯及他脸部神情与比例都和莎士比亚唯一的一幅画像十分相似。让这幅画不仅限于猜测的是，它最初来自北安普顿郡的戈拉夫特村，那里和莎士比亚的孙女伊丽莎白去世的阿宾顿相邻。伊丽莎白从她母亲苏珊娜手里继承了诗人的私人物品，这份物品清单里不仅提到了书，还有斯特拉福德的物品和木料。这足以暗示我们很可能这幅画中的人就是事业起步之初 24 岁的威廉·莎士比亚。

在得到贵族制服或被授予爵位时，人们通常会去画一幅画像。对莎士比亚来说，为他的第一位恩主斯特兰奇爵士效力，就是这样的时刻。如果来自戈拉夫特的画像上的人确实是他，那么我们就可以这样假设：和任何一个伊丽莎白时期的成功年轻人一样，他给自己买了一件漂亮的紧身上衣，然后画了张像寄回家。这是让父母和妻儿骄傲的证据，表明他干得不错。尽管这只是猜测而已，这幅画像还是能帮我们想象他在生命这个阶段的样子，以摆脱我们得到的莎士比亚的惯有形象：秃顶的戴着环状领的中年人。这是伊丽莎白时期的年轻人，一位即将成为艺术家的年轻人，自中世纪神秘剧和早期的古罗马历史剧之后，他将创作出最伟大的戏剧。这些都是在他 20 多岁的时候创作的。莎士比亚看上去就是这个样子：年轻露锋芒、怯生生、敏感、聪明、机智、有抱负。一个乡下诗人闯世界，在毕肖普门及索迪治那些旅店剧场沸腾的人群和马车中慢慢显露出自己的脸庞。

莎士比亚早期生涯的秘密

让我们假设一下，1588 年到 1589 年冬天的某个时候，莎士比亚加入了伦敦的一个剧团。三四年后，他以剧作家的身份出现并风靡一时。1592 年末，莎士比亚创作了第一个伟大的人物——邪恶的理查三世，自此扬名。但也就有了神秘之处：这期间他干了什么？他和谁在一起进行了创作？

据说，莎士比亚最早的独幕剧写于 1588 年到 1590 年左右，不过没有什么证据可以确定。宝贵的线索来自他貌似最早的剧本——罗马悲剧《泰特斯·安特洛尼克斯》的扉页。1594 年这部戏剧出版的时候，扉页上提到了三个剧团，包括斯特兰奇爵士（前一年他已成为达比伯爵）的剧团，依次排在剧本上："为达比伯爵，潘姆比洛克伯爵、苏塞克斯伯爵效劳。"如果这个顺序不错的话，就可以描绘出一幅有关莎士比亚早期生涯的可能的路线图，就像这样：

1588 年 9 月，女王剧团失去了他们的明星塔尔顿，也失去了一个重要的恩主罗伯特·达德利。那年秋天，或是第二年初，莎士比亚加入了新恩主斯特兰奇爵士费迪南多的剧团，他是伟大的兰开夏郡斯坦利家族成员。很可能夏天的时候他们在索迪治演出，1589 年 11 月冬天的时候则在十字键这样的城市旅店剧场。莎士比亚有近 2 年时间和斯特兰奇剧团在一起，在此期间为他们写下了《泰特斯·安特洛尼克斯》。他还为斯特兰奇剧团写了另外两部作品，开始了有关英国历史的系列剧创作:《约克王朝和兰开斯特王朝的争执以及约克公爵理查德》(就是我们知道的《亨利六世》的中篇和下篇)。它们是莎士比亚获得的最初的巨大成功。1591 年 5 月,斯特兰奇剧团解散了。原先的核心团队去了河南岸亨斯洛的新玫瑰剧院,年轻的理查德·伯比奇忠于父亲,还留在索迪治。莎士比亚带着剧本和伯比奇待在一起,剧本包括《亨利六世》的和《泰特斯·安特洛尼克斯》以及《驯悍记》。1591 年末,他(很可能和合作者一起)很快写下了《亨利六世》的上篇——《约克王朝和兰开斯特王朝的争执以及约克公爵理查德》的前篇,并在玫瑰剧院演出。演出的既有原先斯特兰奇剧团,也有上将剧团。马洛的明星演员爱德华·阿莱恩扮演了主要角色。这时的莎士比亚肯定和阿莱恩以及马洛有了私人交情。

　　1592 年,莎士比亚至今仍然扑朔迷离的早期生涯那段消失的部分,在潘姆比洛克剧团呈现出几分端倪来。莎士比亚和伯比奇很可能跟着这个剧团表演了一段时间。潘姆比洛克家族是那个时期诗歌最大的恩主——伯爵年轻的太太玛丽对戏剧情有独钟——这也是莎士比亚和这个家族联系的开始,在他后来的生活中也一直延续着。

　　早期的成功激励了这位年轻的作家,莎士比亚已经在脑海里构思了三部《亨利六世》的续篇。《理查三世》开启了他为斯特兰奇爵士效力的日子(在这部戏剧中,诗人恭维了他的恩主,抬高了他的祖先斯坦利家族在博斯沃思原野战役[1]中的历史作用)。莎士比亚也许是在 1592 年年中或年末为潘姆比洛克剧团完成这一剧本的(这出戏剧也吹捧了一下潘姆比洛克的祖先)。接下来的春天,伦敦爆发了一场

---

[1]　编注:博斯沃思原野战役发生于兰开斯特王朝与约克王朝之间的玫瑰战争时期,是当时最后一场重要战役,象征着金雀花王朝的终结,在英国历史上十分关键。

毁灭性的瘟疫，1 万多人死于这场瘟疫。剧院因惧怕传染而紧急关闭。夏天，潘姆比洛克剧团被迫解散。那时莎士比亚将近 29 岁，被迫去寻找新恩主，寻找另一份收入来源。1593 年到 1594 年，他和伯比奇都为苏塞克斯剧团效力。到了 1594 年 5 月，他们一起加入了新成立的宫务大臣剧团，一些原斯特兰奇剧团的老朋友和老同事也加入了这个剧团，回到了索迪治剧院。自此之后的一切我们都有确凿的证据。现在，对莎士比亚足迹的追溯从过去的困惑和猜测部分，到了更清晰的职业作家生涯阶段。

危险和忠诚

上述这假定的一切告诉我们莎士比亚如何精明地发展自己的事业，并在 30 岁时和他熟悉的演员和商人一起加入了宫务大臣剧团。一开始，剧院老板有好几个贵族恩主，还有很多剧团在此演出——记录显示共有 30 家，但是在伦敦的演员和作家不超过 200 人。在这个不断变换的小群体里，莎士比亚不止为一位商人工作过，他的剧本也不止经过一个剧团之手。他不断变换恩主和剧院，有时和对手剧团在同一个地方表演。有时只够糊口，毕竟这是一份不太安定的职业：剧团可能倒闭，瘟疫时有来袭，城市当局会有压制，剧院甚至会关闭。从来都没有固定收入的保证，莎士比亚靠自己的智慧为生。

莎士比亚早期的职业生涯就和今天任何一个剧场或电影作家一样，他为很多老板工作。不过对所在团体的忠诚也很重要，出于某种原因，也许就是因为互相喜欢和信任，伯比奇一家是他最亲密的伙伴，尽管我们无从得知这种关系如何开始。

早期戏剧：血流成河和长毛狗的故事

年轻的莎士比亚撰写他最初的成功之作的顺序大部分都只是猜测的。如我们看到的，最早的悲剧是《泰特斯·安特洛尼克斯》。最新的语言学分析表明这是他和另一位作家乔治·皮勒合作的。皮勒也为女王剧团工作。这个剧本充满了华而不实的言语和暴力，堪称伊丽莎白时期的昆廷·塔伦蒂诺电影。毫无疑问，那些坐在便宜位置的观众喜欢这些血腥和暴力的东西——他们每天在大街上也见怪不怪。在其他伊丽莎白时期的戏剧里，砍头和挖眼屡见不鲜。当然，莎士比亚的暴力和侵害有着特别的东西。对朋友们来说，他很善良，但内心里还是有侵犯和暴力的倾向，就像马科斯发现了他被杀害的女儿：

> 为什么你不和我说话？
> 天哪，温暖的鲜血，血流成河，
> 就好像微风吹拂下突突冒出的喷泉，
> 在你玫瑰般的双唇之间起起落落。

《泰特斯·安特洛尼克斯》很怪诞，很恐怖，我们之前的一代人很难相信这真是莎士比亚创作的。不过这就是那个时代的言辞：在对人体实施更恐怖的真实暴力前，在行刑架前会有一段隐晦的演讲，作为惩罚和教诲——这是另外一种公共剧场。奥利弗[1]在20世纪50年代末于波兰饰演泰提斯时，乌压压的观众认为这部戏剧栩栩如生。对他们来说，20世纪中叶有过史无前例的残酷暴行，所以没有什么是不

[1]　编注：指著名演员劳伦斯·奥利弗。

可能的。莎士比亚像他的偶像——罗马的塞内卡[1]——一样用华丽的拉丁文诗行将恐怖掩盖住了。

　　莎士比亚在这个时期也写了一些抒情性的浪漫作品。也许《维罗纳二绅士》（或者至少是这个剧本的早期版本）就是他年轻时创作的戏剧——也许是第一次创作独幕剧。这个剧本中熟练优雅的诗行展示了创作技巧的进步，也显示了他在剧院工作获得的大量经验。不过这部戏剧并不十分成功，莎士比亚还没有学会如何调动他的演员。不过，这部戏剧有美丽的诗篇，还有著名的俘获薇拉·德莱赛普斯的演讲（薇拉是格温妮丝·帕特洛在电影《莎翁情史》中的角色）：

> 如果看不见西尔维娅，那算什么亮光？
> 如果西尔维娅不在身边，那有什么乐趣？
> 除非想到她就在身边，那一切才叫完美。
> 除非我是和西尔维娅在一起，
> 否则哪有什么夜莺的美妙歌声。

　　而剧中角色劳恩斯的喜剧性诗行部分，听上去像是从斯特拉福德公会教堂剧场表演里直接出来的，类似伊丽莎白时代伯明翰的方言："我想我的狗，克拉布，是世上最坏脾气的狗。因为它，妈妈哭，爸爸号，姐姐叫，女仆咆哮，猫爪儿乱绞，整幢房子一片混乱。这个冷酷心肠的无赖却一滴眼泪都不掉。它是块顽石，又臭又硬，对它可别有什么同情的……"接下来的 20 行堆砌着各种解释，劳恩斯对观众演示着字面游戏式的长毛狗故事："这帽子是女仆南恩的。我是

---

[1]　编注：塞内卡（Seneca），古罗马哲学家、剧作家，曾任尼禄的导师。

那条狗。不，狗是那条狗，我是那条狗。哦，那条狗是我，我是我自己……"

如此种种，表演者不断地榨取观众的情绪。这样的演讲只是一段"即兴"的流利演讲的文本记录。这个场景的成功在于小丑的即兴创作技巧以及他娱乐观众的能力。小丑是专业剧院第一阶段的明星，一直到后来被诸如阿莱恩这样伟大的悲剧表演家替代为止。女王剧团中的塔尔顿就是小丑中最棒的演员，他去世于1588年9月。塔尔顿十分有趣，以致有那么一次，让人印象深刻的是，女王笑得受不了，只好要求他离开舞台。塔尔顿有很多笑话成了下一代表演的经典，恰巧，其中有一个就和一条狗有关。克拉布这个舞台外的无声角色再没有出现在莎士比亚的其他剧作中，它是条独一无二的狗。那么，《维罗纳二绅士》原本是不是创作给女王剧团和塔尔顿的——或者莎士比亚只是从老塔尔顿表演中汲取了这个笑话，塔尔顿死后又将它用在自己的剧团？这似乎更有可能。也许莎士比亚让当时的观众想起了那个伟大的喜剧表演者，就像现代的西区表演能让人想起莫克姆和怀斯[1]。不过，从理智的角度来说，这个技巧他不可能用两次。让传奇留在那里比重复使用要更好。

喜剧和历史剧大师

尽管莎士比亚早期的成功之作是历史剧，但他最擅长的还是喜剧作品——他无法抵制喜剧，甚至在悲剧中也会有喜剧元素。同时代的

---

[1] 编注：西区表演指在伦敦西区剧院上演的戏剧，与百老汇齐名。莫克姆和怀斯（Morecambe and Wise）是活跃于20世纪40年代到70年代的英国喜剧二人组。

人认为他"最适合喜剧"。当然，并不是他所有的笑料都经受住了时间的检验。有些是当时人们关注的热点，有些只是小范围的笑话，还有一些和伊丽莎白时期人们喜欢的文字游戏相关，在今天却显得牵强，尤其是当他奉承贵族或观众的文学水平高的时候。不过在现代世界，莎士比亚的很多东西还是很幽默的，就算是他的悲剧也一样。实际上，很可能就是喜剧感让悲剧在舞台上的表演更加出色。时至今日，或许我们已无法完全理解莎士比亚的所有作品（当然，当年亲临大剧场或环球剧场的观众也未必能做到），但是在 21 世纪，莎士比亚的优秀作品仍给我们带来剧院里最大的快乐。

然而，莎士比亚和马洛相互较劲的并不是悲剧或喜剧，而是历史剧。最终他的历史剧让女王剧团走出伦敦，直到解散。特别是在无敌舰队被打败之后，女王剧团不间断的巡演让全国观众都看到了这段历史的戏剧版本。这也正是莎士比亚最感兴趣的。

《亨利六世》是他在研究了霍尔和何林塞这两位都铎王朝年代编年史作者对玫瑰战争的记录后，开始的一系列辉煌创作。不过莎士比亚对于历史的着迷肯定不是为了票房收入，而是出于他自身的心理因素。在成长过程中，他常接触到有关古老英国及国王、中世纪天主教、灿烂而残酷的英国历史等故事，他也喜欢这些故事。莎士比亚在 25 岁左右创作的戏剧不同于女王剧团的宣传性戏剧。他对历史的复杂性有天生的直觉，在他看来，敌对的双方总是对错参半，多视角更能展示现实的混乱和"时代的压力"。

1593 年，对历史的痴迷促使莎士比亚开始创作自古希腊以来由单个艺术家创作的最雄心勃勃的剧场娱乐作品。在英国唯一可以与其媲美的就是神秘剧的巡回演出了。莎士比亚采用神秘剧的手法来创作世俗的基督受难剧——在这些戏剧中，约克的理查头戴纸冠[1]，谴责"女人身老虎心"的玛格丽特女王[2]，宛如忧患之子[3]的形象。此时的莎士比亚正处于从神秘剧到历史剧再到悲剧的转型中。

成功

　　这时候我们还没有看到人们提及他的名字。1590年末，吸引读者的一本书是埃德蒙·斯宾塞的《仙后》。那年12月，斯宾塞《缪斯的眼泪》出版，上面有他对爱丽丝·斯特兰奇夫人说的一段话。斯特兰奇夫人是有名的文学赞助者，也就是莎士比亚认识的费迪南多太太。斯宾塞赞扬了一位"我们可爱的威利"是个了不起的作家，还说威利"最近很苦闷…选择待在一个空闲小屋里，忍受各种嘲笑"。这段时间莎士比亚很可能在为斯特兰奇工作，那么这个威利是否指的就是他？如果是的话，"最近很苦闷"是什么意思，他又经受着什么"嘲笑"？后来莎士比亚很快被伦敦最著名的事评论员兼作家罗伯特·格林批评打压，很可能1590年的时候他就已经让对手们嫉恨不已了。

　　前一年夏天，在《梅那芬》[4]序言中，格林的记者朋友托马斯·纳什谈到"两所大学的绅士"，嘲笑"那些死板的同事……盲目模仿自

---

[1]　编注：约克的理查（Richard of York），15世纪英国重要贵族，英王爱德华四世和理查三世的父亲，他与亨利六世的王后玛格丽特间的矛盾是引发玫瑰战争的主要原因。理查阵亡后，兰开斯特军将他的头颅挑在长矛上，并戴上纸王冠在约克城城墙上示众。

[2]　编注：又称"安茹的玛格丽特"（Marguerite d'Anjou），英王亨利六世的妻子，玫瑰战争中兰开斯特派的重要人物。

[3]　编注：忧患之子（Man of Sorrows）的形象往往表现为受难的耶稣，13世纪后开始流行于欧洲。

[4]　编注：《梅那芬》（Menaphon）的作者是格林，出版于1589年。1592年格林去世。

负的悲剧作家……离开他们原来的律师职员行当，让自己忙于艺术"。
他说一些人"连用拉丁文写无韵诗都办不到"就试图做"英国的塞内
卡……讲述哈姆雷特的故事……模仿乔叟却带着一股与生俱来的平庸
味儿……"表面看来重点在于乔叟，实际上是在攻击一大批模仿自负
的悲剧作家的人。其中最醒目的恐怕就是在 1590 年写下《泰特斯·安特
洛尼克斯》的威廉·莎士比亚了——他这部剧堪称英文版塞内卡悲剧。

　　1591 年，斯宾塞在谈论同时代诗人时又一次提到了莎士比亚。这
次他用了一个经典的比喻："最后但也同样重要的一点是……无人媲
美的温和牧羊人，就像是有着高深创造性思想的缪斯，一如他自己的
豪言壮语。""温和"一直都是莎士比亚的标签。如果斯宾塞描述的真
是莎士比亚，这段评论就很重要，因为这表明他不再只是一个剧院杂
工，而是被看成一个天才。英国诗歌蒸蒸日上，对于成功人士和有影
响力的人、像斯特兰奇和赫伯特那样的赞助者以及斯宾塞这样的创作
者来说，他们想扶持的正是创新和特别的才能。莎士比亚已经是一个
羽翼丰满的诗人了。

　　莎士比亚很快在舞台上超过了马洛，他的早期戏剧显示出比马洛
更加深刻的道德关怀。当然，他们的风格都很独特：莎士比亚对平民
百姓和他们的语言有天生的感觉——一种令人羡慕的亲近。莎士比亚
也感受得到观众喜欢什么。他看到某件事就知道这是不是个好的故事
题材。至于马洛，他对素材的选择很有趣，但总不会很成功。譬如，
马洛想用历史剧《爱德华二世》赶超莎士比亚，但他选择的是一个不
怎么重要的王朝[1]，情节也无法让贵族青睐。而莎士比亚在选择情节
方面很谨慎，几乎每个情节都取得成功，唯一不怎么成功的，就是

---

[1]　编注：爱德华二世在位时期为 1370—1327 年，他是金雀花王朝的成员。

《雅典的泰门》，他没有写完就弃之一旁了。而且，莎士比亚特别擅长模仿，通常会借用和改编原有的情节，然后用继承自前人的"合适"方式进行创作，有强烈的故事感。尽管同时代有些人不认同故事的结构安排，莎士比亚却很注意故事结构。他一定了解菲利普·锡德尼在《诗歌辩护》中如何剖析欧里庇得斯的《赫库巴》，讨论如何进行戏剧情节的创作。莎士比亚一定是曾经在学校里研读过。

很可能就是因为斯宾塞看好他，"我们的威利"才以一种胜利的姿态成为一个有才能的年轻艺术家。和马洛的自负、阶级嫉妒和支持无神论不同，莎士比亚很"圆滑""嘴甜""可爱"，从一开始他就知道赞助者喜欢什么。就如莎士比亚后来借着普洛斯彼罗之口所说的，他所做的一切就是要"讨好"。

外国战争

他不是一个要引发争议的人。然而 16 世纪 90 年代初对艺术家来说却是躁动的年代：市政当局总是带着怀疑的眼光看待剧院，到处都是狂热分子。伊丽莎白既担心天主教地下组织，也担心清教徒极端分子。到处都有奇怪的预言和谣传的新闻故事。1591 年 7 月 19 日，一个名叫威廉·哈克特的清教徒狂热分子，宣称自己是出生在齐普赛街小推车上的救世主，被绞死后大卸八块。

那一年，英国部队在法国、爱尔兰均有战事，还在荷兰同努力想脱离西班牙霸权的新教徒并肩作战。在诺曼底，西班牙想要建立基地，图谋发动比 1588 年更有效的对英侵略。一时间谣言四起，说还有下一个无敌舰队出现。在英国国内，路上到处都是失业的残疾老兵，甚至在斯特拉福德和沃里克之间也到处都是，许多人靠着救济过日子。所有这一切使人们对这个国家的失望与日俱增。

伊丽莎白政府继续发动打击国内外敌人的战争。那年冬天，政府征募更多的士兵并派他们去帮助在低地国家荷兰的同盟军。伊丽莎白时期的国家档案局档案记载了支付给密探的报酬以及他们的解密路径。最厉害的一个密探名叫罗宾·波利，他在布鲁塞尔、安特卫普和法拉盛[1]都曾出现过，为的是办理"女王陛下的秘密公事"。这个时候马洛也在蹚浑水。12月，在自己的戏剧于伦敦玫瑰剧院吸引观众的同时，他以密探的身份去了法拉盛。

从法拉盛防御重镇谢尔德的宽阔沙河口望出去，就是处在沼泽河岸和疟疾肆虐的内陆之间的据点。死于疟疾的英国士兵远比死于战斗中的要多（其中就有诗人菲利普·锡德尼，他的兄弟当时是法拉盛的英国统领）。这个据点是英国兵力的出入口，是军火、供给、奸商和双重间谍进出的地方。在法拉盛，马洛先是被卷入一场杀人案，后又被宣布无罪释放。那年冬天，马洛因多项更可怕的控诉被捕：和他曾同处一室的密探报告，马洛曾说过要站在天主教这边，而且他还一直在试着造假币。虽然这些控诉似乎不可置信，可能是捏造的，不过那时的马洛不只是嗜好烟草和男童，还是"抢风驶航"的人。很明显有人认为他抢的正是从罗马吹来的反变革之风。被统领审讯后，马洛从海路被遣回英国，直面间谍头目沃辛汉姆。

同年冬天，荷兰轰隆隆的风暴在英国引起回应。斯特拉福德人感觉到了国内和国际政治味道。10月，一次对巴德斯雷·克林顿庄园的大规模突袭险些将耶稣会成员和他们的当地支持者一网打尽。1591年

---

[1] 编注：指荷兰西南部港口城市弗利辛恩，旧名是法拉盛。纽约皇后区的法拉盛得名于弗利辛恩。

11 月末，政府宣布新的反天主教律法，这是政府对痛恨女王的罗伯特·皮尔森和威廉·艾伦等人撰写的强硬文章的回敬：艾伦曾出版讽刺画将女王称作异端分子、反基督分子和疯狂犯罪分子。对像他这样被安全流放的人来说，使用煽动性的语言是没什么关系的，但对那些身处皇土的人来说，这样做只会恶化英国天主教团体本来就很艰难的处境。耶稣会士此时陷入无尽的惶恐，因为等待他们的将是可怕的命运。各郡的女王密探对叛逆者不断施压，耶稣会藏匿处全部处在密探的监控中。在一封紧急信件中，耶稣会首领亨利·加内特这样写道："无处可藏。"

　　1592 年初，政府开始对不满分子进行新一轮的镇压。每个城镇都列出了一份叛逆者清单。3 月，约翰·莎士比亚的名字出现在斯特拉福德拒绝去教堂参加复活节团契的顽固分子名单中，尽管声称害怕有人找他要债所以不能去，而且这个再老不过的借口被接受了。毕竟约翰在镇里还是有朋友的。不过古英国灵魂之战已经基本失败了，只能让约翰的儿子以一种"不同的伪装"将其传给后代。

大时代

　　回到伦敦，平安地穿梭在大城市拥挤的人群中，威廉·莎士比亚的创作很快扩展到有丰富喜剧性和浪漫性因素的作品，它们大多和那些顶着社会、家庭和习俗压力陷入爱情的男女相关。早期的《驯悍记》展示，他介入了自己最喜欢的领域：两性之战。在这部对旧喜剧的再创作中，莎士比亚质疑都铎王朝社会中的父权假定，但在结尾还是差强人意地（至少我们还能接受）默许了男人的观点。在整个 16世纪 90 年代，他以更加肯定和幽默的方式探讨了这些主题，塑造了许多戳穿男人假象的成功女性角色。许多女观众当然十分喜欢。

早期的历史剧也显露出莎士比亚其他有特色的喜好。他痴迷于正义、野心、国家暴力、良心和权力之争——更不用提对角色扮演、塑造表里不一人物的偏好了。这些也是贯穿莎士比亚戏剧始终的线索。不管剧本的主题是男女之爱，还是国家事务，它们都是从多角度来看待问题的。莎士比亚总会构建敌对的世界，并将意象体系进行对比。这种修辞手法可以追溯到他在语法学校时期学习的课程，不过这也确实是他根深蒂固的创作习惯。当然，所有作家都有自己惯用的结构和用词技巧，就像莎士比亚后来遗憾地说：

> 我为什么总是一个调儿，总是一个样儿，
> 总是让虚构的东西以显眼的野路子出现，
> 每个单词都有着我的标记，
> 显露他们的来源和他们的前进方向。

1592 年 4 月《亨利六世》的上篇（《约克王朝和兰开斯特王朝之争和约克公爵理查》的前篇）在河岸的玫瑰剧院演出，于 5 月和 6 月共演了 15 场。亨斯洛的账本表明，单是最低价的票就售出 16344 张——整个票房应该比这个数字还多一倍。每场表演有 2000 到 3000 人来看，莎士比亚取得了巨大的成功。此时，英国军队正在诺曼底这片百年战争的旧阵地上作战，民众对每天得到的战事信息很感兴趣。这样一部有关英国近期海外战争的戏剧的上演正是时机。8 月，时事评论者托马斯·纳什描述了《亨利六世》中英国英雄塔尔博特这个人物如何大受欢迎：

法国人的噩梦——勇敢的塔尔博特在坟墓里躺了 200 年后，如今在舞台上又一次大放光芒。他要是知道了该会怎么想？他的尸骨至少因成千上万观众的眼泪而永垂不朽……在这位悲剧作家的笔下，这个人物再次活生生地出现在观众面前。

这被看作是莎士比亚第一次受到吹捧的评论。历史、喜剧、英国人、意大利人——他在戏剧中都有涉及。对某些已有文学地位的人来说，这些却也足以用来指控他是一个自负的暴发户，一个剽窃者。

成功带来嫉妒

1592 年夏末，斯特拉福德的地方官在半年内第二次把莎士比亚父亲的名字列入"顽固叛逆者"的名单中。可以想象威廉此时是如何在伦敦毕肖普门附近创作《理查三世》的。就在那个时候，时事评论者、女王剧团的创作人罗伯特·格林快要死了，他写了一封充满怨恨的公开信给戏剧界的三个重要人物——大学才子马洛、纳什和皮勒，信的主要内容是对年轻的莎士比亚进行的猛烈攻击。

格林一开始以满是怨恨的语言贬低演员，指责卑鄙的演员们毫无忠诚可言，把作者们卖个精光，说他们是"受我们嘴巴操控的木偶，用我们的色彩装饰的小丑"。接着，格林转向让他愤怒的主要对象。在他有生之年最著名的评论莎士比亚的篇章中，他这样写道：

有一只一夜暴富的乌鸦，用我们的羽毛装饰自己，披着表演者的皮囊，暗藏虎狼之心，以为他自己能够和你们这些高手一样创作无韵诗，他就是个彻彻底底的"什么都懂，一样不精"先生[1]。他自以为是这个国家唯一的震撼舞台（Shake-scene）的人。[2]

从莎士比亚名字的双关和暗指《亨利六世》下篇（格林用了斜体字以确保他的读者能看到这一点）中约克的理查嘲讽玛格丽特女王是"女人身、虎狼心"[3]这两点，我们可以很明白地看到他攻击的就是莎士比亚。在格林看来，莎士比亚是一个演员暴发户而已，居然厚颜无耻到赶超比他优秀的作家。这里暗示的也许就是对他一直在剽窃剧本的指控（在这里应该指的是女王剧团的剧本——诚然，许多莎士比亚戏剧的情节都是从女王剧团的表演中提取的）。

我们知道莎士比亚为格林对他的才能和诚恳的攻击感到很难过。正如斯宾塞所提到的，这可能是让他想退隐的原因。不过这次攻击充分证明了一个事实，那就是莎士比亚已经成名。

---

[1] 编注："什么都懂，一样不精"（Johanne factotum）原是一个拉丁词汇，即 "Johnny do-it-all"。现代英语中较常使用有相同涵义的 "Jack of all trades" 来指什么都懂一些却无一项专精的人。Johannes factotum 最有名的出处即是格林的这封信。

[2] 编注：这封信后来被收入 *Groats-Worch of Wit* 中。这是一本评论小册子，据传作者是格林，于 1592 年格林去世后出版。

[3] 编注：莎士比亚写作 "tiger's heart wrpp'd in a woman's hide"，格林写作 "tiger's heart wrapp'd in a player's hide"。

第八章　诗人的责任

　　格林死后不久，他对莎士比亚的斥责评论于 1592 年的秋天摆在了圣保罗教堂院子里的书摊上。可是 12 月，格林的印刷商亨利·柴特却发表了一篇充满恭维之词的、为这次诽谤进行道歉的文章，还对莎士比亚的人品进行了褒奖。可以推断，这时的莎士比亚已经有影响较大的朋友了。我们看到的第一份有关诗人形象的描述，特别有意思，因为它完全是那个时代的风格。对开本上的称颂词是在格林死后撰写的：

　　　　三个月前，罗伯特·格林先生去世了，留下了大量文字在各种书商手中，其中就有《小钱买来大智慧》[1]。这本册子中有一

---

[1]　编注：即 *Groats-Worth of wit*，收录了本书前一章末尾提到的讽刺公开信。

封信是写来博大家一笑的，却被一两个讨厌的人利用了……我不认识这两个人，我从来没关心这个人（是指马洛吗）：也没善待过另一个（指莎士比亚），不过我倒希望善待过他。我希望能按照自己的意愿平息那些在世作家的怒火……但事实上并非如此，我很抱歉，好像这件事情的始作俑者是我自己。我可是亲眼见到过他文雅的举止，一点也不比他的职业水平差。有几位位高权重的人也说他做事正直、为人诚实，更重要的是，他的优秀创作足以证明他的艺术水准……

柴特用词考究，对年轻的莎士比亚的评判也有意思：做事正直、为人诚实，在生活中和在艺术上都很有魅力。几年后，琼森也称赞了莎士比亚"自由开放的性格"。

又一次袭击？

不过，麻烦来了。1593 年，纪念格林的书出版了，书中提到那些"毁他名声，窃他羽毛"的人。这些讽刺的话四处流传，要是那一年某部戏剧中有个来自沃里克郡乡下的人，那一定是在调侃莎士比亚。所有的戏剧中都有一个有关沃里克家伙的搞笑故事：

斯帕罗：先生，我的确出生在英国，在沃里克郡的艾汶河畔的斯特拉福德。

瑞博恩：出生在英国？你叫什么名字？

斯帕罗：我有个很好听、很讲究的名字。我告诉你，我的名字叫斯帕罗（音同"麻雀"）。我不是麻雀，不是篱雀，不是自负的麻雀，也不是卑怯的麻雀，我是高尚、进取、骄傲的斯帕罗。帕内尔知道我，我们教区有很多漂亮女孩子都知道我。

伊丽莎白时期的英语中，"麻雀"是好色的、玩弄女性的黑话。帕内尔是斯帕罗在斯特拉福德的妻子，是在他离开沃里克郡前怀上孩子的"亲爱的女人"。这个笑话的笑点在于"矛"（spear）和"麻雀"（sparrow）这两个字的发音。16世纪的英语中这两个词听起来十分相似。"讲究"（finical）这个词是格林的朋友，也就是当记者的纳什特别喜欢用的一个轻蔑词，意指特别的挑剔，在今天就是"过分挑剔"（finicky）。因此，有这么个"特别讲究"的名字，沃里克郡小丑斯帕罗来自艾汶河畔的斯特拉福德，还将自己描述成"维纳斯的小鸟、一只斗鸡"，听起来就像是莎士比亚才出版的《维纳斯和阿多尼斯》（麻雀是听命维纳斯的小鸟）。如果这些都是暗指莎士比亚——不可能是指其他人——值得指出的一个奇怪的细节就是，斯特拉福德的斯帕罗抛弃了自己的妻子。

瘟疫和赞助：南安普敦伯爵和他的圈子

1593年2月2日，伦敦公共剧院因为瘟疫而被迫关闭，直到1594年6月才重新开放。那年夏天，潘姆比洛克剧团已经解散，被迫"典当他们的戏服，闲在家里"。瘟疫爆发的时候，莎士比亚只好在别处谋生。尽管在宫里、贵族私宅里和伦敦城外还是可以演戏的，但莎士比亚很快转向其他赚钱的方式，他还要赡养在斯特拉福德的家人呢。他找到了赞助人。

赞助对于一个有抱负的诗人来说是很重要的，它能提供经济来源，也使他的社会地位提高。柴特的道歉表明，1592 年莎士比亚已经结交了有钱有势的朋友，能为他做点事，给出版商施点压力。斯宾塞早期的评价——如果这评价确实是针对他的话——表明他已经进入了文学圈子。"我们的威利"现在已经家喻户晓，在有势力的人物圈中活动。在 16 世纪末，资助诗歌创作，让诗人作诗献给赞助人是伦敦贵族成为文艺复兴时期权贵的一种方法。那时候，诗歌是能让诗人赚到不少钱的。

莎士比亚的赞助人是南安普敦伯爵，这个选择很干脆。伯爵热爱文学、长相俊美，是个双性恋，出身天主教，在蒂奇菲尔德和比利的安普郡都有地产。1592 年，年轻的伯爵替代了被囚禁的阿伦德尔伯爵菲利普·霍华德，成为英国天主教的最大希望。南安普敦伯爵的父亲曾是英国最忠恳的天主教徒，是旧信仰的强力支持者。他曾说过一句著名的话，表示宁愿失去所有，也不愿意投降。在帮助耶稣会的埃德蒙·坎皮恩后不久，他神秘地死去。南安普敦伯爵的母亲是蒙塔古家族的成员，她继续在苏塞克斯为牧师提供庇护，并把位于伦敦霍尔本的南安普敦伯爵府邸也变成了文化圈子中心。在那里，她不仅资助诗人，也资助天主教徒威廉·伯德等音乐家。因此，在 9 岁到 12 岁期间，她的儿子南安普敦伯爵理所当然地成了人质，处于伊丽莎白的首席大臣伯利勋爵的监护下。

南安普敦家族和沃里克郡的莎士比亚家族甚至可能还有点亲戚关系。1583 年，阿登家族有成员曾被发现躲藏在南安普敦伯爵家里。如今，莎士比亚寻求南安普敦伯爵的资助就更加顺理成章了，不过当时的人们不太可能了解这一切，毕竟这不是大众讨论的话题。

还不到 20 岁的南安普敦伯爵，到达法定年龄后将继承一大笔可以自由支配的收入，成了诗人看中的赞助人。莎士比亚将他发表的第一首诗《维纳斯和阿多尼斯》献给了伯爵。发表时间大概就在 1593 年 4 月瘟疫爆发前 6 个星期左右。也许这首诗是前一两年创作的，刚开始只是手稿形式流传。毕竟在那时候，诗歌一开始是不印刷出版的。

《维纳斯和阿多尼斯》

出版《维纳斯和阿多尼斯》的是理查德·菲尔德，同样来自斯特拉福德，比莎士比亚大两岁。这部作品被装饰得很精美，还经过精心校对。莎士比亚一定是站在位于贝克法亚斯的菲尔德印刷工坊里，在诗歌的出版印张上仔细地修改。他将之称作"我的处女作"，意思是这首诗是他自斯特拉福德后一直酝酿的作品。这很可能是他发表的第一首诗歌。奥维德的一句引言表明了他的意图：

> 让这低贱的东西激发民众的好奇心，
> 对我来说，这是金色的阿波罗神侍奉着从缪斯之泉舀出的满杯。

他的理想就是要成为奥维德在英国的传人，当时的评论家指出了这一点。这首诗的前言中有一封莎士比亚写给南安普敦伯爵的信，开头写着"南安普敦伯爵、蒂奇菲尔德男爵亨利·莱奥斯利阁下"。不过，这并不能证明他已经进入了伯爵所在的圈子：诗人通常不需要事先征得同意，再使用受献者的名字，也并不是所有受献者都会对此有印象或表示感谢。献词是莎士比亚幸存下来的两封信中的一封，展示了贯穿他整个创作生涯的谦卑的阶级意识：

阁下：

我很冒昧地将这首拙诗献于阁下，也不管世人将如何斥责我，胆敢选择您这样强大的恩主来支持我这样的一首拙诗。不过，只要您觉得开心，我就自认为得到了极大的荣耀，并誓言要善用所有闲暇时光，为阁下献上更精美的作品。但如果我的处女作不怎么样，我很抱歉让您这么高贵的人成为它的教父，再也不敢让您听到我这个才能浅薄之人，写出如此粗糙的作品。我将此诗置于阁下评判，发自内心的评判，希望它能得到您的祝福，得到世人的欣赏。

尊奉阁下

威廉·莎士比亚

对我们来说，这种语调有些溜须拍马。但在他那个时代，一个低微的中产阶层作家在寻求贵族资助时，极度的自我贬低是合乎礼仪的。不管南安普敦伯爵感受如何，这首诗取得了巨大成功。1617 年，这部作品被印刷了 10 次，大部分印刷本都被读到翻烂了为止，只有几本幸存下来。最早阅读这部作品的读者中，有个癫狂的人名叫威廉·雷诺德，老是幻想女王伊丽莎白爱的是他，而这一首就是隐晦的"女王对我表达爱意的诗"。这种诗歌在年轻学生中也特别受欢迎，他们喜欢这种优雅的色情作品。"向亲爱的莎士比亚先生致敬，"一个学生写道，"我要把他的《维纳斯和阿多尼斯》放在我的枕头下。"和很多来自乡村的男孩子一样，莎士比亚很擅长性的描写。

这是一位女神将她的少年郎拥入她"象牙白"的臂弯：

我就是你的苑囿，你就是我的幼鹿。

> 那里有山有水，供你随意饮食游息。
>
> 先到双唇吮吸，如果山峰枯竭干涸，
>
> 那就往下，探那一汪泉水。
>
> 这块领地轻松惬意，
>
> 下有柔草，上有乐土。
>
> 小丘浑圆，丛灌昏暗跌宕。

　　维纳斯身体的性感一览无余：泉水、山峰、山谷。山谷下的青草最汁多味美，丛灌就是她的阴毛。这位维纳斯的小鸟和斗鸡正要煽动年轻学生的情欲（像南安普敦伯爵这样的年轻贵族，似乎也特别喜欢色情艺术）。在16世纪90年代初那种紧张的政治和宗教气氛中，这种诗歌是出自一个自重的诗人之手吗？所以有人认为这不是他写的。

色情作品和价值追求

　　在菲利普·锡德尼1582年创作的《诗歌辩护》中，他将诗人创造性的艺术和价值的追求联系在一起："高涨的智慧让我们知道什么是完美，但我们也易受影响，无法接近完美。"这背后的概念是宗教性的。现代读者不会把道德上的进步——或者，就这件事情而言，把政治教育看作是阅读诗歌的理由。今天，我们更愿意赞同济慈的观点，即诗歌就是一种情感，诗歌的"适当过度"可以扩展思维，让我们更加敏锐，超出人们所期盼的创造性。我们期待伟大的诗人比普通人看得更远。正如西莫斯·希尼所说："这就是诗歌帮我们生存下去的方法……它们采用适当的方法，也给了我们适当的方法。"

　　在16世纪，"我们适当的方法"是很难和宗教观分开的。当时的宗教观是时代文化危机的中心。也正因为如此，在莎士比亚刚到伦敦的时候，有关诗人责任的争论愈演愈烈。

正如我们所见到的，南安普敦伯爵的圈子有浓厚的旧宗教色彩。伯爵自己就是在王权、传教士和天主教温和派的斗争中被争取的对象。女王的首席大臣伯利要求南安普敦伯爵和他的孙女结婚，伯爵恳求给自己一点时间考虑。和牧师商量后，他最终拒绝了这个提议。这使得他被重罚 5000 英镑。多年后伊丽莎白的检察官理查德·托普克利夫发现，这位忏悔牧师和精神导师就是南安普敦伯爵的表兄弟——具有感召力的耶稣会牧师罗伯特·索思韦尔，他曾一度躲在伯爵母亲在霍尔本的宅邸。索思韦尔和莎士比亚因为阿登家族而沾亲带故。这一发现表明，在发展事业时莎士比亚和南安普敦伯爵的关系很有意思。此外，索思韦尔也是一位诗人，他创作了 16 世纪 90 年代初最紧要的诗歌宣言。

布满阴霾的生活：罗伯特·索思韦尔

《维纳斯和阿多尼斯》出版时，索思韦尔正在监狱中等待审判和处决。他的诗歌、檄文和政治传单在知识分子中以文稿，甚至以印刷本的形式流传。上至女王，下至伯利、贝肯和刑讯者托普克利夫都在阅读他的作品。

从 1586 年开始，索思韦尔一直在英国隐名埋姓，四处走动，"给那些信徒提供帮助"。托普克利夫紧随其后，差一点在 1591 年 10 月抓住他，当时索思韦尔和 11 个耶稣会士正在离斯特拉福德不远的巴德斯利林顿的安全屋会面。第二年，他待在伦敦南安普敦伯爵的家里。这位伊丽莎白的头号敌人大白天穿着黑色的天鹅绒斗篷，像个

神圣的红花侠 [1] 一样走在大街上。索思韦尔和汉普郡家族也有联系，作为一个被追捕的人，他被带到了位于蒂奇菲尔德的南安普敦伯爵家。

索思韦尔是"天主教徒是否该效忠女王"的政治辩论中的核心人物。他精彩地回应了政府在 1591 年颁发的反天主教措施：他写下《向女王陛下的谦卑祈愿》直接和女王对话，坚称爱国和天主教是可以并存的。1592 年初，一家秘密出版社出版了这本书。读者很多，人们仰慕他。据说伊丽莎白女王对索思韦尔提出的允许天主教徒信仰自由的回复是："除非他们踩着我的尸体。"像威廉·艾伦一样安全地待在欧洲大陆的顽固分子当然可以斥责伊丽莎白是非法的异端，但索思韦尔这些在英国领土上、生命垂于一线的人，则更加小心翼翼地应对着英国的风云变化、外国入侵的威胁以及民众对女王的热爱。不过那时候，英国天主教社团已经受到重创。

索思韦尔还参与诗歌的讨论。虽然他不能改变当局的政治观点，但作为诗人和作家，他可以影响文学同行。索思韦尔也贪恋文学声名，醉心于诗歌改变人们心智的作用。他看到，在一个充满暴力和粗俗娱乐的时代，在公共剧院、斗熊场和斗牛场，妓院以及义艺复兴十四行诗诗人的游戏文字世界里，很有必要进行具有精神力量的诗歌创作。

索思韦尔创作了很多作品，不是所有诗歌都很成功，但确实有些因其奇妙和创新的意象让人刮目相看。最有名的一首就是《燃烧的宝贝》，本·琼森特别喜欢，莎士比亚也曾在《麦克白》中引用。索思韦

---

[1]　编注：红花侠（The Scarlet Pimpernel）是英国女作家艾玛·奥希兹女男爵（Baroness Emma Orczy）创造的著名角色，他家境富有，暗中以"红花侠"的身份保护无辜百姓。这个角色启发了佐罗、蝙蝠侠等形象的诞生。第二次世界大战期间，瑞典外交官哈洛德·埃德斯塔姆以"黑花侠"（The Black Pimernel）为名暗中挽救了很多犹太人。作者或许以此比喻身穿黑斗篷的索思韦尔。

尔的诗歌出版于 1595 年，在大约 30 年里有 13 个版本，和莎士比亚的《维纳斯和阿多尼斯》一起被列入那个时代最成功的作品之中。他们代表了伊丽莎白时期诗歌信仰的两个极端：一个是对上帝，一个是对爱情。

"我亲爱的表弟"：W.S. 的秘密

索思韦尔看重诗人在类似罗马帝国后期的暴君时代基督教遭到迫害时的作用。他的观点写在一封信件中，成了那个时代最具影响力的传单。从这封信中我们也可以看到莎士比亚不为人知的一面。索思韦尔似乎曾怂恿这位蒸蒸日上的年轻天才创作宗教诗歌。他强调作为诗人有义务坚持创作精神领域的作品：

> 亲爱的表弟，诗人滥用他们的才能，做下蠢事，总是喜欢拿虚伪的爱做主题。他们已经败坏了名声，以致很多人都认为，诗人就是情人，就是骗子。

这封信可能是索思韦尔在 1592 年 7 月被捕前写的，作为他诗集的前言广为流传，针对的是"亲爱的表弟"。据他说，这个表弟是一位优秀的诗人，鼓励他出版自己的诗歌。索思韦尔希望带领表弟提升那个时代诗人的作用，坚称诗人有义务创作精神领域的作品。在一首献给读者的诗中，索思韦尔写出了心中所想："最杰出的智者从维纳斯的玫瑰中汲取精华……玩弄异教徒的东西……"显然他很崇拜表弟的才能，尽管他并不喜欢色情的主题。在信的最后他说："一切都在于你是否愿意……"

维纳斯是所有爱情诗歌的中心。这是传统吗？索思韦尔在南安普敦伯爵家读过《维纳斯和阿多尼斯》吗？16世纪90年代初，好几位诗人都受到索思韦尔这一观点的影响，其中最有名的就是新教徒埃德蒙·斯宾塞。托马斯·洛奇是另一位受到影响的诗人，这改变了他的人生方向。在信的结尾，索思韦尔将自己的"歌谣"和他亲爱的表弟更精美的诗歌作了比较，以博一笑：

> 尽管我给了你一份会遭到指责的礼物，别怪我（好表弟）；最值得赞赏的就是作者的美好心愿，不是艺术，也不是创作。如果这种说法不对，那也是你招惹我的……带着美好的祝愿，我把这些"歌谣"献给你，给你加几个调儿。我请求你，让它融入你的诗乐之中。

早期的版本中，收信人是"我亲爱的表弟"，1616年的版本中（不管是否巧合，那正是莎士比亚死后出版的），收信人添上了首字母——W和S。

间谍和密探

《维纳斯和阿多尼斯》成为1593年夏天书摊上的抢手货。那年春天形势很严峻，天气不好、瘟疫肆虐，越来越严重的失业让人们对政府充满了失望。谣言满天飞，说西班牙会再一次入侵。政府对叛逆者的迫害变本加厉。对外国人的憎恶现象令人不安，人们反对"弗莱明人[1]

---

[1]　编注：弗莱明人（the Flemings）指低地苏格兰人中的一支。

和外地人"来到伦敦。在伊丽莎白统治时期的英国，种族主义总是暗中涌动。5月，伦敦的荷兰教堂门上被贴了诽谤书，将法国与荷兰移民和犹太人相提并论（"你们就像犹太人一样鱼肉我们"），威胁要置他们于死地，除非他们"滚！滚！再也不要回来"。受马洛戏剧中引用的典故影响，这份诽谤书的落款是"帖木儿"，这也太明显了些。很快两个莎士比亚的戏剧界熟人和对手遭到了政府打压。

就在那时，作为坎特伯雷大主教的律师，约翰·维特吉弗特发表了《一场假改革的密谋》一文。他认为宗教激进分子正密谋推翻教堂和国家政权。正统信仰的呼声越来越高。1593年出现了大量反对长老会和清教徒的书籍。官方采取行动试图根除异议者，议会通过了一项法案，用来打压"某个煽动性宗派的人和不忠的人进行的邪恶活动"。和往常一样，印刷品、出版业和剧院成了政府的主要目标。

贴在荷兰教堂门上的诽谤书将疑点直指马洛。剧作家托马斯·基德的房间遭到彻底搜查。搜查报告上说，"在基德的密室文件中发现了否认我们的救世主耶稣基督这一可耻的异端观点"。报告上还出现了另一种潦草的墨水笔迹，写着"他承认是从马洛那里得到这个的"。

基德坚称自己不了解这些文件，可能是被丢在那里的，或是因为曾和马洛同处一室。他受到审讯和折磨，第二年死于身上的伤。

"发现"这些文件几天后，马洛也被逮捕，受到了枢密院的审查。那年冬天马洛还曾在法拉盛的荷兰岛被捕，有密探从告密者手中买到信息，说马洛一直在造假币，还曾说过想投靠天主教。不管这一切是否属实，他的戏剧也有问题。在最新的剧作中，《爱德华二世》刻画了郡王的腐败、朝臣的趋炎附势和统治者的软弱；《巴黎大屠杀》讲述了历史上发生的最有争议性的事件之一，即针对新教胡格诺教徒进行的大屠杀。政府很看重这些戏剧中的复杂内容。如果一本历史著作被看作是"影射当代社会"的话，作者就会面临酷刑，甚至被处死。马洛最终被释放了，但保释条件是他必须每天向当局报到。

马洛谋杀案

5月30日，马洛去德特福德参加聚会。在伊丽莎白的政权中心格林尼治宫的视野范围内，是政府和海军机构控制的范围，再远处就是沿着河建造的一大片豪宅。马洛在水门上了岸——今天这里依然杂草丛生、绿波荡漾——沿着一条窄巷走向依河而建的一排房子。这里有一处住宿区，但它不是传说中的小旅馆，而是政府的一处间谍藏身房，由一位布尔女士管理。她是个寡妇，和女王的密探头目弗朗西斯·沃辛汉姆有点亲戚关系。

那天和马洛一起的还有另外三个人，都是为女王政府服务的密探：尼古拉斯·斯凯瑞斯，一个街头混混；英格拉姆·弗莱泽，勒索犯，卑鄙而又贪婪；罗宾·波利，伊丽莎白时代秘密战线上的中坚分子。其中，波利曾经是一名天主教徒，却成了推动伊丽莎白政府最残酷的镇压巴宾顿阴谋[1]的内奸。曾有传闻说，他以性诱捕那些恋上他的男性，其中最悲情的受害者即为安东尼·巴宾顿。巴宾顿在告别信中写道："我亲爱的罗宾（我希望你是罗宾），你是世上两条腿走路的

---

[1]　编注：巴宾顿阴谋（The Babington Plot）发生于1568年，最早由西班牙国王菲利普二世和法国天主教联盟推动，旨在通过推举苏格兰女王玛丽登上王位来恢复旧宗教传统，并进一步为己谋利。伊丽莎白的特务头子沃辛汉姆针对于此设下反间计，利用波利教唆安东尼·巴宾顿向玛丽传信诱她入局，令玛丽在信中写下谋杀伊丽莎白的计谋。信件成为判处玛丽死刑的关键证据，并因此被称为"巴宾顿阴谋"。巴宾顿本人受双面间谍波利的影响和教唆，并不知道自己成了重要的棋子，事发后被处以英式车裂并分尸示众，波利无罪逃脱审判。

动物中最邪恶的。"也许马洛也是这样的受害者？

没人知道这次聚会的目的是什么，是否是政府召集会议也不得而知。也许马洛是想从德特福德乘船离开这个国家，也许是希望波利向枢密院替他说情，放过他。这四个人一起进餐，在花园里散步吸烟，可就在傍晚时分，马洛突然就被弗莱泽刺死了。

从尸体来看，这像是个职业杀手干的：只有杀手才会被训练直击喉咙或直刺双眼一招致命。但这座海港小镇的验尸官判定这是一起意外事故，在审讯时他们断定这是"因账单的争执引起的"。杀人者很快就被释放，就像波利自己在巴宾顿阴谋后被释放一样。不久一位政府官员篡改了情报记录中有关马洛"异端观点"的部分，目的就是把这件事情办得干净点。在一个警察政权的国家，官僚制度都是如此。

多年后，在《皆大欢喜》中，莎士比亚借着小丑塔奇斯通之口，对这起刺杀事件进行了让人费解的评论。小丑将自己比作因诗歌而被屋大维放逐的"任性诚实的诗人奥维德"，说道："被暗中陷害算什么打击？诗歌无人能懂，聪明才智无人欣赏，才是最大的打击。"

"暗中陷害"和马洛的"暗中财富"是双关语。[1]这表明了莎士比亚借此想到的人是谁。也许正是用这一点暗示，提出了一个真实的控诉：是否就是戏剧让马洛身陷灭顶之灾？

马洛是最初点燃莎士比亚创作热情的人。他们有同样的社会背景，年龄相仿，但马洛的大学教育使他上升得很快。也许，对他来说，成功来得太快、太容易、太张扬，他以为自己能摆平一切。作为一个"觉得自己受到伤害"的人，马洛也许陷入了那个时代的妄想之

---

[1] 编注：分别是 great reckoning in a little room 和 infinite riches in a little room。

中。公众舞台上的艺术家很容易这样去想——除非他可以像莎士比亚一样，将一切都埋在心里。

风格更庄重的诗歌

也许是在剧院关闭期间，莎士比亚创作了《错误的喜剧》，这是对罗马喜剧作家普罗托斯作品的成功再创作。莎士比亚在求学期间一定读过这部作品的拉丁文版。他正成为具有自己风格的大师。这部戏剧情节安排很巧妙，直到詹姆士一世统治时期还深受大家欢迎。他的早期作品如《爱的徒劳》对当时的观众来说有些过于唠叨，《错误的喜剧》却以慌乱中两对双胞胎错位的趣事一举成功（作为双胞胎的父亲，莎士比亚曾在两部剧中用双胞胎来担任主要角色，都大获成功）。有些主要情节和观点还特别有意思：船只失事、狂风暴雨、个人迷失、父母孩子、家庭团圆，喜剧中不乏悲剧因素。这些主题都是他一生中不断重复的。

他也创作了更多的非戏剧的诗歌。1593 年夏天，莎士比亚答应南安普敦伯爵创作一篇比《维纳斯和阿多尼斯》更庄重的作品。第二年5 月 9 日他适时登记出版了《鲁克丽丝受辱记》。这首诗是典型的文艺复兴时期针对古典主题的人文主义再创作，包含一大堆我们无法理解的基督教寓意。这部作品当然也"更庄重"——尽管他没有响应索思韦尔对世俗诗歌的批评。他写给南安普敦伯爵的献词仍然很谦卑，很有阶级分寸，其措辞也更加肯定一些。它强调了责任，这表明他现在就是效力南安普敦伯爵，接受他的资助。

金钱对于莎士比亚来说当然意义重大。他的父亲破产了，被逐出了镇政厅。做儿子的肯定要努力恢复这个家的资产。也许从他的赞助人那里每首诗不过得到 10 个英镑，但从长远的角度来看，这种关系会给他带来更多的东西。后来有人说，南安普敦伯爵给了他 1000 英镑购买了一处地产，这不太可能，但这也许暗示了他未来得到的奖赏。

十一精英：成立剧团

在《鲁克丽丝受辱记》登记出版的同一个月，莎士比亚和伯比奇一起加入了由宫务大臣亨斯顿组建的新剧团。后来他一直为这个剧团工作。和爱德华·阿莱恩领衔的上将剧团一起，他们就像巨人一样高踞伦敦戏剧界。上将剧团以阿莱恩为明星在河岸的玫瑰剧场表演马洛写的戏剧，宫务大臣剧团则以理查德·伯比奇为主演在索迪治的剧院表演莎士比亚写的戏剧。

这个剧团的人马组成可以追溯到很久以前。有些演员是 1592 年莎士比亚在潘姆比洛克剧团里时就和他一起的；有些演员（如伯比奇、坎普、斯莱和菲利普斯）是 1590 在斯特兰奇剧团里结识的。此外，莎士比亚可能早在 1587 年女王剧团时就认识了约翰·海明斯。他们当中有很多人都和沃里克郡以及沃赛斯特郡有点联系。1591 年斯特兰奇剧团解散后，莎士比亚很可能和伯比奇一家（父亲詹姆斯和儿子理查德，分别是经理和主演）留在索迪治。这些重要的联系促成了宫务大臣剧团的组建（后来更名为国王剧团）。这是戏剧史上最伟大的剧团，他们建起了环球剧院，上演莎士比亚、本·琼森、博蒙特和弗莱契、马新吉以及雪利等人创作的作品，直到 1642 年内战开始，剧院关门为止。

6月，剧院开张，宫务大臣剧团和亨斯洛[1]的上将剧团一起在离伦敦桥1英里的纽英顿巴兹剧院演出。这个剧院不是演员最喜欢的，不仅仅因为路途遥远，还因为它就在一条臭水沟旁，环境恶劣，正面对着费什蒙哥救济院。

在亨斯洛的日记上，6月13日的地方画了一行，这代表着英国戏剧的分水岭。从那天起，亨斯洛的戏剧都是上将剧团表演的，很可能是在玫瑰剧院。他们和宫务大臣剧团的联系终止了。莎士比亚、理查德·伯比奇和剧团的其他人出去巡演。长期歇业之后，他们需要再次磨炼演技。那年秋天他们在马尔堡演出后，回到伦敦。10月初，他们的新赞助人，爱吹牛的亨斯顿大人给市长写信，要求允许他的演员在冬天于十字键剧院继续演出。亨斯顿在信里又哄又骗，还带点行贿的意思：

> 我现在的剧团已经能够提供更好的表演，有需要的话，他们可以为女王陛下效力。这个冬季他们想在城里格雷斯大街的十字键剧院表演。这些可都仰赖您、请求您允许他们这样去做……他们已经向我保证，以前他们都要到下午4点才开始表演，现在他们可以在2点开始，这样到4点或5点的时候就结束了。他们也不会敲锣打鼓地招揽生意，还会根据自己的能力，为教区里的穷人捐点款。

---

[1] 编注：亨斯洛（Philip Henslowe）是伊丽莎白时期的剧院经营者，他的日记流传至今，对研究当时的戏剧界有重要的史料价值。1591年，上将剧团和伯比奇一行人分道扬镳，不再合作。也就是本书所说的"分水岭"。上将剧团的头号明星演员爱德华·阿莱恩是亨斯洛的女婿。

这份有意思的文件表明，演员们想暂时从索迪治搬到一个整修过的内院或合适的"大房子"里过冬。从那时起，除了 1596 年到 1597 年的乡下巡回演出以外，宫务大臣剧团就在伦敦扎下了根。1595 年 3 月 15 日，理查德·伯比奇和威尔·坎普以及威廉·莎士比亚三人以合作经理人的身份，"为宫务大臣效力"。12 月 26 日和 28 日他们两次在皇宫里"女王陛下面前表演"。这是第一份清晰地表明莎士比亚和这个剧团有联系的文件，也是第一次将他的名字和戏剧表演联系一起。这表明此时的莎士比亚是亨斯顿剧团的重要成员，他和他们还有后来的国王剧团一起工作，直到完全退出舞台为止。

"卓越的悲剧"：最初的杰作

稳定而有经验的剧团、有保障的政治支持（至少是那个时候）和固定的剧院——这些是今天的戏剧家也期盼能够得到的。从这时开始，莎士比亚大展身手，艺术更加精湛，视野更加宽阔。在伦敦，他在剧院、皇宫和律师大厅里上演自己的戏剧，有时候还在贵族家里为他们进行私人演出。莎士比亚还在各地的市政和公会大厅里演出。很可能他签下合同，允诺一年创作两部戏剧，并向剧团正式承诺，没有得到他的"伙伴们"的同意，绝不会将这些戏剧出版。

快到 30 岁的时候，莎士比亚到达了创作高峰期。在接下来的 3 年里，他写了一系列卓越的戏剧，从一个率真的娱乐人成为对更深刻主题的探索者。生活、年龄、经历和政治视野以及广泛的阅读，使得他成为一个有思想的艺术家。在艺术生涯的第二阶段，我们看到了莎士比亚的严肃性以及他对人格戏剧的兴趣，种种特质在《哈姆雷特》中达到顶峰。此外，他在创作中延续了英国历史的主题，伟大的历史剧

《理查二世》以及《亨利四世》已远远超出了同时代人的创作水平。

在《理查二世》中，伯比奇饰演国王，这给他的创作增添了新的维度。莎士比亚以前喜欢用美妙的抒情诗歌来表达，现在则更喜欢将政治以道德剧的形式展现出来，剧院就是道德力量的源泉。我们看到这位技巧娴熟、有公众意识的艺术家开始探索"国王的两副身躯"——作为国王和作为自己——之间的矛盾。他还用"自负"使得类似埃塞克斯伯爵这样的人"特别可笑"。不过，软弱的国王理查被罢免的话题很危险，需要很老练地处理。在这部剧的头三次印刷中都没有出现被罢免的这一幕，这可是他精心创作的剧本之一。这个故事很容易被人认为是有政治寓意的，它吸引了很多人，比如罗伯特·塞西尔。他是伯利很有权势的小儿子，1595年12月被邀请到伦敦一幢宅邸看私家表演。与此同时，莎士比亚重新创作了原女王剧团表演的有关约翰国王的戏。这本是一部反天主教的戏剧，现在他将一些修辞彻底删去，以展现富有特点的双重视角，将对立双方的交锋摆上了舞台。

不过，并不是所有的莎士比亚悲剧都是历史剧。《罗密欧与朱丽叶》就属于年轻人，讲述了爱情和死亡，青春的烦恼和自杀。莎士比亚可能在1594年末或第二年初以前就用某种形式将它搬上过舞台。1597年他出版印刷了这部戏剧，随后又和表演者一起合作修改，至少直到1599年才出版了第二个四开本。它曾是、现在也仍是一部充满了活力的闪耀之作，演员们拿着火炬跑上跑下，有假面舞会，也有激烈的舞台争斗，等等。这部戏剧的情节由命中注定的一系列误会和巧合推动，到达悲剧的顶峰。随着维罗纳夏天令人窒息的炎热、人物角色渐渐高涨的情感、速度和冲突、爱人之间强烈的情感等，观众们感受到一种极富刺激的愉悦。到了现代，性感的青春表演仍然是吸引年轻人的原因，巴兹·鲁尔曼导演的同名电影[1]完美地展示了这一点。除了莎士比亚，还有谁能那么全方位地将青春的经历如此戏剧化地展现出来？

《罗密欧与朱丽叶》取得了巨大的成功，并对观众的想象力和剧院世界有着深远的影响。16世纪90年代末以来，有许多人对这部戏进行了评论，批评家弗兰西斯·米尔斯说："莎士比亚是英国最卓越的……悲剧作家。"

小仙人和技工

莎士比亚也是一个伟大的喜剧作家。约1595年或1596年，《仲夏夜之梦》上演，也许就是在格林尼治宫女王面前，当时是为了庆祝斯坦利家族的一场婚礼。这部新剧有好几处故事来源，包括一部嘲笑来自沃里克的高尔的戏剧，仙境国王奥帕隆就是用仙乐唤醒了高尔。《仲夏夜之梦》将光明和黑暗巧妙地结合在一起，还特地对爱神丘比特盲目无理性的魔力进行了反思：这是贯穿莎士比亚创作生涯的主题。这部戏有美妙的情感和真挚的诗歌，也有"技工"滑稽搞笑的下层生活场景：莎士比亚对下层人民的观察很精准，尽管会取笑他们，但绝不是没有喜爱。这部剧有喜有悲，其深意并不在于贵族，而在于织工"霸道的巴特姆"、鄙视人类的（"这些凡人都是傻瓜"）没有道德感的小仙人，特别是来自古老的沃里克郡乡村、专爱恶作剧的小精灵迫克：

---

[1]　编注：指莱昂纳多·迪卡普里奥和克莱尔·丹妮丝于1996年主演的现代版《罗密欧与朱丽叶》。

要是我们的影子冒犯了各位，

就请这样想想——这一切都得到了补偿——

不管怎样，你们倒是在此安睡了良久。

这些幻影的出现

不过是梦中的妄念和无聊的情节，

只不过是梦一场而已。

这是作者首次对戏剧隐射现存世界的反思：世界就是舞台。这也是他首次对艺术的不完整性提出质疑。莎士比亚堪比表演领域的忒修斯，他说："只有虚幻才是最好的。"他也巧妙地回应了索思韦尔：

疯子、情人和诗人，

都是幻想的产儿。

莎士比亚因此大赚一笔。《罗密欧与朱丽叶》和《仲夏夜之梦》在剧院里的上演让观众兴奋不已，着了魔一般地喜爱。这两部剧对当时的剧院文化、莎士比亚后期的戏剧和整个时代的书面语和口头语都有深刻的影响。它们向世界展现了他的才能。更重要的是，它们向莎士比亚展示了他自己的才能。

时代的蠢儿：罗伯特·索思韦尔的热情

《仲夏夜之梦》于1595年新年上演的时候，另一出"戏"的最后一幕也正在演出。这是莎士比亚无法不关注的：2月，在狱中待了两年半后，索思韦尔在首席大法官科克大人面前受审。这位耶稣会士充满理性，而那位变态的检察官托普克利夫则大发雷霆。审讯记录隐含了莎士比亚后来对权力、良知和残酷的追问：

> 索思韦尔：我坐了那么久的牢，老是在那么封闭的地方，我的记忆都衰退了。我已经被折磨了十次。我还能忍受十次的处决。我不是代表我自己说话，是代表别人说话。但愿他们没有受这非人的待遇，落到这让人绝望的境地。
>
> 托普克利夫：如果要拷问他，就让我来。
>
> 索思韦尔：不，如果这是邪恶的折磨，那是最后的手段。
>
> 托普克利夫：我会让他靠着墙。
>
> 索思韦尔：你是个混蛋。
>
> 托普克利夫：如果可以，我会让你灰飞烟灭。
>
> 索思韦尔：什么？灰飞烟灭？
>
> 托普克利夫：是的，灰飞烟灭。
>
> 索思韦尔：什么？灵魂也会和肉体一样灰飞烟灭吗？

尽管索思韦尔一直申辩表白自己对女王的忠诚，但最后被判处在泰伯恩受绞刑，并被大卸八块。公开刑场是伊丽莎白时期英国的另一处舞台，有各种仪式，目的就是为了震慑民众。犯人被架在栏架上拖着穿过大街，临刑前，还要对他们进行最后的规劝，要求犯人改变主意宣誓效忠，接着就是可怕的折磨和杀戮。犯人先被绞得半死，只剩一口气，接着就像莎士比亚在《裘利斯·凯撒》中写的那样：

> 割下他的头，再切断他的四肢，
> 泄愤于其生前，迁怒于其死后……

让我们勇敢地、不是残暴地杀死他，

让我们把他当成一盘献给神的祭品宰杀，

不要把他当成让猎犬撕咬的乱尸去切割。

莎士比亚作品的核心是富有攻击性的，这也是他这个时代的核心。索思韦尔受了几个月的折磨，依然凭借着上天赐予他的冥想技巧，以顽强的意志经受了恐怖至极的折磨。后来莎士比亚在一首十四行诗中写道，他是"为上帝而死，为人类的罪而死"的"时代蠢儿"之一。

索思韦尔的事传到上层社会，引发了不少共鸣。他在上层社会的天主教朋友——或天主教同情者，譬如蒙特乔男爵查尔斯·布朗特——在他执行死刑前的那个晚上觐见伊丽莎白，向她转达索思韦尔的郑重誓言，即他从未想过谋反叛逆。在他被处决后，他们又一次觐见女王，向她展示了"索思韦尔所写的有关诗人责任的书籍"，就是索思韦尔请求他的表弟 WS 关注诗人真正作用的那本书。女王对诗歌和书籍很感兴趣，她自己也创作十四行诗，译过博伊提乌，甚至塞内卡的作品。她尊敬文学人士。阅读这本书的时候，据说，女王的脸上现出了"悲伤的神情"。

事业的叛徒？

莎士比亚是否听从了索思韦尔？莎士比亚肯定读过他的每一篇文章。正如我们看到的，莎士比亚是集大成者，但他对别人的借用展现的是创作技巧，而不是个人信仰。有人倾向夸大他对天主教书籍的兴趣和借用，尽管这很有意思，但也许我们不能过分渲染。这种良心的公开拷问当然会影响作家，现在也一样。莎士比亚在第 24 首十四行诗中暗示，索思韦尔和其他耶稣会殉道士都是"为上帝而死，为人类的罪而死的时代蠢儿"。他在自己的戏剧和诗歌中，也无数次地回应索思韦尔的诗歌，特别是在 16 世纪 90 年代创作和改编的作品中，比如《泰特斯·安特洛尼克斯》和《约翰王》。特别有意思的是，莎士比亚只能看到手稿形式的文本（可能他是通过在比尔斯雷的亲戚约翰·特拉赛尔得到的，据说约翰是索思韦尔的遗稿保管人）因此可以很明显地看到一些具有个人特色的用法，比如，莎士比亚借用了一个不太常见的动词"冻存"，即水面凝结成冰。在十四行诗中，莎士比亚可能记住了索思韦尔的形象诗，并表现在十四行诗中，将淫欲看作是会摧毁灵魂的"吞进肚子的鱼饵"。过了 10 年，莎士比亚凭着长久的记忆和强大的回忆，在创作李尔王冗长的演讲高潮时，可能一直想着对笼中鸟的反思和索思韦尔《书信安慰》中的神秘事物。更重要的是，在《麦克白》中，莎士比亚一直在回应索思韦尔的诗歌《燃烧宝贝》（"新生儿……空中现出一个漂亮的如同燃烧一般放出光亮的宝贝……让人泪如泉涌）中的超现实意象，他写道：

> 怜悯就像一个赤身裸体的新生儿，
>
> 在狂风中漂游。或是一个驾驭着空中盲使的小天使，
>
> 在每一个人面前揭开这可憎的恶行，
>
> 任凭泪水肆意而流。

莎士比亚的宝贝不是基督的孩子，而是怜悯。不过他们的意象是相同的：裸体的婴儿、风暴和眼泪。伟大的诗人常常对次要些的诗人有着特殊而持久的兴趣（塞缪尔·丹尼尔是莎士比亚另一个明显的例子）。在索思韦尔的诗歌中，反讽在于这位次要些的诗人可能是故意

要扮演这样一个角色。和他不同的是，莎士比亚思想很开放。他也阅读伟大的新教传道者亨利·史密斯在 1593 年由他的朋友理查德·菲尔德出版的书。索思韦尔和史密斯形成了具有互补性文学影响的很有意思的一对：两人站在对立的教义立场上谈权力和良知，两人都是伟大力量的文学典范。索思韦尔受到英国和意大利宗教诗歌的影响，史密斯则受到《圣经》和奥维德的影响。索思韦尔展现的是 16 世纪 90 年代有关诗人本质的辩论，它涉及各行各业的人，也跨越宗教信仰的各个层面。

莎士比亚似乎没有答应索思韦尔创作宗教诗歌的请求。在创作生涯后期，天主教的秘密作家批评莎士比亚背叛了他的事业。几年后，一个天主教地下出版社印刷的传单列举了莎士比亚的戏剧和诗歌，并以明确的宗教悲剧理论驳斥他的创作动机：

> 特洛勒斯的信仰，和克丽西德的虚伪，
> 理查对英国皇位的谋求，
> 塔奎因的淫欲，和卢克斯的贞洁，
> 这一切，我的缪斯都不再关注。

莎士比亚一直往返于伦敦和斯特拉福德之间，作为剧作家，他为公共剧院工作，创作了许多世俗和人文的戏剧。当然，实用主义也是他这样做的理由。他是否不再信仰索思韦尔和他父亲这样的人所拥护的宗教呢？另一个前天主教徒、诗人约翰·邓恩则提到，这是个没有传承的时代。在他艺术最伟大的时期，莎士比亚探索着这种没有传承所富含的真正意义。

女王和刑讯者

罗伯特·索思韦尔的故事给我们展示了莎士比亚时期伦敦人物长廊中的另一个人，他的生平故事一直隐含在莎士比亚戏剧的想象世界中，这个人就是伊丽莎白的审讯官理查德·托普克利夫。作为刑讯者、诱捕者和勒索者，托普克利夫声名狼藉，他的名字甚至成为英语语言中的一个动词，意思是对犯人进行虐待、侵犯和羞辱。托普克利夫出现在约翰逊和芒迪等剧作家、中殿律师约翰·曼宁哈姆甚至诗人约翰·邓恩的信件、生活乃至幻想中（"托普克利夫会将他放倒 / 就因为说到女性诗篇"）。他是让我们看到女王政体另一种现实的人，这种现实和英国文艺复兴时期的灿烂并存。那是一个律法书上明确了刑讯是伊丽莎白执政中重要部分的时代。据估计，有 35000 人死于狱中或行刑台上。

1595 年，托普克利夫已经 63 岁，却依然拥有动物般的嗅觉。他出身于林肯郡的一个富有家庭。生为天主教徒，他却成为一个狂热的天主教徒猎手，还是直接可以觐见女王的人。在抓到索思韦尔这个最大的猎物并关进监狱后，托普克利夫写信给伊丽莎白，以一种病态的胡言乱语告诉女王，他想采用的刑讯方法都是为了巩固她的利益。托普克利夫描述如何拉伸犯人的身体，钉牢手腕，使其被扭变形，却将之比喻成乡村舞蹈权奇摩中的一种姿势[1]：

> 我把他关在威斯敏斯特那间密实的屋子里……给他送这么一份礼，就可以立马让他一五一十地招供出来……如果您想知道他

---

[1] 编注：权奇摩舞的姿势（"a trick at treachmore"）指中世纪乡村舞蹈中高举手臂并扭腰的动作，略呈S型。托普克利夫刻意将犯人受到的折磨比成时下流行舞蹈中的基本姿势，即文中形容的"病态的胡言乱语"。

内心的想法，就让他站在地面上，双手背着尽可能地靠墙往上伸（就像是摆个权奇摩舞的姿势），他就会全部招供……陛下您一定会很高兴地想到，这是我抓到的最重要的人……

托普克利夫通常被描述成一个政权局外人，这很反常。实际上，30年来，他和君王关系密切，是有特殊觐见渠道的皇家仆人，受伊丽莎白本人许可。他给女王写阿谀奉承的信（"……给我世上的女神……"），是个忠实的仆人。可能有时他做得过分了些，最终被女王打发回乡，永不再用。不过在这之前，他一直就是当权者的一员。托普克利夫也涉入戏剧《狗岛》的丑闻中，结果包括本·琼森在内的多位剧作家被捕，剧院被关。出于一种奇怪的巧合，他的出身可以追溯到历史上的休伯特·德伯格，就是莎士比亚《约翰王》中那个阴险的刑讯者。《约翰王》也正是在索思韦尔被处决前后的时间创作的，人们不禁要问，莎士比亚了解这一切吗？

托普克利夫敲诈勒索的行为众所皆知。他毁了菲茨赫伯特家族：与菲茨赫伯特的继子合谋杀了他，充公地产。这是当时最可怕的事情之一，类似《李尔王》中埃德蒙的故事。托普克利夫又出卖了这位继子，让自己得到了其在德贝郡几千英亩的肥沃土地。也正是从托普克利夫毁掉菲茨赫伯特家族的故事中，我们得到了后来被搬上舞台的情节的真实情况。据说，一天早上菲茨赫伯特的女儿为托普克利夫准备了牛奶，可他在杯子里发现了一只蜘蛛。看到蜘蛛，这个能兴冲冲地看着活人被肢解的家伙一下子歇斯底里起来：

　　……托普克利夫先生在他的牛奶里发现了一只肮脏的蜘蛛，牛奶是这家里的两三个女人为他准备的早餐，她们的丈夫、父亲

和朋友都刚刚因为谋逆罪被投入大牢……贝赛特力求让托普克利
夫相信，那不是蜘蛛，只是蜜蜂而已。但托普克利夫告诉贝赛
特，如果他能找到腿或者如果贝赛特能找到翅膀的话，他就相信
那只是一只蜜蜂……

莎士比亚在《冬天的故事》中纪念性地使用了这个意象，就在偏
执的暴君莱昂特斯正要让人杀死他的妻子和孩子的时候：

> 杯子里可能 / 泡着一只蜘蛛……
> 我喝下去了，看到了那只蜘蛛。

尽管这句话已成为一句谚语，但这的确是对真实生活的回应。今
天的我们通过莎士比亚的剧本仍然看得到这一切。

"亨利王的胳膊腿儿"

托普克利夫是个可怕的家伙，他借着女王的命令去勒索、诈骗、
强奸、刑讯别人。他是个要提防的人，思绪不稳，常常有施虐倾向，
对权力的梦想还常和对女王的性幻想混在一起。在折磨年轻的牧师托
马斯·波莫特时，这些幻想在牢讯屋里展露无遗。1592 年的一份文件
上记载了令人震惊的一幕：

> 托普克利夫告诉这位牧师，他和女王陛下关系密切，很多次
> 他都能亲近（手稿此处撕毁）她的酥胸、乳头和脖颈。
> 他说他不仅见过她的腿和膝盖……还把手放在她的膝盖上。

他说他摸过她的肚子，对女王陛下说她有世界上女人最柔软的肚子。

他说女王曾问："这些难道不就是亨利王（八世）的胳膊、腿儿、和身体吗？"[1]他回答说："是的。"

他说她（出于喜欢）赐给他装饰着白色丝绸的白尼龙长筒袜。

他说他和她很亲近，如果想和她说话，就会带她避开别人。她也会很高兴，就像和她爱的人在一起一样。

他说他不喜欢顾问团，因为他只愿听从女王陛下的命令。

这段对话让我们看到了伊丽莎白时期最骇人听闻的场景。这让人想起现代刑讯案件和虐囚事件，其中也混杂着性、暴力和施虐，现代心理学家不会轻易放过这种现象。有人把托普克利夫在刑讯时说给波莫特的话报告给了上级部门——女王的议会，结果暴怒的托普克利夫让波莫特穿着衬衫站在行刑架的台阶上颤抖了将近2个小时，逼他收回这些"匪夷所思的证言"，"要他否认说过这些——但牧师就是不从"。

这件事对早年学者，甚至是天主教学者来说似乎不可置信，他们只把它看作是这个精神变态狂神经错乱的结果而已。不过托普克利夫被上报的这些话很奇怪，很难相信这是编造出来的。要知道伊丽莎白是有特别调情嗜好的——在年轻的男子朝臣或外国大使面前暴露自己——可能托普克利夫有关她的话还是有几分真实的。"这些难道不就是亨利王的胳膊、腿儿和身体吗？"乍听上去似乎难以置信，但的确有些令人困惑的事实。

对于《李尔王》的作者来说，这样拥有权力却极其残酷的共谋——即使是女人——是十分可信的。

---

[1] 编注：伊丽莎白一世是亨利八世和安妮·博林的女儿。

第九章 「地狱时光」

1596 年夏天，莎士比亚已经是英语界最伟大的诗人了（迄今为止也依然是），尽管在创作了《罗密欧与朱丽叶》后没什么新作品。他很受人喜欢，做事谨慎，有贵族的资助，语言中也透露出对华服、美食和品位的日渐熟悉。莎士比亚的戏剧表演成为女王在圣诞节后的常规娱乐项目。也许，长期和安妮还有孩子们分开，他的生活也就是这样忙碌了。但命运总是在出其不意的时候给人重击。

哈姆内特·莎士比亚之死

莎士比亚住在伦敦的时候，据说他的妻儿住在斯特拉福德汉里街，和他的父母、兄弟以及妹妹同住。一位 17 世纪的日记作者说，莎士比亚一年只回家乡一次，很可能还是在四旬斋月剧院停业的时候回去的。在某种意义上，他似乎抛弃了家庭。如果在经济资助上没有，至少在情感上是这样的。不过应该考虑到他们生存的环境。伦敦是莎士比亚工作的地方——也是经济收入的来源，以资助家庭。毫无疑问，他会给家里写信，双方都会慢慢适应这样的一种状态。不过，那年夏天，他们受到了双重打击。7月22日，莎士比亚的赞助人亨斯顿大人死了。科巴姆大人继承了他的宫务大臣之位，但他对这些演员并不是太好。从职业生涯上来讲，这是一个不祥的时刻，剧场关门的威胁始终笼罩着他们。接下来就更糟糕了。斯特拉福德葬礼登记上有这样一条简单的记录："1596年8月11日威廉·莎士比亚之子哈姆内特。"这孩子11岁。我们知道，那时在沃里克郡乡下到处是饥荒和瘟疫，接二连三的夏日暴雨和粮食歉收更是加剧了这糟糕的局面，不过哈姆内特的死因不明。8月初，莎士比亚的剧团正在肯特巡演。很可能在他得到这一不幸消息之前哈姆内特就已经被埋葬了。

莎士比亚当时32岁，在那个时代已经不年轻了。他唯一的儿子死了。生活中没有什么比这个打击更大的了。哈姆内特的死在诗人的艺术生涯中也许是个转折点。在接下来的一两年内，莎士比亚的主题、创作风格、语言风格以及意象都渐渐发生了变化。他在随后创作的伟大悲剧中探索着"黑暗的深渊"。这不仅仅是个人悲剧，也是对个体有限性的深刻暗示。

通常，当这种事情发生在生活十分忙碌的人身上，他们会直接埋头工作，将痛苦发泄在工作上。莎士比亚继续在伦敦生活，在剧院工作，和安妮及女儿们分离。他们没有再生孩子——安妮现在已经40岁，要生孩子就太老了。但是，失去孩子带来的悲伤没有终止，反而随着岁月的消逝愈演愈烈。莎士比亚的传记作家试图在他的作品中寻找可能的线索：《约翰王》中有一个空房间的段落写道，少年及少年衣服还扔在床上，这常常被挑出来暗指莎士比亚对儿子的怀念，不过我们不能说这样的创作一定是自传性的。还有些令人信服的证据表明，他在儿子死后不久写的诗歌中对此事有回应。这些诗歌描述了他对一个俊俏少年的爱，以及他和一个已婚妇女缠绵的性爱，这些都可以在某种意义上被看作是对个人悲剧的回应，特别是他这样的一个中年男子。

失去爱子之后的几个月里，莎士比亚做的几件事情很有意思。比如，他在斯特拉福德为家人买了一幢大房子，还翻新了一下。哈姆内特死后大约 10 个星期，他做的一件事也暴露了一些事实真相。1596 年 10 月 20 日清晨，莎士比亚到伦敦纹章院申请获得盾形纹章，要让他的父亲成为一名绅士。

盾形纹章："合乎章法"

纹章院现在依然矗立在圣保罗大教堂和泰晤士河之间，是在 1666 年大火之后重建的。纹章院的前窗台上有着色的木制纹章图样——狮鹫、独角兽、蜥蜴——这些都是过去仪式的遗留物。前纹章院官员的画像挂在那里盯视着观众，包括那位性情暴躁的会见过莎士比亚的威廉·德西克。爬上吱嘎作响的木制楼梯，就会有那种胜过霍格沃茨的格兰芬多和拉文克劳学院[1] 的让人窒息的气味。阁楼上，一位艺术家在干厚的白色牛皮纸上画着各种纹章图样。这就是古英国阶级体系的档案。要是你要求里士满纹章官给你看看莎士比亚当年的申请，他就会打开抽屉，让你看到初始的原稿。让人吃惊的是，上面还有当年的

---

[1]　编注：均指《哈利·波特》中的魔法学院。

店员涂写的内容，告诉我们他在那年秋天和作家谈话的主要内容。这是莎士比亚的传记中让我们感到最亲近他的时刻之一。

莎士比亚的故事是有关历史和文学的，但也涉及阶级和社会发展：在 50 年间，一个家庭如何从农夫阶级走到绅士阶级。要获得绅士地位，就要回顾这个家庭的历史，展望它的未来。因此，对于威廉来说，因为父亲的事业、儿子的死亡和自己在剧院的巨大成功等起起伏伏的事情，这次会见是具有特别意义的（德西克的一位同事，很反感将纹章授予伊丽莎白的暴发户，并在他们的纹章盾草图上标上了"戏子莎士比亚"的字样，突出了一种不安定感，这种不安定感在莎士比亚的十四行诗中深有体现）。

莎士比亚在申请"荣耀和价值的纹章"时留下了两份不同的稿样。德西克曾说他"得到可靠信息"，即

沃里克乡村斯特拉福德埃文河畔的约翰·莎士比亚，其父母和近祖因他们的勇敢和忠诚，受到贤明的亨利七世国王提状和奖赏。自这一美好的回忆时刻起，他们一直在那里保持良好声誉和信用。约翰和玛丽结为夫妇，玛丽来自上述乡村，是威尔姆寇特的罗伯特·阿登家族后裔，因此，为激励他的后代，我在此授予……这枚盾形纹章。

在第二稿中，德西克将"祖父"一词插到"父母和近祖"前，还将"因他们的勇敢和忠诚"改成"因他……"这个"他"是不是指莎士比亚的一位先祖——显然是约翰的祖父——曾在 1485 年博斯沃斯作战？

在这页纸的下方，有一段涂写的文字告诉我们，20 年前，约翰曾

进行过第一次申请，但没有进展。很明显那是在他陷入麻烦的 1576
年左右。幸存下来的还有一份残缺不全的有关约翰详细信息的清单，
也是这家人提供给德西克的：

> （他曾经）是治安官，15 或 16 年前是埃文河畔斯特拉福德
> 的贝立夫（镇长）
> 拥有过土地和房屋。家境殷实。500 英镑
> 他娶了……

显然约翰的家境现在更加"殷实"了（不少于 500 英镑）。在又
一次强调了和阿登家族的联系之后，这个家被认可了贵族地位，这是
约翰一直期盼的。根据纹章院的图案书设计，莎士比亚家的盾形纹章
上是一支矛。上面的箴言很可能是莎士比亚自己选的，改编自一本十
分流行的徽章书。这是一句意在总结家庭境况及其准则的很有分量的
宣言："合乎章法。"

我们不难想象这一感人时刻，特别是约翰到伦敦陪着自己的儿子
去会见纹章院长官时。作为丈夫、父亲和儿子，十几年来威廉都没
有在亲人身边。这份文件是拟来纪念约翰一家人的"名字和好名声"
的，让他的"后代"有尊严，一反以往的"各种争议"，"以激励他的
后代"。但这又令人多么心酸啊，因为那时他们刚刚送别威廉的独子，
约翰的独孙，斯尼特菲尔德莎士比亚家最后一个少年。

事业危机："演员遭到严酷迫害"

回到戏剧创作上，莎士比亚的脑海中还有其他烦恼。亨斯顿去世

后，演员们的压力剧增：一直有人要求禁止戏剧演出，彻底关闭剧院。托马斯·纳什在写给朋友的一封信中说："现在市长大人和市议员对演员们进行严酷的迫害。不管在旧资助人（亨斯顿）时代他们认为自己有多安定，现在一切都变得不可靠了。"

伯比奇的索迪治剧院的 21 年租约要续期了，房东吉尔斯·艾伦同情清教徒，因而威胁租金要大幅上涨，还只能续 5 年合约，因为 5 年后他想推倒这座剧院。与此同时，在类似十字键这样的城市剧场的表演经验也让莎士比亚和伯比奇一家相信，剧团需要一个冬天的家。因此他们在布莱克福莱尔古老的修道院区域内租了一幢房子，建了一个室内剧院。这里温暖又舒适，尽管卖的票价更高，却吸引了更好的顾客。不过很快剧团就遇到了来自富有邻居的强烈抵抗：他们发起请愿，反对这里"成为一个大众剧场……它会给大家带来烦恼，不仅是给住在附近的贵族和绅士带来麻烦，也会给住在同一区域的所有居民带来很大的不便，因为这座剧场也会引来流氓地痞和游民乞丐"。枢密院适时发布了命令，"禁止上述房子用来作为表演的场所"。

这可以从一纸警告令看出端倪来。令状是发给萨里的治安官的，要求他在 1596 年 11 月 29 日回执。在这份附件令状中，莎士比亚被要求维持治安——特别是剧院所处的萨里，泰晤士河的南岸地区。"在此宣告，威廉·韦特要求威廉·莎士比亚、弗朗西斯·兰利、约翰·索尔的太太多萝西·索尔和安妮·李必须保证安全，以免出现死亡和断肢少腿……"

乍一看去，似乎很令人震惊，"温和的莎士比亚"会被指控严重人身伤害，受到逮捕的威胁，但这种措辞只不过是法律套话而已。这纸令状实际上是当时一个更大规模的反对剧院的部分行动而已，由一位重要的索思沃克地主发起，他和城里反对戏剧表演的派系结成了联盟。更重要的是，这表明剧团已经移到了河的南岸地区。

和莎士比亚一起受到指控的弗朗西斯·兰利，是"巴黎花园"[1]上崭新的天鹅剧院的主人，离亨斯洛位于河岸的玫瑰剧院500码远。兰利拥有整个剧院：他是德雷柏剧团的成员，也是个典型的伊丽莎白时期的企业主。兰利靠在伦敦做羊毛和布料检查员发财，用堪称暴力和勒索的手段从服装商那里收取费用和罚金。兰利的所作所为就像妓院老板，他百般折磨地主，并谋求护卫窃取的资产，还千方百计地把不择手段得来的钱财投资到剧院演出中。

这纸令状的煽动者威廉·韦特，是兰利的对头威廉·加迪纳的继子和出面人物。加迪纳是萨里的治安官，也是拥有巴黎花园和河岸这两处司法权的治安官。富有、资产殷实的加迪纳是个非常令人不快的家伙，一个不诚实的生意人，总借着胁迫和勒索成就自己。这纸令状下达的时候正是市政当局不断施压剧院的时期。加迪纳也许是为了更大的利益才这样做的，这只是以后更大规模冲突的前夜。经营剧院剧团的压力并不只是局限于票房收入的起伏而已。

伊丽莎白时期的黑社会：索思沃克和巴黎花园

在危机时刻，即1596年秋天，莎士比亚似乎搬到了索思沃克。税收记录表明在接下来的两年左右时间里，他都在巴黎花园。和他一起被指控的人也住在这里：多萝西·索尔在巴黎花园路有租赁财产，16世纪90年代末的"索尔出租房"就是著名的演员宿舍。三年后莎

---

[1]　编注：巴黎花园（Paris Garden）是索思沃克河岸区的一条街区，鱼龙混杂，在莎士比亚的年代是著名红灯区。

士比亚仍然住在附近。在 1601 年创作的《第十二夜》中，水手安东尼奥作了这样的推荐："在南边的郊区，最好的住宿点就是大象屋。"大象屋先前是一家美食店，在性产业周期停业时期幸存了下来，就坐落在离环球剧院不到 100 码的马蹄巷角上的河边[1]。也许莎士比亚当时居住在这里，或者至少在这儿吃饭和创作——也许是都铎王朝造成了这样一个地方的存在？

　　这可不是一个你会推荐朋友在伦敦待的地方，特别是当他们和莎士比亚一样经历中年危机的时候。16 世纪 90 年代末，漫步在索思沃克的来访者会看到到处都有新房子建起来，旧房子被拆分，花园不见了，投机商建了成百上千的出租屋。这里的邻里环境很糟糕，所以房东们通常都在租约中加上要求行为良好的条款。这一地区对市政当局的蔑视是臭名昭著的，正如约翰·邓恩在他的第一首挽歌中说道："我们鄙视他的政策……如泰晤士河右岸的居民鄙视伦敦的市长。"16 世纪的索思沃克成了伦敦城外一个房子密集、小巷横生的地方。有钱的居民，如兰利或他的对头加迪纳还是有大房子，不受干扰，可以在自家花园享受，但是穷人就挤在污浊不堪的小巷里住单人间，甚至住在马厩。索思沃克还有些制革厂和玻璃厂，街上到处填塞着垃圾和建筑材料，码头到处都是渡船工人和货物。可以预料到，这里也是犯罪中心。

　　16 世纪末的人口激增刺激了索思沃克的娱乐业。沿着泰晤士河有一排密集的三或四层楼高的砖房。就在这里，1587 年玫瑰剧院开张，1596 年兰利的天鹅剧院开张，1599 年环球剧院开张。这一地区还有 300 家旅店、妓院和酒馆，提供九柱戏、保龄球和赌博场所。这

---

[1]　编注：指泰晤士河。

些房主大发横财：在巴黎花园的保龄球巷，房租在 5 年内暴涨了 5 倍。那里还有血淋淋的令人颤抖的刺激娱乐。斗熊场[1] 建于 16 世纪 40 年代，马上吸引了很多观众——这是让道德家反感而抗议的游戏，穷人却"每个周日都会花上一两个便士"来赌上一把。16 世纪 50 年代，一个按照惯例建成的斗牛场随之而来。这些场面对住在皇家律师旅店等地的富人也很有吸引力。类似萨克森（正如莎士比亚的福斯塔夫提到的）这样的熊都是明星。

除了这些公共场面，还有一些更私人化的娱乐活动。让基督教会和市政当局看不见也想不到的是，河岸的污浊之地，有时甚至是河岸的水浸区域自 14 世纪以来就是红灯区。记者托马斯·纳什曾写过一首色情诗，讲述了一次在凌乱的出租房妓院的经历，提到"维纳斯"般充满活力的处女，其中就有才十几岁的穿着"漂亮绸衣"的情妇弗兰西斯。莎士比亚笔下最好的情妇角色奎克丽和娃娃女缇尔西特的酒馆场景，就是他住在这里时创作的。也许这并不是一个巧合。

河岸是富人们挥霍金钱的地方，演员、妓女和扒手摩肩接踵。因此当兰利提出建自己的剧院时，难怪市长大人极力反对，他认为会引发骚乱："（这些）都是流浪者和成日在城里游手好闲的人常常聚集的地方，小偷、窃马贼、嫖客、谋反者和其他类似的人，都在这里相互往来，拉帮结派……"在巴黎花园河岸尽头这个到处是出租房和演员宿舍的恶劣环境里的某个地方，就是莎士比亚这段时间的蛰伏之所。

---

[1] 编注：巴黎花园又名熊街（The Beargarden）。在 16 世纪到 17 世纪有众多斗熊场、斗牛场及其他使用动物的赌博竞技场所。

哈里叔叔之死

　　1596 年圣诞节后不久，格里纳韦家从家乡带来了不好的消息。这个悲惨的故事足以成为时下的社会剧，可以起名为《费伏山姆的阿登》或《约克郡悲剧》等。那年圣诞节，就在儿子死后大约 4 个月，正当莎士比亚在天鹅剧院的《亨利四世》第一幕中扮演亨利王的时候，另一幕奇怪的"戏剧"正在斯尼特菲尔德上演：他父亲的兄弟——诗人的叔叔哈里死了。亨利居住在教堂北边，他的房子还残留了一部分都铎王朝晚期木制的农房结构，空隙处填充着红砖。这个农场一定是莎士比亚从小就熟悉的地方。哈里脾气不好，也很固执，总是惹麻烦。他曾因不让自己的牛去帮助维护公共道路和沟渠、拒绝在教堂里带上羊毛帽子以及不支付教堂什一税而被罚，甚至在 1581 年的时候就被教会法庭开除教籍了。而且，亨利总是有金钱上的麻烦。1587 年，哥哥约翰帮他支付了 20 英镑的巨额债务 [1]，1591 年他又被关进监狱。1596 年，因为无法还债给两位斯特拉福德商人，哈里又一次被投入监狱。

　　哈里叔叔死于 1596 年圣诞节前后。死后不到 2 个小时，他的房子就被债主团团围住。其中一个债主是当地的农民，据说他进屋"破开保险柜，拿走了不少钱"。这个农民完全无视亨利几乎发狂的寡妇玛格丽特，从马厩里牵走了一头驴，还自己动手拿了仓房里的玉米和干草。房子里能拿的都被拿走了。可怜的玛格丽特一个人被丢在空荡荡的房子里，和丈夫的尸体一起。她的儿子詹姆斯和女儿莱提斯（威

---

[1]　编注：根据 16 世纪的抑奢法令，20 英镑是可穿上等丝绸、进口服饰者的年收入标准，因此这笔债务可称巨额。

廉的第一对堂兄妹）早在未成年时就夭折了。玛格丽特六周后也死了。他们都是让人好奇的人，是莎士比亚家的人。至于威廉本人，他的三个兄弟也都无子嗣就过世了。这是另一个家庭秘密吗？

十四行诗之谜

　　1597 年 3 月 17 日，好消息来了：反对剧院的考博汉姆大人死了，亨斯顿大人的儿子继任宫务大臣。莎士比亚的剧团恢复成为宫务大臣剧团。他们得到通知，不到一个月后，也就是 4 月 23 日，要为嘉德勋章授勋仪式而在威斯敏斯特于女王和嘉德骑士[1] 面前表演。莎士比亚匆忙拼凑了一部戏剧，就是后来的《温莎的风流娘儿们》。不过在演出前，他的生活又一次遭到重创。如果我们相信这时的诗歌确实是他个人创作的话，那么莎士比亚认为自己经受了"地狱时光"的考验。

　　也许就在这段时光——1597 年春天——莎士比亚受托为一位年轻的贵族创作了 17 首诗。这些十四行诗以及后来的那些一起成为英语世界最有名的爱情诗歌。它们包含了对爱情、死亡、性爱、生育以及时光改变一切的力量的深刻思考。不过有关这些诗歌最不平凡的一点总是会被忽略，即大部分的诗歌都是献给一个年轻人的。

　　这些十四行诗的重心就是涉及诗人、可爱的少年和诗人黑肤情妇之间的三角恋爱。它们描述了诗人对这位年轻贵族亲密的爱——这种爱也许不是性爱，即使莎士比亚深受少年身体之美的折磨——以及他对一位已婚妇女强烈的性爱，还有越来越疯狂的结局：原来那个年轻

_____

[1]　编注：英国最高等级的荣誉骑士。

男子和已婚妇女居然也有私情。如果十四行诗是有关真实生活的，那么这些诗歌不仅是对这种关系的回忆，而且可能提供了一条线索，让我们了解到在儿子死后，莎士比亚自己的情绪状态如何。不过它们是有关真实生活的吗？那位少年和黑肤女士是当时存在的人吗，还是文学虚构的？

人们常常说，从莎士比亚的著作中我们发现不了他所信仰的东西。某种程度上这种说法对戏剧是适用的，他的戏剧是为观众打造的。但他的诗歌不同，在大部分的诗歌中，他还是说出了自己心中所想，很多迹象也表明他确实这样做了。很多学者认为在十四行诗中找寻真实存在过的人是无稽之谈，但我们还是有足够的理由认为，莎士比亚用他的诗歌作为抒发胸怀的途径。就十四行诗而言，如果说字里行间明显流露出的生硬和自我暴露以及性的坦白只是文学游戏，恐怕不太可信。大部分的读者当然同意它们和现实生活经验是相关的：如果这些诗歌不是自传性的，很难会有这样的想象。莎士比亚和这两个人都陷入了爱情，也被这样的关系震动。

不过我们如何确定这些诗的写作日期呢？这些十四行诗是到1609年才出版的。有些和少年及妇人有关的诗歌是在1598年前创作的，因为那一年弗兰西斯·米尔斯在他有关同时代作家的报告中有趣地提到，莎士比亚"蜜糖一样甜的十四行诗"在他的"私人"朋友之间流传。到第二年的6月，兰开夏郡诗人约翰·韦弗也读到其中一些十四行诗的手稿。不可避免的，有些诗很快被盗版了。1599年威廉·贾格德出版了一小本"W.莎士比亚"撰写的《激情朝圣》的诗集。书名是一个肆无忌惮的出版商的噱头，实际上这本平庸的诗集里只有一小部分是莎士比亚写的，但它包括了《爱的徒劳》中三个节选部分——还有两首这个系列中有关少年和诗人情妇的十四行诗。

莎士比亚当然对这个出版商很生气，"这个完全不认识的人居然自作主张，这么大胆用他的名字"。这种冒犯也许是双重的：那些"私人的"、亲密的诗歌本不是为印刷传播而写的；这么个低劣的东西以他的名字出版。不过这件事情提醒我们注意到了十四行诗内容的敏感性。

一开始，莎士比亚似乎想到过对这一盗版行为进行回应。1599 年他可能已经向出版注册署报批过"十四行诗诗集"，作为一个待出版项目，不过随后他又决定不出版它们了。如果盗版事件发生的时间正好接近创作的时间，这一狂怒明显有更深一层含义：说明这些十四行诗是新创作的，内容还有点令人反感。这反过来又表明，相当一部分有关少年和妇人的诗歌最迟是在 1598 年到 1599 年期间创作的。正如我们即将看到的，最有可能性的就是 1597 年春天和夏天。

这些十四行诗在措辞和主题上都和当时的戏剧吻合，这一点指向16 世纪 90 年代末期。最近的计算机语言分析也指向了这一时期，表明这些十四行诗不是如我们常争论的 16 世纪 90 年代早期的作品，而是由一个更为成熟的莎士比亚创作的。一个 35 岁左右的男人，悲伤地嫉恨他的情妇和她的少年情郎有性爱关系。当他照着镜子时，看到的是一张很快"布满 40 个春秋皱纹"的脸庞。在不止一首十四行诗中，我们看到的正是莎士比亚看到的自己。用伊丽莎白时期的话来说，就是一个不再年轻的男人，"过了最好的年华"。尽管这些诗歌是有关少年和妇人的，但是有一些还是关于他自己的。如济慈所说，有他对"改变了我的时间"的沉思。

那个少年是谁？

十四行诗表明那个少年出生于一个比诗人高贵的阶层（自我克制

和社会自卑感贯穿这些诗歌的始终）。它们表明他年轻、漂亮，受人喜欢，他的名字很可能也叫威廉。有一个与之相关的线索来自 1609 年出版的致"W. H. 先生"谜一般的献词中。据莎士比亚的出版商托马斯·索普说，这位 W. H. 先生是这些诗歌的"唯一源泉"。"源泉"意味"为人父母"，但也意为"唯一的启发灵感者"或起源很可能就是这里的意思。许多献给这位年轻贵族的十四行诗都预示着他会永存在诗人的诗歌中，从一般常识来看，灵感源泉和主要对象就是受献者。

在所有这位俊俏男子的可能人选中，只有 2 位被现代学者严肃看待。很多人都支持这个男子就是南安普敦伯爵，《维纳斯和阿多尼斯》以及《鲁克丽丝受辱记》的受献者。不过他的名字不是威廉，他的首字母是 H. W.，不是 W. H.；也没有证据表明在后来的生活中南安普敦伯爵和莎士比亚有什么联系。对莎士比亚文学作品中早期和晚期词汇频率进行的最新计算机语言测试，确定第一组献给少年男子的十四行诗（1–60）创作于 16 世纪 90 年代末期，第二组（61–103）很可能也属于同一时期，第三组（104–126）可以追溯到 16 世纪 90 年代末到 1604 年。这可以从对同时代时间的明显指涉猜测出来。这种对时代的确定也因作品内部的暗示得到支持：从措辞来看，诗人当时正接近中年时期。所有这一切都表明，这一系列诗歌中的第一批是在 1598 年获得伦敦文学界的注意时新创作的，也在那时私下里流传和盗版。如果属实，就冒出另一个俊俏男子的候选人：威廉·赫伯特。他出生于 1580 年，1601 年成为潘姆比洛克伯爵。伯爵在 1597 年第一次进宫，当时刚好是他人生的第 17 个生日，4 月 8 日前后。

赫伯特后来成为戏剧和学界著名的资助人以及牛津大学图书馆的捐助者。古文物研究者约翰·奥布里称他"是对那个时代或自此对学识渊博的人来说最伟大的梅塞纳斯[1]"。赫伯特也以情场老手出名，不过，尽管"毫无节制地沉迷女色"，17 世纪的历史学家克拉伦登伯爵这样写道："与其说他外表俊俏、风流偶傥，不如说他思维睿智、学识丰富，在与人交谈中总是让人愉快。"

17 岁的威廉·赫伯特就是莎士比亚爱上的那个男子的可能性很大，理由也很充分。首先也是最重要的一点就是，众所周知，他和诗人十分亲近。莎士比亚和理查德·伯比奇在 17 世纪 90 年代早期很可能为赫伯特父亲的剧团表演过。在诗人死后，莎士比亚的朋友将他戏剧的对开本献给赫伯特和他的兄弟，提到了赫伯特对戏剧及其作者"十分喜欢"。另一个证据来自十四行诗 1609 年版本上的献词，是献给"W. H. 先生的"。十四行诗的出版商索普在这段时间正努力于获得威廉·赫伯特的支持，他出版了全奥古斯汀的《神的城市》和埃皮克提图与霍尔的《发现新世界》，并献词给赫伯特以表钦慕。这反过来也有助于解释十四行诗献词中两段神秘的细节。第一段是索普写的，他将自己描写成"等待出发，满怀美好愿望的冒险者"，将印刷出版比喻成航行。如果受献者是赫伯特，这是明显的奉承，因为就在上个月他刚加入弗吉尼亚剧团理事会。接下来，对于索普奇怪的用词，我们不禁要问，他为什么称赫伯特"先生"，因为 1609 年赫伯特已经是个伯爵了。也许这个称呼意在戏弄推诿。如果如此，看上去似乎呼应了莎士比亚的老朋友本·琼森四年后在另一篇给赫伯特的献词中写的："我不能改变对你的称呼，也没有必要用密码书写。"就十四行诗而言，琼森是知道内情的。他的话似乎表明，另外一个发了献词的人改变了对

---

[1] 编注：盖乌斯·梅塞纳斯（Gaius Maecenas，前70—前8），罗马帝国时期屋大维的谋臣、外交家，诗人和艺术家的保护人。维吉尔与贺拉斯都曾受他提携。

潘姆比洛克伯爵的称呼，意在隐瞒什么。

最后一个证据来自赫伯特家族对于这些诗歌的兴趣。威廉自己也写诗歌，包括一些指涉那位黑肤情妇的诗，其他作品都有点半色情意味。更关键的是，潘姆比洛克伯爵的诗歌表明他阅读过莎士比亚的十四行诗，还对它们有很多回应。在其中一首中，他援引了这样一句："我绝不承认两颗真心的结合会有任何障碍。"那时，他的堂兄弟乔治·赫伯特是剑桥大学生，也是个狂热的新教徒。在莎士比亚的十四行诗发表后，他曾于1609年冬天给母亲写信，说看到这些淫秽不堪的诗歌时大吃一惊，直往后退。另外，威廉的堂姐妹玛丽·罗思的十四行诗也暴露了一些真相。1612年玛丽和威廉陷入一场爱恋，还生了两个孩子。罗思热切地阅读了赫伯特的作品，还为他创作了一个十四行诗系列，从中我们可以看到莎士比亚十四行诗的深入影响力。在其中一首诗里，她指涉了一位诗人，称他是四月的清晨。考虑到四月在莎士比亚献给男子的十四行诗中特殊的重要性，从威廉·赫伯特的堂姐妹和情人角度来看，她的遣词就十分引人注目了：

> 双眸啊，你有着如此美妙的眼球，
> 凝视着爱人的灵魂。
> 那是追求胜利的爱土，
> 接近荣耀的官廷，
> 就在这里产生了爱的力量。
> 当耀眼的光亮现出迷人的面容，
> 阳光明媚的时候，
> 他们会称你，四月最美妙的清晨。

因此，如果我们认为威廉·赫伯特就是"W. H. 先生"，即十四行诗中的年轻男子的话，那就把莎士比亚和英国最伟大的文学世家拉上了关系。1592 年，他正在为这一家人效力。这也为第一批诗歌提供了一个可能的创作时期——1597 年 4 月。最重要的是，这表明莎士比亚和赫伯特联系的开端是在他儿子死后几个月而已，这是他自己生命中强烈的危急时刻。

"你母亲的镜子"：玛丽 · 赫伯特和威尔顿 "研究院"

威尔顿之屋是赫伯特一家在威尔特郡的乡下居所，坐落在郡里一条大道的西南方。17 世纪中叶一场大火之后屋子重建，只有原先都铎时期建筑的中心部分还保留着，沿着怀利河沿岸的田园森林风光依旧。这样一个天堂般的环境和这家人的优雅以及教养很匹配。威廉的叔叔，诗人菲利普·锡德尼，在与荷兰的战争中英勇牺牲。威廉的母亲玛丽则是 16 世纪文学资助中最重要的人物之一。玛丽是一位诗人，也是位翻译家，编辑和完成了锡德尼的《世外桃源》。她还出版了英文版的《诗篇》，并在《安东尼和克里奥帕特拉》故事的基础上完成了一部诗歌戏剧，莎士比亚后来也参考过这个故事的手稿。她是三十多部书的受献者，对诗人和演员都很慷慨。萨摩赛特诗人塞缪尔·丹尼尔以诗人和导师的身份在她的圈子里依附了好几年。正如约翰·奥布里写道："威尔顿显得就是一个研究院，一座宫殿，还曾（似乎）是殿堂，对那些能文能武的男人来说是可以常常流连和得到快乐的地方。"在都铎时期，男人自不必说，女人也在贵族资助者中占有重要的一席之地，她们对文人提供的资助起了很大作用。因此，当时三位最重要的女诗人——玛丽自己、玛丽·罗思和艾米利亚·拉尼尔——

和威尔顿有联系也就绝不是巧合了。

1580 年到 1581 年，玛丽的兄弟菲利普·锡德尼在威尔顿创作了英国诗歌最著名的宣言——《为诗辩护》，恳求恢复古人对想象性文学的崇高敬意，认为现代英语文学创作应该和欧洲大陆最好的作品媲美。菲利普死后，玛丽担负起这种文学观点的执行人角色，也担负起他作为文学资助人的作用。丹尼尔已经是她的圈内人了，也许不可避免的，莎士比亚这样有声誉的诗人也会吸引她的注意。1597 年，他成了当时最重要的抒情和戏剧诗人，是当时最伟大的剧院成功作品——即《罗密欧与朱丽叶》和《亨利四世》上篇等的作者。也许玛丽委托过他撰写系列诗歌中的第一批。至少，在第三首十四行诗中，她似乎被提到了：

> 你是你母亲的镜子，在你这里，
> 她唤回她盛年的芳菲四月

从这里，我们可以推测，莎士比亚被玛丽·赫伯特邀请到了威尔顿创作诗歌催促她的儿子结婚，因为就在那一年早些时候，威廉刚拒绝了和一位名叫布里奇·德维尔的女子的婚事。

"我热爱的情妇兼情郎"

了解了受献者有助于我们引证一些吸引人的传记细节，让我们更加洞察莎士比亚的内心世界。这一切都取决于创作的时间。一直以来，人们注意到最初的 17 首诗似乎形成一组。如果是这样，也许它们是为赫伯特 17 岁生日而作的，即创作于 1597 年 4 月 8 日。在后来的十四行诗中这个日期作为首次见面的重要意义一再被强调。

从一开始，诗人就对这位年轻男子充满爱意，称之为他的"爱"。这些诗歌催促他成婚，责备他自恋自怜，警告他美貌终究会逝去，时光会摧毁一切。虽然没有必要认为所有的十四行诗都是献给这位年轻男子的，但最初的 17 首肯定是。在关系开始的最初，在一些正式场合他们之间还是生疏的：

> 当我默察一切活泼的生机，
> 保持它们的芳菲都不过一瞬，
> 宇宙的舞台只搬弄一些把戏，
> 被上苍的星宿在冥冥中牵引；
> 当我觉察人和草木一样蕃衍，
> 任同一的天把他鼓励和阻挠，
> 少壮时欣欣向荣，盛极又必反，
> 繁华和璀璨都被从记忆抹掉；
> 于是这一切奄忽浮生的征候，
> 便把妙龄的你在我眼前呈列，
> 眼见残暴的时光与腐朽同谋，
> 要把你青春的白昼化作黑夜；
> > 为了你的爱我将和时光争持：
> > 他摧折你，我要把你重新接枝。

不过在这最初的 17 首后，诗歌很快就有了一种热情洋溢的语调，就像对一个情人：

> 我怎么能够把你来比作夏天？
> 你不独比它可爱也比它温婉：
> 狂风把五月宠爱的嫩蕊作践，
> 夏天出赁的期限又未免太短：

　　他指的是这位年轻男子的雌雄同体之美：姣好的面容、长长的头发、女孩一样的神情（要知道莎士比亚不是唯一一个这样描写赫伯特的诗人）。

> 你有副女人的脸，由造化亲手
> 塑就，你，我热爱的情妇兼情郎；

　　尽管莎士比亚扭曲地承认，大自然让这个男子是雄性（"造化造你"中的"造"意指既创造，又赋予刺痛），"而她们享受，你的爱"（指身体爱的圆满）就是为他生命中的女人服务：

> 但造化造你既专为女人愉快，
> 让我占有，而她们享受，你的爱。

爱护与悲伤

　　也许是为了回应这里释放的情感，赫伯特家族暂时断绝了和莎士比亚的联系。他所指涉的羞愧和公众指责表明，他对这名男子的情感已经令人尴尬地公之于众了。不过这种热情的友谊坚持了下去，后来发展成一种亲密和爱恋的关系，并在随后直到 1604 年期间广泛流传的诗集的其他诗歌中展现了出来。第 53 首十四行诗表明这段关系是以许多猜测开始的。在这首让人着迷又展露真相的诗歌中，莎士比亚坦白谈到了他以赫伯特雌雄同体形象设计的多个角色。他将"万千个情影"这个从诗歌和戏剧来的意象——既指男人也指女人——来比作他看到的赫伯特的面庞和身形。"试为阿都尼写生，他的画像，不过是模仿你的拙劣的赝品"，他写道，然后想象穿着女人衣服的年轻男子（就像剧院里的男扮女装者）就是特洛伊的海伦，"便是你披上希腊妆的新的真身"（即女人的发式）。莎士比亚承认他是在想到男扮女装时受到触动，不过同时带着特有的自我意识。他承认这种热情在某种程度上只是设想而已。

最初的 17 首十四行诗后，许多诗都充满了令人惊讶的有关遗失和死亡的绝望感。莎士比亚提到了无眠之夜的"折磨"，这种"我的忧愁在前面，快乐在后头"的生活。这是一个为爱或失去而绝望的诗人，就像心里被什么东西抓住了一样：

> 我曾喝下了多少鲛人的泪珠，
> 从我心中地狱般的锅里蒸出来。

他告诉我们他是"被时光的毒手所粉碎和消耗"，这在几个同时代的典故中一再被强调。很奇怪，看到这个俊俏男子的面庞，诗人认为父爱是痛苦遗憾的源泉。当然，莎士比亚在年纪上足够当这位少年男子的父亲，但这不能解释他为何直截了当地将自己描述为"衰老的父亲，受了命运的恶毒摧残"。他似乎告诉我们自己经受了命运给予一个"父亲"的最亲密也最痛苦的打击，但这种打击和这个少年没有关系：

　　　　毁灭便教我再三这样地反省，

　　　　时光终要跑来把我的爱带走。

　　　　多么致命的思想。

　　意识到自己到了人生的中点，莎士比亚提到了他强烈激情的爱，却也承载着沉重、痛苦和失落感：

　　　　因为，你若受过我狠心的摇撼，

　　　　像我所受的，该熬过多苦的日子！

　　莎士比亚"真正的痛苦"常被解释成是对他和少年分开的回应，不过这不是全部。早期的十四行诗可能被看作是同性恋诗歌，也因为这一点，他对少年的爱和仰慕就呈现出一种更加复杂和引发疑问的一面。他的爱是毫无保留的，强烈的，盖过一切的，是一个父亲对于孩子的感觉。第一首十四行诗催促少年拥有儿子，在此时看来，也就是在莎士比亚的儿子死后仅仅 8 个月而已。

"他只一刻是我的荣耀"

　　从一开始，十四行诗就萦绕着死亡，清楚地表达着近乎疯狂的迫切的生儿育女、拥有和自己相像的儿子的必要性。后来几首献给少年的十四行诗都很明确和哭泣、失眠以及悲伤有关。如果我们不看他的言辞，那对莎士比亚可是不公平的。到第 33 首神秘莫测的十四行诗充满了多重意联时，这些意义和潜台词相互堆砌着坚决的保证和痛苦的感情：

多少次我曾看见灿烂的朝阳，

用他那至尊的明媚悦着山顶，

金色的脸庞吻着青碧的草场，

把黯淡的溪水镀成一片黄金：

然后蓦地任那最卑贱的云彩

带着黑影驰过他神圣的霁颜，

把他从这凄凉的世界藏起来，

偷移向西方去掩埋他的污点；

同样，我的太阳曾在一个清晨

带着辉煌的光华临照我前额；

但是呢，他只一刻是我的荣耀，

下界的乌云已把他和我遮隔。

　　我的爱却并不因此把他鄙贱，

　　天上的太阳有瑕疵，何况人间！

　　这首十四行诗基于一句谚语而成："朝阳不能光照全日（好景不常在）。"这暗指一个在现代英语中仍然使用的措辞——"失宠"。这首诗不仅有关身体的分离，还有关个人和形而上学的缺失。伊丽莎白时期的英语中"失宠"意味着玷污或损坏，失去美貌或体面，当然也同样有着现代意义上的丢脸。"玷污的"意指失去颜色和光泽，甚至是保持道德上的污点，蒙上阴影的意思。印染店给布料上色用的也是这个词，同时动词"染"还有传递的含义——将一个颜色从另一个颜色中抽出，但颜色会更好看，或者剥去色彩中不透亮的东西。不过在这里意象体系呈现出一种宗教内涵。"世上的太阳"也指儿子、凡人、人类，因此"天上的太阳"不可避免也意指上天之子耶稣。这些意象在诗歌中泛滥，模糊而又痛苦地意指化身和受难。

很难想象这样强烈的诗歌仅仅只是表达和俊俏的年轻贵族分开而已，无论他有多爱他。莎士比亚在这里似乎一直倾诉着失去这个年轻男子、失去他自己的太阳／儿子、失去上帝之子。伊丽莎白时期的读者会注意到，这首十四行诗是第 33 首，而 33 正是耶稣受难时的年纪（无论是否巧合，这也是 1597 年莎士比亚的年纪）。

十四行诗是很多奇怪理论的对象，如果这首十四行诗写于 1597 年，那么很难相信与他儿子无关。诗人的太阳／儿子"带着辉煌的光华"临照他的前额这个意象表明了这种解释的可能性，因为对于伊丽莎白时期的人来说，前额正是表明显而易见的父爱之处。对子女来说那是父亲的荣耀之座，证明血统合法性。如果这个时间没错的话，现代心理学家一定会对莎士比亚在他儿子死后那一年对这位 17 岁少年强烈的，几乎是拼命的爱感兴趣。用今天的话来说，这是一种自我适应，一种移情，是一种应对极度悲伤的方法。

第十章
恋爱中的莎士比亚？

1597 年 7 月 28 日，正值诗人私人生活遭受心灵创伤的中期，伦敦剧院被当局关闭，在 10 月前一直歇业。一桩和具有煽动性的戏剧《狗岛》相关的丑闻使得演员的压力更大了。这部戏剧的作者，包括本·琼森，都被投入监狱，和精神变态的托普克利夫以及阴险的波利面对面。也许这是第 66 首十四行诗中莎士比亚提到他的艺术受到"当局的掐舌"所暗指的时间。8 月，剧团开始从肯特到布里斯托尔长途旅行，也许这是莎士比亚在十四行诗中描述的痛苦旅程的背景，表达了他因离开少年男子而感到的痛苦。不论怎样，我们可以猜测，就是在这个时候他创作了很多私人诗歌，为各种痛苦寻求暂时的安慰。

在这种时候人们都会做出奇怪的事情：有些人且活且过，另一些人则开始对一切都不确定起来，婚姻会破裂，甚至虔诚的人会觉得生命毫无意义。十四行诗是一种自我分析，是对这种情感巨变的一种回应。已经结婚了近 15 年，和 40 岁的妻子分居，莎士比亚的创作却涉及了和一位已婚妇女的爱情，涉及这段让他受伤和受到攻击的风流韵事。正如他自己承认的，这对于向来保留自己内心生活的人来说十分难堪。他对少年男子的感情是一种强烈的爱，尽管很明显不是肉体上的那种，他和那个女人的韵事则是一种性爱情感。是时候看看在十四行诗的三角关系中的第三个人物了：让人颇为费解的黑肤女士。

欲望都市

可能人们认为一个和妻子分居 10 年的男子有婚外情是不可避免的。剧院就是一个有很多欢乐和诱惑的性感生意。一想到那些俊俏的少年男演员描眉画眼，丝裙瑟瑟响，就足以让清教徒传教者热血沸腾。伊丽莎白时期的人们对性都很前卫。譬如，占星家、医生西门·佛曼在 1597 年参加议会开幕式的时候，和一位在宫廷侍奉的淑女琼·哈里顿开始交谈，当天回到家他们就上了床。妇女是剧院观众的一部分，她们喜欢看那些女装打扮的少年男子。如果她们喜欢某个主演，也会像佛曼那样做。有位学法律的学生自 1602 年开始的日记就重复着一个故事（当然也可能是伪造的），他说莎士比亚将伯比奇从一个富有的、想和这位主角明星上床的追星族手中解救出来。不过，约翰·奥布里说莎士比亚不可能"堕落"（就是去妓院），而且当别人让他去的时候，他"就说不舒服"。一个玩弄女性的老手不太可能在十四行诗中表达那种对不忠的痛苦反应。这首十四行诗可能显现出当时莎士比亚正处在恋爱中。

黑肤女士

最初的 126 首十四行诗中似乎有很多是献给少年男子的。有些诗歌还表现出少年男子和诗人的情妇睡在了一起。从第 127 首开始，有一系列献给这位女士本人的诗歌。它们的语言时而温柔，时而表现出厌恶女人和具有攻击性的语气。他抱怨说她有"铁石心肠"，总是瞧不起人，暴虐而又残忍，尽管他承认：

> 可是，我敢对天发誓，我的爱侣
> 胜似任何被捧作天仙的美女。

有关这位女士的细节并不多，她和寻常的美人不同，黑头发黑眼睛，黑肤色。她已婚，还有其他的情人，包括一些贵族。她很有名气（"世人都知道"），还有些地方暗示她的社会地位比莎士比亚高。第 150 首十四行诗神秘地提到，她的某些状况或地位引起了他的同情（她的"不受重视激发了我的同情"）。至于这段感情是如何开始的，在第 134 首十四行诗中，他似乎说他要求那位年男子"作为保人签字在那证券上"——也就是说，他要少年男子作为代理求爱者接近她，而这个女人转而追求这位少年男子。这导致这位朋友，"为了我而负债"。对此，莎士比亚责备自己："于是我失去他，因为把他欺骗。"换句话说，他觉得错让少年做中间人，结果伤害了他。

于是莎士比亚和那个女人开始了一段热烈的性爱关系。她的丈夫很明显不在家，因为有时候诗人会造访她家，看见她在那里弹奏维金纳琴。不过他很快发现她也和少年男子上床。诗人说他"非常"爱她，但很痛苦、很遗憾。在莎士比亚看来，她对他的力量就是一种操控和管制。他听命于她掌控一切的个性、她的美丽和性能力。

　　黑肤女士对传记作家来说就是个陷阱。有些人会认为,如此表面地阅读十四行诗不是太明智。不过,如果我们将这些诗歌看成是对真实事件和情感的私人记录,不论这些诗歌为了出版如何重新塑造,莎士比亚的情妇一定是真实存在的,是穿梭于剧院和宫廷的女人。在某种程度上,她也是一个因为肤色和背景而被排斥的局外人。那么她到底是谁?

"黑色是美丽的"

　　首先,他称她黑肤女士是什么意思? "黑"这个词在伊丽莎白时期的文学中有非常复杂的含义,它可以被用作是天主教的委婉词。莎士比亚明确地说他颠覆了文学传统("我见过红白的玫瑰,轻纱一般,她颊上却找不到这样的玫瑰")。他说他的情妇并不符合十四行诗诗人眼中美丽女人的标准。她的脸和身体("她的胸暗褐无光"),都是"其貌不扬"。在诗歌中这一点很明显地贯穿始终,我们很难简单地以一种文学自负去无视它。这表明,不论她的背景如何,这个女人是伊丽莎白时期所谓的摩尔人。如果她是位黑皮肤的音乐家,在剧院和贵族圈子中赫赫有名,那么很有可能她来自黎凡特或意大利,最有可能就是威尼斯人——巴萨诺家族和菲拉博斯科家族在伊丽莎白时期的伦敦是主要的音乐世家,都来自威尼斯。

　　正如我们看到的,莎士比亚婚外情的时间可以从 1599 年的盗版诗集中两首献给这位女士的十四行诗来确定,也许这两首诗就包括在前一年他的"私人"朋友中流传的诗歌里。这一推断又一次得到了现代计算机对它们进行词汇分析的支持。十四行诗的第 127 首到 154 首是献给这位女士的，包括了最早的婚姻十四行诗，即第 145 首。不过它们主要的创作时期大约是在 16 世纪 90 年代末，其中有些一直改编到 1603 年至 1604 年。当然很可能有些诗歌创作得早一些，也重新创作过，照这种情况，这一系列诗歌可能源自 16 世纪 90 年代末期。如果这名少年男子是威廉·赫伯特的话，这段婚外情最有可能发生在 1597 年的夏天，那时莎士比亚 33 岁。这也和同一时期莎士比亚戏剧中的语言十分匹配，也许正是在他暗示艺术受到"当局的掐舌"时——这表明是剧院在 7 月到 10 月被关闭的时期。这一印象通过莎士比亚对他自己时代的影射而得以加强，比在那些献给少年男子的十四行诗中强调得还要多。正如他对这位女士说"你知道我已经年华不再"，如果对开本上的肖像无误，那么这种感觉可能因他未老先衰的秃头更加强烈。伊丽莎白时期的男人对他们的头发是很在意的。因此这些诗歌不是出自那个认识南安普敦伯爵的近 30 岁的人，而是和创作《地狱：生命的中段》时的但丁差不多年纪的男子。

性、内疚和男人的焦虑

和黑肤女士的婚外情让莎士比亚很受困扰，他说自己失去了理性：在献给她的诗歌中，一直都有对性和内疚的相关情感的强调。这似乎是莎士比亚个性中的特点，因为他沉迷于侵占和暴力。通过在戏剧中对男人和女人关系的描写方法来判断，莎士比亚相信忠诚和人类之爱在精神尺度上的理想状态。这些观点在那时曾被广泛地加以讨论和争辩，正如约翰·凯斯在有关基督教婚姻中平等关系的著名书籍里所说的。莎士比亚是阅读《圣经》的基督徒，18 岁就结婚，可能在那个时候为止还是忠诚的——否则为什么这件婚外情会让他如此受伤？

对一位已婚妇女强烈的性爱冲动让他陷入了内疚之中。他违背了对妻子安妮的"枕边誓言",正如那个女人背叛了她的丈夫。这些诗歌中贯穿的岁月逝去的感觉帮助我们了解了他们强烈的忧郁感和自责感。莎士比亚在性方面体现出来的嫉妒心理也存在着他对身体日渐衰弱和对自己性能力产生焦虑的弦外之音。

莎士比亚特别聪明,是个敏感、充满想象力的男人,他生活在一个父权社会,这影响了他和他的人生观。他对男人和女人都着迷,似乎相信真正的友谊是存在的,男人和女人之间的友情也是存在的。在戏剧中莎士比亚多次强调过这种平等概念,就如《奥赛罗》中艾米利亚的著名演说体现的。从十四行诗中体现出来的更亲密的感觉来看,我们可以得到很明显的暗示,就是比起男人和女人之间的关系,他认为男人之间浓烈的友爱之情更为高级。莎士比亚被女性性爱的力量吸引,但与此同时又受到它的威胁。他的语言中很明显地体现出了这种厌恶,一些批评家也看到了这一点。批评家们可不全是女性。对于一个伊丽莎白时期的读者来说,也许这才是十四行诗被当作丑闻的原因:不是出于早期现代读者所想的对于少年男子的爱,而是在于那个强大的有性控制力的女人形象。

从我们的角度来看,有关黑肤女士的十四行诗似乎是一个古典的男人对排山倒海的痛苦的回应:他将自己投入到与一个危险的已婚妇女的强烈婚外情中,这在诗歌中唤醒了所有传统的情绪和他从小到大的信仰。淫欲对于灵魂的腐蚀力、内疚和不忠等主题贯穿了后来的十四行诗。假如莎士比亚的成长环境是天主教,那就更能解释这一切了:

把精力消耗在耻辱的沙漠里,

就是色欲在行动，而在行动前，

色欲赌假咒、嗜血、好杀、满身是

罪恶，凶残、粗野、不可靠、走极端；

欢乐尚未央，马上就感觉无味：

毫不讲理地追求；可是一到手，

又毫不讲理地厌恶，像是专为

引上钩者发狂而设下的钓钩；

在追求时疯狂，占有时也疯狂；

不管已有、现有、未有，全不放松；

感受时，幸福，感受完，无上灾殃；

事前，巴望着的快乐；事后，一场梦。

　　这一切人共知，但谁也不知怎样

　　逃避这个引人下地狱的天堂。

　　这些都是伊丽莎白时期诗歌的哀伤主题，或出于宗教，或出于其他。譬如，托马斯·沃特森把爱写成"灵魂的诱饵"；对于罗伯特·索思韦尔来说，"美就是诱饵，让人沦陷，让人窒息……激发那让人死亡的目光"。

　　人们总是把莎士比亚的这些十四行诗看作世俗的诗歌，实际上它们都有一种强烈的宗教感，特别是有关淫欲和灵魂的那些，譬如近乎中世纪风格的第 146 首："可怜的灵魂，万恶身躯的中心。"不过也许其中也包含着戏仿的元素，是利用宗教的意象来讲述沉迷的性关系。对某些当代宗教读者来说这可能是一种冒犯，但对惯于身处两种对立的思想世界中的莎士比亚来说却是很正常的。因为这一点，他有了如此现代的思维，尽管他深受中世纪晚期基督教的影响。

在献给黑肤女人的几首十四行诗中，莎士比亚对自己和赫伯特的名字采用了双关手法。譬如，在第 135 首中，他戏说了一句谚语（"每个女人都要达成她的心愿[1]"），莎士比亚的手稿显示他希望印刷商将"愿"这个词多加强调（在这里，"愿"[Will] 是想要的东西、思想上的决心和愿意、他自己的名字、少年男子的名字，甚至是男女的性器官[2]），以达到让人特别为之所动的充满智慧的双关效应。这个词的拼写在这里是现代化的，不过那些斜体的部分可能就是出自他手：

> 假如女人有满足，你就得如"愿"[3]，
> 还有额外的心愿，多到数不清；
> 而多余的我总是要把你纠缠，
> 想在你心愿的花上添我的锦。
> 你的心愿汪洋无边，难道不能
> 容我把我的心愿在里面隐埋？
> 难道别人的心愿都那么可亲，
> 而我的心愿就不配你的青睐？
> 大海，满满是水，照样承受雨点，
> 好把它的贮藏品大量地增加；
> 多心愿的你，就该把我的心愿
> 添上，使你的心愿得到更扩大。

---

[1] 编注：此处，莎士比亚用 will 表示心愿，将之大写后就是他和赫伯特的名字威廉（William）的昵称。

[2] 编注：英语中有将性器俗称为 willy 的说法。

[3] 编注：译诗中的"愿"均为 *Will*。本页中 W 的大小写均从原文。

> 别让无情的"不"把求爱者窒息，
>
> 让众愿同一愿，而我就在这愿里。

在莎士比亚时代的诗歌中，没有其他与此类似的作品，其中会充满个人化情绪、痛苦、因内疚而导致的焦虑，还有淫秽。除了阶级焦虑，困扰莎士比亚的还有精神上的焦虑和男人对于勃起和性器官的焦虑。作为父权社会的一员，莎士比亚在审视自我时却发现连性能力都依赖于情妇的女性能力，甚至还受到威胁。他痛恨自己这样的状态。

见不得光的文本：万索恩的恋爱和男性的焦虑

这种男性焦虑在当时其他的创作文本中也很明显，比如音乐家托马斯·万索恩自传性的十四行诗。这是一个私人文本，当初并不打算要出版，包含了很多类似男性焦虑的东西，特别是在音乐家和艺术家的世界里。在这个世界里，和莎士比亚有着同样背景的人和社会地位更高的女人有着各种联系。万索恩的情况告诉我们，读者尽可以把十四行诗看成是对痛苦的、令人困惑的真实生活的私人反应，尽管诗歌有文学的虚构性。

羞涩的万索恩就像莎士比亚一样，是一位社会地位并不高的绅士。这位英俊、敏感而又有才能的音乐家对一位城里的寡妇不时迸发出强烈的爱意。她是一位谦和的淑女，也是侍奉女王的贵妇，这表现出伊丽莎白时期的宫廷及其艺术外围狂热的气氛和淫欲的乱象。在万恩索的世界里，男人和女人互相写十四行诗以作为爱的传递，就像莎士比亚戏剧中的人物那样。他们阅读并互送十四行诗，以创作诗歌来抒发自己的情怀。

万索恩的十四行诗讲述了一个在宫廷侍奉女王、社会地位较高的贵妇和他的爱情故事。在一个活脱脱出自莎士比亚戏剧的场景中，她"让人把我常常躺着休息的房间里的一个大柜子挪了出来……放到一个离她很近的房间里，我就这样也被安置在那里了。这样她可以随时去查看，免得心生疑虑。有一天，她趁机一个人来到我的房间看床单上的印记……（显然她是来看他是否有情人）"不过，万索恩说，"我下定决心，不论起因是什么，以上帝的名义，我都不会玷污她的婚床。"这让我们想起莎士比亚在他违背了自己的枕边誓言时的话。在很多处，万索恩都写到了真实的场景，使人无法把文学简单地看成是艺术创造，而应该明白这是对真实生活的回应。

他笔下最形象和最有趣的就是心爱的女人的形象：一个吹嘘她对男人控制力的宫廷女子，"她皱皱眉头就会让男人脸色苍白，她笑一下就能让男人恢复好心情"。万索恩是这样描述他的"黑肤女士"的：

> 曾做过侍臣，对世间各种事情都颇有经验，聪明风趣，令人愉快，能言善辩，爱聊天，爱和别人讲她经历过的、知道的事情：譬如有时候谈到宗教，她会讨论宗教纷争，谈到世俗的事情……有时候她会谈到城市，讲到城里不同阶层的人，更会提到那些娇弱夫人和城里漂亮太太的优雅。有时她也会提到朝廷，提到那里的华丽和虚荣，还有朝臣互相之间的弯腰和做作，行吻手礼。有时她会提到时髦绅士和骑士对那些夫人和贵妇的求爱，有时也会欢快地提起男人和女人在所有这些地方的恋爱和对爱的利用。

可以想象，这个"华丽和虚荣"的世界也是莎士比亚骄傲的情妇的世界。

见不得光的生活：艾米利亚 · 拉尼尔和女人案件

那么她到底是谁？这些诗的主题，这位赫赫有名的擅长音乐的贵妇，贵族的情妇，在高层社会的边缘和她的两位情夫周旋着———一个是贵族，一个是作家兼演员。她以黑色皮肤著称，据诗人说，在某种意想不到的意义上，她被世人看作是"不受重视的"。尽管有很多猜测，莎士比亚情人的身份还是一个谜。如果这些十四行诗是自传性的，那她就是真实存在的人，可能并不需要在 16 世纪 90 年代末伦敦这个小小的剧院和音乐圈子里去寻找她。

就在那个时候，有一位女士闯入了莎士比亚的圈子。一开始她的名字出现在 1597 年西门·福尔曼的健康咨询书里。作为一个有名的"占星"医生，福尔曼是人们追逐的对象，后来琼森还在戏剧《炼金术士》中讽刺了他。他是医生，又是化验师和占卜师，客户主要来自下层社会，但他也会见到音乐家、剧院的人，还有贵族。那年他的客户中就有莎士比亚的同事罗伯特·伯比奇、奥古斯汀·菲利普斯和理查德·考利的太太，还有莎士比亚的印刷商理查德·菲尔德、菲利普·汉斯罗，甚至莎士比亚后来的房东蒙特乔夫人。福尔曼尚未出版的健康笔记对伊丽莎白时期的世界进行了生动的描写，包括人们的野心和阶级嫉恨、大家争钱夺资、对医学稍有知识但迷信仍在的情况，还有那时的性爱习惯。这本笔记的内容十分煽情，记录了从 1597 年5 月开始直到当年秋天的事情，也许就是莎士比亚创作献给黑肤女士的十四行诗的时期。

5 月 17 日，一位谦和的贵妇造访福尔曼在伦敦桥附近菲尔珀特路的家。她的名字是艾米利亚·拉尼尔，前来咨询丈夫升迁的前景。阿方索·拉尼尔来自一个法国音乐世家，是女王的乐师之一，不过这时他将离开太太几个月，陪伴埃塞克斯伯爵远征到亚述尔群岛，攻击西班牙从南美回来的装满宝物的船队。

她的闲聊和升迁、阶层以及性有关。就像很多福尔曼的病人一样，拉尼尔夫人想知道未来如何，丈夫是否会得到提拔。25 日她又来了，透露了更多有关自己的事情。她告诉福尔曼自己 24 岁（实际上她已经 28 岁了），是来自毕肖普门的巴普蒂斯塔·巴萨诺的女儿——巴萨诺是著名的皇家乐师成员，这个家族在亨利八世时代就从威尼斯来到了英国。早几年时，她是女王侍臣亨斯顿大人的情妇，可这位大人在前一年夏天去世了；他之前一直是莎士比亚剧团的资助人。她告诉福尔曼，亨斯顿"很爱她，一直占有她，和她在一起很久"。不过，按照上层社会的习惯，当她为亨斯顿怀了孕时，她"因为肤色"的原因在 1592 年 10 月嫁给了阿方索·拉尼尔。她是否还是亨斯顿的情妇不得而知，但很明显年轻的艾米利亚·巴萨诺在宫廷很有名气，她和丈夫、4 岁的儿子亨利以及仆人生活在离宫廷不远隆迪奇，位于威斯敏斯特。福尔曼看到她因统治宫廷的父权体系的摧残而表现出长久的痛苦时，于是写道："似乎她在青年时期命运不济。"

6 月 3 日，艾米利亚带着很直接的问题又来了：她丈夫"会被牵扯到诉讼案件吗"？她一直期待着社会地位能够提高（很快我们知道她爱一位贵族，并十分坦白地追寻这一切）。她透露说已经有 12 周的身孕，也很担心左腹的疼痛。她曾经流产过，"有过很多不该有的怀孕"。福尔曼对她很感兴趣。"她品格高尚，"他在笔记上匆匆写下，"她脑子里有些事是她为自己想的。她几乎守不住秘密。年轻时候她曾很勇敢……"万索恩也曾将"勇敢"这个词用在他谦和的女人身上，意思是体面、华丽、穿着考究。换句话说，她是个了不起的女人，就像那些伊丽莎白宫廷欢庆活动中的画像描绘的一样。

拉尼尔夫人的宫廷关系很广泛，她的亲戚巴萨诺家族和菲拉博斯科家族都是最重要的音乐世家。福尔曼记录下来说："女王非常喜欢她，很多贵族也很喜欢她，她的天赋极高。一位死去的贵族曾深爱她，占有她，和她在一起很久。""被很多贵族喜欢"在那个社会意味着她视他们为情人。亨斯顿大人死时已快70岁了。对他来说，一位漂亮的年轻情妇是权力和男子气的标志，是战利品。在宫廷，这样的女人有半官方的地位。

为了融进这样的世界，拉尼尔必须得到良好的教育，并在诗歌和音乐方面有一定造诣，以适合贵妇的身份（很可能她曾受到肯特伯爵夫人苏珊·伯蒂家的监护，这位伯爵夫人是诗歌赞助人，拉尼尔后来称她作"我年少时的主宰，我放纵时期的高贵指引人"。）。从她快20岁起，拉尼尔就是伊丽莎白宫廷中狂热的年轻人中的一分子，在那里日渐老去的女王"曾一一早上除了音乐和歌唱以外，还跳6或7支加利亚德舞"，十六七岁有才能的年轻贵妇陪着她一起。在这种非常有性别特征的气氛中，像拉尼尔这样漂亮年轻的女子在宫廷里特别出风头。正如纳什在著名的1593年的檄文《耶路撒冷上方基督的眼泪》中描述到的：

> 宫廷里极其漂亮的女子……她们的眼睛能打动和迷惑人，就像那些教堂窗户上镶嵌着荣耀金色光束的天使画像一样……她们的胸脯挺得高高的，圆润的泛红乳头袒露无遗，似乎会有什么果子可以期待。透过衣饰上的凹凸和丰盈，她们也显示出了思想上的先进性……

这就是"勇敢"的意思。很多年后，住在"靠近索洛维斯赛尔"

处，艾米利亚很兴奋地回忆起她在"伟大的伊丽莎白的喜爱祝福中的年轻岁月"时自己形象上那种令人震惊的力量。

6月16日，她又一次来到福尔曼这里。她的丈夫可能正在准备旅行——埃塞克斯伯爵的船队将在7月10日起航。她的丈夫并不富裕，孤注一掷地寻求得到提升（她说"希望能受封骑士"），于是应招加入华尔特·罗利的绅士志愿者军团。艾米利亚想知道"她丈夫在回来前是否会得以升任，如何才能加快速度"。不过她的婚姻并不幸福。她告诉福尔曼，虽然每年从亨斯顿的地产能获得40英镑的抚恤金，还有很多他给的珠宝，此外父亲还留给她另一份补贴，但是阿方索把们它们都花光了。"她的丈夫几乎不管她，还花她的钱，用她的东西，现在她手头很紧，负债累累。"性别和阶级对抗以及焦虑都在不断地体现着。福尔曼被她迷住了，便为她另外占了一卜，写下了更多笔记（不是很容易理解，但主旨很清楚）："她会成为一名贵妇或得到某种尊贵身份。他不会快速升迁，也不会受封骑士，没多少实惠。她有一天会升上两个级别。但这个男人不会。不过似乎他回家后活不过两年。不久就会有好运降临在她身上。"

怀孕给她造成很大的痛苦，每天早上她都不舒服。福尔曼给她检查后认为"胎儿不动了"，于是开了一剂泻药让她流产。几天后，她果然流产了。艾米利亚肯定很痛苦。本来她是大家注目的中心，现在丈夫让她处在一个危险的状态，又失去了一个婴儿。也许这种经历有助于说明她内心曾经的愤怒和冷漠，特别是对男人。

她下一次被记录下来的对菲尔珀特街的造访是在10个星期之后，9月2日。这次的问题是"是否会成为一名贵妇，如何才能快速达到"。福尔曼又占了一卜。从她的问题，还有她丈夫长期不在家来看，人们会想她是否和别人有什么瓜葛。11日，她又一次咨询了福尔曼。

这一次，受到她的外表、个性和"历史"的鼓动，他试图和她发生关系（就像他常常和女病人做的那样，然后免去她们的就诊费），但艾米利亚拒绝了。最后她确实和他上床了，福尔曼"可以自由地抚摸她的全身，并亲吻她"，但没有允许发生实质性关系，在对她的身体面貌确切的唯一细节描述中，福尔曼写道，她的喉间有颗痣（就像莎士比亚《辛白林》中的伊莫金）。

拉尼尔的丈夫在 10 月底某个时候回来了。这只船队遇到了很多问题，差一点在古德温暗礁处失事，特别有一艘船，安德鲁号，还成了那个月的新闻（当年秋天莎士比亚在新剧本《威尼斯商人》中提到了它）。不过他没有得到升迁。不久以后福尔曼在阿方索的占卜上加了一笔："他没有受封骑士，也不值得受封。"至于艾米利亚，他也说道："她也没有升迁，但并不是此时不值得。"

莎士比亚的情妇

这是个让人着迷的故事，特别是这个故事展现出了当时莎士比亚周围的社会交流、性习惯以及阶级和性别嫉恨的详尽洞察。当然，从他的病人身份来看，福尔曼的健康咨询室也是莎士比亚圈子的一部分。那么拉尼尔也是这个圈子的人吗？受女王宠爱，被很多贵族仰慕，曾是亨斯顿情妇的她，是否也是莎士比亚圈子中的一分子？

30 年前当福尔曼的日记第一次被很仔细地进行分析时，确实让我们觉得拉尼尔就是莎士比亚的情妇。诗歌中黑肤女士的特点在 16 世纪 90 年代的伦敦不止一个女人有，但不是很多。这个结论并不为那些不愿意让真实人物进入莎士比亚私人生活，主张将作品和作者的生平时代分开的学者接受。女权主义批评家也反对视拉尼尔为附属品，

反对视她为男性诗人的性对象。如今情况完全不同了。拉尼尔凭着
自身被人们接受，她的诗歌在大学课程中被教授，还以现代的版本出
版，入选这一时期的女性创作选集。是时候再次提起这个问题了。毕
竟，莎士比亚时期的伦敦是一个很小的世界。

出生自皇家乐师世家的艾米利亚·拉尼尔，娘家姓巴萨诺，毫无
疑问她自己的音乐造诣也很高。这种家族通常既会训练儿子也会训练
女儿。他们都是在伦敦宫廷和艺术圈子，包括剧院世界中地位很高的
人。但有趣的是，巴萨诺的祖先是犹太人，至少艾米利亚有两个叔叔
娶了犹太人为妻。尽管他们在威尼斯恪守天主教，到了伦敦又是新教
徒，他们依然保有犹太意识（这在宫廷不会受阻——女王自己也有个
侍奉贵妇是犹太人）。巴萨诺家族的祖先从事丝绸生意，他们的盾形
纹章是一棵桑树——拉丁文中的摩洛斯，也意为"摩尔"。他们一定
皮肤黝黑，因为当艾米利亚的两个堂兄弟出现在一次伦敦法庭时，他
们被描述成"黑人"，这也是伦敦人如何看待来自意大利北部的犹太
人的。在伊丽莎白时期人们的眼中，尽管在外表上恪守新教，还让孩
子们在新教教堂受洗，但拉尼尔还是被疑为异教徒，是犹太后裔，有
着"摩尔"人的面貌。

莎士比亚肯定认识她，因为她曾是他资助人的情妇。尽管亨斯顿
大人只是在1594年才成为他的剧团资助人，但在这之前，莎士比亚
曾负责宫廷演出，对皇家演员和乐师都是很熟悉的。莎士比亚不可能
不清楚她是那么有权势的男人的情妇。现在人们知道拉尼尔后来还认
识了本·琼森，本曾在假面舞会上和她的亲戚共事。更有意思的是，
她的母亲玛格丽特·约翰逊有个侄子名叫罗伯特，后来成为皇家鲁特
琴师，曾和莎士比亚一起合作。1609年，也就是这些十四行诗发表
的那一年，罗伯特开始为多部戏剧创作音乐。

　　1597 年前后，拉尼尔夫人和莎士比亚的圈子有密切的联系。而且，她的面貌和声音都和十四行诗中的女人惊人地相似。必须承认，我们进行的是转移视线的猜测，不是可证实的历史事实。但是，如果她就是那个女人，那我们就该重视莎士比亚对她的肤色和不合常规的美丽的评论，诗人提到她"不受重视"时的遗憾以及提到她未特别指明的异族性。甚至日期都很吻合：拉尼尔的丈夫 7 月就离开了，直到 1597 年 10 月底才回来，可能至少有一部分献给这个女人的十四行诗是在这段时间创作的。有关拉尼尔，最有意思的是她后来成为英国第一位发表诗歌的女人，这些诗歌在莎士比亚的十四行诗付诸印刷后不久的 1610 年得以登记出版。在诗集的序言中，她告诫其他女人远离那些不忠的女人（"把那些蠢货留给那些品行不端的男人。"她说）。她痛斥那些男人不长情，及他们对女人一贯的不假思索的虐待："忘了他们都是女人生的，女人养的，要不是女人，他们早就在这个世界上消失了，他们最终的结果，就是像毒蛇吞噬了生育它们的子宫。"从一首冗长的宗教诗歌中，我们可以看出拉尼尔在妇女权力问题上赞成女权主义的宣言：

　　　　让我们再次拥有自由，
　　　　让自己没有被人主宰；
　　　　来到这个世上肯定有痛苦，
　　　　让它助你忍受各种残酷，
　　　　你犯的错更大，又为何要轻视一切？
　　　　我们和你们平等，不受别人的暴虐。

　　莎士比亚可能的情人创作了这样的诗歌，这个想法似乎好得有点难以置信。这些诗歌和潘姆比洛克家的诗人塞缪尔·丹尼尔有些联系，她可能也读过莎士比亚的作品。艾米利亚对"黑"的评论特别有意思，譬如，她这样描述克里奥帕特拉："在安东尼眼中（她）和别人一样好看……富有，特别聪慧，无法用言语表达，尽管她有着一张黝黑的埃及人的脸庞……"对这一点的强调可能更多源自塞缪尔·丹尼尔和玛丽·赫伯特，不过她对克里奥帕特拉黝黑的强调，则和莎士比亚所写的一样吸引人。令人好奇的是，她也喜欢玩弄"愿"这个词：

> 如果在这里他的双手祈愿[1]会逝去，
> 　　这不是我的心愿，而是神的意愿……
> 　　看他的意愿，不是主的意愿……

转变

艾米利亚的诗歌还给出了进一步的线索。有一首叫作"为犹太人的神欢呼"的诗，和宗教皈依有关，告诉我们有关一个"摩尔"人皈依的故事——将一个威尼斯犹太人的女儿吸收到英国新教社会。在父亲和叔伯们都还有强烈的犹太意识时，她为得到社会接受而做的一切最终使得她创作了一首基督教的诗歌，这可是很有讽刺意味的（她的目的就是要得到包括潘姆比洛克母亲在内的贵妇们的资助）。这表明她经历过很激烈的转变：基督的爱就在"犹太狼"的手中，既然她写的是关于自己的转变，因此除非她原来是犹太人，否则这首诗的题目

---

[1]　编注：此处"愿"原文写作 Will。

就没有什么意义。这让我们看到 16 世纪 90 年代一场热烈辩论的景象：有关犹太妇女的转变和她们与基督徒的通婚。如果艾米利亚·巴萨诺确实是莎士比亚的情妇，那么在 1597 年秋天莎士比亚创作的有关威尼斯犹太人的戏剧就很有意思了。这群犹太人中就有一个名叫巴萨诺的角色（发音和她的姓一样，是三个音节，不是四个）。第 134 首十四行诗对交易、付款和罚金等的强调也很值得注意：他的情人像放债人一样利用爱，为了把自己"典押"给她的诗人充当"债务人"，勾引那个来"担保……签下契约"的少年男子。他提到"贪婪"而又"放高利贷"的女人。在伊丽莎白时期的英国，"犹太人"和"放高利贷"这两个词是同义词。

在整个创作生涯中，莎士比亚对意大利文化一直都有很大的兴趣，特别是对威尼斯。他很可能读到过一份意大利文的素材以便写《威尼斯商人》，也可能读过刘易斯·卢肯纳有关威尼斯的手稿，甚至可能在 2 年后读过他有关这座城市的新书。莎士比亚的犹太人都是威尼斯人，尽管伦敦有犹太殖民地，莎士比亚可能更熟悉这些来自西班牙和葡萄牙的犹太人。但如果莎士比亚的情妇是一位威尼斯犹太人的女儿，那么在儿子死后那一年，也就是莎士比亚的创作和个人生活上出现危机的这个时间段，就有更多吸引人的细节出现了。

恋情的结局："我已无法再信任你"

这些十四行诗于 12 年后出版，按照莎士比亚自己安排的顺序，讲述了诗人的心路历程和一段关系的始终。最后，他给我们留下了自己的一个意象，即因为和黑肤女士的婚外情而沮丧，却不能停止想她，也知道这样会毁了他。她沉迷于性事和肉欲，被控背叛了她与丈

夫的枕边之约和对他的爱的誓言。在第 152 首十四行诗中，他宣称，
"我已无法再信任你"，似乎已婚的两个人之间曾有过信约。在第 143
首十四行诗中，他以一个生动的、可怜的形象把自己比作是追逐母亲
的"被忽视的孩子"，而母亲则满脑子都是其他事情：

> 而我，你的孩子，却在后头追你；
>
> 你若赶上了希望，请回头照顾我，
>
> 尽妈妈的本分，轻轻吻我，对我好。

可以想象，他实际而又世故的情妇并不希望成为他的母亲。就像
乐师万索恩一样，诗人莎士比亚发现自己力所不及。在最后几首十四
行诗中，诗人因其"更高贵的部分"，即他的灵魂被身体欲望背叛而
大发雷霆。他似乎告诉我们，自己有性方面的疾病，还害怕他年轻的
朋友也迟早会得此疾病。爱就像发烧，他已经失去了理性：

> 我再无生望，既然丧失了理智，
>
> 整天都惶惑不安、烦躁、疯狂……
>
> 　　因为我曾赌咒说你美，说你璀璨，
>
> 　　你却是地狱一般黑，夜一般暗。

不论多么自欺欺人，他希望读者们（或是他自己）相信，这是个
有关失尽信约的故事。他相信她是真实的，两人曾经互相许下承诺，
发下"重誓"。两个已婚的人之间的誓言意味着什么不得而知。最后
两首十四行诗，第 153 首和第 154 首，是同一首诗歌的两个版本，展
露了痛苦之后又疏离的技巧。这些技巧有关让性爱之热降温，对于性

方面疾病的暗示已经是公开无误的了：

> 沸腾的泉，一直到现在
> 还证实具有治疗疑难杂症的功效……
> 我马上不舒服，又急躁又难过，
> 一刻不停地向温泉去求救……

这两首诗的模本是人们广为阅读的《希腊选集》中的讽刺诗，很可能是 1603 年的版本，原书拥有者是本·琼森。也许莎士比亚就是通过琼森知道它的。这首十四行诗可能写于 1603 年后，当时他正将这个诗集弄成文学文本，回望发生的一切。诗歌将爱的治疗和沸腾的泉联系在一起，指的是缓和性方面的疾病。"疑难杂症"指的是梅毒，在伊丽莎白时期的人看来，这是一种外来的"法国病"。第 154 首中的"爱烧热泉水"表明尿灼痛，这是梅毒的常见症状。至于第 153 首中的"求助温泉"，可能读者会把它听成（也意指）是巴斯镇。在莎士比亚那个时候，温泉浴被看作是缓解性行为传播疾病的良方。有趣的是，莎士比亚的剧团那年夏天的巡回演出在 9 月末到了巴斯镇。

对于莎士比亚来说，这桩婚外情肯定是一场受伤极深的经历——特别是对一个这么谨慎的人来说，因为这让一切都暴露了。不过，这是在伟大的艺术家身上经常发生的事，在伤痛中走出来之后他们就进行艺术创作。

基督徒、异教徒和犹太人

莎士比亚对不同寻常的东西很感兴趣。他的戏剧中充满了远方领土、外来商品、奇异的人工制品以及具有异国风情的东西。福斯塔夫幻想着空中降下土豆，接着是经由弗吉尼亚从秘鲁来的奇异的新访客。在舞台上莎士比亚展现了摩洛哥和俄罗斯大使，加勒比岛主凯列班。他提到了阿拉伯半岛的香水，拉普兰的男巫，印度妇女的面纱。通过这些异国世界的零星之物，他探讨文化在相互之间的改造中产生的歪曲和讽刺。他一再展现在相互交融的动态过程中意识理念上相互对立的文化：在《安东尼与克里奥帕特拉》中的罗马和埃及；《暴风雨》中的本土岛主和殖民者；《奥赛罗》中地中海东部分裂的基督教世界以及白人与摩尔人之间的对立。莎士比亚对他者的早期探索之一就是《威尼斯商人》，这是他在 1597 年末剧院重新开张前一直忙着创作的戏剧。

　　剧中关于一磅肉的契约故事来自一个古老的民间传说，莎士比亚采用的是一个叫作《Il Pecorone》的意大利故事，这个故事在伊丽莎白时期没有译本。因此他读的很可能是意大利文。莎士比亚也受惠于马洛那本影响很大而又荒诞的《来自马耳他的犹太人》，这部戏剧在 1594 年重新流行起来，时值对卢易·洛佩兹的审判期间，这位葡萄牙的犹太医生因意图毒杀女王而被判有罪。

　　"上天一定不会怜悯我，"夏洛克的女儿杰西卡说，"因为我是犹太人的女儿……我的丈夫会拯救我，他让我成了一个基督徒。"在观众的眼中，对《威尼斯商人》的阐释远远多过其他大部分戏剧。16世纪 90 年代末，伦敦有一小块基督教化的犹太人聚居地，还有一些在布里斯托尔和牛津。伦敦的犹太人在公开场合都信奉基督教，但私下里在自己家都设立犹太教堂，保持他们的仪式，包括割礼。在斯托的《伦敦史》中，他说这个团体集中在毕肖普门那头的亨兹迪治，莎士比亚和巴萨诺一家正是在那里一直生活到 1596 年。亨兹迪治人大部分都是当铺老板和二手衣商，大约只有 200 人。人数不多并不是一直笼罩在他们身边的威胁气氛造成的，而是那可以追溯到中世纪因诽谤而造成的英国反犹太人的长期血腥历史的结果。

　　和所有同时代的英国人一样，莎士比亚在反犹太人文化中长大，在孩童时期就接受了这样环境。他后来和犹太人打交道的经历可能有些不同，但在戏剧中他有时候会表现出大众的观点，用"犹太人"这个词来诅咒或开玩笑，这表明对犹太人的抨击是普通基督徒语言中的一部分。戏剧通过一些人物的嘴巴将马基雅维利和反犹太政治说出来或在其他地方表现出来，使得观众对犹太人也产生同情（"难道犹太人就不流血了吗"）。尽管新剧绝不是用来对犹太问题进行评判的，它仍然涉及皈依基督教等关键话题。结果是，对我们来说，戏剧中就有了传奇和种族主义令人不安的融合，让人产生的怜悯也别具风格。

　　就像马洛的《来自马耳他的犹太人》，《威尼斯商人》广泛地披露了艺术家对于伊丽莎白时期国家在外来者问题上的反应。是反犹太主义吗？有些人支持将外来者迁出去，有些人反对。也许这种戏剧性的冲突正是莎士比亚的目的所在。不过在那时候，戏剧是创作来让大众喜欢的。莎士比亚固然很有特色地利用反外来者情绪制造戏剧高潮，当然也就冒着让反外来者和反犹太主义的情绪高涨的危险。

　　对于现代观众来说，这种情感会因剧中几处败笔而加重。在关键的地方，这部剧居然令人惊诧地没有什么心理描写，这在当时的戏剧中很少见。在犹太人夏洛克的女儿杰西卡帮助别人彻底打击父亲时，她没有展现出任何道德上的不安，成为莎士比亚主要角色中描绘得最少的人物之一。夏洛克最后的退场在第四幕中处理得很匆忙，作家以粗劣的谋划让他受到重创：如果他皈依的话，这个犹太人可以保留一半资产。夏洛克同意了，他退场时说了三个字："我满意。"这场通过纵容律师达到的判决令人很不舒服，也许是故意而为之，但对于今天的观众来说并不令人满意。最后，尽管有那么多有关怜悯的妙语，夏洛克的皈依、他女儿和基督徒的婚姻以及他将财产给了女儿女婿仍然让我们有不舒服的感觉。这个犹太人自己则很快就从这段特殊的虚构的威尼斯历史中消失了。

　　还是有太多的未解之谜。也许出于个人原因，莎士比亚的眼光并不那么出色——为了完成合约，这部剧创作得比较快，他还同时忙着创作《亨利四世》第二幕这个更重要的剧本。但《威尼斯商人》留下了让人不安的前沿话题，一种未曾解除的紧张。也许它包含得更多的是个人的经历，而不仅仅是人们所想的东西。这样看来，就很值得看看商人安东尼奥。如人们所说，这个人物是莎士比亚自己扮演的，也是他所有戏剧中唯一一个从头到尾遭受抑郁之苦的角色。这对莎士比亚来说并不常见。《威尼斯商人》中的确有些不确定的东西。神话故事总是比它们看起来更令人不安。也许，为这部戏剧让我们看到了人不可能十全十美。

第十一章 莎士比亚的英国之梦

　　莎士比亚在儿子死后的这一年情绪波动很大，并创作了大量的作品。1597年秋天，在创作了《威尼斯商人》后，他完成了《亨利四世》的下篇。这是莎士比亚英国历史四部曲的核心部分，是他第二部伟大的历史作品，也是他心里牵挂的作品。《威尼斯商人》讲述的是外来者，《亨利四世》下篇则是有关他对古代英国的看法。莎士比亚之所以在"地狱一般的日子"里创作这部戏剧，很显然是为了在创作中排遣伤痛，也又一次展现了在失去爱子后创作能力的飙升。在《亨利四世》中，他创造了笔下也许最伟大的人物——约翰·福斯塔夫爵士。不过福斯塔夫一开始并不是福斯塔夫，这个转变对了解莎士比亚如何将生活和艺术结合起来很有帮助。

奥德卡瑟的丑闻

　　我们需要先回顾一下，在 1596 年的圣诞节，莎士比亚的剧团正在巴黎花园的天鹅剧院演出。12 月末他们要在宫廷里演出两天。在那个演出季的所有剧目中，毫无疑问就有《亨利四世》的上篇，这是他在这一年创作的。在这出剧中，福斯塔夫这个人物出现了——尽管还被叫作约翰·奥德卡瑟爵士。奥德卡瑟最早是女王剧团剧目中的角色，至少已有 10 年历史。莎士比亚将他变成了一个满嘴谎言、爱说大话、酗酒成性的妓院常客，使得这部剧风靡一时。不过有一个问题。奥德卡瑟是因背叛亨利五世被处决的历史人物，但在新教主义修订的英国历史中，约翰·福克斯的《殉道书》里确定奥德卡瑟不是叛变者，而是一个早期的新教殉道者。很不幸的是，取代刚去世的亨斯顿大人成为宫务大臣的是考博汉姆大人，他的家族布鲁克的祖先就是奥德卡瑟。1596 年的冬天，布鲁克家族抗议奥德卡瑟被诋毁成又肥又老的恶棍，莎士比亚被迫取消了这部戏。

　　这种侮辱是故意的吗？还是因为愚蠢，作者不假思索地就从素材中拿了这个名字？也许吧。但是很难想象 16 世纪 90 年代的伦敦剧作家明明知道有审查制度，却还是用了一个在约翰·福克斯的书中如此重要的名字。他应该知道会有什么后果。结果莎士比亚很有心计地将奥德卡瑟的名字改成了福斯塔夫。这体现了剧作家可能会碰到的困难，更有可能暗示了作者在宗教问题上偏向和同情所在——一个新教作家不太可能上来就用奥德卡瑟的名字。

　　1597 年早春，年迈的詹姆斯·伯比奇去世了。对伯比奇来说，过去的这个冬天很艰苦，贝克法亚斯的居民和剧院的房东给他造成的心理压力加剧了这种艰苦。他将自己和剧院以及贝克法亚斯长期以来的困扰留给了儿子卡斯伯特和理查德。多年后，卡斯伯特对伦敦剧场的最终成功评判道，"（这一切）都是伯比奇家族无尽的金钱投入和遭受痛苦换来的"，这可就一点都不过分。

一切都是紧密联系在一起的。很幸运，那年春天考博汉姆大人突然过世了，因福斯塔夫引发的喧闹渐渐冷却下来。新的宫务大臣是亨斯顿大人的儿子，莎士比亚的剧团又受到了青睐。到了第二个月，宫务大臣剧团在嘉德骑士庆典上表演的是《温莎的风流娘儿们》，这是和胖大骑士"奥德卡瑟"（他已经巧妙地换好了名字）相关的家庭喜剧。

17 世纪曾有这样的说法，伊丽莎白女王自己要求就福斯塔夫这个人物"再创作一部戏剧"，而且这一次要让他陷入爱情。据说，莎士比亚是在两个星期内匆忙完成的。不过新的证据表明，《温莎的风流娘儿们》应该是在《亨利五世》（1599）后才创作出来的。在这部剧中福斯塔夫死了，这很明显让很多福斯塔夫迷失望，似乎也包括女王自己。现在，人们认为《温莎的风流娘儿们》结尾时的假面舞会来自为了庆祝 1597 年 4 月 23 日当选的嘉德骑士（包括新的亨斯顿大人）而进行的表演秀。只是后来（应女王的要求）出于专业作家的经济状况等原因，莎士比亚才将此剧扩展成一部完整的戏剧。

《温莎的风流娘儿们》也许并不是莎士比亚最让人敬佩的作品之一，它确实有些仓促：散文文体、玩弄文字、口水剧情。不过这是个非常专业的活儿，如果确实是在那么短时间内完成的，那我们只能向莎士比亚表示敬意。在剧中他将那只戴绿帽子的海鸥称为布鲁克，是不是故意指涉已故的考博汉姆大人和布鲁克家族呢？

福斯塔夫：伊丽莎白时期风靡一时的杰作

　　从《亨利四世》的上篇在 1596 年冬季上演的那一晚开始，我们很清楚地看到莎士比亚凭借着福斯塔夫大获成功。他很可能是在 1597 年创作了这部剧的下篇。那年秋天，伯比奇的剧院租约到期了，续租还在讨价还价中。剧团成员们发现自己很可能无处可待，便回到索迪治，他们在帷幕剧院租了一个演出季。就在这里，就在 1597 年圣诞节前夕，福斯塔夫在《亨利四世》下篇中有了更多的历险，也正是因为这样，莎士比亚奠定了他成为当时最受欢迎作家的地位。

　　福斯塔夫这个人物是伊丽莎白统治末期的成功之作。在一首写于 1623 年首个对开本的纪念性诗歌中，莎士比亚的一个朋友描述了观众如何挤满了楼座和包厢，就为了来看福斯塔夫。"让本·琼森和其他都见鬼去吧，"他们说，"只要福斯塔夫、哈尔、波因斯他们来了，你都找不到地方站。"有很多证据可以说明这一点。1598 年 2 月，埃塞克斯伯爵，一个热心的剧院戏迷，在写给朋友的一封信中对考博汉姆的婚姻添了一句饶舌的补充说明，"告诉他个新消息，他妹妹嫁给约翰·福斯塔夫爵士了。"南安普敦伯爵夫人在给身处爱尔兰的儿子写的信中更加恶作剧，在说有关考博汉姆私生子的事时写道："我告诉你个让你开心的新闻，我想，就是约翰·福斯塔夫爵士的品脱罐夫人让他成了一个漂亮的长得像磨坊主手指的爸爸，一个大脑袋小身材的男孩的爸爸，不过这可是个秘密。"这是另外一个考博汉姆笑话——考博意指脑袋大大的小鱼，也被称作磨坊主手指。很明显，尽管莎士比亚惹了麻烦，还是有很多人看到了他的幽默。在两到三年内，巡回演出让福斯塔夫成为乡间最受欢迎的人物。1600 年 12 月，伟大的诺森伯兰家族成员、埃塞克斯伯爵的朋友查尔斯·珀西爵士，在沃赛斯特郡的家里写道，大都市的人"会认为我和夏禄法官或塞伦斯法官（《亨利四世》中的乡村法官）一样呆板无趣"，他知道收信人明白自己的意思。

我们很容易理解福斯塔夫的感染力。在年老女王的统治末期，英国蔓延着一种停滞和失望的氛围，而这种表演正合人们的心理需求：腐败的政治家、无情的王子、极端拘谨的法官和内心真实的英国人丰富的生活形成了对比。这是他们自身的形象，是观众喜欢的形象，不论他们出身高贵抑或平凡。在莎士比亚时期，人们会常常怀旧回想。在这个充满焦虑和变化的时代，这部戏剧魔幻般地让人回想起了旧英国。同时，它也有非常鲜明的现实感，立足于现实事件中：内战、凯尔特边缘地区的叛乱和对北部暴乱的镇压让人想起 1536 年的恩典朝圣和 1569 年的北方叛乱 [1]。在《亨利四世》中，珀西家族势力大，就像他们在 1569 年时的真实情况。北部叛乱分子被权谋政治家欺骗背叛，正如他们曾经被亨利八世欺骗背叛。每个观众都明白这就是政治、"荣耀"以及福斯塔夫说的"表象"的现实。

因此被称为"适用当下"的东西对于那个时代的观众的影响比对我们当代人的影响更加明显。《亨利四世》在很多方面都很有影响力。它讲的是一直萦绕于心的父子心理故事，用好莱坞的方式来说，就是一个成长的故事。福斯塔夫是哈尔王子的代父，是暴政王，一个喜欢开玩笑、喝酒和嫖妓的胖大骑士。哈尔的真正父亲亨利四世（可能是莎士比亚自己扮演的）性格阴沉，因篡夺王位的负罪感而压抑自己，也因为对神及其子民的责任感而心情沉重。他的儿子最终成熟起来，并远离了

---

[1]　编注：即 1569 年理查德·内维尔伯爵和托马斯·珀西伯爵为推翻伊丽莎白一世，以苏格兰女王玛丽取而代之的谋反行动。

福斯塔夫及其朋友生活的下流社会，就像剧中有个大场景中预言的：

> **福斯塔夫**：……千万不要让他离开哈利的身边：——撵走了肥胖的杰克，就是撵走了整个世界。
>
> **亨利亲王**：我偏要撵走他。

尽管福斯塔夫爱吹牛，爱撒谎，但他很有生活的气息。正如我们在这一幕中看到的，在被征召去服兵役时，福斯诺夫离开了伊斯特西柏的猪头小酒馆，对着他的老伙计吹大牛：

> **福斯塔夫**：小子，把乐工们的赏钱发了。再会，老板娘，再会，桃儿！你们瞧，我的好姑娘们，一个有本领的人是怎样的被人所求，庸庸碌碌的家伙可以安心睡觉，干事业的人却连打瞌睡的工夫都没有。再会，好姑娘们。要是他们不叫我马上出发，我在动身以前还会来瞧你们一次的。
>
> **桃儿**：我话都说不出来啦。要是我的心不会立刻碎裂——好，亲爱的杰克，你自己保重吧！
>
> **福斯塔夫**：再会，再会！（福斯塔夫下）
>
> **老板娘**：好，再会吧！到了今年豌豆生荚的时候，我跟你算来也认识了二十九个年头啦，可是比你更老实，更真心的汉子——好，再会吧！
>
> **巴道夫**：（在门内）桃儿姑娘！
>
> **老板娘**：什么事情？
>
> **巴道夫**：让桃儿姑娘出来见我的主人！
>
> **老板娘**：啊！快跑，桃儿，快跑，快跑，好桃儿：来，（桃

儿满脸泪痕地来了），你会来吗？桃儿？

这是真实的人物语言描写。快嘴大嫂给出的她和福斯塔夫初次见面的时间很具体，是 29 年前豌豆生荚的时候（如莎士比亚记得的，是四处捡豆的工人来到镇里的时候）。我们知道福斯塔夫就是个无赖，不过快嘴大嫂对他的评判很亲切："更老实、更真心的汉子。"其实这就是作者想要引导大家看待福斯塔夫的方式，也解释了哈尔为何因他着迷，因为福斯塔夫就是精彩生活的化身。

后来莎士比亚创作了更伟大的戏剧和更精美的诗歌、散文，但再也没有超越过在齐普赛德和格罗斯特郡的福斯塔夫的那一幕喜剧。福斯塔夫在伊斯特西柏的猪头酒店和快嘴大嫂、桃儿姑娘的那一幕，就是和伟大的历史事件、君王和军队的行动相吻合的精彩再现。福斯塔夫还有个老朋友夏禄汰官，他说这个乡村治安官在克勒肯维尔的特米尔街上的妓院度过了花天酒地的青春岁月：当"他赤裸的时候，看上去活像一个分叉的萝卜，头就像是用刀子刻在萝卜上的。如果被弃在路上，眼神不好的话，就他这身材别人都看不到他，他就像个吃不饱的，却又像猴子一般好色，妓女都称他曼陀罗……"

莎士比亚对于索思沃克和克勒肯维尔的妓院的了解，是极具地方特色的。但是一想到他写《亨利四世》上篇的时候是在他儿子死后的那几个月，就十分令人吃惊。下篇是在第二年创作的。

作者传递给观众的信息

《亨利四世》下篇的出版文本让我们窥伺到了各种很明显的流言，譬如说莎士比亚中伤考博汉姆家族的祖先约翰·奥德卡瑟爵士。作为对此事的回应，莎士比亚的敌人委托安东尼·芒迪创作了一部戏剧。
1599 年秋天，这部戏剧——《约翰·奥德卡瑟爵士，仁慈的考博汉姆
大人之真实而荣耀的生平史》——在玫瑰剧院上演，就是用来澄清这
个问题的。这部剧的序言表明，它的目的就是要反驳莎士比亚对这位
祖先的描述：

> 我们展现的不是狼吞虎咽的贪吃者，
> 也不是年轻人罪过的顾问；
> 而是一个品行比别人高尚，
> 英勇的殉道士和正直的贵族。

前言的结尾很直截了当地抨击了莎士比亚对奥德卡瑟的不诚实
描写：

> 让事实得到青睐，
> 以前的一切造假让人羞愧。

这很明显，不仅表明了作者的鼓吹目的，也表明到 1599 年时，
莎士比亚的人物是如何影响了当时的观众。

莎士比亚明显感到有必要放弃一些东西了。在《亨利四世》下篇
印刷文本的结尾处，有一张附加页，他在其中明确地表明自己和剧团
想远离争议。在第一篇后记中，作者直接对观众说话，很明显是在对
当前的争议进行评述：

> 首先我惶恐，其次我行屈膝礼，最后才是我说的话。

　　我惶恐，因为你们不高兴；我行礼，是我的职责，我说话，是请求你们原谅。如果你们想得到好听的话，那你们就毁了我了，因为我要说的是我自己原原本本的话，也是我应该说的话，我惶恐，说明我受到了玷污。不过要达目的，就要敢于冒险。如你们所知，事实上，我最近在一幕不太受人待见的剧末祈祷你们能多多忍耐，我答应会有更好的剧呈现给你们。我的意思实际上是以此回报你们，如果冒险失败，败北而归，我失去了，你们，我尊贵的债主们，也失去了。再次我答应你们，我会在此寻求你们的宽容。原谅我，我会回报你们，正如许多欠债的人一样，我会永远答应你们：我会在你们面前跪下，但实际上，是为女王祈祷。

　　莎士比亚在《暴风雨》的结尾处也做了同样的事情："作者"站在舞台上，直接对着观众说出他们之间的关系。观众当他既是演员，也是作者。莎士比亚让他们感到娱乐，他在这里运用的有关他们之间关系的修辞是一种商业广告——"冒险失败"是指没有成功的交易，因此观众就成为剧作家的债主，他是一直允诺更多的欠债人，一边承诺，一边借款。

　　在这个聪明的表演者的连串台词中，我们是看得到他的歉意的。莎士比亚说他最近写出的东西（在某些人看来）"不太喜欢"，使他丧失了信用，他祈求原谅。也许这些话都是莎士比亚真实地在舞台上自己说出来的，他扮演的就是亨利四世这一角色。

　　第二篇后记中，有一段舞者的话，更加切中要点。这表明这个长篇剧本在考博汉姆死后以及奥德卡瑟的名字从戏剧中除去后一直持续了数月（注意他在演艺圈承诺过续集——《亨利五世》已经很清楚地在计划中了）：

> 再说一句，我请求你们。如果还没有太倒胃口，我们谦卑的
> 作者会继续这个故事，约翰爵士会在其中，还会让你们和美丽的
> 法国凯瑟琳一起欢乐。在那里，无论如何，福斯塔夫会死得很
> 苦，除非他已经被你们冷酷的想法杀死了。奥德卡瑟是殉道而
> 死，这个男人不是。我说得口干舌燥，两腿发软，祝你们晚安。

任何与生者或死者的相似都纯属巧合！

家族重建：莎士比亚购买了房子

在儿子死后的几个月，尽管还继续在伦敦工作，莎士比亚明显
感到有必要在斯特拉福德做些实际的和精神上的投入了。1597 年初，
他开始首次动用日积月累积攒起来的资产，寻求在镇里和周边地区置
业。就如盾形纹章之事一样，这次他也是考虑了一段时间，不过也许
是因为哈姆内特的死亡占据了他的思绪，一时无暇顾及才没有更早着
手。安妮和女儿（苏珊娜 13 岁；朱迪斯，幸存下来的双胞胎之一，
12 岁）都和威廉的父母以及他的两个兄弟理查德（23 岁）、埃德蒙
（刚满 17 岁）一起住在汉里街。威廉的妹妹琼，现在 28 岁了，很可
能已经和帽商威廉·哈特结婚了；弟弟吉尔伯特 30 岁了，在这一年出
现在伦敦的圣布莱德，成了男子服饰商。这一家人口可够多的。1597
年 5 月 4 日，也许是在创作第一批十四行诗献给"可爱的少年男子"
时，威廉签下文书买下了自己的房子。

在教堂路原公会教堂对面的拐角处，就是斯特拉福德最大的房子

之一，新普雷斯。这可能离莎士比亚旧时常去的地方并不远，他曾度过许多少年时光的教室就在这幢房子边门出去的街对面。新普雷斯是中世纪时休·克洛普顿在这座镇里捐造的，他也捐建了河面那座"大而奢华的桥"以及拥有大量绘画的公会教堂。克洛普顿是典型的热衷公益的老基督徒乡绅，形象光辉。房子的卖主是昂德希尔斯家族，他们在困难时期没落了。这是一个重要的天主教家族，受到新近的叛逆法打击，在 1583 年的萨默维尔阴谋事件中和阿登家族一起被捕。因此这幢房子的旧房主可不止一个重要人物。16 世纪 70 年代末，他们家家道中落，这才轮到莎士比亚拥有这幢房子。

莎士比亚得到的是一幢建于 15 世纪末半木质的小镇房子，有 5 个分隔间和一个 60 英尺宽的院子。走进前门就是庭院，然后是后间和仓房。伊丽莎白时期的房地产经纪人也许会说，这块地产最棒的地方就是有一口井和 10 个壁炉；最重要的是，还有一个 180 英尺长的花园，经协商后还能再得到一点地皮。就像当代成功的娱乐界作家一样，莎士比亚买了一幢有私人花园的大房子。这个地方有一段时间没人住，几乎有点半废弃，因此就需要进行大翻新。根据 1597—1598 年市政厅留下的购买多余石料的记录来看，这项翻新工程历时 1 年多，好长一段时间他都没让家里人搬进去住。不过，莎士比亚的堂兄弟托马斯·格林在 1609 年的时候曾住在这里，因此诗人可能把一部分房间租给了亲戚。市政厅购买的记录表明购买这幢房子花了 60 英镑，不过很明显真正的购买价格在销售文件中隐匿了。实际上 1563 年克洛普顿的后人出售这幢房子的价格是 140 英镑，1567 年昂德希尔斯家族买的时候花了 110 英镑。因此，很可能莎士比亚购买时只花了实际价格一半的钱而已。

不管价格到底多少，莎士比亚还是付得起的。很可能他签了契约一年写两部戏剧，这样至少可以挣 20 英镑。若是再写点其他的东西，能挣上双倍酬金。他还做演员、股东，还能挣钱，也收取私人佣金。他很可能一年至少拿回家 60 英镑，算上兼职和借贷就赚得更多。这些都不是大数目，他却常被人描述成贪财谋利者，这有点夸大了。莎士比亚的财产和土地和一些演员伙伴的资产相当，只是亨斯洛和阿莱恩花钱如流水，康德尔在斯特兰德拥有小酒馆和出租房。他在演艺圈约有 10 年，还是挣了钱，有了经济上的保障。

还有一些零碎的信息。莎士比亚的父母努力想从他母亲的姐夫埃德蒙·兰姆伯特手中恢复在威尔姆寇特的资产——阿斯比。这块地有大约 80 英亩，原先是打算让威廉从他母亲那里继承下来的。20 年前在约翰·莎士比亚生意破败的黑暗岁月里，这处资产被抵押给了兰姆伯特。16 世纪 90 年代早期，威廉的父母试图以他们自己和大儿子的名义一起将它拿回来。1597 年 11 月，毫无疑问在得到威廉的资金帮助下，当然没有提起他们大名鼎鼎的儿子的名字，约翰和玛丽对兰姆伯特提请正式的控诉，宣称依照法律他们仍然拥有这份资产，而且……

> 上文提到的埃德蒙·兰姆伯特很有钱，也很有能力，在当地贵族和有钱人当中人缘交好，朋友众多……而你们提到的原告（约翰和玛丽）资金薄弱，在提到的当地没什么朋友，也不受人支持。

确实如此吗？就在一年前，莎士比亚一家还曾向嘉德使官宣称，约翰是一个家财殷实的人。嘉德表彰和兰姆伯特一事比较特殊，不过控诉状中有一点是事实，莎士比亚家确实只拥有"一点点财产"。约翰和玛丽仍然住在汉里街，很可能和安妮及孩子们挤在一起，或许还有威廉的弟弟们。当时他们尚未搬进新普雷斯。虽然曾经失去阿斯比，威廉仍然用在戏剧上的成功赚来的钱恢复了家族地位。在他看来，也许这是最重要的事情：尽管父亲遭受了灾难，他还是恢复了家里的资产。

伊丽莎白时期的畅销书

那年冬天在伦敦，福斯塔夫的成功见证了莎士比亚进入文学畅销圈子的外围。那时的戏剧并不被看作是文学，没有出版商会期待靠戏剧四开本挣钱。对莎士比亚来说，撰写剧本、表演、兼职写点东西，再加上借贷才是能赚钱的，而不是通过出版剧本。不过，1598 年他在舞台上和在印刷出版界都有了个小小的突破。新近的成功之作《罗密欧与朱丽叶》《仲夏夜之梦》和福斯塔夫的戏剧都巩固了莎士比亚在伊丽莎白时期的伦敦作为重要戏剧家的地位，他的名字现在开始出现在四开本上，以保证销路。1598 年《爱的徒劳》出版，由作者"校正"。这是第一部以他的名字出现在封面上进行出版的剧本。《罗密欧与朱丽叶》的四开本上说，这部戏剧"常常公开表演（大受人们欢迎）"，第二个四开本很快以更好的版本大力推广，进行了"最新校正、补充和修订"。这时其他戏剧家也开始模仿莎士比亚的作品（特别是《罗密欧与朱丽叶》），同时代的作家更是常常对他的舞台作品表示敬意，甚至远超过对他出版的诗集的崇拜。

但戏剧四开本的销售情况并不令人满意。《亨利四世》上篇（7次印刷）是他销售得最好的了，其次是《理查三世》和《理查二世》，各 5 次印刷。这些都被《洛克林》超越，它打败了所有戏剧（这是

1598 年出版的喜剧，一度被认为是出自莎士比亚之手，共印刷 9 次）。
更没有预料到的是，后来马洛的《浮士德博士》和基德的《西班牙悲
剧》也赶超了上来。当时，印数超过 2000 册就是很棒的业绩了。

　　光是四开本剧本不会赚大钱，《维纳斯和阿多尼斯》卖得就比莎
士比亚最畅销的剧本还好，有 4 个版次。这一时期的十大畅销名单向
我们展示，伊丽莎白时期大多数人最喜欢的读本似乎是经书和自助教
会手册的结合体，下列名单中每一部作品的出版日期都是现存版本中
最早的批次：

　　　　《英语圣诗》，1583（25 年内 124 版次）

　　　　《祈祷书》，1583（66 版次）

　　　　《圣经》（主教和日内瓦版），1583（63 版次）

　　　　《新约》，1583（34 版次）

　　　　贝利，《虔诚的实践》，1612（36 版次）

　　　　帕森斯，《基督礼拜书》，1584（27 版次）

　　　　邓特，《忏悔论》，1582（20 版次）

　　　　亨利·史密斯，《灵魂的呼号》，1591（17 版次）

　　　　德林，《户主教义问答简介》，1580（17 版次）

　　　　邓特，《平民之路》，1601（16 版次）

　　伊丽莎白时期购买书籍的大多是畏惧上帝的人或新教徒。就算是
以今天的标准来看，有些书的销量也很大。圣诗或祈祷书的单次印数
可以达到 2000 册或 3000 册，前者在 25 年内有 124 版次。至于 12 个
演出地点和 4 个主要剧院的观众则是另外一种情况。在伦敦，光是一
个演出地点出售的票就多达每周 1 万张。因此，对于剧作家来说，四

开本的剧作只意味着兼职的活儿，赚个几镑而已。莎士比亚是在一个不同寻常的市场面对不同寻常的观众。

斯特拉福德的困难岁月

1598 年莎士比亚回到家乡，那里的食物危机愈演愈烈。斯特拉福德在 16 世纪 90 年代中期因为两场大火毁了，清教徒传道者将这两次灾难和不虔诚、没有跟随上帝真正的律法而改变联系起来。这座城镇的经济问题也因歉收、雨灾、非季节性的气温变化和迟到的雪季而愈发严重。丧礼登记表明，死亡率提高了，许多人死于和营养不良有关的疾病。人们抱怨有些人"像狼一样"囤积物品，只顾自己，不管镇里有 700 名穷人还在等着镇政厅救济。那年 2 月，一张富人拥有的"玉米和大麦"的清单表明他们囤积了过多的大麦，远远超过自己的需求。尽管住在汉里街，威廉·莎士比亚也出现在这份富人名单中，不过这可以理解。那年秋天，斯特拉福德的灾难使得这座城镇向枢密院请愿，要求得到议会最近通过的补助以缓解困境。这时，莎士比亚家的老朋友理查德·昆尼来到了伦敦。

昆尼待在圣保罗教堂附近的贝尔旅店，在那里他写了一封信给"挚爱的好朋友和同乡威廉·莎士比亚先生"，请求借款 30 英镑——不是为了镇政厅的费用支出，而是为了还他自己的债务："如果您能帮我归还在伦敦欠下的这些债务，您就是拿我当朋友了，感谢上帝，我不再负债，这会让我终于放下心来。"昆尼的信件展现同乡朋友之间语言的最好证据。昆尼提出担保和利息的一次私人借贷，莎士比亚同意帮他。11 月 4 日，昆尼写信给一位在斯特拉福德的朋友，说"我们的同乡，威廉·莎士比亚先生，会设法给我们钱"，尽管借贷的条件尚未达成一致。很明显莎士比亚被看成是斯特拉福德有钱的城镇居民之一。就像他的父亲，莎士比亚很乐意把借贷看成是生意的一部分。

昆尼随后的访问很愉快。女王答应救济"这座两受灾难，几乎被大火毁于一旦的城镇"，政府也报销了这趟伦敦之旅的所有费用。昆尼一家和莎士比亚一家一直交好，他的儿子托马斯后来娶了莎士比亚的女儿朱迪斯——尽管后来证明这段婚姻并不是很幸福。

这样的到访提醒我们，通过朋友或当地运货人格林威，威廉给家里带过书信——告诉在新普雷斯的工人如何买石头，或者给他的律师去信讨论法庭案件。他可能也收到过女儿苏珊娜的信件，苏珊娜是识文断字的。也许还有他妻子的信件，如果她会读写的话。如果不会，可能她是边说让苏珊娜记下的。乡村的礼物也是合乎习俗的：沃里克郡的奶酪、新亚麻衬衫、新手套、在城里用得上的东西。随着有关镇里各种麻烦的消息传来，也会有更多的个人闲话传到威廉耳中。他们的邻居和朋友——服装商乔治·贝奇多次因"故意拒绝去镇政厅"而受到警告，并被罚 5 英镑。贝奇是一个忠诚的天主教徒，他付了罚金，并因不服国教进了监狱，最终像约翰·莎士比亚一样被剥夺了镇议员身份。9 月贝奇被选为法院执行官，"大多数的镇议员认为他是最合适的人选"，这可在镇里引发了不小的轰动。可他拒绝了，这让他又被罚了 100 英镑。

还有一些更琐碎的闲言碎语：安妮担心父亲的老羊倌托马斯·威廷顿的事（老威廷顿已经赋闲在家，在肖特雷和佩斯一家住在一起）；约翰·史密斯因在教堂果园里播种靛蓝（用于印染）而被罚；剧团又来表演了等这些小镇生活的事务。有人来了，有人走了。就像创作和表演，这些也是莎士比亚的生活。他在"乡民"中的强大影响力，他的背景，这些是最终将他带回家去的一切。

第十二章
梦想成真：环球剧院

1599 年，35 岁的莎士比亚正处在事业的中期，同时代的人认为他是最好的喜剧和悲剧作家。他进入了一个特别多产和富有创造力的阶段。这有一部分原因是出于他自己的个人生活中发生的变化，虽然我们并不清楚具体发生了什么：年龄、阅历、新的影响力和在生命失去的东西对很多伟大诗人都起过催化作用。另一部分则来源于职业带来的压力——在面对对他至高无上的地位进行挑战的年青一代剧作家带来的新浪潮时，莎士比亚作出了反应。当时他那极有个性的戏剧创作已进入炉火纯青阶段。尽管吸引观众入场是最主要的创作动机，另一个挑战似乎是更为重要：艺术和心理上的野心。他正在经历艺术家内里升华的阶段。

最初的硕果是四部重要的戏剧：《亨利五世》《如你所愿》《裘利

斯·凯撒》和《哈姆雷特》都是在那一年创作或起草的。莎士比亚会
证明自己是各个剧种的大家——历史剧、喜剧、讽刺剧和悲剧——就
在这一两年后，他全面转向悲剧。1598 年到 1601 年，他的艺术更进
一步，诗歌更加娴熟，语言灵活，修辞和典故运用自如，诗行韵律错
落有致。在这个变化的过程中，对手们一直推动着他，就像早年的马
洛一样。一连串的新鲜面孔——马尔斯顿、琼森、查普曼和后来的米
德尔顿——都在尝试各种体裁和风格。

　　这一时期同样重要的是剧团和剧院发生的变化。从这时到下一个
十年的大部分时间里，对手不仅仅是一直在与莎士比亚竞争的老面
孔，还有新兴的男孩剧团，他们善用室内剧场、人工灯光和精密舞台
效果。对见多识广的观众来说，教堂旁边新开张的保罗男孩剧院和室
内的布莱克福莱尔剧院，比索迪治郊区喧闹的大众剧场要有吸引力得
多。这些大众剧场不过是"平民舞台"，人们就是这样称呼莎士比亚
和他的伙伴们的表演的。

　　在所有这些创造性的热潮中，有段特别的关系值得挑出来说说。
它以很多方式在舞台上下留下了印记，在某个领域的影响力更加令人
着迷。那就是，如果莎士比亚通过拉丁文本，借助伦敦舞台表演的戏
剧和古代最伟大的希腊悲剧有了直接联系，那么起催化作用的就是脾
气差、爱吵闹的"地狱犬"本·琼森。

往前一大步：本 · 琼森的上位

　　1598 年秋天，砖匠出身的古典学者、剧作家本·琼森在索迪治
平原上的一次决斗中用一把轻剑杀死了一个叫加布里埃尔·斯宾塞的
演员。他们都是性格暴躁的人，就在几个月前，斯宾塞刚刚在霍利韦

尔大街杀死了一个人。在受审的时候，琼森被判有罪，因为他"出于恶毒而故意杀人"。不过，因为能用拉丁文背诵"免罪诗"（《诗篇》51），他申请神职人员待遇而安然逃脱。根据传统，一个被证明有罪的罪犯可以作为神职人员得到赦免，免除民事法庭的惩罚。拉丁文就是本的幸运之物：它拯救了他，也造就了他。

琼森的大拇指上文有代表泰伯恩的"T"[1]。他四处揽活，不过运气不好，可能因为他并不好相处（他曾有忘恩负义的前科）。琼森给宫务大臣剧团寄过一个剧本，据一个可信的新说法，莎士比亚从中看到了他的才能，给了他一个机会。1598 年到 1599 年冬天，琼森为莎士比亚的剧团干活，也认识了莎士比亚本人。那年秋天他的第一部剧《人人高兴》就在索迪治的帷幕剧院演出。莎士比亚甚至还为这部剧上演帮着润色了一番。

后来，据说尽管莎士比亚对他很慷慨，琼森却"没有回报以同样的绅士风度"，反而热衷于探讨剧院在道德和教导作用上犯的错误，着迷于批评创作戏剧的技巧。比如，虽然他将自己的突破归功于莎士比亚，但由于对自己的文学评判特别自信，琼森认为伙伴们的表演打破了古典主义有关行动、地点和时间的三原则，认为表演不合常规。本·琼森还是砖匠行会的缴费会员，他以同样的原理看待诗歌：要在散文的坚实基础上创作，将其细心地创作成充满各种拉丁语法的诗歌。在付诸印刷时，琼森给自己的剧本添上脚注，以确定读者能明白他所有的漂亮指涉。琼森后来提到莎士比亚从来不会更改一行，他的意思可以被看作是对莎士比亚的倾慕，也可以被看作是对他的

---

[1] 编注：泰伯恩（Tyburn）曾是紧临伦敦城的村子，在莎士比亚时代是公开处刑地。琼森纹 T 有可能是为了警示自己。

批评。

琼森的影响不仅仅是在剧院方面。随着他在艺术上的各种创造性的联想，他似乎促使莎士比亚改变了观点并扩充了阅读视野。1598年后莎士比亚对古典来源的使用改变了，也拓宽了。他有很强烈的自我意识，也常进行艺术挑战。他们的关系一直延续到莎士比亚死去，不过极为复杂。琼森后来写道，他爱莎士比亚"对圣人偶像的崇拜"，也将他和古代文学巨匠相比较。但是在自己的第一部戏剧中，他就对莎士比亚假装地位高贵进行了讽刺，调侃他刚获得的盾形纹章。后来在《人人高兴》序言中，他取笑一些作者：

> 佩带了三把生锈的剑，
> 借助一些一个半音步的单词，
> 为了约克和兰卡斯特的长杯子而战。

然后，针对莎士比亚的《亨利四世》他又毫不留情地建议写一种新剧：

> 没有哪个副歌会让你好似漂浮在大海上，
> 也没有哪个王位会嘎吱倒塌，讨好那些男孩。

尽管和莎士比亚来自同一个社会阶层，琼森却认为自己是学者，而且是拉丁文学者。他拥有一个很棒的希腊和拉丁经典的图书馆，很多学者都来他那里查阅咨询。琼森因此十分自负，在他眼中，不过在语法学校念过两年希腊文和拉丁文的莎士比亚无异于在大人面前学舌的儿童[1]。莎士比亚本可能因如此受到轻视而受伤，但实际上他似乎欣然接受了琼森的闲言碎语。有个著名笑话足以显示这一事实。在琼森儿子的洗礼仪式上，莎士比亚是教父。当别人问他给孩子准备了什么礼物，他说是银色的合金洗礼汤匙："我打算给他一些合金汤匙（latten），[2] 然后本就能为我翻译啦[3]。"

琼森一般会把书借给朋友们，当然也会借给莎士比亚。在写于1599 年的《裘利斯·凯撒》中，莎士比亚肯定使用了欧里庇得斯的《伊菲格纳亚在奥利斯》，他在求学的时候就知道了伊拉斯谟的拉丁文译文。他在创作这部戏的时候是和琼森一起合作的，这表明莎士比亚很可能从琼森那里借过那本书。那么他有可能也读了埃斯库罗斯那最具"力量的诗行"。埃斯库罗斯是最接近伊丽莎白时期诗歌风格的诗人。莎士比亚可能读过琼森的一本拉丁文印刷的版本，也有可能是看过在伦敦卜演的改编自埃斯库罗斯最伟大剧本的戏。这时正值莎士比亚开始创作他的第一部伟大悲剧《哈姆雷特》。

那一年，上将剧团在河岸的玫瑰剧院上演了两部剧，讲述阿伽门农在特洛伊的回乡路上遭到谋杀后，他的儿子俄瑞斯忒斯为此进行报复并最终发疯的故事。这个文本很可能是托马斯·戴克和亨利·柴托在琼森留给这个剧团的剧本的基础上进行创作的，由乔治·查普曼修改。当时查普曼刚出版了他著名的《伊利亚特》译稿的第一部分。在伦敦的文学圈子中，希腊古典文学是很盛行的，是每个人的"必读"

---

[1] 编注：琼森的原文将莎士比亚比作多嘴多舌的 "lesser light"，语出《圣经·创世纪》。一般认为 lesser light 指月光，暗喻人类，与 greater light（指太阳光，暗喻上帝）相对。

[2] 编注：latten 与拉丁文（latin）谐音。

[3] 编注："I'll get him some latten spoons. Then Ben can translate them for me."

书单。戴克就是圈子中的一个，他很激动地吹嘘对"真理"的理解。在玫瑰剧院上演的剧目被称作《阿伽门农》和《俄瑞斯忒斯的怒火》——这两个题目都和埃斯库罗斯拉丁文版的《俄瑞斯忒亚》很相近。

　　人们对莎士比亚和欧里庇得斯之间的相似注意很久了。德莱顿第一个看到他在《裘利斯·凯撒》中对《伊菲格纳亚在奥利斯》的借鉴。两个世纪以来，学者们注意到《哈姆雷特》和《俄瑞斯忒亚》之间也有相似处。欧里庇得斯的戏剧曾一度被认为是莎士比亚的"原型"；但是莎士比亚是个很有自我意识的艺术家，他的确会从很多资料中寻求自己的灵感和情节，但更有可能的是，他只是参考文学作品中最伟大的那些。《哈姆雷特》墓地那一场和壁橱那一场，在"原型"中都找不到相似之处，似乎是直接受到俄瑞斯忒斯故事的启发。很难不让人想到莎士比亚实际上见过相应舞台表演，或在埃斯库罗斯的《奠酒人》中读到过类似的场景（亨利·艾斯田纳版的拉丁译本正好是莎士比亚的水平能读懂的，很容易从中借取学习）。

　　同样引发人们联想的是哈姆雷特忠实的朋友霍拉旭这个角色，他在构建观众对哈姆雷特的同情心中起到了关键作用，我们也无法在"原型"中找到类似的地方。霍拉旭成功地扮演了彼拉德的角色，彼拉德是埃斯库罗斯和欧里庇得斯的剧本中坚定不移的复仇者俄瑞斯忒斯的忠实朋友（我们知道在琼森的藏书里有欧里庇得斯写的剧本）。戴克和柴特的剧本没有幸存下来，但就算是很粗糙的 1550 年欧里庇得斯的拉丁文版《俄瑞斯忒斯》中，浮于表面的文字翻译也能让我们看到 1599 年观众在玫瑰剧院里听到的蛛丝马迹：

　　　哦，我的好彼拉德

没有什么比一个忠诚的朋友更好的了，

黄金、王土都无法与一颗高贵的心灵相比，

和一个真正的、慷慨的朋友相比。

无论经过多少危险，你始终引领着我，

现在又激发我的复仇之心，

一直伴随我的左右。不过等一下，

再这样夸你下去简直对你是一种冒犯，

我要在夸你太多之前赶紧闭嘴了。

这显露了1599—1600年莎士比亚创作的戏剧的部分来源：这就是哈姆雷特对霍拉旭讲的话。同样，哈姆雷特和他母亲格特鲁德在卧室的那一幕也是如此，一切笼罩在性和死亡的阴影中。正如弗洛伊德精神分析法所说的，格特鲁德的话让我们看到，这个故事不是以俄狄浦斯的故事为原型，而是以俄瑞斯忒斯为原型的。

简而言之，莎士比亚在创作时就像今天顶尖的电影剧本作者一样，是彻头彻尾的专业人士。他也许从琼森的藏书中读过拉丁文版本的名著，更有可能坐在玫瑰剧院的观众席观看过戴克和柴特的舞台表演，并对之进行了借鉴。就像所有伟大的文学作品，俄瑞斯忒斯的故事影响深远，从柴特熟练的创作就可以看出来。古希腊戏剧中命运和宿命的力量远超基督教的天意，观众们被诸神残酷的力量震撼得目瞪口呆。或许这些神祇太像人类，倒叫我们无法看透他们的本质。在《李尔王》中，我们又一次领略这种震撼。正如不肯原谅人类的狄俄尼索斯在《酒神的伴侣》中告诉人类："你们明白得太晚了。"

这是莎士比亚几乎不为人知的创造过程，他的朋友赞扬他配与古代悲剧作家为伍可不是巧合。最新的发现也许有助于解释莎士比亚为何开始以希腊精神去创作成熟的悲剧。这是他的野心引领他踏入的领域。

昨日的索迪治，明日的环球剧院

三年后莎士比亚开始在他的职业生涯中稳步前进：他所在的剧团拥有了新的剧院，而他成为股东。1598 年到 1599 年冬天，莎士比亚和伙伴们决定长久地搬迁到河的南岸。起因是圣诞节时，剧团在索迪治的租约纠纷陷入了僵局。他们的房东吉尔斯·艾伦不仅要求支付土地租金，还额外要求建在那块地上的剧院的租金。此时，约翰·汉明斯的朋友和邻居，商人尼古拉斯·布兰德刚刚从河岸梅登路上的玫瑰剧院继承一块宽有 100 码的土地。他们获得了这块地的租约，决定利用圣诞假期拆下索迪治的剧院。12 月 28 日晚上，大雪纷飞，泰晤士河都结了冰。伯比奇一家、伦敦最有经验的剧院木匠们、玫瑰剧院的契约人彼得·斯特瑞特还有 12 个工人和几个武装起来的保镖走到索迪治，准备拆了剧院（根据租约，老詹姆斯·伯比奇是被允许"拆走他建起来的建筑"的）。在接下来的几天，穿过整个城市和冰冻的河流，他们用马车把这些建筑拆散并零碎运到新的地点。六个月后，新的剧院环球剧院建起来了。

1599 年初，来自沃里克郡的这伙人为新的剧院组织了一次商业计划。重建剧院可是花费甚多，而且他们还在租用帷幕剧院进行每日的舞台演出，因此需要赞助者。他们接洽了两份市议员合约，对方是商人威廉·李维森和托马斯·萨维奇。萨维奇是一位金器商人，和海明斯、康代尔是邻居（海明斯曾住在他家的一幢房子里）。萨维奇和他们的联系可以追溯到斯特兰奇剧团，萨维奇是来自海斯克斯老家村子拉福德的一位兰开夏郡人，他的太太也姓海斯克斯。于是有关股份的事情敲定了，50% 股份归于伯比奇，莎士比亚、海明斯、康代尔、斯莱和菲利普斯各占 10%。2 月 21 日，一份为期 31 年的合约签了下来，他们开始建造剧院了。

新剧院的所在地由七处花园组成，和温彻斯特公园的毕肖普教堂毗邻，四周都是公园废弃的沟渠，用来处理污物和排水。在这片土地上已有一幢房子，还有一排破败的出租房，里头住着 15 个人。由于泰晤士河没有岸堤，春天涨潮的时候这个地方一定会遭水灾，因此剧院必须建在 130 英尺长的木桩码头上。码头的一部分已经被冲到污水渠了，因此为了让观众能进入剧院，就架了一座桥。难怪琼森说环球剧院"与沟渠为邻，出沼泽之地"。

这个地方就坐落在帕克街的交叉口，位于索思沃克桥的路地下，稍做挖掘就能测定剧院具体的形状和大小。那是个多边形的建筑（可能有 24 个边），100 英尺宽，舞台大约 50 英尺宽，拥有一个乐池和三个楼座。容纳量能达到惊人的 3300 人——几乎是河岸这边现代剧院的两倍。舞台上方是一盏大窗灯，上面写着一句格言"Totus Mundusagit histrionem"，大意翻过来就是"世界是个大舞台"。隔壁还建了一幢房子，根据新近发现的老布兰德的一份文件（日期是当年 7 月 17 日），"这幢新建的房子有花园，是威廉·莎士比亚和其他人拥有的"。

这里比索迪治的优势多：尽管不在城里的管辖范围，但从布莱克福莱尔和律师院出发却只要花几分钟坐水上出租就能到。这里离斗熊场和斗牛场都不远，妓院和索思沃克酒馆也在附近，总体而言，剧院位于伦敦桥尽头的救主教堂附近人群嘈杂的地方。最近，考古学家对这个地区的描述以及各种娱乐业的痕迹的发现增添了更为直接冷酷的东西：在贝尔花园路挖掘出被链锁住的熊打碎的獒犬头骨，被凶犬撕成碎片的又老又瞎的熊的遗骨；还有厚厚的一层榛子——伊丽莎白时期日场戏观众的爆米花。

1599 年上半年，环球剧院还在建造中，因此他们仍在用索迪治的帷幕剧院。《亨利五世》的首次演出就在那里。它就是莎士比亚的"Wooden O"[1]。这时，戏班失去了一位重要成员，小丑坎普。他是以说笑为主的喜剧演员、演绎精湛的歌舞大师、令人捉摸不透又捧腹大笑的即兴表演者，坎普是平民百姓最喜欢的宝贝。不过莎士比亚和其他剧团成员开始转向更为高阶层的表演，剧本也更加精练、更加稳定。也许正是这种"艺术上的分歧"成为坎普离开的主因。我们所知道的是，坎普在撂下痛苦与指责的话后，在环球剧院开张前离开了剧团。

到了那年年底，不走运的坎普决定一路跳着他著名的快步舞攒钱去诺维奇。坎普在英国的小镇里可是十分红火的人物，他被解雇一时间成为新闻。后来他抱怨"一群粗鲁的歌谣制作者和附和他们的人"往他身上"泼脏水"，其中就有一些是以前的同事，"我有名的莎氏伙伴们……我知道你们这些蠢蛋，什么都不懂，不过你们脑子里知道什么……我知道你们那样乱七八糟地写我。"是莎士比亚开除他的吗？不论发生什么，这样吸引大家的人可不易被取代。莎士比亚为 1599 年演出季创作的两部新剧都没有小丑一角，但表演还是要继续。

---

[1] 编注："Wooden O"有多层含义，它最基本的意思为"木质的圆形剧场"。这里的"Wooden O"语出《亨利五世》，后引申为"想象的世界"。现对"Wooden O"所指之地有两种看法，一为帷幕剧院，一为环球剧院。

索思沃克刺杀案

环球剧院的首晚演出似乎是定在六月的某一天，那个月隔壁亨斯洛的玫瑰剧院营业收入骤减。天气越来越热了，大街上的气氛也很紧张。6月6日，就在漆匠们对环球剧院进行最后涂抹时，两个亨斯洛的剧作家约翰·戴和亨利·波特之间发生了一起恶性争斗。戴是柴特的合作伙伴，在某些人眼中，他"是个无赖，也是个卑鄙的家伙"。波特前两年一直是上将剧团的首席剧作家，早年和琼森合作过《迅速熄灭的怒火》，也创作过很有影响力的英国社会剧，如《阿宾顿的愤怒娘儿们》。他很有前途，前一年剧评家弗朗西斯·米瑞斯才将他和莎士比亚一起列为同时代最好的戏剧作家。

根据验尸官的评判，"受到魔鬼的教唆，恶意的预谋"，暴怒的戴"用一把剑"捅向波特身体左侧。第二天早上波特死了——这个时代又一个天才走了。戴因误杀而免于处罚，还在接下来的几个月利用此事为话题，上演了譬如《贝斯纳绿地的瞎眼乞丐》这样的戏剧。在剧中有一个角色，来自西班牙的决斗者维斯特·福德上尉，据说"十分擅长用一支剑进行决斗"。也许戴比不幸的波特更加擅长这样的决斗。不过很明显，在索思沃克人命不外如是，很快就成了艺术素材。

新剧院老对手

最新的证据表明，环球剧院在6月12日以《裘利斯·凯撒》首演，这是经过占星家精密计算而挑选的最吉祥的日子。在旧历，那一天时值夏至，是夜晚最短的一天，碰巧还遇上了新月（也是历书中认为"最适合开张新剧院"的日子）。不过更现实的考虑是，在穿过臭气熏天的泥滩时，就算是涨潮，也不会让贵族观众们把衣服弄脏。

环球剧院比一般剧院更加华丽，装饰也更加精心，很快成为吸引伦敦人和外国来访者的地方。比如，《裘利斯·凯撒》在9月21日上演时，一位来自瑞士巴塞尔的游客托马斯·普莱特说："那是有一个大约15人的剧团进行的精湛演出。"这是莎士比亚的第21部戏剧，此后10年间一直位居上演榜首位。这是一部严酷的政治剧，涉及当时谈论最多的话题：怎样区分暴君和明君？怎样证明，何时证明谋杀是正当的？因一直缺乏轻松的喜剧部分，它运用并超过了欧里庇得斯的《伊菲格涅娅》中类似的场景，以布鲁图和卡修斯之间那个闪亮的场景使整部剧鲜活起来。莎士比亚当时正为自称古典主义学者的琼森烦恼，这是他期待创作的东西。

环球剧院的开张又一次激怒了娱乐行业的老对手。宫务大臣剧团用他们最强大的戏剧作重头戏，导致6个月之后，亨斯洛和阿莱恩面对票房收入越来越少的惨状，为减少损失离开了玫瑰剧院，一路北上搬到了新的财富剧院。这个剧院离克立普门很近，他们期望在那里收获观众，攀上新的高峰。随着更多的剧院和观众的出现，新一代的剧作家争名夺利，艺术野心开始加快伦敦戏剧界发展的步伐。

在这段时间，本·琼森一直为莎士比亚剧团效力，但他对诗歌仍然有自己的看法。他认为，喜剧应该"接近时代"。秋天的时候，他想成为伦敦戏剧界先锋派的领军人物。与此同时，还有个年轻的中殿律师学院的律师，约翰·马斯顿，为圣保罗男孩剧团创作，他写了一部带喜剧色彩的讽刺剧《愤世者》。荷马的译者查普曼也是个竞争对手。他们使得游戏规则很快发生改变，从莎士比亚的历史剧和喜剧为主导的个人剧转到了社会讽刺和修辞华丽的受古典影响的国家悲剧。毫无疑问，这一部分是出于艺术家对自己所处社会的回应，另一部分是适应不断变化的观众口味和时尚的结果。这种在新浪潮中因竞争而创作让我们更加深入地看到莎士比亚作为作家对于时代趋势的回应。在商业的压力下，又有大笔投资危在旦夕，他的剧团很快就开始热衷于做生意、猎人头，甚至剽窃其他剧团的剧本。在这种氛围下，1599年末，诗人之战开始了。

男孩剧团和诗人之战

新世纪之交，在室内剧院演出的男孩剧团引发的狂热让莎士比亚和他的同事都不由得张望。琼森和查普曼都为男孩剧团创作，一批很棒的少年男子演员以充满魅力和优雅的演出，比那些成年演员吸引到更多观众。他们也会器乐和声乐，还都是经过特别训练的。当然还有性吸引力：剧作家托马斯·米多顿就建议伦敦的时髦少年男子"去布莱克福莱尔走走，会看到一群让人心醉的男孩子"。不用说，清教布道者们都震惊不已。不过，他们的表演还是很不错的：本·琼森自己就赞叹过小萨拉希埃尔·佩维的表演力量。佩维死的时候才13岁，他曾有3年时间都是"舞台上的珍宝"。1602年，一名来自德国的外国访客提到了一次演出前的音乐会，那是由风琴、鲁特琴、曼陀铃、笛子和小提琴以及一个唱歌特别好听的男孩子组成的一场音乐会。就算是米兰的修女也没他唱得好听："这一路走来，我们听到过的没有人能比得过这个男孩子。"

"什么，他们是一些童伶？"哈姆雷特眼睛闪亮地问道。莎士比亚让罗森格兰茨轻描淡写地回答："一群羽毛未丰的黄口小儿，这些娃娃们的嘶叫博得了台下疯狂的喝彩。"但他也很着急："他们是目前流行的宠儿，声势压倒了普通的剧团——他们就这么叫的。"（"普通的剧团"当然指的就是莎士比亚和他的剧团。）男孩剧团和诗人们之间的冲突以琼森为核心。他被人尖刻地讽刺打击，成为笑柄。琼森眉头紧锁，怎么都不会忘记和约翰·马斯顿相互攻击时爆发的激烈争吵。

事情要追溯到1599年9月。23岁的马斯顿还只是中殿律师学院的律师，作为争强好胜的讽刺作家和传单作家成名。他先在舞台上讽刺了琼森。恰好琼森也喜欢争斗——毕竟，他曾经在一次争斗中杀了一个同行。琼森的新剧《人人扫兴》几乎同一时刻在环球剧院上演。在这部剧中，他抨击了莎士比亚擅长的那种浪漫喜剧，宣告自己的艺术理论和讽刺品位。

没有人清楚莎士比亚对这一切感觉如何，但是年轻的马斯顿，这个曾经很崇拜莎士比亚的人盯住了琼森，以一个聪明律师的智慧讽刺琼森落后于时代和学识上的自命不凡。在那年秋天和冬天，马斯顿的《演员悲剧》由圣保罗男孩剧团在教堂剧院表演。在这部剧中，马斯顿讽刺琼森就是"一个只会翻版的所谓学者"，鄙视普通表演、奉承法官、每场演出要高价10英镑。有些作家可能认为，马斯顿的嘲讽没有造成多大的影响，但是琼森脸皮薄，愤而反驳一切都是"满口胡言""恶意抹黑"，那些表演攻击他的剧本的演员，也都是一群"奴性类人猿而已"。

这就是戏剧圈的新气象：戏里满是大都市的智慧以及活跃但有些唠叨的讽刺。这不是莎士比亚喜欢的舞台，但他觉得应该对这种观众口味的变化做出回应，于是开始尝试讽刺剧，《特洛伊罗斯和克瑞西达》就是在这一时期创作的。不过首先，在1600年1月到3月末，他将《皆大欢喜》搬上了环球剧院，这很可能是前一年表演剧本的修订版。这部戏取景自浪漫的法国的阿登森林，实际上是莎士比亚童年时期充满魔幻色彩的阿登，里面有传奇中的古老隐士，他们在被放逐的树林之处"像古英国的罗宾汉……生活在金色世界"。如今，剧团有了新丑角——歌者阿明，他曾是个金匠学徒，扮演了琼森风格的塔奇斯通。作为对新浪潮的回应，莎士比亚塑造了忧郁的讽刺家雅克（字面意思是"知情的"），不过雅克的牢骚被更阳光、更轻快的精神遗弃——特别是被妙语连珠的女士们弃之不顾，这种情节设置在莎士比亚的喜剧中常常可以看到。

根据后来的演出传统，莎士比亚在剧中饰演上了年纪的亚当，不过他也许兼饰两角，还担纲表演沃里克郡的乡巴佬威廉。此时的他作为作家和演员都已经为观众所熟悉，每个人都很喜欢剧里的这个笑话：

> 塔奇斯通：你多大年纪了，朋友？
>
> 威廉：25 岁，先生。
>
> 塔奇斯通：正是妙龄啊，你名叫威廉吗？
>
> 威廉：威廉，先生。
>
> 塔奇斯通：一个好名字，是生在这林子里吗？
>
> 威廉：是的，先生，我感谢上帝。
>
> 塔奇斯通：感谢上帝——很好的回答，很有钱吗？
>
> 威廉：呃，先生，不过如此。
>
> 塔奇斯通：你聪明吗？
>
> 威廉：呃，先生，我还算聪明。
>
> 塔奇斯通：你有学问吗？
>
> 威廉：没有，先生。

接下来塔奇斯通开始卖弄，露了一点点拉丁文的迂腐去嘲笑威廉没有学问："……彼（ipse）即是他。你不是彼，因为我是他……所以赶快发着抖滚吧！"看来，莎士比亚不再害怕被嘲笑"只懂一点点拉丁文了"。

"战争"仍然在继续。1601年春天，马斯顿创作了《杰克·德拉姆的娱乐》，他成了下一个目标。琼森已经离开了莎士比亚的剧团，和圣保罗男孩剧团在布莱克福莱尔上演《辛西娅的狂欢》。在莎士比亚的下一出戏《第十二夜》中，阿明扮演丑角费斯特，1601年初在环球剧院上演。琼森曾在《人人扫兴》中对浪漫喜剧进行批评，《第十二夜》正是莎士比亚奥维德式的机智回击。这是一个浪漫喜剧和社会讽刺剧结合的剧本，苦甜参半，内容有关失散的双胞胎、错误的身份、性倒错以及异装癖（在这个领域，莎士比亚常常能找到非常令人满意和吸引人的喜剧的源泉），还有额外的男女之间的战争。

正如一开始观众们认识到的，这部剧的原型就是普劳图斯的拉丁喜剧，不过莎士比亚的戏剧有着不同的复杂度，它还包括了一系列的伟大颂歌。《第十二夜》展现了莎士比亚欢乐喜剧的巅峰，但又有冷酷的方面，特别是对奥利维亚的清教徒女仆玛利亚的无情毁灭（对我们来说，这是让人极度不安的残酷）。这是剧本的次要部分，却是贯穿始终的主题，显示出莎士比亚对极端的清教徒和布朗主义者（狂热的新教徒早期的一支）十分厌恶。很明显清教徒和助理牧师都不是他——或是他的观众——最喜欢的人。

诗人之战的影响持续了2到3年。正是在这个时候，讽刺剧处于最高峰期。由于本身缺乏讽刺剧，宫务大臣剧团开始担心，于是决定剽窃对手的剧本——毕竟，讽刺剧并非莎士比亚所长，而且琼森又去了对手那边。由于男孩剧团曾厚着脸皮表演宫务大臣剧团的《杰罗尼莫第一部分》，他们便选中了马斯顿的《愤世者》来演。这是一出侧重宫廷邪恶和阴谋的时事剧，反映了伊丽莎白统治末期笼罩英国的氛围。但这是"干净"的剽窃，对于控诉，宫务大臣剧团宣称这部剧本曾神秘失踪，后来又找到了。知识产权在伊丽莎白剧院世界中难以得到维护。那就是演艺圈。

爱尔兰：真正的战争

回到 1600 年，舞台上有各种争吵，现实生活中是更大的争议：一方面是危急的政治形势因为政治体的紧张局势更加恶化；另一方面是一直以来都不稳定的继承权和爱尔兰的殖民战争问题。在埃塞克斯伯爵——诗人塞缪尔·丹尼尔称他为英国的阿喀琉斯——这个极具感召力的人物身上集中了这两方面。这也表现在诸如埃德蒙·斯宾塞（《仙后》的作者，曾住在爱尔兰并创作了"爱尔兰现状"的小册子）和约翰·邓恩（在他的第 20 首挽歌中写道，"病中的爱尔兰，为一场奇怪的战争所困"）等作家十多年间对爱尔兰的争论中。剧作家们也利用历史谈及爱尔兰问题，比如乔治·皮尔的《爱德华一世》和 1598 年上将剧团表演的有关亨利一世的戏剧。这两部戏剧都审视了英格兰帝国的历史在爱尔兰的开端。在自己的整个历史系列中，特别是在《亨利四世》的上篇，莎士比亚也提及过去英国和凯尔特邻居的战争。伊丽莎白时期的观众顺应了剧中的微妙之处，将之和时下政局联系起来。

1598 年 8 月，在黄津渡战役中，爱尔兰民族主义者蒂龙伯爵打败了英军，占领了他们在阿尔斯特的要塞。秋天，叛乱蔓延到了蒙斯特省，到处都有"摧毁所有的英国地方政府"的流言，即要摧毁爱尔兰的"诺曼枷锁"。对此，伊丽莎白任命了一位新的军队将领，并派他前去增援。这个人就是我们上面提到的埃塞克斯伯爵。1599 年 1 月，深得女王宠爱的伯爵登上了一直空缺的副摄政的宝座。正是在埃塞克斯伯爵任副摄政期间，莎士比亚有关外来战争的戏剧《亨利五世》在帷幕剧院和环球剧院上演。在这部戏的副歌中，莎士比亚将 1415 年的法国战役 [1] 和"我们仁慈的女王的将军"埃塞克斯在爱尔兰的战役相提并论。[2] 这当中有些东西并不让人开心，第二年戏剧出版的时候，所有的副歌部分都被删掉了。《亨利五世》中他把对军国主义的批评，通过普通士兵之口讲了出来。有些人看到了莎士比亚对埃塞克斯伯爵的疑虑，认为他意识到公众对爱尔兰战争日益增长的警惕，以及大英帝国华丽的表象和战场的溃败这一现实造成的矛盾。"如果战争是不正义的，会怎么样呢？"在阿金库尔战役前饥肠辘辘的士兵问道。1415 年时，士兵们待遇悲惨，可伊丽莎白的爱尔兰扫荡军却过了将近 20 年阿金库尔士兵的日子。如今，参加过爱尔兰战争的残废老兵在英国大路上四处可见。[3]

　　埃塞克斯伯爵战败了，他和蒂龙伯爵达成的非官方协议让伦敦震怒，伊丽莎白女王视这种调停为对她的荣誉和权威的侮辱。1599 年

[1]　编注：指英法百年战争中，发生于 1451 年 10 月 25 日的阿金库尔战役，因以少胜多而闻名。在亨利五世的带领下，这场战役的胜利为收服诺曼底奠定了基础。

[2]　编注：埃塞克斯麾下共有超过 1.6 万名士兵，是到当时为止最大规模的讨伐爱尔兰的军队。结果爱尔兰人以绝对劣势的人数展开游击战并击败埃塞克斯的军队。莎士比亚是在公开嘲讽他。

[3]　编注：到 1415 年 10 月 25 日阿金库尔战役打响前，英军已经四天没有正规伙食供应，并因缺少遮掩而淋受大雨，待遇很糟糕。而 1599 年时，英国因为已与西班牙交战近 20 年而负担沉重，士兵们的待遇可想而知。作者以此作比喻。另外，阿金库尔战役无法用正义或不正义来定性，英军的胜利很难被复制。而与爱尔兰的九年战争则完全不同，英军后来不得不使用焦土政策人为制造饥荒。"四处可见的残废老兵"和埃塞克斯的失败成了当年阿金库尔士兵未见结果的疑问的答案。

9 月末，埃塞克斯从爱尔兰回到伦敦。上午 10 点，他不经通报，"满身尘土和泥巴"，直接闯入了女王在无双宫的房间，他发现女王"刚起床"，尚未梳妆，"看到她的脸大吃一惊"。伯爵的政治判断和他个人的莽撞行为结合在一起使他彻底完蛋了。尽管被免除了叛国罪，但他还是被软禁起来，不许晋见女王，被同僚贵族审讯，并被夺去了头衔和官职。这突如其来又无法挽回的失宠迫使越来越绝望的埃塞克斯伯爵鲁莽地试图夺取王位，希望利用人们对继承权的担心达到自己的目的。1601 年 2 月，现实使诗人们发现自己亲身体验了琼森的名言，剧院应该"接近和紧密地联系时代"。

埃塞克斯叛乱和罢免戏

1601 年 2 月，在埃塞克斯叛乱之前，发生了一件令人惊异的事情，展现了人们一直认为的存在于剧院的力量。2 月 5 日，一群阴谋叛乱者和莎士比亚剧团的成员碰了头，劝说他们在接下来的周六下午上演《理查二世》，一部罢免国王的剧。这可是十分危险的，《理查二世》足够敏感，其中的罢免场景至少有三个印刷四开页。自 1599 年约翰·海华德所著的同名书出版以来，这个主题一直争议不断。海华德还特别把它献给埃塞克斯，并用了一句直截了当的话："你充满了希望，超出你对未来的期望。"

海华德似乎无意谋反，但他却几乎因为此事而丧命。事态到底有多严重，我们可以从政府对这本书进行的调查以及在国家文件中留下的摘要看出来。就像冷战时期中央情报局的"读者"一样，调查员给海华德下了定论：

（他）选择了一个有 200 年历史的故事并出版了它，意在以古喻今。情节是一位国王因治国无方而大伤脑筋，他的议会忙着贪腐和谋私利。因为授予大家都恨之入骨的人恩惠，国王被指责，贵族日渐不满，民众也因不断的苛捐杂税怨声载道，于是国王被罢免，最后被谋杀。

就像任何国度的当局，过去总让人们对现在产生怀疑。简单的叙述或再次展现历史也会被视为是颠覆性的。伊丽莎白大怒，认为海华德是存心要冒犯她，下令对他严加拷问。

这件事情引发了更大的反响。1599 年 6 月，出版局登记处发布通牒："只有经过女王陛下的枢密院同意，才可以印刷和英国历史相关的书籍。""只有当局同意，才可以印刷剧本。"任何这样的书籍都要受到坎特伯雷和伦敦大主教的控制，而且，似乎是有预兆的，"这样的书一旦被发现或被拿走，都必须送到伦敦主教那里被焚烧"。审查制度和焚烧书籍成了伊丽莎白时期国家的一部分。

似乎很难避免这样一个结论了，那就是莎士比亚和他的剧团都开始同情埃塞克斯伯爵。我们知道伯爵一直都很喜欢[1]这部戏剧的"巧妙言辞"。无论如何，在 2 月 7 日周六的下午，《理查二世》于环球剧院上演了，并出现了罢免的场景；伯比奇很可能饰演了理查。第二天，埃塞克斯和一群武装随从试图占领伦敦起义，结果事与愿违。埃塞克斯被逮捕，他的支持者们，包括南安普敦伯爵，均被逮捕。

莎士比亚的剧团不可避免地被要求对自己的行为做出解释。他们于是派出奥古斯汀·菲利普斯作为代表讲话。英国档案局保存了埃塞

---

[1]　编注：《理查二世》创作于 1595 年，并不是伯爵谋反前后创作的新剧。

克斯的调查报告、对阴谋者的质询以及审讯时的口供。在这些文件中有一份引人注意的文件，写于 1601 年 2 月 18 日，也就是审讯前一天。在大法官波帕姆和另外两位大人审问下，菲利普斯发誓自己所说的一切都是真实的。他的话被速记员记下来，菲利普斯尽了自己最大的努力：

> 他说上个星期五，或是星期四，查尔斯·波西爵士、乔斯林·波西爵士还有蒙特格尔大人以及其他三个人，当面对一些演员说，要他们在下个星期六演出罢免和谋杀理查二世的戏剧，还答应给他们 40 先令，这可比日常的演出酬劳要多得多了。他们本已决定演出其他戏剧，认为有关理查的故事太旧，已经很久不用了，如果上演的话，观众不会多，甚至可能都没有观众来看。不过，在大人们的要求下，他们同意了，并接受比平常多得多的 40 先令，最后在周六演了这部戏剧。

菲利普斯和审问人在这张证词上签了字。很可能莎士比亚和其他成员授意他一定要咬牢是因为给钱才演的。一般来说，面对审问者，只要提供他们想要的答案就可以了。

这次审讯很快就结束了。埃塞克斯和南安普敦伯爵都被判处死刑。2 月 24 日，就在埃塞克斯伯爵被处死前一晚，莎士比亚的剧团被要求在女王面前表演。这是她故意而为之吗？后来对南安普敦伯爵的判决减为禁闭在伦敦塔。如今，塔里还挂着一幅他的精美画像，人们以画纪念他，画中的他直发、腼腆，还有一只黑猫为伴。他够幸运了。

"我就是理查二世"

有关这个故事还有一段让人感兴趣的小插曲，将伊丽莎白女王、埃塞克斯伯爵和莎士比亚的《理查二世》联系在了一起。1601 年 8 月 4 日，古文物研究者威廉·兰姆巴德去了东格林尼治的女王私人寝宫，把搜集的"所有有关她的卷本、束本、膜本和包裹"都送给了女王，还有他收集的伦敦塔里的历史文件。下面是兰姆巴德对他们之间谈话的记录：

> 女王陛下抨击了理查二世的统治：我就是理查二世。你知道吗？
> 兰姆巴德：这种邪恶的想象是最可恶的人一心试图捏造的，这个人是陛下您曾最宠爱的。
> 女王陛下：忘记上帝的人，也会忘记他的恩主。这样的悲剧在大街上，大厅里上演过几十次了。

这样的交流让我们对女王充满了同情，此时的她年老色衰、孤单无助，繁重的政务压得她喘不过气来。尽管女王还掌控着事态的发展，但她明白这样的事情上演过多少次。后来，在谈话中她还是受此困扰，又回到这个话题上来。

> 接着她又回到理查二世这个话题，她问道："我见过任何与他的面容或和他这个人相关的真实画像吗？"她细细审阅档案的时候说："那时候暴力盛行，但现在到处是会走路的狡猾狐狸，几乎找不到忠诚或正直的人。"

泰伯恩死刑

1601 年 2 月 27 日，就在埃塞克斯死后两天，伦敦又有了一次处决，但是在不同的场合。在一个灰蒙蒙、阴沉沉的黎明，天上飘着飞雪，年轻的天主教寡妇安妮·莱恩被绑在栏架上，从新门一直拖到泰伯恩行刑场。和她一同受死的还有两个牧师，马克·巴克伍斯和罗杰·菲尔德考克。

因让牧师在家里祈福，安妮·莱恩被斥为叛逆者。她的丈夫名叫罗杰·莱恩，是南安普敦伯爵在汉普郡社交圈中的一员，"是个善良正直的好人"。罗杰因信仰而被流放，6 年前死在海外，连 30 岁都不到。这对伉俪生活在贫穷和圣洁中，而且曾发誓婚姻贞洁。行刑时，安妮的身体极度虚弱——"瘦得像根绳子"，一个目击者这样说道——被架到绞刑架上。尽管有位新教神父高谈阔论，"多次敦促安妮改变她宣称的信仰"，但她还是放弃了所有，发表演说肯定了自己的信仰。在被绞死的时候，巴克伍斯和菲尔德考克颤抖着身体，为她唱了威廉·伯德的赞美诗，随后他们自己也遭受了被绞、被分尸的厄运。这样残酷的场景，只有受害者非凡的勇气才让人们减轻了一点痛苦。

莱恩夫人被葬在断头台旁的尸坑里。当天晚上，天主教支持者将她的尸体挖了出来。他们也许是信奉天主教的沃赛斯特伯爵家人，伯爵曾是埃塞克斯和南安普敦圈子中的人，也是曾在女王教堂里担任乐师总管的天主教徒威廉·伯德的朋友。3 月中旬后某一天，她被重新安葬，葬礼以"更庄重的礼仪"（也许就伴随着伯德的音乐）秘密举行，尽管至今也不知道她葬在哪里。这个故事到这里还没有停止。

那年夏天，一本名为《爱的殉道者》的书敬献给了约翰·索尔兹伯里——一位威尔士政治家，来自和兰开夏郡的斯坦利家族联姻的显赫的北威尔士天主教家庭。这本书主要是一首由索尔兹伯里家的老仆罗伯特·柴斯特所写的诗，"以凤凰和斑鸠永恒的命运寓言般地影射了爱的真理"，也包括了"几个现代作家的新创作……各种诗性散文……由我们最优秀最重要的现代作家完成"。这是一本灿烂的系列作品集，包括查普曼、马斯顿、本·琼森还有莎士比亚的作品。不过，尽管是同一个主题，莎士比亚那首却忧郁而又神秘，和他以往的作品不一样，有人认为那是英语短诗中最优美的一首。这首诗没有题目，我们一般认为它叫《凤凰与斑鸠》。这引发了很多荒诞的理论，包括将伊丽莎白和埃塞克斯看成是两只鸟儿。这首诗讲述了一对分居多年的夫妇——一个很早就死了，一个处在悲伤中。这首诗在一次秘密"集会"时被朗诵，伴着"殡葬曲"，一位穿着"白色法衣"的牧师在有安魂弥撒的葬礼仪式上诵读了它。这首诗笼罩在国家邪恶势力、"暴君的羽翼"的凶兆中，似乎暗示着个人和政治的神秘融合。诗歌的最后，也就是总结这对夫妇悲剧的哀歌部分奇怪地指涉了这对夫妻没有孩子（不是因为他们不能生，而是他们恪守贞洁）。

诗歌中有对柏拉图爱的理念的极好反思，这让我们想到了济慈（"分明是二，却又浑然为一：是一是二，谁也难猜"）。还有一处奇怪的双关，似乎让读者想到安妮和罗杰·莱恩夫妇："斑鸠虽和它的皇后分开，它们之间却并无距离存在。"1571年欧几里得的《几何原本》英译本中写道："有距离没有空间，有长度没有宽度。"这句话是对"线条"（谐音莱恩，line）的定义，而这本书是莎士比亚在语法学校读过的。

这令人激动的新发现，让我们看到莎士比亚在伊丽莎白统治末期和一小部分人的交往密切——这超出了通常我们熟知的他的联系网。

《凤凰与斑鸠》先是为那些埋葬了莱恩夫人的人创作，后来收录在柴斯特的《爱的殉道者》诗集中，可能让我们更加了解莎士比亚对那个时代发生的真实事件的情感。

诗人之战：最后阶段

1601 年春末或夏初，诗人之战进入了最后阶段。在埃塞克斯死后，戏剧本身也走出了躁动的艺术氛围。马斯顿以他为圣保罗男孩剧团创作的《你会如何》回应了莎士比亚的《第十二夜：或你会如何》。接着，琼森在布莱克福莱尔让教堂男孩剧团上演了他的《蹩脚诗人》。《蹩脚诗人》是讲述古罗马人的，但却含蓄地、也是不明智地将屋大维的明智统治、维吉尔、贺拉斯和奥维德等诗人所处的时代（他们也都是这部剧中的人物）和怨恨、阴谋以及嫉妒当道、有才能的外来者被嫉妒压制的英国社会进行比较。在开场白中，琼森和往常一样，总是不忘醒世（或者是他受伤自舔）：

知道吗，这是个危险的时代，
创作展示场景的时候都要特别仔细校正，
别让那些卑鄙的诋毁者和不识字的类人猿
凭空想象出各种意思。

毫无疑问，这一切被知识分子欣然接受：学生们和住在小旅店的法院律师涌到剧院楼座，就为了看这出集中了充满智慧的文学指涉、圈内笑话和讽刺性中伤的新剧。琼森现在是观众娱乐的对象，聪明人排着队看他"庞大的船"被诋毁他的人掌控更轻更易的小帆船超越。

时事问题风靡一时。

但这从来都不是莎士比亚的强项（或是因为他对此不感兴趣，很可能对他来说把一整部剧都付诸这种争议是一种浪费）。不过为了反击，他的剧团雇了很有才能的自由作家托马斯·戴克，戴克在秋天用《讽刺家的嚼舌人》回击了琼森。这部剧由宫务大臣剧团在环球剧院初次上演。此时莎士比亚自己开始对这种争议感兴趣了，投入到一部冗长的讽刺古典剧的创作中：《特洛伊罗斯和克瑞西达》。

这部新剧似乎被看作是针对琼森的另一次反击——有人在埃阿斯身上看到了嘲弄琼森的迹象。莎士比亚正在进入琼森的领地古希腊。《特洛伊罗斯和克瑞西达》是抨击一切的讽刺剧，没有道德中心，每个人都一样扭曲。这部戏时间长，涉及面广，查普曼看重的荷马很明显也是莎士比亚的阅读范围之一。不过它的出版登记被延迟了，因为需要"充分的权威审批"，这意味着在出版许可问题上有些困难。最后，这部戏剧以"宫务大臣剧团在环球剧院表演"的剧本出版，但后来重印时，又抹去这些字样写了一个奇怪的新序言，申明这部剧没有被上演过。这表明，《特洛伊罗斯和克瑞西达》并不受当局喜欢。同时代的讽刺作家常将埃塞克斯夸大为英国的阿喀琉斯，政客威廉·塞西尔（伯利大人）和他的儿子罗伯特则是希腊兵营里的智者。如果这部剧也被当局这样看待——莎士比亚是不是在"试图以古喻今"——那这部剧很快被停演也就毫不奇怪了。

那时候，莎士比亚的《哈姆雷特》在环球剧院上演，增加了一段有关男孩剧团的喧闹场景。"那些小雏鹰，"他挖苦地说，"那些男孩子抢走了它，就算赫拉克勒斯和只有他才能扛得动的东西也不在他们话下。"（赫拉克勒斯扛着地球的形象就在男孩剧院上飘扬的旗上。）就算这不是莎士比亚和琼森创造性的分歧和令人厌烦的友情的终结，至少也是诗人之战终结的有效标志。他们的关系持续到 1609 和 1610 年：琼森还在继续嘲笑莎士比亚，莎士比亚也一直在剧本中放进一些只有琼森才明白的笑话。

哈姆雷特：人类的创造

戏剧的品位、创作和主题上的变化既是对同时代政治的回应，也是对新挑战和风格的回应，更是对那个时代剧院对手引发的各种噪音的回应。那时有很多优秀的作家，年青一代正努力超越老一代。不过，莎士比亚总是能超越对手，他总是会有突破、有新意。现在他使出了一个绝招：将 16 世纪 80 年代末的古老复仇悲剧以令人惊诧的崭新外观重塑于世。

《哈姆雷特》很可能是 1600 年初次上演的，当时的文本让人很费解，和现在完全不一样。这部剧创作于 1599 年到 1601 年期间，因此初版、修订版以及修订版节本都和诗人之战有关。和莎士比亚大多数优秀剧本一样，《哈姆雷特》的主要情节不是原创的，都是从旧剧本中拿来的，也许来自托马斯·基德的作品。在某种程度上，创作这个表演剧本只是聪明的商业行为，因为当时正是复仇剧大举复兴的时候。也许，在重新创作女王剧团的戏剧时，莎士比亚决定创作一部流行的老剧，并特意关注票房收入，就像今天的好莱坞会翻拍 10 年或 15 年前的成功之作一样。

莎士比亚推出新剧时，其他人对此的反应也像成功的翻拍剧激发其他好莱坞制片公司掀起翻拍浪潮。马斯顿立即创作了《安东尼的复仇》；1601 年末，亨斯洛剧团出资让本·琼森翻新基德的《西班牙悲剧》，这部作品在 15 年前是一部伟大的成功之作。

《哈姆雷特》一举成功，故事情节的发展令人推崇，饱含爱情、阴谋和谋杀因素。莎士比亚的剧本当然会有乏味的部分，但最戏剧化的那些，就像《罗密欧与朱丽叶》和《哈姆雷特》一样，有令人惊叹的活力和情节的发展，让观众不由自主地被情节左右。《哈姆雷特》的故事很简单。丹麦王老哈姆雷特神秘地死了，他老于世故的兄弟继承了王位，娶了他的寡妻，即年轻的哈姆雷特的母亲。那是个混乱的时代，宫廷里淫乱不堪、玩世不恭，世间到处有战争和革命的威胁，上天又有着毁灭的征兆。在一幕有着惊人力量的戏剧性场面中，老哈姆雷特的鬼魂——在最初的版本中就有——告诉儿子，自己是被兄弟谋杀的，要儿子替他报仇。自此，剧情飞速发展，直到最终的结尾，既有悲剧性又有英雄性。在修订本中，莎士比亚特别删除了一些场景和两段短独白，以让剧情加速发展（在未删节版本中，对于伊丽莎白时期习惯了在环球剧院"2 个小时的舞台剧情"的观众来说，4 个半小时可能太长了一些）。

在《哈姆雷特》中，莎士比亚很恰当地使用了独白，让舞台上的孤胆英雄对着观众说话，让我们看到了他的内心。哈姆雷特的语言令人惊异地展现了他的思维活动：焦虑、激动、沉思、不断变化。这种对心理和内心的描写是伊丽莎白末期文化的关切点之一，显示出莎士比亚受到同时代对于"癖性"的争论的影响。[1] 在琼森的手中，这样的想法会变得平淡而唠叨，但莎士比亚却成功地将它们变得很有活力。

---

[1] 编注：癖性，原文为 humour，含义与现代常用的"幽默"不同，"癖性"或
     "癖性喜剧"出自中世纪一种对人的生理的看法，认为人的食物由"土、水、
     气、火"四种元素组成，人摄取食物后，这四种元素进入人体，若比例失衡，
     则会导致人某一特定的癖性，癖性喜剧意在挖苦讽刺这类人。而琼森的剧作
     则以探讨人的"癖性"为目的。

《哈姆雷特》可能是现存的被评论最多的莎士比亚作品。在其对个性的描述和心性的刻画中，现代批评家看到的是"创造人类"[1]。不过在某种程度上，《哈姆雷特》只是一个非常棒的故事。和其他剧一样，莎士比亚运用了戏中戏的技巧——在这里既是一种修辞手法，又具有让观众在情节中兴奋的效果。剧中还有对宗教主题的洗劫：譬如，哈姆雷特是威腾伯格大学的学生，这所学校也是路德的母校，剧中可以发现加尔文主义的痕迹。不过莎士比亚马上笔锋一转，描写天主教教义中的炼狱，警告一些信徒不要从他的剧本中寻找内心信仰。不过剧终后，鬼魂仍然停留在人们的脑海中，令人想起过去，想起那个属于鬼魂的时代。这部复仇剧充分展现了戏剧效果，逐渐变成为这个失去了灵魂的世界而弹奏的安魂曲。改革前的历史渐渐远去，莎士比亚把过去变成一出戏，驱逐那些鬼魂。

人们喜欢这部剧，不仅是平民百姓，大学才子们也喜欢。英国演员很快在海外演出《哈姆雷特》，如但泽[2]和华沙等地。在莎士比亚生前，甚至有一部德文版的，至今仍可以看到。1607年，这部剧还在非洲大陆岸边的一艘船上演出过，观众包括了当地的权贵。

死亡与记忆

在莎士比亚的个人生活中，秋天总是令人悲伤。1601年9月8日，

---

[1]　编注："创造人类"（The invention of the human）是1999年耶鲁大学莎士比亚研究者Harold Bloom的专著*Shakespear*的副标题。他认为莎士比亚通过戏剧"创造"并反映了人类本身。

[2]　编注：但泽（Danzig）是格但斯克（Gdańsk）的德语叫法，是波兰北部最大的城市，位于波罗的海沿岸。

就在《特洛伊罗斯和克瑞西达》上演前，或许也是在改编过的《哈姆雷特》回到环球剧院前，约翰·莎士比亚在斯特拉福德安葬。对于一个人的一生来说，父亲的死亡是件大事。不可思议的是，威廉竟然没有回到斯特拉福德。即使不去参加葬礼，他也该去安慰母亲。将一个人的个人经历和戏剧创作联系起来是很不妥当的，而且哈姆雷特父亲的鬼魂在 16 世纪 80 年代末的原始剧本中就有，但考虑到这部戏剧演出的时间正好是莎士比亚父亲死去的秋天，鬼魂对炼狱中火焰和硫磺的描述着实能引起我们的注意。

在汉里街莎士比亚家的屋檐上找到的誓约书里包含了约翰对家人庄重的期待，特别是对长子，约翰期待他能进行天主教的正规仪式——弥撒，为在炼狱中的自己祈祷。威廉是不是忘了这一切？他是不是变成了爱国的、持怀疑论的新教主义时代的英国人呢？或许对莎士比亚而言，宗教慰藉已不再重要。他的思维已经很开放，多角度的习惯也根深蒂固，不可能一味支持父亲了。至此为止，他对世界的本质和人类的状况已有深刻的了解。约翰·邓恩在诗中写道，"一切统一与相互依存均已不在"[1]，这句话使得莎士比亚在后米的戏剧中一直有意或无意地去追求它的意义。

那年秋天，在《特洛伊罗斯和克瑞西达》正短期上演却不受欢迎之际，莎士比亚的父亲被埋葬在河边的墓地。小镇和他童年时期眼中的样子已经大不相同。16 世纪 80 年代以来，斯特拉福德的老一代人都已退出时代。老朋友依旧在那里，依然是执着的反对者：赛德勒

---

[1]　编注：邓恩原诗作："Tis all in pieces, all coherence gone; All just supply, and all Relation: prince, subject, Father, Son, are thing forgot. For every man alone things he hath got To be a Phoenix."邓恩本人出生于一个虔诚的天主教家庭，他自己却成为新教的牧师。

家、贝奇家、维勒家。但现在掌权的是新的人，和新教主义的政权机构以及当地的权贵格雷维尔家等保持一条战线。在莎士比亚父亲下葬那天，镇议会请了很多剧团来公会大厅里表演节目，随后演员就拿钱走人了。这就是那个时代的标志。

让人感到讽刺的是，那时莎士比亚刚用舞台表演赚来的钱在镇里买了第二幢大房子。斯特拉福德正处在经济危机的阵痛中，1594 年和 1595 年的两次大火以及 16 世纪 90 年代末期国家经济的整体下滑更是加重了这次危机。在 1601 年严酷的冬天，环球影院票房惨淡，乡下更受影响。三分之一斯特拉福德居民在官方登记为穷人。

面对越来越广泛的新教化，镇里居民的情绪也在变化。小吏四处窥探，警察十分烦人，安息日只能暗中进行。地方议员理查德·昆尼坚决维护镇里居民的权利，一大夜里和当地贵族福尔克·格雷维尔发生争执并因此被杀。新普雷斯的风景也在变化：大街上人们低声细语，社会组织正在分崩离析，统治地位正在瓦解，自然开始惩罚人类。清教传教者迅速指出了这些状况的根源，对他们来说，这个城镇还不够圣洁。

看到这一年发生的事情，莎士比亚认为，他的故土"像一块毫无价值的农场被出租了"，这句话是他的戏剧中来自冈特的约翰说的。为了后人，莎士比亚决定创造完全属于自己的小天地。1602 年 5 月，他支付给科姆家 320 英镑买下了 107 英亩田地，这片地被分成了 12 小块。同年 9 月 28 日，他买下教堂路上的一幢小屋，这是罗灵顿一户庄园的出租屋，罗灵顿很可能是他父亲祖上的故乡。莎士比亚的事业正处在顶峰期，他准备回到耀眼的伦敦创造自己最好的作品，取得个人艺术视野的成果。与此同时，莎士比亚也正在故乡进行投资。

第十三章　世界剧院

1602 年的莎士比亚正处在事业的高峰期，是都铎王朝末期伦敦最
著名的戏剧家。现在我们第一次拥有有关他个人生活的第一手详细信
息。资料来源让我们能直接走进他所在的街道，穿过他居住的房子的
前门——甚至能听到他的声音。在这一年，也是现在一致认为的《奥
赛罗》创作的一年，莎士比亚再一次居住在河北岸银街和蒙克威尔的
拐角处。当地人都知道那里，就像是今天哈利·波特迷们都知道麻瓜
街一样。

　　莎士比亚的邻里街坊在城墙西北角内，斑驳的堡垒高高俯视着拥
挤的出租房和仆人聚居的房子。一眼望去，就是北郊塞满污物的沟
渠。这个地方也许是他父亲熟悉的地方：手套商在比奇街的西边附近
有个小公会厅。莎士比亚寄宿在一个来自法国的胡格诺教徒克里斯托

弗和玛丽·蒙特乔家里。这所房子后来于 1666 年的大火中被毁，在闪电战中又再次被摧毁。第二次世界大战后统一保护沿着伦敦墙的车道时，这个地方消失了。不过，这是个被生动记载下来的老城角落之一，有档案详细描述了都铎王朝时期的街道地图、教区书、当地法庭记录、公会档案甚至是个人出租计划，等等。

蒙特乔一家常被说成是制假发的，但实际上他们是制帽商，做那种用金线银线和珠宝交织在一起的漂亮的宫廷帽饰，只有贵族和皇家才戴得起。女王伊丽莎白就有这种一顶帽子："那可是一件珠宝，就像一艘装满红宝石、珍珠镶嵌的珍珠母的船儿。"莎士比亚寄宿在他家的时候，蒙特乔的顾客中就有詹姆士一世的妻子安妮王后。莎士比亚在很多剧本中提到了这种手工制作。比如，福斯塔夫提到了"船帽、勇士帽，不论是哪种威尼斯流行的新式帽子"——这种手艺最初来自威尼斯。蒙特乔既是一个艺术家，也是个实在的手艺人，为皇家和那些从乡下来置办衣物的有钱家庭制帽。

如名所示，银街因为金器商和银器商而出名。蒙特乔家就是斯托在 1598 年的调查中描写到的"各种漂亮房子"中的一幢，在阿加斯的地图[1]上也出现过，按照传统的画法标着山形墙。和周围建筑一样，这幢房子一定有三层半高，有着悬挑式的上层楼面。想象一下，莎士比亚就住在其中一层楼上的前室，从那里可以看得到圣奥拉夫教堂。越过高低不平的屋顶，还可以看到半英里外老圣保罗教堂的大片主体建筑。大火灾之后绘制的财产管委会的地图表明这里是 L 形的，有一片 63 英尺的空地，和麻瓜街一样的深度。底层一定有个商铺和

---

[1]　编注：阿加斯（Ralph Agas）是 16 世纪英国的土地测量员，他为伦敦剑桥、牛津等地绘制的鸟瞰地图十分有价值，反映了早期现代英国城市的风貌。

工作坊，满眼看到的都是丝绸、威尼斯的金银线和珠宝，长凳上堆满了"金色布料"和"薄纱"——在一层薄丝绸的基础上织进金线。尽管女工们做针线活，但还是要男工来绕金线，然后把帽子组合起来。他们都是高素质的手工艺人，在世纪之交的伦敦最受尊重的高级装饰艺术之一的作坊里工作。

蒙特乔家和皇家、乡下以及剧院世界联系比较多，朋友包括海明斯和康代尔。他们本身都有着足够的故事，能编成一部家庭剧。克里斯托弗·蒙特乔比较难相处，他妻子有了婚外情。1597年，由于认为自己怀孕了，蒙特乔夫人私下来到占星家和医生西门·福尔曼家（孩子可能是她住在附近天鹅胡同的情人托马斯·伍德的）。也许她曾在候诊室和维尼弗里德·伯比奇、艾米利亚·拉尼尔和菲利普·亨斯洛等擦肩而过。那一年教区登记处记下了"蒙特乔夫人孩子"的死亡。不久，这个故事不断的家庭迎来了著名的房客莎士比亚。

住到蒙特乔家后一两年，莎士比亚发现自己成了戏剧情节中的一个角色。蒙特乔的学徒工也住在这幢房子里，其中有一个叫斯蒂芬·比洛特的孩子，人很不错，前景也好。蒙特乔夫人似乎对他很有好感，热衷于把他介绍给自己的女儿。不过比洛特的理解力有点弱，于是她就让莎士比亚做个媒人（顺便说一下，在都铎王朝时期的婚姻协商中这样的方式很平常）。不管是否是"嘴像蜜一样甜的"莎士比亚从中成全美事，1604年11月19日，在圣奥拉夫教堂这对年轻人还真的结婚了。比洛特有了自己的生意，但却因为允诺的嫁妆一事和岳父吵了一架。这件事情后来诉诸法庭才解决，诉讼案给我们留下了26份相关文件，上面提到了莎士比亚的名字，其中一份有他的签字，此外还有蒙特乔家人、学徒工和仆人的证词。证人中有乔·琼森，她告诉大家，蒙特乔夫人，"也就是被告，是如何让一个住在房子里的叫莎士比亚先生的人劝说原告接受这桩婚事的"。等轮到莎士比亚的时候，我们听到了他的声音。

他说比洛特是一个"很老实、很不错的家伙"，他"干得不错，为人也很诚实，在上述的这份工作中，他也是一个很不错、干活很卖力的工人"。在（莎士比亚的）听证中，他没有承认从这件事情中获得任何好处和实物。诗人记得蒙特乔先生"确实心怀善意，对他也表现出疼爱"，还经常说他这个学徒工的好话，"也经常抱怨和玛丽这段婚姻，而蒙特乔太太曾请求上述的宣誓证人（莎士比亚）去劝说比洛特接受提到的婚姻"。莎士比亚也许和蒙特乔夫人来往甚密，他可能甚至应该对她 1597 年的怀孕负责。莎士比亚说他确实和这对年轻人说了，"他也确信这对年轻人同意结婚"。不过，很不幸，除了现金总数和大量家用动产和工具，他没有记清楚结婚嫁妆的具体说法。到最后，因为没有人能够对关键问题达成一致，在类似所罗门的判决中，法庭将这个案子交付给胡格诺教堂长老，任由他们决断。他们断定，原告被告都不好，还判给比洛特 6 英镑 13 先令 4 便士。但蒙特乔根本就没给。

对于了解人性缺点和惰性、能即兴剖析的人来说，也许这些只会让他们一笑置之，或许还会随手记在笔记本里。不过这样的故事凸现了莎士比亚在那个挤在城墙和金匠商业区之间的小地方的日常生活中丰富的联系网络。圣奥拉夫四周的邻居很有意思。乐师亨利·山顿就是同一个教区的居民，画家威廉·林比也一样。约翰·海明斯住在托马斯·萨维奇名下的一处房产里，位于几码之外的阿多街上，而萨维奇正是投资环球剧院的金匠。邻居里还有几位代笔人，从他们那儿能迅速得到剧本手抄本。再过几码远的地方，就是住在伽特路上一间出租屋里的尼古拉斯·希利亚德，冬天有时很冷，以至于他都无法画精描细作的微型画。

银街的生活

　　莎士比亚也会和穷人有来往。如果他沿着麻瓜街走，就会来到一个很迷人的小街区，就在旧城墙角落那一头。沿着街走大约 50 码，靠左边是一个门径，通往一条小路，直到那时的大夫，也就是外科理发师[1] 的会堂。在这里，他们一年举办 4 次对定罪的重刑犯进行尸体解剖并当众讲解的活动。这附近至少有两个医生：住在几码之外的银街上的吉福德大夫以及住在会堂北边的帕默大夫。麻瓜街的另一边，紧靠着莎士比亚房子后面的就是 12 所"为老人和穷人"所设的救济院，他们把冬天的柴把和木炭包堆在屋外。离他们几码远是布商拥有的一排建筑，是过去 25 年里繁荣发展后新建的。幸亏有了行会的标识地图，我们才可以找出并走进它们。

　　站在街的尽头，面对着城墙，左边就是砖墙旁的窄门。沿着入口走直到角楼，会走进一个院子，眼前是一桩三层的出租楼房，和帕默大夫的房子毗邻。这里挤满了单身男人住的小房间，他们大多给这座城里做佣工的。其中有个爱尔兰人，名叫帕特里克·墨菲。再过去，就是城墙下比思迪先生的房子和花园。右边，穿过院子是古老的中世纪教堂和圣詹姆士修道院，也就是现在的拉姆教堂。与其紧邻的是斯佩特先生的语法学校，这是一幢三层的房子，有大厅、起居室，还有个小厨房和外面的公共厕所。斯佩特的学生中有个叫约翰·查普尔的，

---

[1]　编注：外科理发师（Barber Surgeon），中世纪欧洲常由理发师来处理外伤、做手术，而不是普通医生。

成了在布莱克福莱尔表演的教堂男孩剧团中的一员。在蒙特乔的房子里都能听到学校的铃声。

这些就是莎士比亚在街头或小酒店能碰到的邻居。或是在帕默大夫那里，如果最后那几首十四行诗中描述到的性病确有其事的话。如果需要一个酒店提供食物，那里有好几个当地"日常店"：伍德街上的发冠店、米尔克街上的海豚店都是最有名气的。银街上还有一家小旅店，就是后来的库伯武装店。这些地方通常都有厨房，里面有炉子和酒吧，还有一系列小房间和院子旁两三层的外屋：那可是写作的好地方，如果想要的话，会有人专门送上吃的喝的，而且蜡烛免费。在克里普尔门城墙内通往北方的大路上，有几家为长途客准备的运货人旅店。譬如，圣贾尔斯附近、蒙特乔家北面，就是达拉姆和约克郡运货客常住的怀特海因德店。梅登海德店则是沃赛斯特运货人的常驻地，也许莎士比亚、康代尔和海明斯——所有来自内地的人都曾经住过。最大的店是双颈楼的天鹅店，以及15世纪建成的有个宽40码的内院的城堡店。这些店比剧院还大，而且和剧院一样，各个方向都有楼座。运货人的旅店占据了莱德路、伍德街和议员街之间的整个空间。成群的运货马队从这里出发，将伦敦以及更远地方的产品和奢侈品运往其他地方。

这就是莎士比亚在创作伟大戏剧时的周边环境。运货人和装满货物的马队常常涌进这些四周都是狭窄通道的拥挤的小旅店，这里一定人声鼎沸，四周一幅活生生的生活景象吧。一切都充满变数，没有什么是一成不变的，这是我们在当今发达世界见不到的前现代城市的生活。虽然这些客运旅店在19世纪末已经全部被拆毁，但直到不久前，我们还是能看到，在旧式马车进出的大门那里被磨光的石头过梁上刻着的双头天鹅标志。那里离莎士比亚以前常住的地方不远。

《奥赛罗》: 黑人也是平等的

很可能就在银街那幢房子里, 或是在那些吃晚饭的"日常酒店"的餐桌上, 莎士比亚写下了《奥赛罗》。它走出了《哈姆雷特》的黑暗和内在, 显现出痛苦的真相和情绪的意图。故事发生于 16 世纪的威尼斯, 明显紧跟马洛的《帖木儿》开启的异国风情历史剧潮流, 其背景是基督教和穆斯林之间的冲突。对于伊丽莎白时期的观众来说, 时代背景, 也就是菲利普二世时期的地中海局势无疑就是他们理解《奥赛罗》的政治剧场。不过这种局势只是背景而已, 《奥赛罗》是一个有关种族主义的故事, 讲述白人对黑人的嫉妒心理, 以及嫉妒如何摧毁了爱情。奥赛罗是高贵的黑人勇士, 虽然年长, 但娶了漂亮的白人女子苔丝德蒙娜。伊阿古则是个毁了奥赛罗的白人, 他憎恨奥赛罗和白人女子之间的婚姻, 他假装爱他, 却暗地里安排了"一系列事情"让奥赛罗一步步走向陷阱。

正如我们已经看到的, 威尼斯是莎士比亚特别感兴趣的地方; 那是东西方交汇处, 也是他的犹太人, 现在是他的摩尔人的家。《奥赛罗》的故事没有单独的原型, 莎士比亚从钦齐奥那部为大众熟知的《一百篇故事》中汲取了故事的基本框架, 那是主要的原始资料之一。其他阅读则形成了莎士比亚的想象世界和他笔下人物丰富的内心世界。他阅读过的新书包括出版于 1600 年 11 月的非洲人列奥的《非洲地理历史》以及刘易斯·卢肯纳有关威尼斯宪法的书 (卢肯纳和莎士比亚可能在 1603 年 12 月陪同威尼斯大使的时候在威尔顿见过面)。菲力蒙·霍兰 1601 年翻译的普林尼的《世界历史》是另一个原始资料。作为考文垂学校的校长, 因对普林尼、李维和普鲁塔克的作品进行了大量的翻译, 霍兰被称为"这个时代的大翻译家", 莎士比亚很喜欢他的作品。《奥赛罗》中有很多富有新鲜感的东西：阿拉伯树的药胶、硫磺矿井，还有橄榄石和曼陀罗等，这些原本都出自霍兰的大量作品中。当莎士比亚描述深渺的黑海时，他写道："一直流淌着，奔向普罗庞提斯……永不回头……有时也会结冰。"莎士比亚很巧妙地将它谱写成了一段精美的韵歌，让人想起了马洛：

> 就像深渺的海，
> 冰冻的河流和强行的河道，
> 永不回头，一直向前流
> 直到普罗庞提斯和达达尼尔海峡。

伊丽莎白时期伦敦的"黑人与黑摩尔人"

现实生活的冲突是会在戏剧中表现出来的。《奥赛罗》不是伊丽莎白统治末期唯一有关摩尔人的戏剧。对于奇异的"他者"的着迷，不仅普通百姓有，宫廷也一样有——很快，在一次"黑色假面舞会"中，女王和她的女宾都扮装黑人，好似"埃塞俄比亚人"。这部戏剧有关针对黑人的种族主义，涉及伦敦大街小巷关注的问题，那么莎士比亚对于黑人有何经历呢？我们看到，他的情妇很可能就是一位黑肤西班牙裔的威尼斯犹太人。他一定见过来自北非的"摩尔"人，甚至是来自西非的。

他也许见过黑肤妓女，特别是在克拉克威尔的特恩米尔街附近。在那里，著名的黑肤女露西——她曾是侍奉女王的舞者——经营着一家由贵族和律师资助的产业。律师们在格雷斯旅店狂欢时常常会嘲弄露西。莎士比亚的熟人，诗人约翰·韦弗，曾赞美过一个脸庞"如乌木般纯黑"的女子。

　　当时在伦敦可能有几千黑人，他们组成了重要的少数人口。黑人被雇佣来做仆人，也做乐师、舞者和逗乐者。就在莎士比亚创作《奥赛罗》前几个月，黑人的出现成了一个很重要的话题，因为有许多奴隶从被俘的西班牙船上逃离出来，黑人人数一下子增加了很多，被看作是讨厌的人。1601 年，莎士比亚正在阅读利奥·阿非利加努斯[1] 的作品并思考如何创作《奥赛罗》时，塞西尔文件[2]（至今仍保留于哈特菲尔德[3]）暴露了我们曾见到过的和吉普赛人及流动人口相关的政府法令："女王对目前'黑鬼和黑肤摩尔人'数量众多表示不满，这些黑人自女王陛下和西班牙国王冲突以来，就潜入我们这个王国，吃喝都在这里，让女王原本的子民大为恼火。"人们提出一个计划，想让黑人迁出英国。1602 年 7 月，塞西尔按照这种政策来对待那些商人，其中一个商人写道："我已经劝说大家到巴巴利[4] 做生意，费了好大口舌，这也是因为最近女王陛下的船上有太多解脱奴役的摩尔人，他们的住宿和饮食都成了问题，只好等到有船把他们带到巴巴利。"

　　有趣的是，单从表面来看政府发出的命令，他们如何认为这一切

---

[1]　编注：利奥·阿非利加努斯（Leo Africanus）是出生于格林纳达的西班牙摩尔人，文艺复兴时期的欧洲旅行家，曾游遍非洲北部。他的游记于16 世纪时出版。"利奥"是教皇利奥十世赐予的名字，阿非利加努斯是绰号。

[2]　编注：塞西尔文件（The Cecil Papers）指伊丽莎白一世时期的重臣威廉·塞西尔与其子共同搜集的三万余份文件，超过十五万页。这些文件大部分是手书，内容涵盖英国生活的方方面面，像是国家文书、请愿书、地图、诉讼状、判决书、各类书信等都在其中。塞西尔文件全面反映了伊丽莎白一世时期英国的风貌，非常重要。塞西尔本人是伊丽莎白一世的主要政治顾问，曾任财政大臣。他的建议是英国打败西班牙无敌舰队的关键。

[3]　编注：哈特菲尔德是塞西尔家族庄园的所在地。庄园现在是一处公共游览景点。

[4]　编注：巴巴利（Barbary）是16 至 9 世纪欧洲人对马格里布的称呼，包括今摩洛哥、阿尔及利亚、突尼斯及利比亚。

肯定能做到？那时许多黑人都受洗成为基督徒，以市民身份住在伦敦、布里斯托尔和其他城市。在艾德门外的圣博尔托夫这个小教区的记录中，我们就发现了 25 名黑人，他们和法国、荷兰移民以及一名东印度（及今天的孟加拉）移民一样，就生活在莎士比亚的时代。他们主要是做家仆，但有一个住在白教堂路的贝尔铸造厂隔壁的白铃店，也许在那里打工（也许他是一个擅长青铜铸件的西非人）。死后，有些人的老板会给予他们高规格的基督式葬礼，还有抬棺者和黑布。记录中就有这些人的名字：

> 克里斯托弗·卡普博特（佛得角），黑肤摩尔人
>
> 苏珊娜·皮尔瑞斯，约翰·德斯匹诺伊斯的房客，黑肤摩尔人
>
> 西门·瓦伦夏，黑肤摩尔人
>
> 卡桑格，黑人、摩尔人。巴伯夫人的房客
>
> 伊斯凡犹，商人托马斯·巴伯先生的黑仆
>
> 罗伯特，黑人
>
> 一位名字应该叫弗朗西斯的黑人，他是彼得·米勒先生的仆人，米勒先生是个酿酒商，居住在伦敦肉市场东边自由市场的鹿角标志那里。

在后面的名单中，我们还找到了"安妮·博斯，喇叭商安东尼·博斯的妻子，黑肤摩尔人"；"约翰·康姆奎克，船长托马斯·拉乌的仆人，黑肤摩尔人"等在名单中，最令人难过的是"一位黑肤摩尔女人死在大街上，名叫玛丽"。

这些都是被人遗忘的生活、被人遗忘的历史。有时候这些故事会

和其他资料穿插起来，譬如，一个女人因为关心黑人女仆的小女儿的健康，就带她来找西门·福尔曼。在福尔曼的笔记里，他诊断这个小女孩是"心冷"，很明显她患了深度抑郁症。民间的故事总是和官方文件的版本不同。这就是莎士比亚时期伦敦的现实状态，他无法避开。

　　因此黑人很可能就是莎士比亚在圣海伦的毕肖普门或银街附近的日常生活的一部分。自他在早期戏剧《泰特斯·安特洛尼克斯》中塑造了传统舞台上的恶棍——摩尔人亚伦后，已过去了12年左右，他对黑人的了解不断加深。不过莎士比亚是否和黑人交往甚密呢？如我们所知，他可能有个黑肤色的情妇。记载上可以找到的是，他至少还和一位有着高贵地位的摩尔人有来往。

　　1600年，摩洛哥大使来到伦敦，一待就是半年。邻居们都被摩尔人日常的祈祷吸引。就像现在一样，外国的烹饪和饮食习惯总是引来许多评论，毕竟，并不是所有人都是思想开放的。阿非利加努斯的出版商还曾将他的《历史》献给大使。待在伦敦期间，大使让伊丽莎白的画师为自己画了一幅肖像。这张肖像迄今仍在，上面写着："阿卜杜尔·格瓦希德，巴巴利大使，1600年，42岁。"这是一张既高贵又强势的摩尔人的画像。其实，1600年圣诞期间，宫务大臣剧团为大使表演过，因此莎士比亚很可能见过阿卜杜瓦·格瓦希德，也和他有所交往。

　　高贵的摩尔人，还有那个患心冷的孩子，都成为莎士比亚经历中的一部分。作品中的蛛丝马迹虽不明显，却展示了一段特别丰富的伊丽莎白时期英国黑人的生活，帮助我们从不同的角度看到政府对遣返外国人的号召。很明显，也许莎士比亚对黑人和种族主义的了解比现代批评家更多，也比我们对他的了解要多。后来，莎士比亚着迷于辛提欧的《一百篇故事》，他决定要就这个话题创作一部戏剧。

私刑罪

莎士比亚对《奥赛罗》的投入表现在这部戏剧的高超艺术水平上。1606 年政府颁发法案制止滥用演员后，他对这部戏剧进行了细心修改。其不朽的力量表现在无论这部剧在哪里上演，都带来非凡的影响。当时，《奥赛罗》不但在宫廷演出，也在乡下四处巡演：1609年，约翰·瑞斯在牛津带来的苔丝德蒙娜让观众感动得流下了眼泪。不过，后来的观众就不再总是喜欢他们看到的表演了。一位 17 世纪的英国批评家把这部戏剧的教育意义嘲笑为"对淑女的警告：不经过父母同意和黑肤摩尔人私奔可没有好下场"。19 世纪早期，美国总统约翰·昆西·亚当斯的观点也很有名，"苔丝德蒙娜和奥赛罗在舞台上的爱抚让人恶心。"他从这部戏剧中得到的道德教训就是"黑人和白人的血液不能以婚姻结合在一起，否则会引发自然法则的极大愤怒"。美国内战前的南方观众也觉得这部戏剧"不适合在南方任何州上演，会让每一位白人震怒，这种愤怒也是他们的责任，如果这部戏剧的作者莎士比亚在南方任何一个州被抓住的话，他会因创作了这部戏剧而被处以私刑"。甚至在 20 世纪 50 年代的英国，观众还会因为保罗·罗伯逊在舞台上亲吻了佩吉·阿什克罗夫特而感到震惊。在自由的 21 世纪头十年，这部戏剧引发的话题仍然到处都是，譬如最近就有一部很有影响力的电视剧将奥赛罗的角色转为伦敦第一位黑人警察总监[1]。《奥赛罗》是早在 1602 年莎士比亚就对人性举起的一面镜子。他又一次在这里向我们展示了"外来人的例子"。

---

[1]　编注：指 2001 年 Geoffrey Sax 拍摄的电视电影 *Othello*，Eamonn Walker 饰演 John Othello，即奥赛罗。

"这最芬芳的时代"：伊丽莎白女王去世和詹姆斯的继位

1602 年，记者、小册子作家、闲话专栏作者和占星家都在密切关注伊丽莎白日渐衰落的身体状况。在公众场合人们不允许猜测继位的问题。不过每个人都知道，一个时代就要结束了，老一代的人希望新王能带来更好的变革。占星家和占卜人越来越热衷于预言：会有恐惧、希望，在某些地区，还会有可怕的预兆。这种情绪在当时很多诗歌中也有体现。很多人说苏格兰的詹姆斯六世会成为新王，实际上，他们确实一直在边境等待着这一时刻。苏格兰的呼声很高，但伊丽莎白拒绝离去。

莎士比亚的剧团为女王做的最后一次表演是 1603 年 2 月 2 日在里士满宫。因预料到女王可能离世，剧院于 19 日关闭了。24 日，伊丽莎白女王在宫中去世。莎士比亚没有对她致哀。这很重要吗？至少有两个同行作家注意到了他的沉默，其中一位直白地请求莎士比亚执笔写点什么，但他没有写。不过莎士比亚却在给他的朋友，也就是那个少年男子的十四行诗中对这件事做出了评论。他们明显还是很密切的朋友——长期的友爱关系——曾经历过一段分离的友谊。几年来这种友谊很热烈、充满激情，是让人流泪的同性之间的密切关系，现在低调了很多，莎士比亚此时创作的诗歌将个人和政治联系在一起，也就是把内心世界和外部世界联系在一起。伊丽莎白在诗歌中常被看作是纯洁的月亮女神戴安娜或辛西娅，如今还是永远地黯淡了。她的死亡让所有有关厄运的预言都被搅乱了。下面这首诗的内部指涉也许就是莎士比亚对丁伊丽莎白死亡的回应：

> 无论我自己的忧虑，或那梦想着

未来的这茫茫世界的先知灵魂，

都不能限制我的真爱的租约，

纵使它已注定作命运的抵偿品。

人间的月亮已度过被蚀的灾难，

不祥的占卜把自己的预言嘲讽，

动荡和疑虑既已获得了保险，

和平在宣告橄榄枝永久葱茏。

于是在这时代甘露的遍洒下，

我的爱面貌一新，而死神降伏，

既然我将活在这拙作里，任凭他

把那些愚钝的无言的种族凌辱。

　　你将在这里找着你的纪念碑，

　　魔王的金盔和铜墓却被销毁。

在经历了 45 年的宗教和政治冲突以及经济困境后，伊丽莎白的去世所承载的分量是我们今天很难想象的。1603 年的最初几个月体现了人们在"这个最芬芳的时代"对和平的希望，令人惊诧的是，国家政权顺利地转到了詹姆斯手中。更让现代读者大吃一惊的是，这首十四行诗最后提到的"魔王"可能指的就是过世的伊丽莎白。

国王剧团

与此同时，剧团资助的变化也很大。宫务大臣剧团是最重要的演出剧团，有一些很有影响力的朋友——特别是潘姆比洛克一家似乎很着急要引领詹姆斯时代的早期文化进展。很快，5 月 19 日，莎士比亚、伯比奇、菲利普斯和其他人都收到了专利证书，成为国王的演出剧团，其措辞就连波洛涅斯[1]也会由衷地表示赞同：

> 自由运用艺术和人员，表演他们学过的喜剧、悲剧、历史剧、幕间剧、道德剧、田园剧、舞台剧，等等……提供我们喜欢的主题的娱乐，让我们看到他们时安心、快乐……他们可以在常用的环球剧院演出，也可以在市政厅、大会厅或其他方便的地方，任何其他城市、大学城或市镇……

因此他们现在就是为皇家服务了，更名为国王剧团，未来有保障了——这确实是一个芬芳的年代。在詹姆斯统治早期，许多人相信或希望宗教变革和更新马上到来。新的君王是新教徒，但他的祖先是天主教徒，王后也是天主教徒。詹姆斯是一个真正的哲学家，他痛恨两边宗教的极端主义。一方面，有谣言说他会将英国带回到天主教，或者至少能让信仰自由，另一方面，一群清教徒牧师在他去伦敦的路上请愿，希望他能监管英国国教进一步的改革。关于国教本身，时代的气氛鼓励布道者不要破坏目前的一切，而是要保持现状。在皇宫，这个封闭壳的裂口让人看到被伊丽莎白排斥或忽视的人——例如南安普敦，莎士比亚的第一个资助人——会东山再起，寻找新的机会。

　　在这种情绪下，很多英国诗人用庆贺性的诗歌向詹姆斯致敬，但又一次，莎士比亚没有写这样的诗。在《维纳斯和阿多尼斯》以及《鲁克丽丝受辱记》之后，他不再像同行那样为伟大的人或好人创作颂词、丧礼挽歌，现在也没有打破那个习惯。不过很多诗人感觉到，

---

[1]　编注：《哈姆雷特》中的御前大臣，奥菲利亚和雷欧提斯的父亲。

这件事情标志着新的文化氛围的来临，在这种氛围下，宗教诗歌会被人们高度称赞。有些人甚至从创作世俗诗歌转向圣歌或哲学诗。在1603到1605年这段时间，涌现了一大批宗教诗歌。詹姆斯自己曾有过作为诗歌资助人的经历。在继位时，他重新出版了自己的书《子训》。这本书首次出版是在1599年，用于教导他年幼的儿子亨利王子有关诗歌的问题，特别是有关诗歌的价值。这一切都向伦敦知识界宣布，詹姆斯是一个有着高度哲学素养和诗性抱负的人。

银街上的瘟疫

这位君王在1603年4月和5月期间曾很悠闲地从苏格兰一路前往伦敦，沿路逗留在贵族家里。不过，当他到达伦敦时，传来了瘟疫爆发的可怕消息，这是10年来最严重的瘟疫。那年春天，剧院关门了。整个伦敦城的教区登记本上满是葬礼的记录，死亡人数达到了一星期1000人。在莎士比亚那个小教区内，第一拨死亡是在6月来临的，在炎热的8月达到了顶峰。皇家乐师亨利·山顿在6月1日下葬，和他一起的还有女儿苏珊，画家威廉·林比和妻子玛格丽特，金匠托马斯·艾利斯以及居住和工作在这一地区的12名家仆。许多孩子也死了。单单是8月和9月，在只有100个左右的纳税户教区中，就有85人死亡。这是莎士比亚所在社区的毁灭。在外科理发师的详细记录本中描述了宴会的取消，人们捐款"帮助那些最痛苦的穷人和有需要的人，以期待万能的上帝降临"。

在这样的氛围下，如果有钱又有地方去，待在伦敦就是很危险又没有意义的。莎士比亚和剧团搬出了伦敦，来到莫特莱克的河岸边。菲利普斯刚在那里买了一幢房子。这里将是他们接下来几个月的基地。由于瘟疫仍然肆虐，詹姆斯被迫延迟了他在伦敦的接见庆典。那年秋天他沿着汉普郡、波克郡、牛津郡一路庄严行进，10月停留在威尔顿的潘姆比洛克家，在那里一直待到12月初。国王剧团似乎也在那里待了一段时间，12月2日，他们很可能在詹姆斯面前演出了《皆大欢喜》。由于表演这部戏剧以及其他一些娱乐活动，他们赚了30英镑，这可是一大笔钱。在被邀的嘉宾中有威尼斯大使尼古拉·莫林。

因此，从1603年创作的那些十四行诗也许可以猜测，莎士比亚和潘姆比洛克家族仍然保持有密切的联系。在瘟疫肆虐的那几个月，威尔顿实际上就是代皇宫，在那年冬天光彩夺目。玛丽·赫伯特自己仍然身体康健，她是著名的诗歌资助人，是她兄弟的杂志《阿卡狄亚》的编辑，也是一部戏剧的作者（这部戏剧后来被莎士比亚用于创作《安东尼和克里奥帕特拉》中）。国王剧团延长了待在威尔顿的时间，还为镇里表演了一场（最近在特罗布里奇档案馆的发现表明，他们为此支付剧团6英镑5先令）。这个细节很大程度上巩固了莎士比亚和潘姆比洛克一直以来有联系的印象。潘姆比洛克伯爵和他的兄弟都是热衷去剧院、参加假面舞会的人，特别喜欢装扮起来参加宫廷舞会和表演。国王剧团在第二年为伯爵兄弟的婚礼表演了两场戏剧《一报还一报》和《错误的喜剧》，在此期间，还安排了假面舞会。

在伦敦，随着天气越来越冷，瘟疫造成的死亡不断减少。在麻瓜街的贫民所，同室的人围坐在木头火堆、煤炉四周，尽量让自己保暖。整座城市在大雪的笼罩下一片寂静。圣诞节那一天，大使莫林从威尔顿启程回国，写了一封信回家："我是星期五晚上到达伦敦的。没有人提到这次瘟疫，就好像它从来没有发生过一样。城里到处都是人，很难相信这里曾死了6万人。"

不过，环球剧院还是关着门，剧团待在城外，暂时继续依靠皇家资助。詹姆斯在英格兰的第一个冬天是在汉普敦宫度过的，在那里提供娱乐的是国王剧团和另外两个主要的剧团。有将近 30 个剧目准备好让皇室挑选，包括《仲夏夜之梦》和其他的剧本，如《布里斯托尔的漂亮女仆》等。莎士比亚是剧团的主要创作人，可能也是我们所说的导演，他还会表演，比如演那些可靠的、不偏不倚的角色：来自冈特的约翰、亨利四世和《哈姆雷特》中的鬼魂。这年冬天他还出演了对手本·琼森的《西加努斯》。不过这次演出很失败，我们一定能想象莎士比亚在这样一部剧中高兴的样子。

"我们看到的并不是真的"：莎士比亚感觉如何？

在这段时间莎士比亚写了几首十四行诗，尽管一如既往地有些保守，但还是提供了大量生活细节。在有关伊丽莎白之死的十四行诗后，这些诗歌明显地指涉了政治——再一次强化了我们的观点，在莎士比亚的私人诗歌中他并不是只运用彼得拉克体或其他技巧，还记下了真正的心中感受。在 154 首十四行诗中，确实很少有纯练笔之作（就算是最后两首照《希腊选集》创作的讽刺诗，也是特别经过选择的，因为它们和故事相关），相反，大部分都是很严肃的，在某种程度上表明他主要是为自己创作并抒发胸怀。尽管有一些诗歌在朋友中流传，也绝不能肯定他把每首诗都给别人看了。在 1603—1604 年的重要岁月里创作的十四行诗中，莎士比亚当然说出了自己想说的东西。

有两首诗特别关注詹姆斯进入伦敦的庆典，其原因很有意思。那时莎士比亚的剧团已经属于国王，他本人不仅仅是个演员，也是皇家侍臣，尊贵的枢密院绅士倌。对于这次皇家进城，莎士比亚、伯比奇和他们的同事都收到一块猩红色的羊毛布料，在皇家服装会计簿上有记载。在这个阶级意识很强的社会，禁止奢侈的法规十分严厉，限定了什么社会阶层用什么布料，而羊毛肯定是给普通百姓的。和马夫、炮手、厨子以及皇家糕点师一起列在名单上的，还有三家表演剧团：阿莱恩的上将剧团、比斯顿的女王剧团以及莎士比亚排在第一位的国王剧团。每个人都发了"猩红色布料：4码半"。这通常被理解成一件礼物，但是这个码数正是绅士们面见国王时所穿制服的上衣和裤子需要的尺度。有人也许会想到著名的莎士比亚四开本上的肖像——这幅肖像和他葬礼上的半身雕像是诗人唯一可确定的形象——正是穿着猩红色的制服上衣，袖子上有菱形的镶金边，镀金纽扣和立领。

莎士比亚真的和其他皇家仆人一起走在列队中吗？我们知道，演员在列队中会表演角色（比如爱德华·阿莱恩，作为伦敦的天才人物向国王发表演说），很可能莎士比亚和同事们也穿着猩红色制服参加了庆祝，在列队行进路上某个装饰起来的大门那里演讲了一番。

托马斯·戴克策划了伴随詹姆斯盛大进城仪式的壮观游行，他是这样描述的："人群把街道都挤个水泄不通：女人和孩子挤满了每个窗扉。"威尼斯大使尼古拉·莫林在给家人的信中写下了他当时的印象：

> 昨天上午 11 点，国王离开了伦敦塔。走在他前面的有市治安官、法庭官员、牧师、主教和大主教、伯爵、侯爵夫人、男爵和骑士，穿着华美，那是用金丝线和珍珠刺绣制成的衣服。绝对的皇家表演！王子骑在马背上，在国王前面大约 10 步远，国王也骑着马，头上是华盖，*24 个打扮华美的绅士在一旁，每 8 个轮着转来转去撑华盖*（作者在此将字体斜体）。王后身后是她的未婚侍女，70 个骑马的女士盛装打扮。就是这样一个顺序，这

支游行队伍从伦敦塔一直走到威斯敏斯特，穿过城市足有 3 英里远。

就算是像莫林这样走南闯北的外交官都被这令人陶醉的一天所散发出来的乐观主义给感染了。那些骑马跟在国王身后的，有莎士比亚往日的资助人潘姆比洛克伯爵，还有刚从伦敦塔释放出来、被宽恕和净化的南安普敦伯爵。不过在两首表现这一时刻的十四行诗中，莎士比亚——这时已经是老于世故的 40 岁——却一反常态地冷淡，特别是在第 125 首十四行诗中指涉到在游行队伍中撑着华盖皇家仆人的时候：

> 这对我何益，纵使我高擎华盖，
> 用我的外表来为你妆点门面，
> 或奠下伟大基础，要流芳万代，
> 其实比荒凉和毁灭为期更短？
> 难道我没见过拘守仪表的人，
> 付出高昂的代价，却丧失一切……

这也就是说，一切都是浮云——一切都是表演。那句关于高擎华盖的诗并不一定就是指国王剧团是撑华盖的绅士，用游行来作比喻似乎很平常。"伟大基础"也许是偌大的木头拱门，还有精美制作的石膏雕像，用于皇家表演的暂时搭建的华美舞台。这些有着方尖塔（对现代人而言就是"金字塔"）的建筑让人们目瞪口呆。但在第 123 首十四行诗中，莎士比亚又一次显示出了他的矛盾心态：

> 你新建的金字塔，不管多雄壮，
> 对我一点不稀奇，一点不新鲜；
> 它们只是旧景象披上了新装。
> 我们的生命太短促，所以羡慕
> 你拿来蒙骗我们的那些旧货，
> 幻想它们是我们心愿的产物，
> 不肯信从前曾经有人谈起过。
> 对你和你的纪录我同样不买账，
> 过去和现在都不能使我惊奇，
> 因为你的记载和我所见都扯谎，
> 都多少是你疾驰中造下的孽迹。
>
>   我敢这样发誓：我将万古不渝，
>   不管你和你的镰刀多么锋利。

　　"蒙骗"这个词的意义不言而喻（很快他就会在《安东尼和克里奥帕特拉》的一个笑话中又一次嘲讽"金字塔"的新奇）。"我所见的都扯谎"意味着世界是虚幻的，权力的外在也是虚幻的。带着缓慢的节奏和暗指的含义，这些十四行诗贯穿着一种堪比哈姆雷特的内在性，以及对公开荣誉的鄙视和对富人装腔作势、政权精心表演的厌恶。在第 125 首诗的结尾部分，莎士比亚将外部政治世界和良知的内心世界联系在一起，从同时代的政治汲取了有力而惊人的比喻：

> 被收买的告密者，滚开！你越诬告
> 真挚的心，越不能损害它分毫。

我们的莎士比亚先生一直都对权力存疑，更对用权者不信任。如果我们怀疑他在这些诗歌中所想的一切，那么看看第 124 首十四行诗，这是一首将个人和政治融合在一起的很棒的诗歌。在这里，"爱"似乎代表着"忠贞"，让我们吃惊的是，他宣称了一些听起来像个人信条的东西。这就是他摊开自己意图的部分了。他在庆典活动中只是个穿制服的角色，他是不是对权力很反感，全由读者去判断：

> 如果我的爱只是权势的嫡种，
> 它就会是命运的无父的私生子，
> 受时光的宠辱所磨折和播弄，
> 同野草闲花一起任人们采割。
> 不呀，它并不是建立在偶然上；
> 它既不为融化的笑颜所转移，
> 也经受得起我们这时代风尚
> 司空见惯的抑郁、愤懑的打击：
> 它不害怕那只在短期间有效、
> 到处散播异端和邪说的权谋，
> 不因骄阳而生长，雨也冲不掉，
> 它巍然独立在那里，深思熟筹。
> 　　被时光愚弄的人们，起来作证！
> 　　你们毕生作恶，却一死得干净。

在最后两句中，"作证"一般被看作是指宗教殉道者（正如学者约翰·福克斯曾指出，"殉道者"来自希腊语"作证"），这种意思也从他使用"异端"来描述政府"权谋"得到支持。不过这首诗并不意在压制什么，而是对政治、个人良心、"政权之子"以及那些为正义而死的殉道者神秘而强烈的反思。这首诗以隐晦和不确定唤起了一个价值观颠倒的世界，不同宗教信仰的人因为他们的信仰而惨死。这对于一个不再年轻的伊丽莎白时期的诗人来说，就是爱和良心在可怕的现实生活中受到的压力。这让人十分困惑，这些十四行诗给我们展示的和先前看到的不一样。莎士比亚很谨慎，对权力存在怀疑；他相信良知是个人的事情，却胆怯而自谦（这是阶级造成的吗），又对自己的力量充满自信。作为一个作家和观察者，他远离政治力量的光鲜和外表的浮夸，保持"高度的谨慎"，确信他的诗歌会比这一切表演都要长久。所有这一切，是不是也隐隐暗示着对高调炫耀权力的人的鄙视甚至是怨恨？

皇家仆人

和往常一样，莎士比亚给我们留下的是模糊不清的东西。公众与私人，良知与权力：十四行诗中最核心的部分总是有着对立的东西。在他伟大的悲剧中也一样。在创作时，莎士比亚一如往常的矛盾，特别是在审视自己的时候。当然，他获得了很高的地位，如今是穿着国王御赐制服的皇家仆人，还是有盾形纹章的绅士。他觊觎权势，并为此庆祝，可他也会写下隐含质疑和不信任的十四行诗。

被任命为国王剧团和尊贵的枢密院的绅士倌标志着离开斯特拉福德后莎士比亚在社会地位上的野心，那是从他父亲那里开始的——1576 年，约翰在生意破产前曾首次申请过盾形纹章。莎士比亚渴望被接受，渴望地位，现在他拥有了这一切：盾形纹章、皇家制服，还有克洛普顿的房子。对莎士比亚来说，这些都让他高兴，让他觉得像自己这样的人，出身虽然并不高贵，却有一种天生的、自然的高贵地位让他脱颖而出。不过不用说，在一个阶级意识很强的城市，也有一些人会嘲讽他。本·琼森的"高贵的莎士比亚"就总是恭维中带有别的东西，一半有感而发，一半是讽刺。其他人就更是直接了：在纹章院，德西克使官的一位同事将诗人列在那些不配称作绅士的名单内，和詹姆斯时期的伦敦那些白手起家往上爬的"新人"同列。他只是一个"演员"。在这个时期的一部戏剧中，一位很有抱负的年轻绅士剧作家，弗朗西斯·博蒙特，对他进行讥笑伤害。博蒙特借约翰·莎士比亚原先的生意来讽刺他这个侍奉国王的儿子有多么虚假。在一次谴责詹姆斯时期新皇家世界里社会攀枝现象的演讲中，博蒙特更提到了过分的谦恭和吝啬，说所有这些弯曲的腿，"有些曾经是那么贫困，连袜子都穿不上……其中就有一双腿，明显属于手套商的后代，却期待着很快获得荣耀"。

莎士比亚十四行诗中有着毫不掩饰的对阶级自卑的极度敏感，我们可不能轻而易举地忽视它们。但如今国王剧团仍得穿着华丽的猩红色制服置身于庆典中，还要参与到詹姆斯在伦敦最初几个月的娱乐活动中。

还是一个憎恶战争的未婚王子时，詹姆斯的野心就已经不小，他期待着在欧洲经历了多年国际紧张局势后，能启动一个获得长久安定的"和平进程"。1604年夏初，西班牙受邀派大使去伦敦，皇家记事录显示8月9日到27日在和平条约谈判末期的萨莫赛特宫，莎士比亚和国王剧团都在侍奉西班牙大使。这段时间他们不是以演员的身份，而是以侍臣的身份：他们穿着猩红色的斗篷和裤子，样子光鲜地站在那里伺候来访者。莎士比亚和伯比奇要鞠躬行礼很多次，还要四处走来走去，很急着回到舞台。很容易想象，这种被强迫停业可能就是莎士比亚表达要对这一切华丽表象保持清醒的奇怪的诗的创作源泉。

为詹姆斯而创作

一开始天主教徒们对新王统治抱有很高的期望：詹姆斯狡黠、聪明，在大学辩论中常常胜出，做过很多正确的事情，包括释放南安普敦。许多人，包括在伊丽莎白后期被排斥的天主教徒，现在都重新出现在公众生活中。有关詹姆斯和丹麦的安妮[1]的个人观点从他们"在卧室私密处"的谈话中显现了出来：他是个新教徒（当然，他母亲是天主教徒），她是天主教徒，只要她谨慎点，对他来说就没什么问题。詹姆斯喜欢戏剧，喜欢国王剧团（当然还有年轻人），皇家日历上记载有国王剧团日常的表演日程。詹姆斯在外交领域的野心意味着皇宫里总是有很多各国大使，对表演的需求也增加了很多。有时候在一个圣诞季就需要表演 14 场到 15 场，甚至 20 场。

像《仲夏夜之梦》中娱乐官菲劳斯特莱特展现给忒修斯的娱乐节目一样，这份工作的一个风险就是国王剧团准备好的戏剧可能并不是贵族们想要的。有时候宫廷要一些流行的、要求也不那么高的假面舞会等，有时候国王剧团表演时，侍臣们自己也喜欢打扮起来，在他们当中表演。这些具有诗性的寓言故事十分精美，有着音乐和舞台效果，由琼森这样的顶级作家撰写，最具有天分的艺术家和手工艺人、建筑师伊尼戈等设计，却并不总是具有教育意义的。1606 年，在一

---

[1]　编注：詹姆斯与安妮于1589 年结婚。当时丹麦是新教强国，安妮本人信仰新教。后来她改信天主教。安妮是英格兰国王查理一世的母亲。

次为丹麦国王[1]表演的娱乐活动中，就有一场贵族妇女的假面舞会，她们很兴奋，"示巴女王"[2]都倒在了国王怀中；丹麦国王醉醺醺地被抬上床，"身上放着王后赐予的礼物，被弄得很脏，到处是酒、乳冻和蛋糕"。对于国王剧团，这似乎也是工作的一部分。

登峰造极

在侍臣及表演者的身份之外，作为作家的，莎士比亚正处在惊人的创作期。可能是受新时代的驱动，也可能是出于恐惧和希望，当然也因为艺术上的成熟，他能够创作出自己想创作的，这也和他的观众、剧团的表演技巧及经验有关。总而言之，用巴勃罗·聂鲁达那句恰当的话来说，莎士比亚此时干劲十足[3]。

莎士比亚在哪里进行创作？在银街某个楼上的房间，就着油灯独自一人吗？还是在拥挤的附近的"日常店"？譬如布莱德街的法冠店，在那里花两个便士就能坐在桌子旁吃东西，蜡烛还免费。也许是在他最喜欢的那个小小的地方酒馆，穿过酒吧、在厨房后面一点的那间里屋？最近莎士比亚被描述成常逛妓院的人，认为他是以第一手资料描写特恩米尔街的肮脏世界。不过17世纪的日记作者约翰·奥布里记录的一个故事恰恰相反："他不是一个喜欢找人陪的人。"他更有可能是一个酒徒，特别是在16世纪90年代后期的"地狱时光"之后。浓啤酒是那个时代最重要的饮食元素，甚至对孩子来说也是如此。莎士比亚和酒商做朋友。那时候和现在一样，行业压力很大，做这一行的

---

[1] 编注：安妮是丹麦国王的姐姐。
[2] 编注：公元前非洲东部示巴王国的女王，《圣经》中对她也有记载。
[3] 编注：干劲十足（in full powers）指聂鲁达的诗 *Full Powers*。

人毫无疑问都是高居酒徒榜单的人（本·琼森还创作了一系列有关他喜欢的酒店的诗歌）。我们不清楚莎士比亚的状况，但我们看得到他用准确无误的现实主义手法创作了喝酒的场景。有传言说，莎士比亚最终就是因为喝酒而倒下的。

那么莎士比亚的创作习惯和原则是什么？他早上要排演，下午要在环球剧院表演，什么时间创作呢？晚上？还是他6点起床，在早餐前写3个小时？我们永远都不会知道，但确实有一份他如何进行创作的样稿。

很明显稿子经过他的手，成了另一个剧团一部合作戏剧《托马斯·莫尔先生》的一部分。莫尔是被亨利八世处决的学者、前大臣，后又被天主教堂洗清罪孽。对这一点人们还有一些争论，不清楚为什么在莎士比亚创作生涯的这个时候他要为其他剧团写剧本。不过在戏剧界，合作是经常有的，也比较随意。《托马斯·莫尔先生》的创作、意象、语法和拼写，都是具有莎士比亚特色的。字迹专家证实，稿子上的笔迹符合为数不多的已知的莎士比亚签名样本。如果在伊丽莎白死后他确实和一个有关莫尔的戏剧扯上关系，这就不由得让人对此感兴趣了。如果女王还活着，这肯定是个会惹来麻烦的主题：莫尔受到天主教徒的崇敬，因为他拒绝承认亨利八世是英国国教的头儿。这部戏剧的第一稿因为16世纪90年代早期的审查被截短了，还受到了一系列干涉。稿子上打有标记，里面还有一句直截了当的"别动它，危险"。

这份稿子是5个作家的成果，是那个时期很典型的一种合作。莎士比亚只负责3页，第4页则是由一个职业代笔人写完的。比较吸引人的是，在这个稿子中我们看得见他修改的地方，那是经过莎士比亚再三考虑的，提醒我们看到他创作的模式，使我们能够更加明白他同事那句著名的评判："他的思维和手是同步的，他所想和所说轻而易举地就出来了，我们很少能在他的剧本稿子上看到一处涂抹。"这只是一份稿子，但却让人印象深刻，展示了经典的莎士比亚式的对秩序的分析。他写的场景是 1511 年面对着一群暴徒的莫尔，当时的伦敦正受到反对移民的暴动冲击。这种事情在今天仍然是习以为常的，是一种当地人试图净化人种的小范围行为。面对这帮人，莫尔恳求他们保持理性，遵循神的旨意和他们自己的惯常人性。在下文中，标点都是莎士比亚加的，除了问号是后来人加进去帮助理解。除了在第六行有个小失误，莎士比亚唯一一处思量后进行的改动就是在第二行把"和"换成了"带"。

> 想象一下，你看到那些痛苦的外地人
> 背着他们的孩子，带着破旧的行李
> 沉重而又缓慢地走到港口和进出码头
> 而你坐在那里像个充满欲望的国王
> 你的争吵让当局也噤声
> 你沉浸在自己的想法中
> 你得到什么？我告诉你，你教会人们
> 傲慢和强权如何占了优势
> 秩序如何受到强制，这样
> 没有人以老人的方式生存
> 其他暴徒幻灭了
> 自己双手、自己的理性和自己的正义
> 骗取了你和贪食的鱼类
> 互以为食

　　这是一个经典的文艺复兴时期的形象，也是经典的莎士比亚风格的移情例子。"外地人的形象"将我们自己放在被迫害者的位置上，去感受被压迫的偏见和受到暴力伤害时的苦痛。再想想，撇开敌对者紧迫而又强烈的偏见，想想我们自己就是那些平平淡淡的外地人——这是我们400年来还是没有得到的教训，在新闻栏目中，我们还是能看到波斯尼亚或卢旺达那些痛苦的背着孩子的外地人。最后，莫尔要那些人想想如果他们处在外地人的位置上，该往哪里去；如果他们被驱逐出英国，又该怎么办。

> 你们为什么必须要外地人。你会开心
> 看到那样一个粗野脾气的民族吗
> 那个有着可怕暴力的民族
> 他们不会给你在这个世上提供一个住处
> 磨着可恶的刀抵着你的喉咙
> 把你像狗一样踢开，好像上帝
> 根本没有创造你……
> ……你会怎么想
> 如果你被如此对待？这就是外地人的状况
> 就是你们无可逾越的残忍

从不涂改一行？

　　《托马斯·莫尔先生》一直都停留在稿子阶段——这部戏剧从来没有上演过。对别人来说，这是一次快速的重新创作，也许是在剧场因为瘟疫而被关闭的时期，出于好意请他帮忙而已？对于一份草稿来说，这个剧本连贯性很强。当然每个作者都不尽相同，创作手法也很受当时的科学技术水平限制（纸张在那个时候是很贵的）。16 世纪的教育强调记忆训练和演说，也许前现代时期组织思维和构建演讲的习惯比我们现在的更加规范。

海明斯和康代尔说莎士比亚从来没有涂改过一行，对这一点琼森回答说，他希望莎士比亚能多涂改一些。这是批评他没有认真创作。不过，琼森也说莎士比亚这个诗人是"后天的，不是天生的"，还说他会"敲打缪斯的铁砧／引发第二次火爆，将同样的东西／（他自己也一起）按自己的想法锻造"。

虽然并不经常涂改，但他还是"引发了第二次火爆"。也许这两个概念并不矛盾：从《托马斯·莫尔先生》的草稿来看，很清楚创作本身就是为了激发思想和变化的。有一段中他用"伤心的防风草"替代了不太令人信服的"水南瓜"。这是创作过程的具体细节：他将这些写在纸上，划掉，改得更好。但是草稿还是很有条理，思维和意象的连续性处理得很好。也许，为了适合以口语的形式运作，莎士比亚在城里走动、身边无纸的时候，就在脑海里形成了诗歌演讲的结构。有人认为，他的思维习惯比普鲁斯特更加训练有素，普鲁斯特在校正的时候还会重写呢。但是他们两人的情况是完全不同的：一个是靠记忆来创作十卷小说，在校对的时候还能引起更多的记忆；另一个是要创作紧凑诗歌体的戏剧，表演时间不能超过三个小时，而且面对的观众要求很高，必须得让他们能理解戏剧，吸引他们的注意力。正如莎士比亚在《暴风雨》的收场白中说的那样，他"计划"的首要目的就是"让你们高兴"。

不过，可以想象，成熟的莎士比亚追求的并不是简单的只让人高兴。这个时期没有一部莎士比亚戏剧是废品，就如《温莎的风流娘儿们》一样。他为詹姆斯创作的第一部剧《一报还一报》，就是很有特色的对道德、性欲和贪婪的反思，还带有明显的天主教色彩。这抓住了 1604 年的民众情绪，因为那时清教徒正试图让詹姆斯在宗教政策上更进一步。即使是他这一时期最不成功的表演《终成眷属》——对人类奇怪行为的讽刺，像是对琼森关于喜剧的宣言的回应——也有属于它的风光。1604 到 1606 年，所有的戏剧都致力于解决严重的道德主题，当然最好的还是那些伟大的剧作。

私下里的基督徒

当时，有关道德的问题很明显是莎士比亚在脑海中考虑的首要对象。至于他的宗教信仰出自哪里，很难确切地做出回答。这些戏剧中有一部分带有宽泛的宗教改变，但并没有预示什么宗教轨迹。在这个时期，宗教意象在地方上更加浓厚——莎士比亚不仅唤起了人们对旧事物如祈祷、仪式和文本等的回忆，而且也包括了天主教元素。人们一直在争论，说成熟的莎士比亚是一个隐秘的天主教徒，有些人甚至将年轻时候的他描述成几经受训的耶稣会士。不过这似乎有些夸大了。事实很可能少一些戏剧性的东西，莎士比亚和同时代的英国人民的生活轨迹一样。1603 年至 1604 年，莎士比亚被一位天主教作家（"IC"）批评。在一本由秘密天主教出版商出版的文本里，他被抨击成一个世俗诗人，作品缺乏基督教义或训诫意义。这是不是也意味着他曾是一个天主教徒，后来却背叛了这一教义？

莎士比亚出生在天主教徒家庭，也许在成年后失去了这份信仰。但在他心中，从母亲的哺育那里汲取的和扎根沃里克郡的东西一直保留着，就像那些从小就养成的东西很难抹去。在伦敦的私人生活留下的少量证据表明，他并不是个常去教堂的人，也许甚至避免去教堂。不像海明斯和康代尔，他从来不属于那个伦敦教区。莎士比亚和胡格诺教徒住过一段时间，胡格诺教徒去的是法国教堂，也不一定需要在安息日遵守英国国教的规矩。更有趣的是，莎士比亚的名字出现在1600 年 10 月 6 日对克林克自由区居民进行征税的名单上。他很可能自 1599 年到 1602 年都居住在那里，但没有出现在这个地方教区的任何一份年度居民名单中。这份名单记录的是为新教复活节交谊活动买代币的常去教堂的人，是教堂人员上门收集代币时记录的。这很有意思，也许也很重要：莎士比亚是否告诉教会人员他在斯特拉福德参加过复活节交谊活动？如果是这样，那么在他的作品中没有个人信息的透露就不是偶然，而是他有意为之，以便隐藏自己。现代读者常常会急于挖掘莎士比亚的个人信息，以激起理论者的幻想。我们完全能够理解，一个有着这样背景的人——他的家庭宗教被法律定为谋逆，他的父亲被政府悬赏、被"思想警察"追捕——在这个满是"受唆告密者"的世界里，坚忍的诗人只能保持疏离是非。

他的内心世界似乎也一样。他倾听新教布道，也了解"碰触圣饼"和"夜晚弥撒"。他阅读亨利·史密斯和罗伯特·索思韦尔，很可能对两个人都半信半疑。除了奥维德和普鲁塔克，《圣经》也是他常看的书。此时他拥有的很可能是新教徒的日内瓦《圣经》，而在戏剧中能找到一些痕迹的却来自老主教廷代尔的版本——（在他小的时候，学校和教堂用的都是这本），还有天主教的兰斯版。总而言之，就像我们期待的那样，莎士比亚是一个基督徒，但他思维宽广，对任何权利体系的怀疑都是很明显的。良知是个人的事情，但如果他心中对父母的旧信仰保持有一份同情，那么他的内心就会自有主张。在第48 首十四行诗中他告诉了我们自己的个性："我是多么小心，在未

上路之前。"也就是说，当他开始旅程时，"……把琐碎的事物一一
锁在箱子里，以便保险，不致被一些奸诈之手所亵渎……在我温暖
的心房。"

在有生之年，和同代的人一样，莎士比亚发现自己游离于不同的
世界，对双方都有同情和忠诚。他在一个天主教家庭被抚养大，他的
思维习惯（譬如使用寓言和象征主义）和新教作家不一样。我们永远
不会了解他是如何看待自己的，但可以猜测，就像天主教徒约翰·邓恩
一样，他开始感觉到，罗马天主教和新教之间的区别还不足以证明杀
戮和迫害是正当的。"上帝仁慈的渠道在两方都有，"邓恩曾写道，"他
们是上帝恩惠的并蒂花……他们之间的纷争并不是救赎的根本"。

人的感觉——也只有感觉——是威廉赞同的东西。

保留剧目

尽管还没完全过去，但瘟疫得到了控制，剧院在 1605 年重新开
张，莎士比亚又回到了往日的日常事务中：上午排演新剧或重演老
剧，下午在环球剧院表演。他们很可能在周一上午排演最初几场，周
二排演下一幕，就这样一周下来。这是英国保留剧目轮演的惯例，一
直到 20 世纪 20 年代都是如此。作为国王的剧团，他们原本已经很
紧张的日程就更显压力重重。新宫廷有新的品位原则，但也很愿意看
到老剧，他们想要老剧重演：《温莎的风流娘儿们》和《错误的喜剧》
在 1604 年圣诞节前上演，《爱的徒劳》和《威尼斯商人》（詹姆斯的
最爱之一）在 1605 年初上演。

此时的莎士比亚处在事业的顶峰，是剧团的首席创作者。国土剧
团的戏剧和《李尔王》及《麦克白》的一起进行表演，这在今天看来

也是很有吸引力的。看看那个时代的其他戏剧，也许更加能够理解观众们。1604 到 1606 年在环球剧院上演的戏剧有些不是莎士比亚创作的，例如《伦敦警报》，一部讽刺安特卫普包围战的西班牙戏剧；社会喜剧《伦敦浪子》；颇有争议的《高里》，讲述同名阴谋事件的；流行的老剧《埃德蒙顿的欢乐魔鬼》；当时最受欢迎的传奇剧《布里斯托尔的漂亮女仆》；还有换汤不换药的《强扭的瓜不甜》，一部讲述家庭暴力和谋杀的社会现实剧。要知道，了不起的伯比奇不仅要演好李尔王和安东尼，也要演好这些角色，这可是很有教育意义的。莎士比亚的戏剧是当然的正选，其他的保留剧目则让人了解剧团对观众的判断以及他们的艺术妥协。有些表演，譬如米尔顿的《复仇者悲剧》绚丽而又令人眼花缭乱，充斥着闪亮而轮廓鲜明的诗歌，但也有一些就是二流作品了，譬如《魔鬼的宣言》。而《托马斯·罗德·克伦威尔》就是三流临时工写的三流货色。

这些保留剧目表明，专业剧院的竞争一定十分激烈。伦敦的戏院超过 12 个，其中 4 个很庞大，能容纳 2000—3000 人，隔着河还能相互看得见，生意竞争十分激烈。这还不算河南岸的斗牛、斗熊以及其他娱乐活动。除此之外，国王剧团还在宫廷表演，有时候是晚上在大型的宫廷剧场。他们还四处巡演，1605 年 10 月就一路演到了德文郡。他们有 20 或 30 个保留剧目——也许会在圣诞节为国王表演 12 部或更多——只有极富灵活性、多技能并拥有令人惊叹的团体精神的剧团才能承受这样的工作量。

阅读并进行新的创作也要找适合的地点和时间。莎士比亚不会有很多机会回家待上几天。约翰·奥布里说莎士比亚一年只回一次家乡，安妮一人在家抚养孩子们，这种说法还是比较可信的。

想起李尔

　　1605 年 10 月 29 日，从银街漫步走到圣迈克尔·勒奎纳的拐角处，就会看到齐普赛街上挤满了人。那些五六层的商店和房子的每一扇窗扉、阳台都挤满了观众，因为这一天有市长大人的盛装游行。游行的主要目的是为了庆祝"重新联合的大英帝国的成功"。

　　游行中有一系列舞台造型，以一种拟人化的方法展现大英帝国。海王尼普顿骑在狮子身上，讲述古英国的神秘历史。古代神话中的首都新特洛伊就在泰晤士河旁，"这曾经是唯一的君主国，不过现在分成了三个不同的地区，还有随之而来的创伤和痛苦"。

　　这是那个时代的政治寓言，讲述不列颠和不列颠特性统一的想法，但现实却是悬而未决的英国的分裂。在议会上，詹姆斯一世概述了创造"伟大不列颠"的明智性，随后发布了一系列檄文和历史性条约。艺术家、诗人和剧作家自然也会想到这些话题。那年秋天，莎士比亚就在创作一个有关不列颠分裂以及统治者崩溃的戏剧。

　　詹姆斯继位时最初的乐观并没有持续太久。现在看来，天主教徒对宗教改革的希望是错置了，取而代之的是人们开始希望推翻不义的统治者。1605 年的历书预言会发生巨大的变化，"预示着痛苦和悲伤惨剧"的黯淡前景。这种精神危机弥漫在莎士比亚那年秋天的创作中。他所提到的"太阳和月亮最终的黯淡"发生在 9 月和 10 月，正好应了"奇妙的预言"，预示着"虔诚和慈善会慢慢冷去，真理和正义会遭到镇压……即将到来的是对普通大众的摧毁和伤害"。

　　一切几乎就这么发生了。11 月发生了统治危机——议会爆炸阴谋案，整个政体几乎都被推翻了。莎士比亚的新作就是在轰动性和命运性的事件背景下创作的，将他的事业轨迹带到了一个令人惊诧的高峰。这部新作就是《李尔王》。

故事一开始就是一个古老的爱的测试。年老的国王愚蠢地询问女儿们爱他有多深。两个邪恶的姐姐花言巧语，先是奉承，后来又毁了他；最小的女儿考狄利娅爱他却拒绝阿谀奉承。从这里开始莎士比亚无情地把我们带入恐怖之中，几乎残忍地坚持让我们一直都看到这样的场面：李尔王的世界坍塌了，孩子毁灭了父母。尽管最终邪恶之徒死去了，但那也只是在我们关心的人物大多已经离世之后。李尔王钟爱的考狄利娅被杀死，年老的国王也心碎而死。虽然我们可以聊以安慰地说，爱最终战胜了一切，甚至死亡，但这部戏剧所达到的严酷、痛心和震惊的程度都是深入骨髓的。

这个故事本身很古老，在 12 世纪的传奇作家、蒙默思郡的杰弗里的作品中就出现过。再近一些，在锡德尼的《阿卡狄亚》中也出现过。但对于莎士比亚来说，最重要的资料来源是一部基于李尔王故事的老剧。这部老剧不是悲剧，有着欢快的韵律和幸福的结尾，出版于1605 年年末，是 16 世纪 80 年代以来女王剧团的保留剧目。因此莎士比亚在 20 年前就了解这部戏剧了。也许他还曾出演过。这是一个在事业生涯中不断环绕着他的故事。

让我们想象一下，1605 年秋天，莎士比亚沿着齐普赛街漫步，经过圣保罗教堂墓地，在纽格特市场边基督教堂旁的约翰·怀特店里随便看看。在店里的翻板上有一堆刚刚印刷出来的四开本，这是第一次以印刷本出现的他最喜欢的老剧，讲述"真实的李尔王和他三个女儿的历史……近年来有过各种各样的表演"。出于长久以来对这个故事的喜爱，莎士比亚不可能无视它。基于这个故事他创作了新的《李尔王》，并留给我们两个版本。一个是莎士比亚最初的草稿，1608 年由纳森内尔·巴特印刷，"放在圣保罗教堂墓地有着彩牛标志的店里"。

巴特不是一个优秀的印刷商，这个版本自身也很糟糕，莎士比亚写这份稿子的时候似乎很困难，他思考再三，改动了不少，涂抹了不止一两行。第二个版本由他的同事在 1623 年进行四开本印刷，似乎是作者在观看了舞台上的表演后，经过再三思虑而进行了修改。他对《李尔王》考虑了很多，剧本本身就能体现出来。在 18 世纪，这部剧被看作是无法表演的，因为盛行的大众口味要求剧本有个幸福的结尾。在现代这部剧则常被称作是所有剧本中最伟大的一部。

《李尔王》的文本中有许多小暗示，似乎可以找得到银街邻里的踪迹。譬如，12 月 1 日，圣奥拉夫教堂为一个小女婴举行了洗礼仪式，她是莎士比亚的邻居、富有的绣工威廉·泰勒的女儿。女婴的受洗命名是考狄利娅：就这样，这个名字第一次出现了。我们会想，莎士比亚是否是她的教父？

邻居们还有帕默大夫和吉福德大夫。在《李尔王》和创作于 1605—1606 年的《麦克白》中，都有医生的角色。有趣的是，李尔王提到过对里根的分析，想知道她为何如此残酷："让他们解剖了里根；看看她的心为何如此坚硬。是不是本质上就有什么造就了这种坚硬？她的心里到底有什么？"这是不是受到了离莎士比亚家 50 码远的外科邻居公开解剖的启示？

不为人知的文本：塞缪尔·哈斯内特与德纳姆的魔鬼

和所有职业作家一样，莎士比亚就像是海绵：街头故事、眼见之物、遇见之人、当日新闻、布道和传单，所有这些都混在一起进入他的创作。他是个如饥似渴的读者，书是他生活中重要的角色。譬如，那年秋天在莎士比亚的书桌上就有他经常用的约翰·弗洛里奥的蒙田译著。这次他的注意力集中在了散文"论父亲对孩子们的慈爱"上。如常做的那样，他阅读了伊拉斯谟，钻研《愚人颂》，看到了愚人对权力的解构。他也浏览锡德尼的《阿卡狄亚》，就为了创作李尔王的故事。不过有一本书对莎士比亚心理的冲击远超过其他，让我们可以深入了解他是如何对待原始资料，并把其中的观点用于自己的艺术中的。这本书讲的是耶稣会士的奇事和德纳姆的魔鬼。

这本书出版于伊丽莎白统治的最后一个月，由莎士比亚的熟人詹姆士·罗伯特印刷，他的印刷厂在克里普门墙外的城门塔地区。书里涉及由最高政府机构主办的新教徒论战："宣布天主教徒的极坏欺诈行为，以使女王陛下的臣民不再对天主教忠诚，相信在英国的基督教真理，不受魔鬼的蒙蔽。"

这本极度令人反感的反天主教的书提到了多年前轰动一时的一场驱魔活动，发生在白金汉郡德纳姆，由一位耶稣会士牧师进行。书中收录了逐字的忏悔和对那些"被魔鬼附身"的穷人质询的文件附录，譬如女仆萨拉·威廉姆斯和她的姐妹菲德。作者塞缪尔·哈斯内特是枢密院议员，也是伦敦主教的牧师。他是一个学识渊博、颇有教养的人，很有品位，也有想象力，但是极端的残酷就是常常在那时的当权人士身上看到，神学家和行刑者总是站在一条战线上。当时，对精神的迷信正遭受全国声讨，哈斯内特正欲以这本书成为声讨战中的一部分，抨击了对恶魔和驱魔活动的迷信——人们认为，书中批判的这些正是天主教的原始遗留物，乡下的天真又保守的信徒仍然买账。这引发了更多有关权力和当局的本质，精神和奇迹是否存在的问题。因此这个故事对当权者来说有着特别的重要性。对莎士比亚来说这本书尤其有吸引力，因为其中提到了熟悉的人的处决——他的亲戚爱德华·阿登、约翰·萨默维尔以及他老师的兄弟托马斯·考特姆。

驱魔牧师之一是肖特雷的罗伯特·德波戴尔，他和莎士比亚一定很熟悉。多年前，德波戴尔和莎士比亚的校长西蒙·亨特去过罗马。他和坎皮恩一起回来，1586年死在了行刑台上。在从事秘密活动的岁月里，德波戴尔曾是德纳姆地区天主教谋逆家族派克汉姆家的牧师。在科尔恩河畔树叶茂密的郊区，派克汉姆家的房子依然还在，最近修复成了一个高尔夫俱乐部会所——阴魂不散的鬼魂现在当然已经离开了。

1586年，在恐怖的巴宾顿阴谋事件发生时，人们就进行过驱魔活动。哈斯内特以戏剧家的观点看待对阴谋参与者的质询，在书中将耶稣会士驱魔者的行动和信仰撕成碎片。在他看来，用魔法召唤魂灵就像为死者祈祷和念"咒语"，是一种天主教的伪装行为。他和支持者们认为，鬼魂和魔鬼的时代已经过去了。

而对于莎士比亚来说（就像对现代读者），这本书似乎令人困惑，只是经过哈斯内特"活泼"的表演生动了起来。书中的证据让人印象深刻，长期累积的阅读效果让人不可抗拒又让人反感。很快，读者的思维就会被文中那些用作催吐药的饮剂、插在腿上的细针、辛辣的熏香和可怕的遗骸弄得晕头转向。尽管驱魔背后的理念对17世纪的人来说并不像对我们一样那么陌生，但这些文字和意象还是传递了一种跌跌撞撞进入另一个世界的感觉。魔鬼军团接踵而至——皮平（这个人让他的受害者"躺在田野里，张口呆望着月亮"）、希尔克、斯莫尔金、尖帽子鲁斯蒂、希尔克拉图（"世界的君王……跟随他的人只有两个人和一个淘气男孩"）以及折磨可怜的萨拉·威廉姆斯的一大帮魔鬼："马霍，吉力克霍伯和弗拉特瑞特、福立博迪基贝特、霍伯帝当斯、托克巴托，都是这一地区的魔鬼，在萨拉发作的时候莫里斯就和她保持同样的节奏和韵律。""生怕你会认为魔鬼在地狱里没有音乐"，哈斯内特还加了这么一句。

简而言之，这是一份疯狂的记录，它形象地描述身体和思想折磨，勾画古老的想象世界，那正是新教改革的意识形态拥护者寻求废除的东西。身为一名对鬼魂缠身的病理学感兴趣的职业作家，这份记录对哈斯内特是很有意义的。记录以一系列短剧的形式写成，哈斯内特用舞台效果来讲述这次驱魔，同时使用喜剧和悲剧中所有的戏剧修辞来表现荒唐和怪诞。实际上，这种不连贯的手法继承了约翰·邓恩的创作风格。莎士比亚使用了这本书的文本，手法中显示他不像平时只是泛泛读过就拿来用。这一次，他很投入很感兴趣地阅读了这个文本，也许还在日常记录本上记下过一些语句和观点，然后在创作《李尔王》前又细细地把它们消化。譬如，在《李尔王》的暴风雨场景中，他就用了出现在女仆萨拉·威廉姆斯面前的魔鬼的名字。他似乎在展示，在这个没有魔鬼的世界里人性才是真正的邪恶。他也展现给我们人类"互相欺骗"时的情景。

从哈斯内特那里借用来的许多词汇和短语是莎士比亚以前从没有用过——比如，"用通话器"。那些稀奇古怪的词特别吸引他的眼球："耳语的""做作的""胃部""斜视""摇摆不定"就是其中的例子。尽管他借用的词集中在哈斯内特有关痛苦的邪恶词汇，尤其是描写人体被殴打、穿刺、痛打、划伤、烫伤、折磨、穿刺后的极端痛苦等形象时使用的那些。比如，在驱魔中，当受害者被紧绑在椅子上，被魔药弄得恶心，被熏香折磨得够呛，嘴里塞满恶心的遗骨时，有个特别的动作一再被重复。安妮·史密斯讲述了有那么三次，"他们把她紧紧地绑在……椅子上，他们几乎折了她的胳膊，令她全身都是捆绑的淤青，整个人都处在崩溃状态"。另一个老太太是"一副衰老的躯体，虚弱而笨重，就像一只老狗无法动弹……把这年老而枯瘦的女人（捆得）不住扭动和翻滚"。就像在《李尔王》的暴风雨中，可怜的汤姆正喋喋不休时魔鬼出现了，老妇人的意象也再现了。莎士比亚首次也是唯一一次在他的戏剧中用"枯瘪"这个词，就是在葛罗斯特伯爵被绑在椅子上，双目失明的那个可怕的场景里：

> 高纳里尔：把他的眼珠挖出来……
>
> 康华尔：把他枯瘪的手臂牢牢绑起来…捆住他……
>
> 里根：绑紧些，绑紧些！啊，可恶的反贼！……
>
> 康华尔：把他绑在这张椅子上……

哈斯内特的书一定深深触动了莎士比亚，因为他就出生于天主教家庭。这是一种性虐狂似的大片，超现实、野性、富有文学性、充满黑色幽默，让他久久不能忘怀。在后期的三部戏剧中，莎士比亚一直都在重复这种语言，在修改《奥赛罗》时也会这样。这本书渗透到了莎士比亚的想象中，内容融进了他所创作的更为广阔的空间里，充满了人类痛苦的重复意象。这不仅仅是一个借用文字、名字和意象的问题。因为一切都已融入这部剧本身：暴风雨就是一种驱魔（实际上，这部剧本身可能就是一场驱魔仪式）。在反复琢磨哈斯内特的这本书后，莎士比亚似乎找到了方法来将这个古老的故事变成一种文学手段，在剧情发展到一半的时候创造出了可怕的启示性高潮：当契约不再有效力时，人为的邪恶和残酷的风暴吞没了人类，人类生命就如低下的牲畜一样面对着毫无怜悯的上帝："就像那些奢侈享乐的人戏弄苍蝇一样……他们杀我们如游戏一般"。

生命是什么?

　　就如欧里庇得斯最伟大的悲剧末尾那样,莎士比业留给我们的是同样的问题:如果这就是生命的一切,那么生命是什么? 在某种程度上,《李尔王》就是莎士比亚对哈内斯特的回答。或者至少是对文化、思想的形式和权力结构的回答,对它所描述的事件的回答。权威在哪里? 自然的法则能够被理性激发和界定吗? 人性是独立的吗? 权威是神的属性,神的例行活动——就像詹姆斯自己宣称的——是超自然的因素吗? 还有奇迹和预言吗? 奇迹时代是不是已经不存在了?

　　莎士比亚在《李尔王》中使用的语言是自《哈姆雷特》以来所形成的语言风格的巅峰。这些丰富无比的语言来自流行歌曲、精神病人的胡言乱语、拉丁文、法文以及他自己的杜撰。不过这部戏剧中关键的情感基调来自优美的古老英语词汇——常常是单音节的那些。譬如,"看"和"感",都是戏剧中的关键词(李尔王在剧本结尾时说:"I see it feelingly [我感觉我看见了]"。)"亲"和"好"形成了另一组他最喜欢的语义丛,打开了丰富的语义可能性:从最基本的确定人类关系的语言词根开始,发散到事关最重要的人类素质即友好的表达。他为这些词焦虑不安,就像在《哈姆雷特》中一样:"比亲戚更多一点,比友好又少一点。"在《李尔王》中,这些单音节的词常常带着情感表达了这种含义:

> 你知道我们第一次嗅到空气时
>
> 我们号叫、狂吠……
>
> 接着杀、杀、杀、杀、杀、杀!……
>
> 咆哮、咆哮、咆哮、咆哮! 哦,你们这些铁石心肠的人!……

> 如果我是人类，我想让这位女士成为我的孩子……
>
> 我会如此，如此……

看看莎士比亚在斯特拉福德街头听到的平实语言还是很有意思的，比如他父母所说的话以及田野里的农民所说的话。对于质朴的乡下人来说，语言就像是实质的东西，摸得着、看得见。在这种质朴中，有一种近乎道德价值的东西。在莎士比亚的作品中，最强烈的情感不是用拉丁文或法文或学术性词语来表达的——尽管这些词有时候会从国王或上层社会的罗马英雄嘴里说出——而是用古老的单音节英语来表达的：亲、戚、好、恨、杀、活、死、善、爱……

在《李尔王》中，这样一连串的语言把我们带入了恐怖和无依无靠的世界。这里的人是我们在 16 世纪 80 年代沃里克郡的镇记录本上见过的人：双目失明的"蠢"孩子、疯人院的乞丐、在伦敦居住时遭到瘟疫袭击的街上与他擦肩而过的人。这些人都是国王应该关心却没有关心的人：

> 衣不蔽体的不幸的人们啊，无论你们身在何方，
>
> 都得忍受这样无情的暴风雨的袭击，
>
> 你们头上没有片瓦遮身，腹中饥肠辘辘，
>
> 你们衣服破破烂烂，怎可抵挡得了这样的天气？
>
> 啊，我以前都没想到过这样的事情。
>
> 荣享富贵的人啊，让他们也来感受一下穷人的苦，
>
> 和他们分享一下你们的福泽，
>
> 让上天知道你们也还不是那么没有心肝吧！

很显然，这部戏剧不是写来取悦贵族、获得席位或快速重改一部老剧完成合同了事的。但这和受人欢迎的娱乐一样很有要求——是证明观众的智商、语言能力和反应程度的戏剧。莎士比亚将宗教性的夸夸其谈变成一个受困于时代邪恶，而且是人为邪恶的人的故事。最后，在李尔王和考狄利娅的话中，他似乎想起了源自《宽慰的书信》中罗伯特·索思韦尔对监狱、自由和圣洁的神秘的反思，其形象是一只困在笼子里的鸟：

> 李　　尔：来，让我们到监狱里去。
> 我们俩人将要像笼中之鸟一般歌唱；
> 当你求我为你祝福的时候，
> 我要跪下来，求你饶恕。
> 我们就这样生活着，祈祷、唱歌、
> 说些古老的故事，嘲笑那些金翅蝴蝶般的廷臣，
> 听听那些可怜人讲些官廷里的消息；
> 我们也要和他们一起谈话，
> 谁失败，谁胜利，谁在朝，谁在野，
> 用我们的意见解释各种事情的奥秘，
> 就像我们是上帝的耳目一样；
> 在囚牢的四壁之内，我们将要冷眼看那些朋比为奸
> 　　的党徒
> 随着月亮的圆缺起起伏伏。
> 爱德蒙：把他们带下去。
> 李　　尔：对于这样的祭物，我的考狄利娅，
> 天神也要焚香致敬的。我真的抓住你了吗？

> 谁要是想分开我们，就要从天上取一把火炬，
>
> 像驱赶狐狸一样把我们赶散。擦干你的泪水，
>
> 让恶疮烂掉他们的全身，
>
> 他们也不能让我们流泪，
>
> 我们要看着他们活活饿死。
>
> 来。

我们只能猜测在什么情况下一个人会写出这样的诗歌。即使是在平和的时候，《李尔王》中语言也是异乎寻常地冷酷残暴。莎士比亚真的是在一个拥挤的"日常酒店"的里屋想到这些东西的吗？这不更像是在孤独的子夜写下的东西吗？

没有一个戏剧家在写下一出戏时会不期待演员去表演，剧本总是为剧团量身定做。在坎普死后，《亨利五世》和《裘利斯·凯撒》中就不再有小丑的角色了。而随着约翰·瑞斯和威廉·奥斯特的到来，女性角色日渐丰富起来。这是一支彼此熟悉的队伍，在一起时间长，成熟，能做任何事情———很明显，他们对剧本创作人也很有信心：伯比奇饰演李尔王；海明斯饰演葛罗斯特，他擅长大惊小怪的老侍臣的角色；阿明饰演弄臣，唱着奇异的韵律、快拍和歌曲。

莎士比亚是一个伟大的喜剧作家，他对此有天然的感觉（这也许是从他那个"面带欢乐"的父亲那里遗传的），他的喜剧以一种酸楚的方式和悲剧融合在一起，更不用提他与生俱来的对喜剧的热情。不过他也知道毁灭是历史上品行高洁的人的本性。旧世界被摧毁了，新世界形成了。我们最亲爱的东西失去了，但伤口，有些伤口也会适时愈合。

悲剧的要义

亚里士多德在《诗论》有关希腊悲剧的著名定义中说，悲剧就是对生活的模仿："模仿一种严肃和完整的行动，它有一种重要性。其语言是成熟老练的，每一种风格对应不同的部分。它是戏剧性的，不是叙述体裁。借着遗憾和恐惧，它完成了情绪的净化。"当然，这是对希腊艺术形式的定义，不是英语艺术的。但在自己最伟大的戏剧中，譬如《李尔王》，莎士比亚就是这样做的。他给我们展示了人类最糟糕的一面，通过悲剧性的宣泄给我们提供了生命的回顾和死亡的预示，鼓励我们借助自己的幸存，从伦理道德的立场上"经受时间的考验"。正如我们从他的家庭背景、童年和求学中看到的，莎士比亚学会了在失去了秩序、只有混乱的时期，如何从两面去看待问题。莎士比亚为此创作了最伟大的戏剧，几乎是刻意地为观众堆积着各种痛苦和折磨。不过，就如悲剧的本质所示，因为邪恶者最终的毁灭，一些奇怪的只能称之为天意的安慰性力量使戏剧的虚无主义得以缓和。

不过，这是基督教的天道，还是希腊人自己的东西？这部戏剧被贴上了基督教、前基督教甚至后基督教的标签。尽管故事很安全地置身于英国神话和异教的史前阶段，但还是有着这三种宗教标签的真实性。《李尔王》的基督教性质在于这是为基督徒观众创作的艺术，这种艺术的作者努力挖掘宗教意象、词汇和故事。这是我们从像莎士比亚这样的终身《圣经》读者身上可以期待到的（譬如，《约伯记》就是出现在这部戏剧背景的一个明显例证）。不过是什么样的基督教性质呢？这部戏剧不是新教的，也不是天主教的，尽管有迹象表明，天主教徒将其视为对他们这个时代的评价。

不过《李尔王》不可能被强迫限制在那样鲜明的特点中。作为一部蔓生的、不合常规的预示性奇迹剧，《李尔王》带有宗教色彩和政治主题，它回到了莎士比亚在儿时的考文垂看到的神秘剧，回到了原来的女王剧团那种结尾皆大欢喜的戏剧。现实和讽刺夹杂在一起，时而污言淫秽连篇，再加上一些歌曲、疯狂的韵律、快步曲、魔鬼的名字和街头俚语，这个故事置身于一幅暴力和疏远的场景中。很容易明白为什么它这么吸引 20 世纪的作家，譬如塞缪尔·贝克特。无论我们将其视为前基督教的还是后基督教的，它都展示了莎士比亚时期英国的精神面貌。

还有最后一点，就是作者的意图。这是一部由国王剧团为国王表演的戏剧，而且逃过了被砍掉的厄运（尽管现在认为《李尔王》两个版本之间的不同是审查制度导致的）。这毕竟是一部有关国王和他的王国遭到毁灭性分裂的戏剧，虽然其中有些是为了讨好和吸引那些皇家资助者。而且，与此同时，在潜台词中，戏剧发展与这种讨好是对立的，很难相信莎士比亚不是有意而为之。

400 年过去了，也许我们会欺骗自己，认为我们靠近了莎士比亚，因为他创作了像这样一部戏剧。但是当我们记起他对李尔王的着迷可以追溯到原来的女王剧团的戏剧时，也许我们只是对他的想法有了一丁点儿了解而已。这是他在多年前《维洛那二绅士》中就提及的故事，一个贯穿他事业生涯的故事（在《威尼斯商人》和《理查二世》中也出现过）。后来他修改并重新创作了李尔王最著名的场景，更加有力，更加细微，这又一次有力地表明这部戏剧对他来说确实很重要。

本·琼森曾攻击莎士比亚没有道德立场，塞缪尔·约翰逊在 200 年后也这样说。在 21 世纪我们知道，他只是忠实于生活本身。《李尔王》印证了这样一个观点，即莎士比亚的艺术在某种程度上不是对立的。他不像锡德尼或琼森那样训导读者。他没有告诉你他是怎么想的，或者你应该怎么想。他从来都不布道。他只是构建了对立，列出各种观点，然后对着本质端起镜子。因此，在《李尔王》中，在他的时事话题中，在他运用那么沉重的同时代资料时，也许我们窥伺到了詹姆斯一世时期的公众艺术家最高水平的创作。我们能感觉到，在一贯的谨慎下，莎士比亚作为一个艺术家的绝对严肃性。一名现代批评家称："在面对自己的时代时，他表现出了冷静和圆滑的权威性。"

1606 年圣斯蒂芬节，莎士比亚的剧团在白厅宫为国王表演了《李尔王》，时值议会爆炸阴谋之后的第二年，这一天也是英国国教仍然遵循的少数几个圣人节日的一个。这使我们能够猜测他跟随他的资助人能走得多远，他的资助人又能和他相处多久。从这一方面看，那天晚上在白厅的表演是西方文化历史上象征性的一课，就像在莎士比亚出生的那年春天，米开朗基罗在生命中最后一个工作日毁掉了雕塑《隆旦尼尼圣殇》[1]，又像是在莎士比亚去世三年后，笛卡尔在梦中看到一切科学都熔在乌拉姆的壁炉里[2]。这是旧与新、过去和未来之间的桥梁。

---

[1] 编注：《隆旦尼尼圣殇》是米开朗基罗生前创作的最后一座雕塑，以耶稣受难为主题。出于不为人知的原因，他敲毁了雕塑的肢体。后来，雕塑残件由他的学生修复。

[2] 编注：指笛卡尔在参军后把自己关在德国乌拉姆一间带壁炉的房间冥想的掌故。

第十四章

爆炸、叛逆和密谋

占星历书曾预言过 1605 年会发生可怕的事情，它还特别神奇地提到会在秋天发生。1567 年以来，历经 40 年的预言预见了 9 月和 10 月的日食、月食之后会出现的灾难："慈善会渐冷，真理和正义会遭到压制。"莎士比亚在 1605 年秋天创作的《李尔王》中将这种情绪更加戏剧化。这部戏剧尚未完成时，詹姆斯统治时期的一件决定性事件发生了，改变了一切：议会爆炸阴谋。

议会爆炸阴谋

11 月 5 日，政府有了个惊人的大发现：天主教徒试图要把国王和他的议会都炸上天。主要的阴谋策划者有凯茨比、特雷瑟姆和温特，他们都有斯特拉福德的渊源。实际上，凯茨比一家和莎士比亚的母亲还有些远亲关系。这起阴谋诞生于沃里克郡和沃赛斯特郡，格兰特家就是他们安身的地方，离斯特拉福德 1 英里远，就在斯尼特菲尔德附近的克洛普顿大厦。早些时候，英国耶稣会士的首领亨利·加内特在去霍利韦尔的圣维尼福瑞德朝圣时就住在那里，第二天才搬到沃赛斯特郡的哈丁顿，即温特的家。这个联系密切的叛逆团伙和诗人的世界有千丝万缕的关系。

在派出的职业杀手盖伊·福克斯被捕之后，阴谋策划者们被一路追杀，顺着雨水浸泡的乡间小路经斯特拉福德到达沃赛斯特郡。出于恐慌，约翰·莎士比亚的老生意伙伴格兰特派了一位信使到汉里街的巴杰斯家，捎给他"一大包祭衣、法衣、十字架和其他遗物"。格兰特家被洗劫一空，夷为平地，今天唯一留下的一点印迹就是农场边上一道隆起的长满草的土丘。在哈丁顿，他们吃完最后的晚餐，在午夜时分举行了弥撒，涂灰脸后仓皇而逃。匆忙之中，他们的火药在穿越涨水的斯陶尔河时被浸湿了。特雷瑟姆和凯茨比最终在斯塔福德郡的亨利普落入陷阱。和麦克白一样，凯茨比战死。今天，被他们当作掩体的那房子还在，在一片长满树木的凹地上。如今那里是一对老人的家，房子正面的弹孔还清晰可见。这一切都在风化和衰退中渐渐地变成一堆老旧的石头颗粒，就如引发这起悲剧历史事件的强烈情感自身最终也慢慢消退一样。

历史的终结?

第 107 首十四行诗中的那种芳香岁月一去不复返。谋逆者曾期待着恢复到过去的时光，恢复旧信仰，但实际上他们却摧毁了所有回到旧日时光的希望。詹姆斯宣布，他曾预感到这起谋反。11 月 9 日，在议会面前，国王就这起阴谋发表了他对《圣经》的阐释，第二天这种阐释就在圣保罗的布道上一再被强调，这是很直截了当的神学论点：这起谋逆是魔鬼指使的，是上帝拯救了国王。在预见到这起阴谋的同时，国王强调他作为上帝派遣的救世主的地位，声称他是被自己具有预见性的灵魂拯救的。这份文件现在还悬挂在否决选举大厅[1]，今天每次议会开幕式前王室警卫队都会检查酒窖。

第二年，政府鼓动民众发表对此次谋逆的看法。1 月和 3 月对谋逆者摆摆样子的公审将官方的意图讲得清清楚楚：这起刺杀阴谋是一批狂热分子受耶稣会怂恿的结果。詹姆斯想让这种阐释成为英国认同感的重要部分，强调英王国在上帝的天意中的地位。由于认为国民意识岌岌可危，为了纪念这次事件还举行了一次礼拜式的庆典。议会爆炸阴谋将在国民心理上留下重要的烙印：这是改革的分水岭，从这个时候开始，一切都回不去了。就政治改革而言，这标志着历史的终结，或者至少是旧历史的终结。议会爆炸日变成了烟火节，至今英国还会在这一天举行庆典，有些老的篝火协会还会焚烧福克斯、凯茨比还有教皇的假人像。如今已经快到这一事件的 400 周年纪念日了。每年 11 月在英国南方的刘易斯、拉伊和其他城镇，游行、旗帜、篝火、烧假人总会让我们想起 16 世纪的宗教斗争，硝烟还没有完全散去。

---

[1] 编注：否决选举大厅（Noes Lobby），英国议会大厦里一间给投反对票的议员准备的房间。当他们不同意某项议案时，便走到里面去。若是同意，则到表示支持的房间去（Ayes' Lobby）。

女巫和阴谋：剧院获得资助

尽管不是很确切，莎士比亚很可能是在 1605 年到 1606 年冬天的阴谋事件后完成《李尔王》的创作的。公审后民众的反应很热烈，和今天一样，娱乐业急着对此做出回应。当时出现了好几部有关议会爆炸阴谋的戏剧，包括戴克的《巴比伦的妓女》、马斯顿的《索佛尼斯巴》和巴纳比·巴恩斯的《魔鬼的宪章》。这些戏剧中充斥着反天主教徒的言辞，就像戴克的诗歌《两个P》、无名氏的《墓穴里的魔鬼》和《耶稣会士的奇迹》，等等。戴克的戏剧是公开回应爆炸案的：他笔下的妓女派遣一群会变戏法的杂耍人作耶稣会的刺杀者，从罗马出发去刺杀伊丽莎白：

> 他肤色是褐色的，是苍白的，是黑种人，是白种人，
>
> 他会是任何一个人，他是耶稣会士！

在巴恩斯的戏剧中，教皇亚历山大六世和魔鬼签订了一个契约，要毁灭所有反对他在罗马统治地位的势力。这部戏剧是创作来让莎士比亚的剧团演出的。在这个潘趣和朱迪[1]类的给大人看的滑稽木偶剧中，巴恩斯将魔鬼本人推上了舞台，在巫术、驱邪和细琐的"闪电和硫磺烟雾喷发"的舞台效果中直面主教。

第一时间抓住他们！在某种程度上这就是在给予观众他们想要的东西。带着挑衅、社会现实和性别政治因素，伊丽莎白时期的剧院反

---

[1] 编注：潘趣和朱迪（Punch and Judy）是英国传统木偶剧，以潘趣先生和太太朱迪为主，至今仍深受欢迎。

映了那时的焦虑和品味，就像今天电视上演的流行剧目中的极端感情和暴力一样。不过在另一种层次上，戏剧的语言，包括莎士比亚的阴谋戏剧《麦克白》，因这一时期思想意识上的争论而被激发起来。

《麦克白》创作于 1606 年夏天，莎士比亚在晚秋时对剧本进行了最后的补充。驾驭着几乎不可控制的歇斯底里，就像《一报还一报》那样驾驭着极度愉快的心情，莎士比亚以这样一出新剧应和着在新的宗教时代引领大家的学者型国王的到来。不过正如往常，莎士比亚比同时期的戏剧家更加模棱两可，更加拐弯抹角。

《麦克白》有着了不起的节奏和抨击力。三个女巫和她们可怕的图谋；暴风雨、预兆、谋杀；令人窒息的恐慌、那种被抑制的歇斯底里——整部戏剧是有着快速节奏和大胆冲击力的大师之作。又一次，这部戏剧是献给詹姆斯的。在那时的伦敦剧院，苏格兰主题很时尚。《麦克白》利用的就是特定的皇家兴趣点。巫术也是其中之一，詹姆斯曾就这个主题写过一本书。苏格兰皇家出身是另一个：国王相信他的祖先是班柯[1]，莎士比亚在女巫的语言中提到了很多这方面的东西（他特别阅读了一些历史书，包括莱斯利和布坎南写的两本拉丁文苏格兰历史）。因此有很多能让国王坐下来欣赏的东西——甚至能让他开心。对于那种普遍的恐怖和威胁情绪，剧中表现的不是十分具体。和巴恩斯及戴克不一样的是，莎士比亚没有把反天主教写进剧中，尽管他在第二幕第一场中看门人有关"含糊话"的著名演讲里把对耶稣会士亨利·加内特的审判加了进去。这部令人惊诧而又大胆的戏剧在

---

[1] 编注：据传班柯（Banquo）是苏格兰斯图亚特王朝的国王，在霍林斯赫德的《英格兰、苏格兰和爱尔兰编年史》中有记载。莎士比亚和马洛都曾将《编年史》作为重要的创作参考书。今天的历史学家一般认为班柯是一个神话人物，并不是真实存在的。

麦克白谋杀了国王邓肯之后进入了极其痛苦的紧张状态，麦克白带着基于最古老的英国儿童笑话（敲门笑话[1]）之一的酒醉状态的意识流。不过在这里敲门的是奇迹贩卖者和已故的恐怖主义者：

一门房上，内有敲门声。

门房：门敲得这么厉害！要是一个人在地狱那里做了看门人，就是拨门开锁也够他做的了。（内有敲门声）敲！敲！敲！以魔鬼的名义，谁在那儿？一定是个囤积粮食的富农，眼看碰上了丰收的年头，就此上了吊：快进来吧，多备几方手帕，这儿是火坑，包你一身臭汗。（内有敲门声）敲！敲！以另一个魔鬼的名义，谁在那儿？一定是说话暧昧含糊的家伙，他会同时站在两边，一会儿帮着这个骂那个，一会儿帮着那个骂这个。他曾经为了上帝的缘故，干过不少亏心事，可他那暧昧含糊的舌头却不能送他上天堂。啊！进来吧，暧昧含糊的家伙！（内有敲门声）敲！敲！敲！谁在那儿？哼，一定是什么英国的裁缝，生前给人做条法国裤还要偷工减料：进来吧，裁缝，你可以在这里烧你的烙铁……

这位门房是地狱大门的守护者，是莎士比亚儿时就开始看的中世纪神秘剧中的人物。主要的指涉是针对那时被宣告有罪和被处决的加内特（他的化名是富农）。这个神秘的英国裁缝源于当年 11 月末或 12 月初莎士比亚的一位同代人。就在《麦克白》第一次上演前的一个月

---

[1] 编注：敲门笑话（"Knock knock, who's there?"）是一种英语笑话，以双关语作为笑点，常以一问一答的形式训练对答者们的急智。

左右，有个裁缝在伦敦被捕了，因为他宣称把一根稻草浸在加内特的鲜血里，奇迹就发生了（信徒都非常渴望能得到浸有他的鲜血的餐巾）。暧昧含糊的家伙指的是耶稣会为避免说谎，却又对事实只言片语，以免置自己于被审讯的有罪状态。加内特拒绝透露他了解的有关议会爆炸阴谋的事情，就为了保护他在告解室听到的隐私。

审问加内特的抄本在公开记录中还幸存着。门房这一幕的隐含文本就是一系列的戏剧性交流，是那时在伦敦家喻户晓的"戏剧对话"：

> "难道你没有接受凯茨比的要求，进行某种大图谋，用火药或其他东西，为了天主教的事业……加内特先生，你说，特雷瑟姆先生是怎么模棱两可的？"
>
> "我不知道"。
>
> （那时，他的手颤抖着写下）："我记得一些事情，因为他们都是在我了解爆炸阴谋事件前很久的，我都忘记了……）"

是加内特自己无法对上天模棱两可。《麦克白》甚至在演员们中间成了一个迷信的东西，这个名声毫无疑问部分来自加内特这个严酷的主题。它也是最短的莎剧之一，后来表演中所增加的部分不是出自莎士比亚之手，有可能我们所看到的是他最初剧本的削减版加了一些歌曲而已。这可能有助于解释，为何这部创作里有些东西很伟大，却缺乏平行的阴谋剧情，和这一时期的其他戏剧相比显得单薄很多。

不论莎士比亚私下是如何同情他们的，很难想象创作这个剧本的人是站在加内特一边的。事实是，血腥玛丽和新教的伊丽莎白都因英国人民的良知而进行了可怕的残酷镇压。我们没有理由认为，作为爱国的英国人民，莎士比亚会不相信这起阴谋有多么恐怖。不过正如在第 124 首十四行诗中写的那样，他对这起阴谋十分超脱，显示出头脑"非常具有政治性"。当时，莎士比亚正住在一个胡格诺教徒家里，也许很少去新教教堂，当然也从不在当地教区里担任什么职位。他正慢慢置身事外。也许住在两个地区之间使得这一切更容易。

沃里克郡的忠诚分子

在像斯特拉福德这样的小镇越来越难以置身事外。议会爆炸阴谋终结了一段反天主教迫害的宽容时期。以前，温和派天主教徒能够只参加英国国教的礼拜仪式，不用参加圣餐礼。这样既能免于罚款，又不会良心不安。根据一位外国访客记录，在伊丽莎白统治早期，在人们自己家的密室里曾有"礼拜的自由"。女王很明智地拒绝强迫她的臣民选择教会，以检测他们是否忠心，让"直达人们灵魂的窗户"一直紧锁着。这种状态在詹姆斯统治早期也一直持续着。不过，在这起阴谋事件之后，政府开始镇压温和派天主教徒。一部议会法案被通过，特别提到那些"在内心里忠于天主教"却"善于伪装的不忠实的人，有时会补去教堂，逃避法律的惩罚"。这些人每年至少要接受一次圣餐礼，否则第一年罚款 20 英镑，第二年 40 英镑，第三年开始就是 60 英镑。当地警官必须把没有领受圣餐的天主教徒的名单报给治安官。

复活节是最重要的英国国教节日，很难想象一个天主教徒会在这一天去参加新教的圣餐礼。因此，我们必须看看那份在 1606 年 5 月被放在斯特拉福德教堂法庭的著名的 21 人名单，他们都是在 4 月 20 日的复活节没有前去参加圣餐礼的人。在他们当中，有诗人 23 岁的女儿苏珊娜。

在这起因议会爆炸阴谋引发的控诉中，苏珊娜没有参加国教教堂举行的复活节仪式，甚至拒绝第一次对她的传讯。重要的是，名单上其他顽固派天主教徒中，还有一些莎士比亚老邻居，譬如威勒、雷诺兹和考德里，他们都是前镇议员和高级执行官，也是公开的天主教徒。这名单上还有家庭朋友，譬如哈姆内特·萨德勒和朱迪斯·萨德勒——莎士比亚双胞胎女儿的教父教母。他们现在都是老人了，很明显还固守着旧宗教。为自己和他太太说话，也面对着被迫接受的新教圣餐礼，哈姆内特确认他们已经放弃了教义，祈祷时间"能净化他的良知"。1964 年这份名单被发现，成为一份重要的证据，表明这个家庭一直以来都是信奉旧宗教的。

泰门的秘密

回到伦敦，有关爆炸的戏剧扎堆出现。伦敦舞台正处在戏剧的高峰期，莎士比亚的剧团不断被要求上演新剧。但一部好剧总是需要几个月时间才能创作出来，因此有必要提前半年就计划节目。1606 年，在创作《麦克白》时，莎士比亚重新阅读了普鲁塔克基于安东尼和克里奥帕特拉故事的剧本。就像许多伟大的作家一样，他在任何时候脑子里都不止一个计划，普鲁塔克的《生活》给了他接下来创作的三部作品中两个灵感。很有趣的是，他在这个时候创作的另一部戏剧《雅典的泰门》也是来自普鲁塔克的作品，不过偏离了安东尼的故事。莎士比亚似乎从 1606 年末到 1607 年开始创作这些戏剧，《安东尼和克里奥帕特拉》在 1607 年初上演。和米德尔顿合作的《雅典的泰门》是在最后一刻才加入到莎士比亚作品的四开本中的，在我们拥有的版本中这部作品似乎没有完成。没有证据表明这部戏剧被上演过，因此它可能使我们对莎士比亚创作的全貌有个比较有意思的窥视。

《雅典的泰门》不是悲剧，而是一部讽刺剧，讲述了一个拥有一切的男人的故事。在虚荣繁华的詹姆斯一世时期，贪婪被看作美德，不过剧本嘲讽的重点不在于金钱本身及其腐败的力量，而在于贪婪和欺诈的共谋属性——这是许多詹姆斯一世时期城市喜剧的主体部分，但不是莎士比亚戏剧过往的关注所在。这出戏并不是很成功。以城市喜剧的标准而言，它像是被迫创作的，有着不稳定和重复的特点。剧中人物都像来参加假面舞会的，缺少丰富的思想，浅薄而沉默。在《雅典的泰门》中，弄儿成了莎士比亚最枯燥和最无趣的人物。戏剧的基调也没有展现一个停留的灵魂，"非常具有政治性"。不过，这出戏中语言的暴力以及与阴谋匹配的愤怒和野心，都是需要作者去感受、去分析才能创作出来的，因此，写出了《雅典的泰门》的莎士比亚就是这样的人。旧时代的上流批评家认为，他在创作这么一个尖锐的作品时一定经历了精神上的崩溃，愤怒、野心和怨恨总是潜伏在他的伪装中，莎士比亚在艺术中将自己事业生涯的整个过程全都展现了出来。

为什么《雅典的泰门》最终没有完成？和往常不一样，莎士比亚选择了一个特别具有象征力量的情节，但没有足够的推动力。也许这就是为什么他感觉这部作品不成功。不过也许真正没有完成这部作品的原因是心理上的，而不是戏剧本身的问题。讽刺不是莎士比亚的自然倾向，他自己也不是一个愤世嫉俗的人。他并不仇恨人类，是想象他人的能力、变色龙一样的移情，也就是济慈所说的"消极感受力"，妨碍了他。他的心没有投入于此。

合作：莎士比亚是戏剧脚本编辑？

　　一直存在的创作新剧本的压力意味着要不停拉进新的人才。合作创作很常见，有时候剧团会雇佣自由作家，其中就有托马斯·米德尔顿。他出生于 1580 年，是伦敦一位富有而温和的清教徒砖匠之子。米德尔顿是 16 世纪 90 年代末的牛津学生，但没有获得学位就离开了。和很多有抱负、有魅力的年轻人一样，他"每天都和演员在一起"。

　　学徒期总是历经磨难的，米德尔顿的事业显示了一个年轻作家是如何成长的。他的第一个合作对象是戴克——他为上将剧团和圣保罗男孩剧团创作。1605 年，米德尔顿开始为国王剧团写剧本，还负责一部分《麦克白》的创作，也许是作为修改者。他还参与了《雅典的泰门》。在莎士比亚作为剧团的主要创作者、监工和股东时，他招纳了米德尔顿这样的新作家。特别是从 1606 年年中开始，为了应对新的审查制度，莎士比亚突然面对大量修改老剧本的任务。

　　和米多尔顿的工作关系让我们深入了解到莎士比亚作为剧团常驻作家的作用。1599 年到 1606 年，大约有 30 部新剧创作出来并成为环球剧院的保留节目。正如我们看到的，这包括许多其他剧作家的作品，像是琼森、戴克、威尔金斯的剧本，以及米德尔顿和他尖刻的《报复者的悲剧》。其他都是匿名的。不过那时国王剧团表演的戏剧中已经有一些是以莎士比亚署名印刷的，以吸引读者的注意，比如 1605 年的《伦敦浪子》和 1608 年的《约克郡悲剧》。流行的悲喜剧《埃德蒙顿的欢乐魔鬼》后来也归功于他。

　　《约克郡悲剧》是一个戏剧性的谋杀故事，以同时代的实际事件为基础，长度上只有大型悲剧的三分之一还不到，作为四部短剧之一上台表演。这部剧的主人公卡尔弗利一家是住在维克菲尔德附近的顽固派天主教徒。卡尔弗利谋杀了自己的小儿子，还试图谋杀妻子和其他孩子。尽管 1608 年的四开本以莎士比亚的名义出版，但毫无疑问大部分是米德尔顿创作的，就像他还创作了 1607 年以"WS"的名义出版的《清教徒》。有迹象表明，作品中还有其他两个人的参与。一个可能是乔治·威尔金斯，他为国王剧团创作过《强扭的瓜不甜》，讲的就是卡尔弗利故事的背景。很快，威尔金斯和莎士比亚合作创作了《伯利克里》。不过莎士比亚可能只创作了《约克郡悲剧》其中的一到两页。在小儿子被谋杀那个令人痛苦的场景中，可以看到莎士比亚的创作印迹，这个部分足以给《东区人》[1] 中最暴力的情节添彩几分。在创作《约克郡悲剧》时他们没有意识到上演后会带来的效果，几个星期后所有这些要素组合到了一起，形成了所谓的轰动效应。

这个例子告诉了我们有关合作的一些情况。莎士比亚作为主要创作者，另一方面的工作是"增加"、"改正"和"监督"其他剧本。这时期三分之一的表演都是合作的结果，和亨斯洛合作的比例上升到半数。威尔金斯和莎士比亚在《伯利克里》的合作很有可能还触及了交给剧团的脚本。也许莎士比亚读了这个剧本，还很有兴趣地花费时间将第一幕和第二幕润色一番，并将最后三幕完全重新创作。

过去，这种事情对我们来说是很难接受的——涉及"天才"，我们都喜欢相信他是独自创作的。和天资稍欠的人合作并不符合我们对莎士比亚作为独自创作者的理想。不过在今天，任何涉及电影、喜剧或电视脚本创作的人都知道，在压力极大的娱乐业工作是什么样子。通常是没有什么唯一的"作者身份"的。一部电影上演依赖多个作

---

[1] 编注：《东区人》（*East Enders*）是一部英国长篇电视剧，1985 年开播至今。剧中涉及很多敏感话题，包括同性恋、艾滋病、种族歧视、未婚先孕等。

者。高级的主要作者会润色别人的作品，哪怕剧本跟他没什么实际关系，执行制作人也会买账。或者，主要作者会提供最初的概念，然后把它传给别人继续创作。他会拿到稿费，并获得好评。这对于中年作家来说特别有可能。有趣的是，在莎士比亚事业生涯中这一切发生的时间相对较早，是在他 42 岁的时候。莎士比亚在《李尔王》之后创作的 12 部戏剧中，有一半都是合作的结果。这是剧团的规矩，还是他已经丧失了创作热情？是哪里有问题吗？譬如，他是否生了病？也许莎士比亚意识到他应该找时间去享受劳动果实？我们会回到这些问题上来的。

清教徒和演员：更多的战争

议会爆炸阴谋的结果也影响了舞台。清教徒对剧院持续施压，圣保罗教堂的公开布道一直在宣扬演员不道德，谴责他们是"罪恶的培养者，腐败的激发者"。1606 年 5 月，议会通过一项"抑制演员的滥用"法案。为了抑制剧院渎神，律法规定如有违反就罚 10 英镑。渎神——不敬和亵渎的语言——在法案中并没有下定义。这完全仰赖观众的眼睛（或耳朵），因此就很巧妙地需要自我审查。对于常常在宫廷演出的皇家仆人，谨慎就变得更加有必要了。

在一份被认为是 1606 年前的《奥赛罗》四开本和在死后才出版的对开修订本的对比中，莎士比亚和他的同事们害怕的东西被展现了出来。第一个版本包含了超过 50 个诅咒语和渎神语，特别是在伊阿古的种族厌恶说教中；对开本的版本中就没有。这些诅咒语主要是占英语的，以上帝的名义，譬如"宙死"（神赐的创伤）和"上血"（上天的鲜血）。"呸"这个词不再出现在这部戏剧的开头行，表明剧团对可能被看作是渎神的东西提心吊胆——每亵渎一句就要罚 10 英镑。

　　因此，1606 年 5 月后不久，《奥赛罗》和其他戏剧都被系统地加以检查，以去除诅咒话语。必要的重新创作涉及语感、韵律、句法和节奏的改变，这不太可能会交给演员或提台词的人去完成，因此也有助于解释为什么莎士比亚会在那一年将部分作品转让出去。莎士比亚利用这个机会修改了《奥赛罗》，有时候是重新创作那些诗行，或者用新的诗行替代，进行了重要的削减，并增加了 150 行。增加的内容包括艾米利亚在第四幕最后发表的一段有力的演讲，提出女人反抗男人恶意的权利：

　　　　　　　　让做丈夫的都知道，
　　他们的妻子也有和他们同样的感觉：她们眼睛能看，鼻子能闻，
　　舌头能分辨甜酸，就和她们的丈夫一样。
　　他们是为了人们缘故，移情别恋？逢场作戏？
　　我想是这样的：是爱情的驱使吗？
　　我想是这样的：是喜新厌旧的人之常情吗？
　　确实如此。难道我们就不会对别人发生爱情，
　　难道我们就没有逢场作戏、喜新厌旧的欲望？
　　就像男人一样？
　　让他们好好对待我们吧：否则让他们知道，
　　我们所干的坏事正是出于他们的指教。

　　另一方面，有些变化是小细节上的，譬如奥赛罗的感叹词（斜体部分），打破了苔丝德蒙娜在被杀之前可怕的交谈中最初的诗行：

> 苔丝德蒙娜：让我再多活一天，让我活过今晚！
>
> 奥赛罗：不，要是你想挣扎——
>
> 苔丝德蒙娜：就让我再活半个小时！
>
> 奥赛罗：*已经决定了，没有挽回的余地。*
>
> 苔丝德蒙娜：让我再做一次祷告吧。
>
> 奥赛罗：太迟了。

在这里我们看到了莎士比亚在检查脚本时最敏锐的头脑，他努力从表演的文本中获得更多的力量。这是一部他特别投入的作品。

悲剧的结尾？

1606 年圣诞节，国王剧团在宫廷上演的剧目包括《李尔王》和《麦克白》。1607 年初，《安东尼和克里奥帕特拉》也成为保留节目，其中包含了莎士比亚一些最华美和最自信的诗歌。这部剧可是极具动感，十分复杂，长达 4 个小时的马拉松式演出以其音调上的大变化而出名。

《安东尼和克里奥帕特拉》讲述的是一段著名的情感故事，是许多同时代诗歌和戏剧的主题，包括玛丽·赫伯特和塞缪尔·丹尼尔的著作。不过在莎士比亚手下，这个故事也讲述了历史上的一个转折点——罗马共和国的衰落和帝国的崛起。他让罗马和埃及这两个对立的世界戏剧化起来，塑造了在各种事件的残酷力量压力下，形成的愤世嫉俗的罗马政治和轻松快乐的埃及形象。因此它和许多其他戏剧一起分享了旧世界逝去、新世界来临的感觉。《雅典的泰门》是失败之作，但这一部则是完全展现了他高超的写作技巧。就像柯勒律治所说的，这是一部"有着巨大力量"的作品。

　　与此同时，这也标志着从《奥赛罗》《李尔王》和《麦克白》以来莎士比亚痛苦的内心斗争的转变。这部戏剧讲述的是人类在历史舞台上的行为。当莎士比亚在《哈姆雷特》《奥赛罗》和《李尔王》中自由地创造时，他必须和故事保持密切的联系。因此，这种转变一部分是主题要求的，一部分是艺术家有意识的选择。莎士比亚不是一个没有经过教育的天才。他的才能在 16 世纪 90 年代中期达到了旺盛期，在《罗密欧与朱丽叶》《仲夏夜之梦》中，他总是一个有意识的艺术家。老练而又谨慎的他明白自己在干什么，目标是什么。在《哈姆雷特》《一报还一报》《李尔王》和《麦克白》中一直保有的世界观是建立在莎士比亚成长的思维世界上的：基督徒的幻想世界、基督徒的价值体系和基督徒对自然的看法。《安东尼和克里奥帕特拉》没有这一主题，这表明对莎士比亚来说，至少在悲剧中，这一切已经消失殆尽了。作为艺术家他很满意，特别在《李尔王》中，他已经说了自己想说的一切。

　　很明显，此时的莎士比亚可以很轻松地看待这样一个经典故事，并将它写好。《安东尼和克里奥帕特拉》给人留下了创作技巧高超的印象，对此他可能乐在其中（有时候他把诺斯对普鲁塔克作品译文中的散文进行必要的修改，把它们变成诗歌）。他可能完成了签约的作品，却没有在情感上付出血汗。不过剧本仍然展现了在莎士比亚的创作生涯中可以看到的素质：一直存在的自我更新能力。即使在《雅典的泰门》等失败的作品中，莎士比亚也一直创作出富有魔力和令人惊喜的东西。在《安东尼和克里奥帕特拉》中，技巧上的娴熟使得他自己更符合詹姆斯时期的品位。他的几部戏剧让我们对历史中品行高洁的人的存在更有感觉。

讲到普鲁塔克，有另一件有趣的事情。他写的《高贵的希腊人和罗马人的生活》简直是创作的模本，在整个创作生涯中莎士比亚都不断地回到它。对于职业作家来说，这本书的确很不错，对于年长一代的文艺复兴时期的人文主义者来说充满吸引力。尽管普鲁塔克是一个异教徒牧师和道德说教者，但他公正、冷静、理性和仁慈。正如作者预料的那样，人们不可能在读到那样的生活时，却看不到自己的生活曲线。

回到斯特拉福德：别处的世界

17世纪早期寒冷的冬天在莎士比亚此时的作品中留下了印迹："大风裹卷着雪"的意象不止一次出现。当国王剧团在1606年到1607年圣诞和新年的宫廷里忙碌的时候，沃里克郡正处在"大霜冻"的笼罩之下。布满车辙的冰冻道路很难行走。剧作家约翰·马斯顿描述，那些坐在马车里的贵妇在乡村路上费力地前进着，头发上闪烁着"亮晶晶的冰柱……像是雪做的假发，褐色的斗篷后面满是冰碴……"与此同时，莎士比亚正在斯特拉福德地区不断积累资产。

在那些日子里，投资地产是为养老准备的最好途径。前一年夏天，他投资了440英镑——这可是一大笔钱——在镇外维尔寇姆的公用区什一税股份中获得收益。莎士比亚渐渐积累起地产，包括在新普雷斯扩展的花园。他的心思越来越多地花在家里了。

莎士比亚肯定在1607年6月回到了斯特拉福德，他的女儿苏珊娜嫁给了约翰·霍尔医生。霍尔不是当地人，而且特别有意思的是，他是个温和的清教徒。不过莎士比亚明显很信任他，并逐渐开始依赖他。他们一起去伦敦，在诗人生命的最后几年是他在打点斯特拉福德的生意。霍尔的一本记录簿幸存了下来，那可是一个有关家庭关系的信息矿，还有很多资料尚未开发。在这本记录里，他公平地对待天主教徒和新教徒，甚至"天主教牧师"。人们总是认为医生是狂热分子，但实际上他恰恰相反。在英国那么多家庭中，和解仍然是家里很重视的主题。但是时代已经变了。成就了威廉的信仰、习俗和理想的一切，那些他从母亲处汲取的一切，都毫无疑问地保留了下来，成为家庭的部分神话，但英国现在是一个新教国家，不可能再回到他父亲那个时期了。

也许此时的莎士比亚越来越疏远剧院。在创作生涯后期，他似乎进行了许多私人活动。莎士比亚为埃塞克斯伯爵的朋友拉特兰郡伯爵——一位十分投入的戏剧迷——设计了一个有格言的盾章，并为皇家骑士盛会创作诗歌。这种莎士比亚在很多戏剧中都使用过的有格言的盾章，是文艺复兴时期发展出来的，格言越像谜越好。它们一直都很吸引莎士比亚，以致多次出现在戏剧中。在这次盛会中，潘姆比洛克兄弟的盾章吸引了很多人的注意力：威廉·赫伯特的镶有一颗闪烁的白珍珠，还有一句奥维德的格言"我的力量来自完整"。鉴于莎士比亚和赫伯特的亲密关系，这有可能也是他创作的吗？

乡下暴动：怒火中的旧村庄

富有的阶层聚会寻欢时，乡下的人们开始民愤四起。一系列的庄稼歉收使得内陆地区的乡下穷人彻底绝望，1607 年的滂沱大雨让形势更加严峻。第二年的情况愈发严重，内陆地区的城镇已经有反对圈地活动的偶发暴力事件。贪婪的地主买下了在公共区拥有自有产权的地块，将它们重新组合成大块土地并圈起来用于私人谋利，特别是用来牧羊。1607 年 6 月的第一个星期，正当莎士比亚家在斯特拉福德为苏珊娜的婚礼做准备时，沃里克郡和北安普敦郡地区发生了暴乱，上千农民示威游行反对圈地的贵族。在北沃里克郡，3000 个暴乱分子聚集在莫顿山，反对"贪婪专横的贵族，完全不顾穷人的死活"。空中弥漫着暴动的气息。

当然，莎士比亚那时已是一个拥有不少地产的人，角色易位了。尽管他的兴趣在于维持公共区的地块，而不是翻土种地，但他在两边都有利害关系，尤其是 1615 年圈地狂潮来到维尔寇姆时。但在 1601年，他对起义不可能尚无知觉。当时他正在阅读一份很有意思的资料，为下一部戏剧做准备。

那年夏天，他又读了一遍普鲁塔克的作品，并创作第二部有关罗马后期的戏剧——《科里奥兰纳斯》[1]。正如《安东尼和克里奥帕特拉》，这部戏剧也紧密地跟随着普鲁塔克作品译本。安东尼和科里奥兰纳斯都被 16 世纪的道德说教者引用为没有耐性的典型罗马异教徒——一个自杀，另一个造反叛国。这两个故事都和有权势的女人有关：安东尼和他黑肤色的情人之间热烈的情感，科里奥兰纳斯和他忠诚的妻子以及控制欲很强的母亲。在《科里奥兰纳斯》中，莎士比亚塑造了一个紧张的政治故事，光辉而轮廓鲜明，他无视基督徒对这出悲剧的各种偏见——这是一个经典的有关个人政治宿命的悲剧故事，但不乏同性恋情感的强烈体现。《科里奥兰纳斯》又一次展现了早期悲剧的强烈情感，但无可否认的是，它有着犀利的艺术投入，在现代也有很多拥护者。贝尔托·布莱希特对开头一场的阶级区分的著名剖析——很明显是为了 20 世纪 50 年代早期东德柏林剧团政治剧院——

---

[1]　编注：另有一常见译名《大将军寇流兰》。

强调了在詹姆斯一世初期体现出来的阶级斗争的关键因素。

掘地者宣言

婚礼的庆典就在这样一个社会动乱的背景下举行了，随后而来的是残酷的消息：婚礼后，就在北安普敦郡纽顿村的地界之外，一群2000到3000人左右的农民被当地地主和治安官的私人部队袭击。暴乱分子很快被驱散，大约50人死亡。他们的头儿也被拉去北安普敦，很快就被判处死刑，然后在镇中心的行刑台上受绞刑、大卸八块。这是和坎皮恩、索思韦尔同样的惩罚，只不过此时的敌人不一样了。

所谓的"沃里克郡的掘地者"[1]起草了一份宣言，将他们的事情公告给地方当局、治安官和自由民。莎士比亚也拿到了一份。就像1381年大暴动中的农民，掘地者对国王和他的善意仍抱有信心。他们还是想要一个国王的。莎士比亚肯定也赞同这一点。他们继续使用国王的政治之体[2]的隐喻："在一个有名望的亲王统治下，相亲相爱的朋友和臣民，我们祈祷着在他的皇家领地天长地久……他最真诚的平民……我们作为臣民一分子，确实感觉到这些侵入我们领地的暴君的狡猾，会将我们的血肉在贫穷的磨石上消失殆尽。"莎士比亚在《科里奥兰纳斯》开场中，也使用了同样的隐喻，只是增加了一些武器和人员。游行的时候，掘地者还唱着一首歌，洋溢着爱国热情："匆匆忙忙从汉普敦田野上来，我们如贫穷的挖掘者和散工一样休息，就为

---

[1] 编注：即纽顿村起义者们的自称。

[2] 编注：当时对国王持"国王二体论"的看法，即认为国王是"自然之体"与"政治之体"的神圣"复合体"。在这种观念中，若有人干扰或颠覆国王律法运行，则是损害了国王的"政治之体"，可判为"谋逆罪"。

了联邦的好处，直到死亡……"结果等待他们的就是死亡。在整个内陆地区，许多人震惊于报复的残酷。6月21日，罗伯特·威尔金森在北安普敦进行了布道，他又一次运用了掘地者的形象，反对所有暴力，包括那些"用更大的邪恶改革了邪恶"的统治者犯下的罪恶。

战争总是持续着，从宗教领域到平民的权力。不过，总会有个人良心站出来公然面对权力、权利和责任，这正是莎士比亚常常涉及的东西。人们会认为，和任何中产阶级地产拥有人一样，莎士比亚会带着复杂的心情看待这些事件。但是他对诸如外乡人的受压迫者充满同情，这在他的笔下很清楚地表现了出来，同样，也有对无秩序的厌恶和对不受控制的暴徒的不信任，这对任何一个伊丽莎白时期的人来说都很自然。政治变得越来越复杂，乡下穷人的声音在伊丽莎白时期曾受压制，此时却喧哗聒噪得大家都听得见。内战即将来临。在《科里奥兰纳斯》中，莎士比亚以他周围现实生活的抗争开场，将他们与剧本中残酷的贵族军队阶层并列在一起。

通过《科里奥兰纳斯》和《安东尼和克里奥帕特拉》，莎士比亚找到了与主流社会的距离。作为一个艺术家，在满足自己之后他放弃了这些主题。在创作生涯的最后阶段，他开始尝试完全不同种类的戏剧。伊丽莎白时期的新教改革学者认为，宗教不可能回到清除了罗马影响的最初的英国国教。而掘地者希望回到先前的英国，不受到诺曼律法甚至法语的影响。但时间一旦过去，一切无法追回。逝去的不是虚假的外表，而是赋予一切意义的信仰体系，包括语言。这就是为什么在大革命之后会出现新的语言。在后来的戏剧中，莎士比亚似乎走上了为新时代寻找新语言的道路。

第十五章
逝去的世界 崭新的世界

我们不知道 1607 年 9 月 5 日一大早莎士比亚在干什么。也许他正躺在牛津一间小旅馆的床上呢——那个星期国王剧团正四处巡演，7 日是在牛津。不过正如莎士比亚在《科里奥兰纳斯》里说的，别的地方另有世界。

那天清晨在遥远的地方——"恰好也在那个时刻"，他会这样说——想象一个完全不同的场景吧：在一个涨满水的河口，岸边围绕热带雨林，河水流向一个宽阔的港湾，在那里一艘卷起帆的船正停泊着。甲板上，一群人聚集在雨篷下，其中有一位英国海军军官，还有几位穿着蓝色棉布袍的非洲人，他们带着沉重的金踝环，脸上的图案有如参加什么仪式。太阳还不是很炽热，但很快来访者的衬衫上还是现出了几块汗湿的印记，汗顺着他们的紧身上衣流了下来。呼唤犀猴的声音响彻在这一带的水域。两个男人来到后甲板，手上拿着戟：

> 勃那多：那边是谁？
>
> 弗兰西斯科：不，你先回答我：站住，告诉我你是什么人？
>
> 勃那多：国王万岁！
>
> 弗兰西斯科：勃那多吗？
>
> 勃那多：正是。
>
> 弗兰西斯科：你来得很准时。
>
> 勃那多：现在已经打过十二点钟；你去睡吧，弗兰西斯科。
>
> 弗兰西斯科：谢谢你来替我，天冷得厉害，我心里也老大不
舒服。

几分钟后，太阳高悬在森林上方，尖叫的灰鹦鹉朝着下游俯冲，英雄出现了：

> 哈姆雷特：天使和荣耀的神庇佑我们！

这可是个很不错的主意——一个值得让后现代制片人考虑的奇思异想。而且这是真实发生过的。

1607年9月5日，《哈姆雷特》在"巨龙"船上进行了表演，这艘船停泊在西非塞拉利昂海边。观众中有非洲权贵，他们看的是葡萄牙语滚动释义的表演。演员们在这艘船出发到印度前还表演了《理查二世》。不幸的是，这些詹姆斯一世时期的"莎士比亚戏剧推广"先行者没有留下任何记录。据说在伟大的莫卧儿王朝最鼎盛时，这些人在皇帝面前表演过。

最后阶段：耗尽还是退隐？

　　自环球剧院在泰晤士河岸边不太迷人的环境中建起来后，莎士比亚经过了一段创造力非凡的时期，他写下了《第十二夜》《哈姆雷特》《一报还一报》《奥赛罗》《李尔王》《麦克白》《安东尼和克里奥帕特拉》以及《科里奥兰纳斯》。1599 年到 1606 年，他创作了至少 14 部戏剧，其中有一些堪称最伟大的文学著作。他对自己的能力很自信，对时代和艺术做出了回应。此时的莎士比亚可以为环球剧院的平民百姓创作，也可以用适合的语气吸引法学院学生、乡村镇议会、贵族阶层，更不用说他的贵族资助人了。

　　不过接下来是一段平缓期。据我们所知，1607 年夏天之后，莎士比亚开始了另一个七年创作期。不过他只独自创作了 3 部戏剧，和别人合作了 4 部。可以推断，莎士比亚不再每年签约创作 2 部戏剧，也许正开始逐步结束舞台创作。也许他失去了强烈的创作精力，那些驱使着他创作出 16 世纪 90 年代末和 17 世纪初旷世之作的精力。不是因为他老了，1607 年莎士比亚只有 43 岁，创作最后一部作品时还不到 50 岁。他才思枯竭了吗？或者这是一场蓄谋已久的退出？安妮起到了一定的作用？还是他只是不想那么努力地工作？实际上这最后一点只是一个猜测而已。

　　最后两部作品《冬天的故事》和《暴风雨》是莎士比亚的杰作。它们是种新戏剧，融合了喜剧、浪漫剧、悲剧，还特别突出了音乐，这代表他的才能未曾枯竭。它们看起来也不像是为完成契约而创作的，与那些稍显逊色的戏剧不同。它们的语言是莎士比亚个人风格的延伸和巅峰的体现（他在第 76 首十四行诗中悔恨地讽刺自己——"为什么我写的一切都那么像我自己"）。此外，这些作品中的主题，即饶恕、和解和补偿触及他最具特色的关注点，让人想起他早期的著作，譬如《错误的喜剧》等。简而言之，这些戏剧看起来仍像是为了满足内心需求而进行的创作。

伦敦：爱德蒙之死

熟悉的严酷冬日依旧存在，这些戏剧仍然继续上演。1607 年圣诞节十分艰苦，大雪纷飞，泰晤士河冰封千里。人们用骨头和木头制成的溜冰鞋舞动着轻巧动人的身姿，歇工的船夫聚集在奥弗雷楼梯下，围着栗树桩下热闹的火盆休息。国王剧团在 12 月 26、27、28 日进行了宫廷演出。尽管天寒地冻，31 日下午很可能还在环球剧院进行了演出。那天早上，一些演员参加了在索思沃克举行的莎士比亚的弟弟爱德蒙的丧礼。

诗人的兄弟姐妹中，琼一直待在斯特拉福德，和一位当地帽商结了婚，一生都在汉里街熟悉的环境里过着简朴的生活。吉尔伯特现在 41 岁，作为一个男子服饰商，一生都奔波于伦敦和斯特拉福德之间，和威廉一样。至于理查德，这时已经 32 岁，有关他的记录很少。但最小的弟弟爱德蒙跟着威廉去了伦敦，还在台上做了演员。1607 年，他住在克里普尔门地区银街附近，那年夏天他刚埋葬了自己的私生子爱德华。爱德蒙死的时候只有 27 岁。根据圣救世主教堂登记册上的记录，这场丧礼花了 20 个先令，包括"敲大钟"的费用。很显然这是一个非常昂贵的仪式，因为只要 2 个先令就可以支付一场最基本的丧礼。有人承担了这一切，很可能是爱德蒙富裕而有名的长兄。

配利克里斯：旧寓言成为新剧种

丧礼之后，在走出教堂的路上，莎士比亚可能路过了 15 世纪诗人约翰·高尔的坟墓。在詹姆斯一世时期的伦敦文学界，高尔已经过时，但莎士比亚明显很钟爱他的诗歌，或许自儿时起就喜欢高尔的风格。莎士比亚艺术生涯的下一个非凡变化就是将高尔有关泰尔亲王配利克里斯的老故事吸收进来，将其变成一种新剧，并且受到时髦的假面舞会的影响，重新回到 15 世纪天主教英国的浪漫寓言。

《泰尔亲王配力克里斯》是一个浪漫神话故事，也是一出道德剧：善神秘地战胜了恶，丈夫与失散的妻子重聚，父母与失散的孩子重逢。它描述了一个神仍然会出现，奇迹也会发生的世界。这一古老的气氛借助将老约翰·高尔带上舞台做叙述者而实现，他唱着带点喜剧色彩的老式颂歌，对自己进行亲昵的戏仿。这种特意强调有助于将整个故事置于童年时代的寓言故事那种吸引读者的气氛之中。

1608 年 5 月，莎士比亚创作了《泰尔亲王配力克里斯》并将其推上了舞台，我们在剧中看到了精彩的诗句和他后期充满魔力的措辞：

> 你经历一场可怕的分娩，我的爱人，
> 没有灯，没有火，无情的天海全然把你遗忘了。
> 我也没有时间可以按照圣徒的仪式，把你送下坟墓，
> 却必须立刻把你无棺无椁，投下幽深莫测的海底；
> 那边既没有铭骨的墓碑，也没有永燃的明灯，
> 你的尸体必须和简单的贝类为伍，
> 让喷水的巨鲸和呜咽的波涛把你吞没！

这后面的意象代表基督徒，尽管故事本身源自异教的资料。它表明莎士比亚后期戏剧作品中一个伟大的主题：人类借助神灵、自然和孩子获得救赎。那年2月，他的第一个孙儿，苏珊娜的女儿伊丽莎白出生了。这位自豪的祖父在21日参加孙女在斯特拉福德的受洗仪式了吗？无论如何，女儿和婴儿在他后来的戏剧中时常隐约出现。

意料中的是，《泰尔亲王配力克里斯》被一些人看作是和天主教意象有联系的。事实是，莎士比亚就像一块海绵，吸收了各种故事、修辞、思想世界，并将它们混合交织在一起，创造出自己的东西。这部戏剧吸引了天主教徒，当然也吸引了詹姆斯的宫廷。莎士比亚仍在心理上对两个世界均有涉足：剧末以弗所处女神戴安娜出现在舞台上，让人想起人文主义者对圣母玛利亚的比喻[1]。不过也许这个场景更多地归功于欧里庇得斯的情节，来自莎士比亚阅读过的拉丁文版：

> 我的神庙坐落在以弗所：你在那儿，
> 在我的圣坛上摆放祭牲……
> 清醒地讲述着你的梦想。

但是《泰尔亲王配力克里斯》存在着一些问题。这部戏剧从海明斯和康代尔编辑的合集中被去除了，这当然给了我们一种启示：前两幕看起来一点也不像莎士比亚的作品。有人认为，他创作的是一个故意而为之的愚蠢的拼凑之作，但这似乎很难让人相信。第一部分的真正创作者是天主教雇佣文人乔治·威尔金斯，他在特恩米尔街上有一个小旅馆。这个街道位于克勒肯维尔，即今天的法灵顿车站附近，是

---

[1]　编注：以弗所是玛利亚的终老之地。

臭名昭著的红灯区。威尔金斯为莎士比亚的剧团创作过《强扭的瓜不甜》，他是临时雇佣文人中的一个。威尔金斯的个性令人讨厌，与长期受他折磨的妻子玛格丽特分开后，因为对女人施暴凌辱而卷入许多法律诉讼中。威尔金斯认识银街上的蒙特乔一家，很明显也认识莎士比亚本人。今天，有很多消息表明，"绅士莎士比亚"是一位风流而且厌恶女性的妓院常客，但很难相信贝特丽丝、罗瑟琳和海明娜的创作者是一个厌恶女性的人，尽管他生活在男人统治的都铎王朝，还经常在戏剧中寻求父权的解决方式。莎士比亚对爱的理想概念一直坚持到最后，但是理想的核心家庭在他的戏剧中很少成功，甚至在《冬天的故事》中几乎受折磨死在舞台上。

莎士比亚如今年事渐长，饱经生活的磨砺。这部最后的浪漫剧以得到救赎的母亲和女儿为特点，年轻的女主人公持有清教徒式的性爱观。《泰尔亲王配力克里斯》中的妓院场景以及残暴的男性语言是在表现对女性的异常厌恶感，这肯定是故意的，莎士比亚就是要让观众感到厌恶，以此衬托并使人认同女主人公玛丽娜的纯洁。此外，有关这部剧可以肯定的是，莎士比亚正式与威尔金斯合作过，更不用说和他有亲密的联系了。他本人创作的后三幕当然可以进入最有感染力的创作之列，亲王最终认出失散的女儿那一幕更是剧中最伟大的时刻之一。

《泰尔亲王配力克里斯》十分成功，尽管它是莎士比亚与人合作的，但共同创作的小说在今天也是常有的。对于一个渐渐失去了超自然感的世界来说，这部戏剧带回了魔力。它的第一批观众当然对此做出了回应。意象渗入了他们的心理，激起那几乎被遗忘的故事、仪式、信仰和情感。讽刺古典主义者本·琼森把《泰尔亲王配力克里斯》称作"破旧老故事"，嘲笑这浪漫剧是"故事、风波及其他这类笑话"

而已。不过那时他肯定是嫉妒：他可没有莎士比亚那近乎完美的发现
情节的天才。

发表十四行诗："可怜的异教之物"

几个月后，1608 年 8 月，因为瘟疫又一次爆发，剧院再度关闭，
直到 1609 年末或 1610 年初才重新开放。虽然这使得莎士比亚的职业
生涯出现了很长时间的中断，却也成了他一生中重要的时刻。当时，
人们都以瘟疫为一个很好的理由出城，有证据表明，莎士比亚也离开
了伦敦。1608 年 8 月 17 日，他因一件诉讼案出现在斯特拉福德法庭。
9 月初，他的母亲去世了（此时可能已经 70 多岁），埋葬在圣三一教
堂。这个家庭与天主教玛丽女王时代的最后一根纽带终结了。9 月 23
日，妹妹琼的儿子迈克尔·哈特受洗。10 月 16 日，莎士比亚成了威
廉·沃克的教父，小威廉的父亲是莎士比亚父亲的老友，在 1607 年
成为镇里的执行官。做教父教母被看作是一件重要的义务活动，莎士
比亚肯定出现在了受洗仪式上。

由于剧院被关闭，莎士比亚也许在乡下待了不少时间，不过他创
作的东西仍然不断出现。1609 年 5 月 20 日，文具店招牌上登了一部
新书的广告，是一本在那年后期出版的书——《莎士比亚十四行诗》。
出版商索普在书名页上加了一句"首次出版"，似乎表明了莎士比亚
成名后为他出版书的激动之情。书的内容中常有绘本似的细节，讲述
了诗人的漂亮男孩和黑肤女士的故事。尽管后来许多批评家保守地认
为这些十四行诗是盗版的，但现在人们一致认为是莎士比亚从自己手
稿中挑选的，经他授权出版。他的朋友托马斯·海伍德证实，莎士比
亚以自己的名义出版了这些诗，本·琼森的朋友庄蒙德后来听到了同

样的说法。这似乎是令人信服的，不过莎士比亚不太可能亲自进行校对工作。

那么，在大部分十四行诗创作了十几年后，是什么促使他出版这些私密的诗歌？当然不只是想利用这个赚点钱——莎士比亚的主要收入来自舞台演出，当时暂时没有了。尽管"首次出版"，有些诗歌在"他的私密朋友"中早已广为流传，他们至少对"甜蜜"的那部分都十分崇拜。真正有文学鉴赏力的朋友一定认为这些诗歌，甚至是有关贪欲的黑暗诗歌都很棒，而且告诉过他这一点。莎士比亚自己知道这些诗歌有多好（他告诉我们，在创作时他就知道）。毫无疑问，这么多年他一直鼓捣着这些诗歌，就像创作其他作品一样，为它们排序，形成一个更有秩序、更有文学性的合集。他开玩笑地玩弄这些似乎泄露了部分隐私的自传故事。他知道应该将它们出版。问题就在于内容的选择。

莎士比亚负责挑选、注标点、校对斜体部分以及为154首十四行诗排序。最后两首诗歌是同一首诗的不同版本。153是天主教祈祷时的经文篇数，尽管这当中的任何联系都有些牵强（如果有什么的话，这确实是世俗对圣洁的戏仿），有些数字影射了莎士比亚儿时就了解的旧祷文。这些十四行诗很可能跨时很长，没法判断是否像他的戏剧一样被修改。在最初120首左右的诗歌中，似乎有很多是在几年间为那位俊俏少年创作的。还有一些描述了一桩三角恋爱，如我们看到的，很明显是介于少年和诗人的情妇之间的。还有几首有关个人和政治。最后一组在描述肉体之欲时最大胆，就是针对黑肤女士的（尽管没有证据表明它们是献给她的——可以想象，很少有女人愿意接受那样的诗歌）。诗人将这些诗顺序排列，似乎形成了一个故事，这些十四行诗遗憾地以求爱失败的诗人去寻求爱的弥补作为结尾。莎士比亚甚至悄悄地在第 145 首中将结婚时写的十四行诗放了进去，然后又在将近结尾的地方加了别的内容。这部诗集里是否包括了其他献给妻子或是别人的诗歌，我们还无法辨别，不过这些诗歌的顺序很明显是莎士比亚设置的：还有谁能将数字 33 赋予"一整个荣耀的清晨"这首暗示着耶稣死亡的诗歌？还有谁会将他年轻时那首献给安妮的十四行诗放在极富宗教色彩的第 144 首和第 146 首之间呢？它们分别具有天堂和地狱的视野。

那么读者对这些十四行诗的反应如何？ 19 世纪的读者会把献给少年的诗歌看成是丑闻性的，希望他从来都没有创作过这些作品，可莎士比亚时代的读者就不太可能会那样看。认为这些诗歌是剽窃的看法来自于维多利亚时期的编辑，他们不愿意以诗中明显的同性恋倾向来看待它们。毕竟，将同性恋行为视为犯罪的时代——在王尔德和波西 [1] 的岁月——"绅士诗人"会被判处苦役 [2]。现代学者认为，莎士比亚时代的真正丑闻是对独立甚至霸道的女人的性欲的绘本式描述。公然谈论淫欲、勃起和生殖器，赤裸裸的自我袒露、颠覆彼特拉克十四行诗传统，就算到了今天，一个重要的诗人创作这样粗俗的性欲诗歌并发表在重要报纸上还是不会被评论家接受的。当然，莎士比亚选集中的主流是"我怎么能够把你来比作夏天"，而不是"色欲在行动"。

十四行诗也许卖得不是很好。莎士比亚可能过高估计了 1609 年那些很有眼力的读者的开放度了。"可怜的异教的东西"，一个恼火的早期读者这样评价道。威廉·赫伯特的堂兄弟乔治对这些混合了宗教意象和露骨的性内容感到失望。一年后，艾米利亚·拉尼尔登记出版

---

[1]　编注：即王尔德的情人阿尔弗莱德·道格拉斯。
[2]　编注：王尔德因此被判两年苦役。

了她自己的宗教诗歌，其序言上有一声发自内心的对男人欺凌女人的愤怒呐喊。

亨利王子：新宫廷文化

与此同时，艺术的世界和伦敦的赞助状况变化很快。一股新的风格和品位浪潮正带来剧院的变化，就像 16 世纪 90 年代受欢迎的角色从临场发挥的小丑到悲剧人物的转变一样明显。詹姆斯 15 岁的儿子亨利王子正在他的宫廷公共舞台上宣告自己的到来———一个新的品位仲裁者。在亨利短暂的一生中，他是那几乎消失的英国文艺复兴的先锋者。

在伊丽莎白时期，整个国家在文化上已经陈旧不堪，还带着强烈的怀旧情绪。此时王子和他的同伴鼓励在艺术、音乐和文学上大量新思想的涌入。亨利是一个伟大的赞助者和收集者，佛罗伦萨艺术家、荷兰肖像画家和意大利建筑师被邀请到伦敦。英国收藏家开始去意大利收集经典雕塑，描绘著名现代文学和艺术人物的画被委托给乌菲兹美术馆[1]油画馆制作。而亨利的王宫则是仿制 16 世纪欧洲文艺复兴宫廷的样子而建的。

亨利着迷于佛罗伦萨美第奇宫廷节日传统，对美第奇家族而言，精心设计的假面舞会被看作是最根本的宫廷般富丽堂皇的附属品。大量的资源被投入其中，让新时代的理想更加戏剧化，"这样世界也许会明白，他们喜欢的是一个多么勇敢的王子"。这些表演需要真正博学的作者。皇家假面舞会的创作者本·琼森现在更是占据了重要地位，

---

[1] 编注：乌菲兹美术馆（Uffizi）是佛罗伦萨历史最悠久、最知名的美术馆。

建筑师印迪戈·琼斯负责背景和服装设计。1609 年夏天，一系列奢侈的娱乐活动上演以庆祝亨利被授予威尔士王子头衔，似乎莎士比亚的《辛白林》就是特地为这一时刻创作的。这部戏剧耗时长，情节也很复杂，暗指皇家私密，其类似假面舞会的技巧和礼让的胡言乱语都是符合时代的产物。由于情节曲折到发傻的地步，以致莎士比亚不得不亲自出场来更改这些累赘——毫无疑问这部戏剧仍然让他的皇家和贵族赞助人大笑不已。不过，这部戏剧同样承载了一个严肃话题，它混合了英国的国家神话和维吉尔式的预言：辛白林生活在基督时代，情节随着登陆米尔福德港而展开，影射了亨利·都铎[1] 在博斯沃思打败理查三世前曾经乘船来到这个充满吉兆的地方，这是都铎王朝的开端。因此，一个罗马版 [2] 的都铎王朝降世神话成就了詹姆斯统一基督教英国这个怪诞的预言。

"笼罩在神秘之中的圣物"

莎士比亚戏剧还有一种不同用处，在一件诉讼案中一览无余，这件案子在星室法院[3] 终审。就在《辛白林》于白厅获得阵阵笑声时，在约克郡的荒野地区，一支地方巡演剧团正为完全不同的观众表演。剧团是理查德·乔姆利爵士建起来的，由当地一个艺人家庭——惠特比附近的北艾格蒙特的辛普森一家组成。这个巡演剧团由 13 个男人和两个男孩组成，在莎士比亚生命的最后 15 年间一直在北方演出。

---

[1] 编注：指亨利七世（Henry VII，1457—1509）。

[2] 编注：《辛白林》的主角虽然是英国人，却有很多剧情在意大利展开，并混合了许多罗马神话。

[3] 编注：15 世纪晚期到 1641 年间设置的英国法庭，位于威斯敏斯特宫。

他们在郡里的大多数镇里找到了观众，每年为大约 12 个大户人家演出，表演一部或数部戏剧，在每个地方待上一两个晚上。他们是一支天主教剧团。

1609 年快到圣诞节的时候，这些流浪艺人在约翰爵士和朱利安·约克夫人的家里进行了演出，他们家在尼德代尔的高斯维特。政府密探报告了这里的一件"丑闻"。那天晚上，发生了一件具有喜剧色彩的插曲：在一场天主教牧师和新教牧师的辩论中，新教牧师受到了羞辱，被魔鬼拖下了舞台，而天使则抓住了天主教牧师的手。据说，这部戏剧赢得了雷鸣般的掌声——观众"嘲弄和取笑了"国教。结果首席法官大人宣布，约克人有诽谤中伤的罪过，罚了房子的主人夫妇每人 1000 英镑巨款，约翰爵士的兄弟每人 350 英镑，还有当地小部分观众总共 300 英镑。最不同寻常的是，乔姆利剧团的巡演插曲只是主要娱乐节目中间的讽刺模仿，就在全本《李尔王》和《泰尔亲王配力克里斯》之间。

调查人员审讯了演员，其中有助手威廉·哈里森，他说在演出莎士比亚作品时就是"按照印刷版的书上来的，一点也没增加什么"。因此，这些都是经过审查的"许可的文本"，即 1608 年到 1609 年出版的剧本四开本。在天主教观众面前表演《泰尔亲王配力克里斯》特别有意思，因为它很快出现在法国圣奥梅尔耶稣派学院的书单上，并被学生们搬上舞台，布景和服饰都十分到位。似乎《泰尔亲王配力克里斯》被看作是某种神秘剧或圣人剧，而莎士比亚意在通过这些戏剧探讨忍耐和救赎的主题。观众对其中的基督教寓言理解多少是一回事，如此明显地把廉洁与腐败的主题联系在一起就是另外一回事了，以弗所的外女神戴安娜顿悟的情节就特别引人注目。德国新教徒马丁·路德斥责莎士比亚"将戴安娜变成圣母玛利亚"，基督教人文学者反驳说，朱庇特、阿波罗、戴安娜、基督和玛利亚都只是"神和女神"的许多能力的名称而已。"圣物总要包裹在神秘之中，"一位 16 世纪的人文主义者这样写道，"对你来说，朱庇特是全知全能神灵最合适的意象，那么当我说朱庇特，请理解为其实我指的是基督和真神。"

由此，《辛白林》中朱庇特和《泰尔亲王配力克里斯》中戴安娜的出现，或是《冬天的故事》中阿波罗神谕的雷声，呈现出一种吸引人的模糊感，其含义我们再也无法确定。莎士比亚最后的戏剧中有着各种思想的激烈混合，几乎所有东西都在里面：悲剧；喜剧；上流社会、下层社会；华丽辞藻、街头俚语；圣洁，亵渎；仪式、骚乱。在这个新的文字世界里，他正试图最广义地探讨有关宗教的想法。或者，也许我们应该说，是宗教背后的概念——爱、救赎和灵魂。至此，我们仿佛已经远离了神秘剧。不过有时候，莎士比亚的象征主义和后期的戏剧语言让我们感觉似乎他的创作又回到了原处。在舞台上不再说出基督的名字，所以就用了罗马众神。这些看起来不像是一个新教徒的思维习惯。

不论是否巧合，此时历史学家约翰·斯毕德因为旧城堡的诽谤事件开始对莎士比亚进行攻击，将他和耶稣会士罗伯特·皮尔森一起看作是"天主教徒和他的诗人……纯属伪装"。尽管这一评价是特别针对那起争论而进行的，可能也有更宽泛的暗示，但还是有人认为莎士比亚没有放弃祖先的精神世界，那古老的改革前基督教的英国世界。到了内战时期，专写激进小册子的作者们故意把莎士比亚戏剧与神学院学生和保皇党天主教徒们读的"教士废话"混为一谈。不管莎士比亚写的是不是阿波罗，这些人才没蠢到会把老鹰当作一只苍蝇[1]。

---

[1]　编注："knew a hawk from a handsaw."出自《哈姆雷特》第二幕，第二场。

为布莱克福莱尔创作：转向室内剧院

剧院最终重新开张时，国王剧团发现自己不仅是回到环球剧院演出，还要在一个新的室内剧院演出，这就给莎士比亚提供了新的艺术挑战。值得记住的是，1596年伯比奇获得布莱克福莱尔的租约时，希望能开创一个舒适温暖并有人工灯光的室内剧院，却没能得到计划许可，只好转租。糟糕的冬天（大部分的冬天都很糟糕）导致四处通风的环球剧院收入受到很大冲击，琼森在《打油诗人》中说："这个冬天让我们比任何饥饿的蛇都要穷困潦倒，没有人来看我们的表演。"几年困惑的岁月之后，1608年8月，他们重新回到布莱克福莱尔。1609年到1610年冬天，瘟疫最终快要结束的时候，国王剧团第一次获得了使用剧场的机会。剧团内形成了新的股东集体，包括莎士比亚、海明斯、康代尔和斯莱。

剧院坐落在泰晤士河对岸的一个时尚区，离圣保罗大教堂大约200码远。沿街道路都是石头铺就的，因此就算是在最糟糕的天气，看戏的人还是可以去那里的。其邻里比索思沃克要高贵一些，隔壁是皇家衣库司，还有狂欢之王考博汉姆家、亨斯顿家以及宫廷官员和皇家司库。那里住的都是拥有花园洋房的重要人物。

布莱克福莱尔修道院在亨利八世时期被解散，曾占据了125平方码的土地，还有个大花园。此时这些都已被分割，由地产开发商出租。在西墙外，药店大厅和水巷连接；东边的圣安德鲁山上是皇家衣库司；北边有嘈杂的鞋匠和车夫巷，还有著名的旅店如练手、美人鱼和铃铛，诗人的斯特拉福德朋友常待在那里；往南沿着几个小巷走100码，可以到达河边，那里有布莱克福莱尔水上的士。

剧院建在修道院旧址上。地方不大，只有46英尺宽、66英尺长，不过房顶很高，能容下两个楼座的观众，两个硕大的烛台悬挂在舞台上方。新布景大小合适，音响效果好，灯光也不错。一首那个时代的诗歌对"点着火把的福莱尔"引发的骚动这样评价道："一顿鱼子酱、牡蛎和洋蓟组成的大餐前，他们为中殿律师准备了一场令人陶醉的娱乐，乘船到沁入心脾的河对岸看戏。"

剧团的目的是要把布莱克福莱尔当作冬天的家，把环球剧院当作夏天的地盘。新的剧院是一个不错的投资，尽管座位不多，却吸引了上层社会的观众。和环球剧院相比，股东们得到的利润是它的 2 倍。1612 年，一位城市金融家宣称，国王剧团"一个冬天在上述的大剧院里获得的，可要比他们以前在河岸那边获得的多出 1000 英镑"。

很可能确实如此，这当然遭到别人怨恨。在接下来的 20 或 30 年中，周边不断地有一些有"名望和地位的人"请愿将其关闭，理由是太吵闹、有火险、挡路，等等。每次表演，他们都抱怨卢德门旁的街道挤满了看戏剧的人和"哈克尼车"[1]，以致"居民都没法回家，也没法出门去买啤酒、木头、煤或干草这些生活必需品，商人或店主没法卖东西，行人没法手脚安全地走到公共水域楼梯那里"。据说，这些不便"在冬天从下午 1、2 点到晚上 6 点"会一直持续。不过莎士比亚和朋友们也有一些"有名望和地位的人"的支持，因此布莱克福莱尔仍然继续开张，在诗人创作生涯的最后阶段它一直都在。莎士比亚最后的杰作正是在他脑海中有室内剧院场景的情况下创作的，还有音乐、灯光和舞台效果的魔力。

---

[1]   编注：Hackney Coach，一种四轮六席的轻型载客马车，现代出租车的前身。1662 年起成为英国官方认可的交通工具。20 世纪后，哈克尼车指的就是一般认知中的英国黑色出租车。

再思考：重新创作李尔王

布莱克福莱尔要求不同的演出方法、舞台布置和脚本创作，因此所有剧目都需要重新审视。一直在庞大而嘈杂的露天剧院演出的戏剧需要再修订、删减和再演出。这提醒我们莎士比亚的文本不是一成不变的，而是随着时间变化不断发展，很可能从一开始就是这样。譬如，《爱的徒劳》在16世纪90年代的基础上"重新修订和增补"再出版。超过16本莎士比亚戏剧是在他死后才以对开本的形式为人所知的，它们的文本历史是空白的。其他的戏剧都显示出修订的迹象。有些很短，很可能被删减了，就像《麦克白》。其他的显现出了仔细的再创作的迹象，很可能是莎士比亚把布莱克福莱尔的场景放在脑海里进行再创作的。

《李尔王》似乎就曾为1609年到1610年冬天的室内剧院演出而重新创作，尽管有异议。有人认为这次修订是在莎士比亚死后发生的，但主流意见是，做这些修改是为了通过审查。审查制度的确是一部分原因，但很难以此说明1608年和1623年版本之间的一些区别。譬如，莎士比亚删去了对里根和高纳里尔的模拟审判：这个场景很不错，也许他认为这部分阻碍了剧情的发展。他还删去了音乐魔力般地唤醒了李尔王这一部分：很美，但在这样一个严酷的戏剧中太接近浪漫场景。莎士比亚重塑了一些角色，特别是爱德伽和奥本尼——很明显他和观众一起看了很多次表演，了解哪个地方最好，就像今天的导演和创作者一样。不过最让人感兴趣的是他对最后一幕的修改。

修改是在1608年的四开本中发表的。这段一开始，李尔王抱着他的女儿考狄利娅的尸体。不太清楚第一行指的是否就是她，这对于表演来说有了各种阐释空间：

李尔：我可怜的傻瓜给他们绞死了！没有了，没有命了。

为什么一条狗、一匹马、一只耗子都有生命，

你却没有一丝呼吸了？哦，你再也不会回来了。

再也不会，再也不会，再也不会。请你，帮我解开这

颗扣子。

谢谢你，先生。噢，噢，噢，噢！

爱德伽：他晕过去了。陛下，陛下。

李尔：碎了，心啊，我的心碎了。（死）

在后来的对开本中，莎士比亚重新创作了这一部分：

李尔：我可怜的傻瓜给他们绞死了！不，不，没有命了。

为什么一条狗、一匹马、一只耗子都有生命，

你却没有一丝呼吸了？你再也不会回来了。

再也不会，再也不会，再也不会，再也不会，再也不

会了。

请你，帮我解开这颗扣子。谢谢你，先生。

你看见了吗？看看她，看，她的嘴唇，

瞧那里，瞧那里。（死）

爱德伽：他晕过去了。陛下，陛下。

肯特：碎了，心啊，我的心碎了。

这是个很好的机会，让我们看到莎士比亚在体验了剧本对观众的
影响后进行的改动。除了在诗行中有个美妙的五音步抑扬格、重复了
五次的"再也不会"之外，还有好几处改动值得注意。李尔的"我的

心碎了"这一行变成了肯特的话。不过特别重要的是他对李尔死亡处理上的不同。四开本只是给了我们李尔在考狄利娅死后一心求死的状态，对开本则是相对模糊的概念：从文本不可能断定李尔是因为悲伤心碎而死，还是因想着他的女儿还活着带来的喜悦而死。在表演中，演员和导演可以选择其中一个，或就让观众处在不确定中。通过改变舞台指导来使李尔在"瞧那里"时死去，莎士比亚准确地抓住了这一动作的中心。

最简单的增加之处在这几行之后最后的演说中。一开始四开本中的演说是由奥本尼伯爵说的，而后来则是由老葛罗斯特的儿子爱德伽。李尔死了，奥本尼就是地位最高的人物，由他掌权。但爱德伽是那个在剧中受尽磨难的人，作为一个基督教骑士，他一直被人追杀，是沦落到"衣不蔽体，居无定所的人"。爱德伽曾目睹过可怕的东西，幸存了下来。观众在情感上很认同他。

> 爱德伽：我们必须承受这一悲伤时刻的重负：
>
> 　　　　说出我们的感受，不是我们应该说的话。
>
> 　　　　年老的人已经忍受一切：我们年轻人，
>
> 　　　　再也不会看到这一切，也不会这样生活下去。

爱德伽的话可能代表了那些经历过激烈改革和反改革运动的人们，而且，从更大的层面上来讲还代表了所有受到过暴政和虐待的人。这就是为什么《李尔王》在 18 世纪和 19 世纪被看成是不经修改就没法上演的，它也是为那些在 20 世纪经历过恐怖的一代人写的。

音乐协作：罗伯特 · 约翰逊

布莱克福莱尔让莎士比亚重新审视了他的艺术。特别有趣的是，在后期的戏剧中，音乐的作用发生了变化。在《李尔王》的第一版以及《安东尼和克里奥帕特拉》中，人物听到的那些天堂音乐就有这些迹象。此时布莱克福莱尔观众的品位更加充分地得以满足。一直以来，这一品位都是男孩剧团培养起来的：在表演前，他们有一个小时的音乐时间，男孩子"和着古提琴，欢快地唱着歌曲，美妙得无与伦比"。这是国王剧团替代他们之前，布莱克福莱尔最吸引人的东西之一。莎士比亚很快接受了这种理念并马上利用了它，特别是运用台下的音乐来配合台上的表演情节。1609 年末，他开始和 26 岁的皇家鲁特琴师罗伯特·约翰逊合作。约翰逊同所有皇家和剧院乐师一样，与意大利音乐世家法拉波斯克和巴萨诺有联系。他的亲戚玛格丽特·约翰逊和巴萨诺家一个兄弟结了婚，就是艾米利亚·拉尼尔的母亲。约翰逊是在约 1609 年出现的英国作曲家中的一个，他创作形成了一种适合舞台的朗诵式歌曲。这种创作很有戏剧性，和约翰·道兰及其同时代人的"爱尔曲"很不一样。这些歌曲为皇家假面舞会和公众戏剧的特别场合服务，特别是为布莱克福莱尔的室内剧院服务，强调语言的韵律和转调，琴弦的和声与心理印象。有了约翰逊，曲子就有了一种符合戏剧场合的气氛。莎士比亚曾说过，他想"将文字和音符完美结合起来"。为了达到这一目的，他和约翰逊一起工作，由此诞生了一系列和舞台情节紧密结合的剧院歌曲。《暴风雨》中萦绕于心的"海洋的葬礼"和韦伯斯特的《马尔菲公爵夫人》中不祥的"嚎叫，嚎叫"，都有很美的配乐。约翰逊的音乐在《冬天的故事》《暴风雨》和《辛白林》中都有体现。在其他委托合作中，约翰逊还为莎士比亚和约翰·弗莱彻在《卡迪诺》《亨利八世》和《两个高贵亲戚》中创作了歌曲。

本　·　琼森回归

在这个特别具有创造性的时代，本·琼森回到了国王剧团。在他最好的戏剧中，有一些就是为国王剧团在布莱克弗莱尔的演出创作的，譬如《大骗子》和《炼金术士》。在接下来的几年中，剧团在圣诞节期间为皇家表演的节目里通常就有琼森的戏剧。琼森此时是个重要人物，他和印迪戈·琼斯垄断了假面舞会市场。在获得了想要的地位和信誉之后，他的创作生涯延长了。

莎士比亚又开心地和自己的老对手并肩作战了，虽然他不想再踏在舞台上说琼森的诗句。他们的关系很明显没有什么进展——琼森可是什么都没忘，在新书出版序言中，他说了很多牢骚话，奚落莎士比亚是《大骗子》中的拉伍威特，还说他认为莎士比亚的最新作品（特别是《泰尔亲王配力克里斯》）不是一个严肃的戏剧家应该创作的。莎士比亚反过来在自己的戏剧中插入一些笑话来针对琼森，后来还在《暴风雨》中设计情节，按照古典三一律来创作（在三个小时的演出中整个故事就发生在一个地方），好像要向老朋友展示一下，如果他真的想，也完全可以按照规矩创作。他们的关系既有关爱也有敌对。后来，琼森在对开本中所写的悼词很明显地说出了自己内心的想法："在这一点上我对他像偶像一般的崇拜。"他承认莎士比亚甚至超过了那些古人，譬如索福克里斯和欧里庇得斯：

　　　时代的灵魂！

掌声、欢乐、舞台的奇迹……

……所有还在他们鼎盛时期的缪斯

他就像阿波罗一样温暖着

我们的耳朵，或像水银一样充满魅力！

"伟大的创作本质"

诗人后期的创作清楚地表明了宫廷和乡村的区别，在《冬天的故事》中这一点表现得很明显。这部作品很可能是他在 1609 年到 1610 年的冬春之交创作的，接着在 5 月开始于环球剧院上演。作家将"冬天的故事"和老妇人们讲的故事等同起来——这是几乎难以置信的浪漫神话。这是一个讲述美妙的命运转折的故事，莎士比亚为此改编了小说《潘多思多》，这是老对手罗伯特·格林的作品。近 20 年前，格林曾讥笑莎士比亚老是"晃动场景"，拥有一颗"老虎的心"。这部拥有小丑、羊集市、扒手和老牧羊人的新剧标志着他回归农村想象。剧中对皇家那种装模作样有着某些讽刺性的抨击，"皇家的味道……皇家的藐视"。乡村场景让人感觉好像它们在某种程度上是受了斯特拉福德的启发，有很多羊毛交易的特殊词汇。

《冬天的故事》混合了令人难以置信的语言资源和最简单的语言结构，故事情节正是本·琼森所嘲笑的莎士比亚的"故事、风波和笑谈"。在前两幕的悲剧场景中，国王列奥提斯因为嫉妒毁了自己的家。他唯一的儿子死了，尚在襁褓的女儿被扔在荒野，他以为自己的妻子也因悲伤过度而死。16 年后，正如阿波罗的神谕所说，"失去的将被找回"，国王得到了救赎。故事的主题是时光的毁灭和补救的力量，这个主题也是十四行诗的中心。

《冬天的故事》中有一个令人着迷的风格上的断裂。前两幕充满了最狂怒、最有野心的话语，表达出了嫉妒和令人厌恶的形象（列奥提斯说妻子被"被人揩过油"）。伟大的作家们经常在创作生涯后期自由地玩弄语言，莎士比亚此时正处于这种巅峰时刻。列奥提斯相信妻子怀上了他最好的朋友的孩子：

> 太热了，太热了，朋友交的太亲密了，
> 难免发生情欲上的纠纷。——我的心在跳着，
> 可不是因为欢喜，——不是欢喜……

接着是一系列动人心弦的演讲，每行十个节拍的表达魔术般地形成了自由的联想，展现列奥提斯沉迷于性嫉妒的妄想症中：

> 我在垂钓，我在放下钓鱼线——
> 去玩吧，孩子，去玩吧：——你妈在玩，我也在玩，
> 可我扮演的可是个丢人的角色，准要给人喝倒彩嘘下坟墓里去，
> 轻蔑和讥笑便是我的丧钟。——去玩吧，孩子，去玩吧
> ——要是我不曾弄错，那么乌龟这东西确是从来就有的，
> 即使现在，当我说这话的时候，一定就有许多人抱着他的妻子，
> 却不知道她趁他不在时早给别人揩过油，
> 他自己池子里的鱼，已经给他满脸堆笑的邻居捞了去……

这里的标点符号越来越自由，表明了迫不及待的可怕想象。

> 最亲爱的！我的肉！——你的娘会不会？——也许有这种事吗？

爱情！你深入一切事物的中心；

你会把不存在的事实变成可能，而和梦境互相沟通；

怎么会有这种事呢？——你能和伪妄合作，和空虚连络，

难道不会和实体发生关系吗？

这种事情已经肆无忌惮地发生了，

我已经看出来了，真让我痛心疾首。

　　和《李尔王》一样，我们想知道莎士比亚是如何进行创作的——节奏、想象链、强烈的修辞、有限的拉丁语法（"关系"、"合作"）和粗俗的白话（"肉"、"娘"）的结合。他是在夜晚独自苦思冥想出来的吗？一边喝着酒一边想？

　　这和戏剧的其他部分有很大的反差，也和列奥提斯因女儿潘狄塔而得到救赎有关。潘狄塔代表着浪漫性爱的愈合力量。在她的语言中，莎士比亚运用了古老抒情诗的技巧。当然，这是他从钟爱的奥维德那里得来的。他利用珀尔塞福涅和冥王战车的故事（莎士比亚的版本里是罗马神话的叫法，普罗塞庇娜和狄斯），写出了经典的潘狄塔认同的春来大地的神话故事。尽管潘狄塔对年轻妇女的性有着相对清教徒的态度，但他的舞台表演依然很有特色，他对纯粹的性爱欢愉有着本能的感觉，也赞同"伟大的创作本质"：

　　潘狄塔：普罗塞庇娜啊！

　　　　　现在所需要的正是你在惊惶中从狄斯的车上堕下的花朵！

　　　　　在燕子尚未归来之前，就已经大胆开放，

　　　　　风姿招展地迎着三月之和风的水仙花；

> 比朱诺的眼睑，或是西塞利娅的气息更为甜美的暗
> 色的紫罗兰；
> 像一般薄命的女郎一样，
> 还不曾看见光明的福波斯在中天大放荣辉，
> 便以未嫁之身奄然长逝的樱草花；
> 勇武的，皇冠一样的莲香花，以及各种百合花，包
> 括泽兰。
> 唉！我没有这些花朵来给你们扎成花圈；
> 再把它们洒遍你，我的好友的全身。
>
> 弗罗利泽：什么！像一个尸体那样吗？
> 潘狄塔：不，像是给爱情所歇息游戏的水滩……

这里运用的全是主流古典诗歌技巧和贯穿文艺复兴艺术中的新柏拉图派主题。

第三个风格上的反差在于无赖奥托里古斯这个角色，他是"水星之子"，是扒手、补锅工、民谣歌手，个性反复无常、粗俗，是一个毫不在意灵魂的人。奥托里古斯喜欢赌博、逛妓院（"吆五喝六，眠花宿柳"），还铿锵有力地说道：

> 被单就是我的专门生意，鸫子搭巢的时候，人家少不了要短些零星布屑。我的父亲给我取名奥托里古斯，也像我一样水星照命，也是一个专门注意人家不留心的零碎东西的小偷。吆五喝六，眠花宿柳，到头来换得这一身华衣，做小偷是我唯一的生计。大路上呢，怕被官捉去拷打吊死可不是玩的，日子还长，我也只有先睡一会再说了……

奥托里古斯就是个来自朗斯的乡下人，是沃里克镇记录簿中"带着货郎包的亨利·卡雷"，他了解"皇室的蔑视"，唱着有关水仙花和百灵鸟的乡村歌谣，在伊丽莎白时期的说唱音乐中发出卖货的音调（"要什么东西请告诉货郎，钱财是个爱多事的魔王"）。他是一个乐呵呵地"欺骗你"、敲你一把的人，是想象中的潘狄塔花园里那条重要的蛇：

　　　　烙衣铁棒别针尖，
　　　　闺房百宝尽完全。

在调子上，"一点点厚"显示出的参差不齐的句法、奥维德式的抒情"哦，普罗塞庇娜"和奥托里古斯粗俗的洋洋得意表明，莎士比亚正处于知识领域最宽泛的时期。他完全掌握了英语的一切。没有人曾把这门语言这样发展过，此后也无人能及。莎士比亚还展现了古典创作技巧。列奥提斯和他的妻子、孩子团聚了，结尾很奇怪也很感人，但不是皆大欢喜的。此时的列奥提斯在家庭灾难后的 16 年间一直受到痛苦和罪恶的打击，当他的妻子（他以为她死了）突然从类似詹姆斯一世时期的纪念蜡石雕像中复活的时候，这一大胆的场景就是这种古典技巧的体现。

　　雕像的故事暗示了阿伦德尔伯爵这样的收藏家所拥有的意大利艺术品和雕塑，这在 1610 年非常普遍，那时意大利和亨利王子有密切联系。最近的发现表明，有一出 1605 年出版的戏剧使用了和莎士比亚很像的场景。有意思的是，这个浪漫的场景中的主角也叫潘姆比洛克伯爵。在这部名叫《骑士的审判》的剧中，两位亲密的男性朋友为了一位女士而争斗，之后都以为对方已死。他们为死去的人塑造一座雕像（"手巧的雕刻师在白色大理石上刻出了你的模样"），每天伏在它的脚下祈祷。最后，情人假装成雕像，和他的女士重聚：雕像活生生地出现在舞台上，也许莎士比亚见过这情节。

爱与复活

最后，《冬天的故事》给人们造成的心理影响是：从儿子的早夭和多年后妻子和女儿的重逢中我们能得到什么启发？这个故事有其来源，但我们还是想知道为什么莎士比亚选择了这个特别的故事，为什么选择用他的方式来告诉我们这个故事。在那个雕像情节中，他想到了什么？对于一个 17 世纪的观众来说，这部戏剧其实有一个很清晰的根本的宗教思想，有着清晰明了的天主教元素。有这样一幕，列奥提斯在宝丽娜的带领下穿过一个雕像馆，来到一个突兀的教堂。詹姆斯一世时期观众的活动一向小心谨慎，莎士比亚也很小心地让宝丽娜坚称她不是受到"邪恶力量"的唆使，因为将会发生的一切都是"神圣的"，她的所作所为是"合法的"。

> 你们必须唤醒你们的信仰，然后大家静立。
> 倘有谁以为我行的是犯法的妖术，他们可以走开……
> 音乐，走起来，唤醒她！
> 是时候了，下来吧，不要再做石头了；
> 过来，让瞧着你的众人大吃一惊。来，
> 我会把你的坟墓填塞。转动你的身体，走下来吧，
> 把你僵固的姿态交还给死亡，
> 因为你已经从死里重新得到了生命……

这些语言明显是具有宗教意味的。这就是内战时期新教激进分子在莎士比亚作品中看到的那种"监督体制下的垃圾"。这个场景将他后期戏剧所有的伟大主题联系到了一起：和解、承认、借助于孩子、"伟大的创造本质"以及"神灵"的救赎。莎士比亚触及了现实主义以外的东西，超出了艺术本身的不足，追求曾是宗教中保留的东西——爱和复活的理念。

不过这潜台词真的是具有宗教意味的吗？还是说，莎士比亚仍借着他变色龙般的移情能力，努力发掘新想法或意象体系，将借鉴的元素拼在一起，为一个喜欢这种腔调的皇室（有个天主教的女王）创造一件高派教会的艺术品？我们无法最终确定这一点，需要经过研究才能解决这个问题。一方面这是一个很好的奇闻漫谈，"应该像个古老的故事一样被斥责"——丢失的婴儿、暴风雨、熊、喜剧、歌曲——这一切最终以欢喜收场，当然也有几个人的死亡和无法换回的损失和内疚；另一方面，正如现代观众发现的，受到伤害的家庭在多年之后重聚这个意象，使这部戏剧成为莎士比亚最有力和最感人的戏剧之一。

第十六章
友好的风暴

　　1610 年的秋天雨水很多，和往常一样，牛津的路上满是厚厚的泥。11 月 22 日，下院议员达德利·狄吉斯爵士——他是莎士比亚的诗人兼翻译家朋友列奥纳德的兄弟——到沃里克郡拜访朋友。这是一个新时代的人。作为全国彩票的创始人、热切的探险基金提供者，狄吉斯爵士筹集资金资助亨利·哈德森去发现西北之路，甚至试图鼓动人们去北极考察。而且和威廉·赫伯特以及环球剧院的董事威廉·李维森一样，他还是弗吉尼亚剧团的理事会成员。此时的狄吉斯正在去斯特拉福德外围的阿丁顿的路上，想和继父托马斯·罗素待在一起。他的继父是莎士比亚亲密而信任的朋友，也是诗人遗嘱的执行人。这是个很好的见见老朋友的时机。就在几天前，狄吉斯在伦敦文书厅登记出版了一个在百慕大失事并幸存下来的不同寻常的故事：它能让想

象力飞翔。那年 11 月，随着这个故事在阿丁顿的降温，狄吉斯又讲
了一个有关海洋探险的奇异而又浪漫的故事。后来，莎士比亚将之变
成了他最后一部杰作。

快速变化的世界里的"超级新奇"

1610 年夏天在环球剧院上演《冬天的故事》时，莎士比亚已经
46 岁，不再担任演员。那年圣诞节宫廷里依旧有 15 部戏剧不断演出。
莎士比亚仍是剧团的股东，也修改剧本，但不再写新剧。也许他还充
当执行导演和剧本指导，并为弗朗西斯·博蒙特和约翰·弗莱彻做编
辑，但这两位此时已经取代他成了剧团的主要创作人。

时代不同了。诗人童年时代的世界——16 世纪 60 年代末和 16 世
纪 70 年代初的这段时光已经成了记忆。尽管用我们的话来说，莎士
比亚才刚刚进入中年，但此时的他已是一个伊丽莎白时期的老人了。
世界变化多快啊。对于他父母这一代的幸存者来说，玛丽女王的日子
感觉好像就是另一个时代。年轻人把英国天主教的过往看成不是他们
的而是另一个国家的事情。对于他们来说，要的不是回望，而是向前
看，扩大视野。这是一个在宏观和微观世界探险的时代。皇家医师威
廉·哈维此时在史密斯菲尔德附近的圣巴塞罗缪医院工作，很快就会
提出他的血液循环理论。1610 年 3 月，亨利·沃顿从意大利给詹姆
斯王发送急件，讲述伽利略如何用新发明的望远镜进行伟大的天文发
现。到处都是这种"超级新奇"的消息。

一直以来，人们都认为莎士比亚在《暴风雨》中道出了自己的告
别词，但这是他的人生中神秘的一部分。《暴风雨》代表回家的旅程，
让人宽慰的是，经历了所有的暴风雨后，他回到了自家的花园，退养

家中过了几年的快乐日子，直到伟大的灵魂安息。不过没有证据表明此时莎士比亚的心理状态是什么样的。而且严格地来说，《暴风雨》并不是他的最后一部戏剧，之后还有三部合作作品。不过，这是他最后一部独作的戏剧。一起伦敦诉讼案件的记录表明，莎士比亚是在回到埃文河畔的斯特拉福德时创作创作这部作品的。对于像他这样一个聪明并对剧院有清楚认识的作家来说，不太可能在脑海里设计情节时忽视自身生活的轨迹。如果没有《暴风雨》，那我们就不得不去创造他这段生活了。

被罢免的公爵

《暴风雨》讲述的是一个船只失事、海洋变化和事物变形的故事，也是借着孩子实现救赎的寓言。这还是一个有关文艺复兴时期的占星家——米兰的普洛斯彼罗公爵的故事。公爵在自己的图书馆找到了许多慰藉，却忽视了自己的职责，被他的对敌推翻，继而被放逐到一座具有魔力的岛上。这是莎士比亚为数不多的杜撰情节之一，不是借用的。不过剧中包含好几个文本，让我们看到在创作生涯后期他的想象力是如何大胆而又充满戏谑。

譬如，在托斯卡诺编的一部现代意大利诗人选集中，他似乎选入了一些有关，甚至是由米兰的普洛斯彼罗公爵创作的诗歌。这本选集在詹姆斯时期的英国十分有名。作为一个"拥有广博知识，对历史了解甚多的"人，这位普洛斯彼罗"拥有一个非常高雅、藏书广泛的图书馆，在那里几乎所有的科学书都能找得到"。有关这位"幸运女神曾经眷顾过"，而今却遭到贬斥的公爵的诗行，隐藏了莎士比亚借以发挥的故事：

> 现在命运之轮已经转动
>
> 哦，可恶的罪行！他们的力量坠入了深渊。
>
> 但是你，普洛斯彼罗，你是高贵的公爵，缪斯也为之倾倒，
>
> 是最高尚的消遣，
>
> 尽管命运多番地变化，她也不能剥夺你的尊严。

也许这个故事一直嵌在他收集资料的记忆中："我的图书馆就是足够大的公爵领地……我看重这些书甚于我的公爵爵位。"莎士比亚的普洛斯彼罗在讲述他从米兰被放逐的故事时这样说道。

《暴风雨》的情节很简单。普洛斯彼罗公爵和十几岁的女儿一起居住在被放逐的岛上。借着书，他拥有了魔法和超自然的能力，能够控制岛上的自然精灵爱丽儿以及野性的居民凯列班。一开场，那些曾经贬黜他的对敌乘船去参加了一场远方的婚礼，在归家的路上，却因一次魔法生成的暴风雨中失事并到了岛上（作为命运女神的象征，暴风雨是文艺复兴时期的主要主题，从乔尔乔涅的伟大绘画到霍拉的雕刻，以及莎士比亚阅读过并在《泰尔亲王配力克里斯》中使用的象征的书籍中都出现过）。

因此，这差不多就是一出复仇剧。普洛斯彼罗是一个有控制欲的怪人，有许多受到压抑的野心，也想对敌人进行报复。不过他原谅了他们，通过女儿和仇敌的儿子的婚姻实现了和解。最终，公爵抛弃了操控大局的超自然能力，不再是语言具有魔力的法师。

就像其他后期的戏剧，这个故事也涉及同时代人关心的东西。被废黜的公爵的故事简直就是把 1611 年夏天这部戏剧第一次上演时发

生的新闻搬上了舞台：布拉格具有学者风范的鲁道夫[1]被推翻了，这一事件在伦敦引发了很大反响。在创作中，还有一个文本似乎特别重要。它不只是一个资料来源，还是一个广泛的灵感，是另一个莎士比亚在求学时期非常喜欢的文本。

隐性文本：维吉尔

《暴风雨》通常被看作是和新世界有关的，特别是在现代反殖民的阐释中。不过这确实是一出地中海剧，其隐性文本是维吉尔的《埃涅阿斯纪》，莎士比亚在第二幕中很清楚地告诉了我们。废黜了普洛斯彼罗的贵族是从突尼斯回到那不勒斯的，这是埃涅阿斯在与迦太基的狄多命中注定相遇后返回时的路线。我们从船只失事后困惑的幸存者之间神秘而又似乎无关的交流中略知一二：

> 阿德里安：突尼斯从来没有娶过这样一位绝世的王后。
>
> 贡柴罗：自从狄多寡妇之后，他们的确不曾有过这样一位王后。
>
> 安东尼奥：寡妇？该死！怎么掺进一个寡妇来了呢？狄多寡妇，嘿！
>
> 西巴斯辛：也许他还要说出鳏夫埃涅阿斯来了呢。大王，您能够容忍他这样胡说八道吗？
>
> 阿德里安：你说狄多寡妇吗？照我考查起来，她是迦太基的，不是突尼斯的。

---

[1] 编注：指神圣罗马帝国皇帝鲁道夫二世（Rudolf Ⅱ.），他也是奥地利大公（Archduke of Austria），长期居住在布拉格。大公与公爵（Duke）发音有共通之处。

贡柴罗：这个突尼斯，先生，就是迦太基。

阿德里安：迦太基？

贡柴罗：确实告诉你，它就是迦太基。

在诚实的老臣贡柴罗嘴里，莎士比亚让我们明白向导就是维吉尔。在《埃涅阿斯纪》中，维吉尔的英雄登陆在一个岛上，在那里就有洗罪的仪式，他从自己过去行为的内疚中解脱了出来。莎士比亚戏剧的关键场景基本都跟随着维吉尔：失事、费迪南德的磨难、众神的想象、净化和婚姻。做错事情的人会得到谅解，也会被净化。仇恨会过去，随之而来的是和解。莎士比亚的观众——至少在布莱克福莱尔的观众——会马上明白这一点，因为他们比今天的我们更加精通拉丁文学。

"可怕的暴风雨和恐怖"

《暴风雨》是典型的文艺复兴时期对伟大经典主题的变革。不过尽管背景是在地中海，莎士比亚还是如往常一样将资料统统搜罗起来。他将同时代的新世界人类学的文献（譬如蒙田描写食人族的文章）用于有关殖民主义和帝国主义的话语。他也对普洛斯彼罗是位占星家的想法很感兴趣——他是一个具有超自然力的科学家，就像伊丽莎白的占星家约翰·狄。这一切都表明莎士比亚可以将故事和知识界的潮流令人眼花缭乱地玩弄于掌心，将它们变成娱乐普通大众的东西。《暴风雨》中对殖民的争论甚至直到今天都还在引发人们的共鸣，从加勒比海的艾梅·塞泽尔[1]到罗本岛上的纳尔逊·曼德拉和他的非国大狱友们——凯列班说的"这个岛是我老娘西考拉克斯传给我的"正是避开狱卒留下的珍贵文本中的要点。

《暴风雨》中到新世界旅行的问题带领我们回到了达德利·狄吉斯和他的圈子。16世纪90年代初以来,因为他在伦敦的联系,莎士比亚认识了蒙田等人的译者约翰·弗洛里奥等人,还和一些外国学者及知识分子见过面,也和探险者及皇室占星家有联系。尽管缺乏直接的证据,但一直以来都有一个神奇的说法,就是莎士比亚属于一个文学和科学群体,这个群体被古文物研究者约翰·奥布里称为"弗莱迪街上的美人鱼俱乐部"。靠近布莱克福莱尔剧院的美人鱼旅店,当然就是一个聚会点。据著名的行者托马斯·科里亚特所说(他曾于1614年从阿勒颇[2]和1616年从印度给他们写信),这些"虔诚的向往文学的绅士组成一个群体",每个月的第一个星期五聚会。剧作家弗朗西斯·博蒙特在1613年给本·琼森的诗行里也写道:

> 我们看到的是什么,
> 在美人鱼所做的一切,听到的话也都是
> 那么充满智慧,那么充满微妙的火焰

也许莎士比亚并没有给我们留下一个爱交际的印象,但是他对这个群体里的人很熟悉。1613年,美人鱼旅店的主人还目睹了他的一次租赁活动。

---

[1] 编注:艾梅·塞泽尔(Aimé Césaire)是一位法国黑人诗人、作家、政治家,出身于加勒比海的法属马提尼克,曾任马提尼克省长,致力于反对殖民主义。
[2] 编注:叙利亚第一大城市,位于幼发拉底河和地中海之间的关键位置上。

对这些联系尚未有太多探索，不过却启发了让人感兴趣的某些可能性。狄吉斯、科里亚特、琼森、约翰·邓恩、印迪戈·琼斯、古文物研究者罗伯特·考顿（拥有大量藏书，把书借给本·琼森的那位）、译者霍兰德、出版商爱德华·布朗特以及黎凡特剧团的理查德·马丁等，这些文学、艺术、科学和商业精英形成了一个团体，涵括了各种观点和信仰。《暴风雨》中船只失事的故事来源就是诗人利用这种关系来设计情节的典型例子。

1610 年 6 月 2 日，一艘名为"海上历险"的船在狄吉斯兄弟等合伙支持下驶向美洲。24 日，这艘船在百慕大附近的一次狂风暴雨中失事。幸存者在 9 月回到家，讲述了可怕的经历和怪异的景象。那年秋天，他们的叙述被加以创作，在股东之间私下传阅。这是一种很有吸引力的炒作，莎士比亚可能是从达德利·狄吉斯那里获得了故事的稿子。如前所述，狄吉斯是他在斯特拉福德的朋友托马斯·罗素的继子。也许就是 11 月，在离斯特拉福德不远的罗素家里，莎士比亚拿到了威廉·斯塔奇的叙述记录，上面的日期是 1610 年 7 月 15 日："一场可怕的风暴和恐怖开始迎面扑来，海面波涛汹涌，海水咆哮着一次次冲向我们，最终周围一片漆黑：好像将我们弃在黑暗的地狱，让人越加地恐怖……我们只剩下害怕的感觉……"这样恐怖的日子过了 4 天后，他们突然看到"一幅特异景象，有一小圈光亮，像是微弱的星光颤抖着，伴随着亮闪闪的火焰不断流动着，就在主桅一半高度的位置，在主桅侧支索之间飞来窜去……"

水手们看到的特异景象其实是一种自然现象，叫作圣艾尔摩火[1]。

---

[1]　编注：圣艾尔摩火（St. Elmo's Fire）是雷雨中强大的电场造成的冠状放电现象，与"火"没有关系，得名于意大利圣人圣伊拉斯摩（又称圣艾尔摩）。

斯塔奇目睹的这一切给了莎士比亚一直在寻求的细节：船只解体时，那种众口相传的恐惧和在未知世界里感知的不确定性。以这个故事为基础，再加上从维吉尔、奥维德和蒙田等他最喜欢的作家作品中获得的灵感，那年冬天莎士比亚创作了《暴风雨》，将水手斯塔奇想象的魂灵和声音转变成琼森假面舞会上快乐的精灵爱丽儿，将"让人争论不休的百慕大"地区吓破胆的当地人变成凯列班（这是食人者的变位词，是蒙田笔下的人物，也指在当时的伦敦大街能见到的那种印第安人）。

"愿你们也格外宽大，给我自由！"

在《暴风雨》的结尾，宿敌和解，他们的孩子订婚了。普洛斯彼罗作了一次精彩的演讲，在很大程度上借用了奥维德的篇章——美狄亚将可怕的毒饮混在一起想毒死自己的孩子那一段，但莎士比亚将之改成了一个超自然魔力的寓言般的意象：

> 你们这些山河林沼的小妖们；
> 踏沙无痕、追逐着退潮时的海神，
> 等他一转身来便又倏然逃去的精灵们；
> 在月下的草地上留下了环舞的圈迹，
> 使羊群不敢走近的小神仙们；
> 以及在半夜中制造菌蕈为乐事，
> 一听见肃穆的晚钟就雀跃的你们：
> 虽然你们不过是弱小的精灵，
> 但我借着你们的帮助，才能遮暗了中天的太阳，

> 唤起作乱的狂风，在青天碧海间激起浩荡的战争；
>
> 我把火给予震雷、用乔武大神的霹雳击碎了他自己那株粗干
> 的橡树；
>
> 我使稳固的海岬震动，连根拔起松树和杉柏：
>
> 因着我的法力无边的命令，
>
> 坟墓中的长眠者也被惊醒，打开了墓门出来。
>
> 但现在我要捐弃这种狂暴的魔术，
>
> 仅仅再要求一些微妙的天乐，化导他们的心性，
>
> 使我能得到我所希望的结果；
>
> 以后我便将折断我的魔杖，把它埋在幽深的地底，
>
> 把我的书投向深不可测的海心。

18 世纪以来，这个演讲一直被看作是莎士比亚的告别宣言。普洛斯彼罗的魔力当然和他的作者以及导演有着精确的共鸣：是莎士比亚精心策划情节、安排人物，以产生想要的效果，然后离开舞台。从一个对戏剧假象十分了解的剧作家的角度来看，在某种程度上我们很难不把这看成是告别演说（这也是为什么他的同事直截了当地将这部戏剧和他死后出版的作品放在一起）。这种结论在普洛斯彼罗给他的观众的后记中也得到了证实，又一次揭开了表演幻象的面纱。不过有一点是歪曲的，权力的流动是逆向的，咒语则是不偏不倚，是观众的信念给予了幻象生命：

> 现在我已把我的魔法尽行抛弃，
>
> 剩余微弱的力量都属于我自己；
>
> 横在我面前的分明有两条道路，

不是终身被符咒把我在此幽锢，
便是凭藉你们的力量重返故乡。
既然我现今已把我的旧权重握，
饶恕了迫害我的仇人，请再不要
把我永远锢闭在这寂寞的荒岛！
求你们解脱了我灵魂上的系锁，
赖着你们善意殷勤的鼓掌相助；
再烦你们为我吹出一口和风，
好让我们的船只一齐鼓满帆蓬。
否则我的计划便落空。我再没有
魔法迷人，再没有精灵为我奔走；
我的结局将要变成不幸的绝望，
除非依托着万能的祈祷力量，
它能把慈悲的神明的中心刺穿，
赦免了可怜的下民的一切过失。
你们有罪过希望别人不再追究，
愿你们也格外宽大，给我自由！

他等待着掌声，然后退下。这是典型的莎士比亚，《罗密欧与朱丽叶》精彩的情节设计者、《仲夏夜之梦》的幻想者、《亨利四世》下篇中甜言蜜语的"债主"、《李尔王》中的舞台驱魔者。作为剧院里的专业人士，他知道如何调动观众。这是他对作者 / 演员与观众之间关系的最后一个评论。演员把观众迷住了，观众和演员的融合才会创造出迷人的气氛，演员才能演好。如果不是这样，他的"计划"就会失败——"一切都为了取悦"。

岁月是一把镰刀

　　1612 年 2 月，莎士比亚的弟弟吉尔伯特——就是和他年龄相差最小的那个兄弟——死于斯特拉福德，当时 45 岁。沃里克郡家人的哀悼很快融入了全国范围的悲伤之中。那年秋天，詹姆斯王的子女原本沉浸在欢乐之中。首先是亨利王子，10 月还在宫廷举行盛大狂欢。他是让人充满希望的人，大家都非常期待着一个联合的英格兰能平息上一代人的宗教纷争。这个有品位并支持艺术的王储年轻、英俊、有才能，也有野心在欧洲舞台上占据一定位置。此外，据说亨利的妹妹伊丽莎白将嫁给普法尔茨选侯[1]、哈布斯堡皇室的弗里德里希[2]。但是，11 月 6 日，亨利这位曾允诺过给予人们新黄金时代文艺复兴的王子，得急病死了。

　　他的死有很深刻的影响，就像威尔士王妃戴安娜之于现代英国人一样。人们举行了庄重的葬礼，宣泄着大家的悲痛。经过深思熟虑，皇室决定继续举行伊丽莎白公主的婚礼。第二年的 2 月，莎士比亚的剧团也被召去在白厅的国宴室为一大群外国显贵上演了不少于 14 部戏剧。

　　在那些曾经受到欢迎和时新的戏剧作品中，有神秘的《卡蒂尼奥》，这是一部没有幸存下来的莎士比亚戏剧。这似乎是他第一次和国王剧团的新星约翰·弗莱彻合作。这部作品创作于 1612 年，第二年 2 月就在宫廷上演，6 月又在格林尼治于萨沃伊公爵的大使面前上演。17 世纪 50 年代，这部戏剧以两位作者署名的形式登记出版。

---

[1]　编注：普法尔茨选侯（Elector Palatine）是神圣罗马帝国七大选帝侯之一，拥有行使王权的权利，是德意志南部和莱茵河流域等地的代理人。

[2]　编注：即腓特烈五世，1610—1623 年间担任普法尔茨选侯。

《卡蒂尼奥》明显是基于谢尔顿出版于 1612 年的《堂吉诃德》译本中的一个故事创作的。我们很容易明白为什么塞万提斯对追求中世纪骑士精神的讽刺会吸引老骑士福斯塔夫的创造者,对于福斯塔夫来说,荣耀就是一个词:"屁,只是个招牌而已。"现在幸存的是 1727 年的改编本,有些地方似乎还有些詹姆斯一世时期诗歌的陈芝麻烂谷子,有些部分特别大男子主义,十分与众不同:

> 我不明白女孩儿的热情,
> 那可是年轻和爱情会点燃的。她愿意
> 就像是没有胃口也要去喂:
> 告诉我她很满意,只是假装害羞而已,
> 就像那些惜言保护自己的人,
> 闭口不语。这种感情
> 是想象中的,能打破那未曾碰触的、
> 能让霜白染上色彩、能一切都能融化,而我的爱,
> 像是在亥柏龙神眼皮子底下的地方,
> 永远以一种热度燃烧。

如果莎士比亚不是其背后的作者,很难想象还能有谁会这么写——当然不是弗莱彻。从罗伯特·约翰逊基于谢尔顿的《堂吉诃德》译文而作的歌曲看来(它们得以幸存),留给 18 世纪改编者们的是一部完备的剧稿。

这部戏剧包含了具有莎士比亚特色的笑话,譬如可恶的唐·里克斯追逐利奥诺拉进了一个女修道院,将自己假装成棺材里的一具尸体(就像在《辛白林》中的阿埃基摩藏在一个柜子里被偷运到伊摩琴

的房间里）。这不是塞万提斯写的，一定是莎士比亚自己的主意。这出戏的相同点主要是针对他后期的戏剧而言的，特别和《辛白林》相比：都是被冤枉的女主角，年长者和年幼者之间的和解，家庭团圆，皇室和乡间的对立，关键的角色还配了音乐。很遗憾，这部戏剧佚失了，我们再也看不到现代小说的先祖塞万提斯和莎士比亚的相遇带给我们的迷人特色了。

正当国王剧团为了皇家婚礼庆典排演《卡蒂尼奥》和其他戏剧的时候，莎士比亚家族中最令人难以捉摸的成员理查德去世了，当时他38岁。至此，威廉的三个弟弟都过世了，没有一个结婚留下子嗣，或得到善终。这四个莎士比亚家的男性都没有很好的家庭生活。以都铎时期的标准来看，这是不太正常的，甚至有更多的死亡意味。

布莱克福莱尔偏房：神秘的购买

1613 年春天，莎士比亚回到了伦敦。3 月 10 日清晨，他签下契约购买了布莱克福莱尔的偏房，与室内的剧院紧紧相邻。美人鱼旅店的房主、酒商约翰·杰克逊是此次购买的证人。有关这次地产购买仍有很多疑问。这个地方一直以来都被政府的思想警察看作是天主教徒的避难所——其地下通道的繁杂让伊丽莎白时期追踪天主教牧师者很头疼。为什么莎士比亚在事业生涯后期买下了这里，而且还是在他归隐到斯特拉福德之后？这仅仅是一次投资，还是有另有其他原因？

1616 年初，诗人写下一份遗嘱，里面提到了当时住在偏房里的约翰·罗宾逊，他似乎是这份遗嘱的见证人，尽管没有签名。罗宾逊好像是伦敦人，但他的身份是个谜。这个姓氏似乎属于福特斯克家族中某个仆人。福特斯克是房子的前主人，是顽固的叛逆者。罗宾逊也是一个年轻的天主教牧师的名字，这名牧师当时住在伦敦，后来成为耶稣会士。这幢房子出现在诗人的遗嘱中，连同其他资产一起转让给了他的女儿苏珊娜，但附有特殊条件。莎士比亚去世两年后，这幢房子又"依照莎士比亚先生遗嘱中的真实意图"，转让给了约翰·格林和马修·莫里斯。更奇怪的是，多年后的一个周日，邻近建筑楼上大房间的地板塌陷了，砸死了一个天主教牧师和 90 个教徒。当时他们正在举行 300 人的集会，其中有来自沃里克郡的民众，包括一个叫特雷瑟姆的人。因此，可见此处仍然是一个秘密的弥撒会所，就像伊丽莎白时期一样。莎士比亚很有心计，行事谨慎：购买这幢布莱克福莱尔的偏房及其后来发生的事情，让我们更加了解他在生命最后时期所做的事情，也许也更了解他的宗教感情。

抚平英国的伤口

此时，就在他事业生涯的最后阶段，我们看到了一次富有特别含义的运动。1613 年初，国王剧团上演了一部基于亨利八世故事的戏剧，讲述了与罗马的分裂、和阿拉贡的凯瑟琳离婚以及同安妮·博林的关系。这部戏剧在布莱克福莱尔上演，此处正是当年听证亨利离婚案的宗教法庭所在地，不过那时还是个修道院。就在这个大厅里，教会分裂 [1] 开始了。他选了这样一个主题——在这样一个地方表演！

莎士比亚以他想要的方式在神秘的序言中寻求观众的理解，这又一次显示了他的心计：

---

[1] 编注：由于教廷的反对，亨利八世与凯瑟琳离婚一事并不顺利。亨利通过与安妮·博林秘密结婚，然后操控国会宣布脱离罗马教廷才得以解除与凯瑟琳的婚姻，这造成了教会的分裂。

今天我出场不是来引众位发笑，

这次上演的戏文，严肃、重要、

庄严、崇高、动人、显赫、沉痛，

一派尊贵景象，一定会让你泪眼朦胧。

哪位有恻隐之心，看完了戏，

仔细想想，何妨掬一把同情之泪，

这戏文确实值得一哭。哪位花了钱，

想看一回真人真事上演，

这戏里全能找到……

　　表面来看，人们也许认为这样一个主题应该是以反天主教的方式发展的。但其实根本就不是：重要的信息是和解。笨手笨脚的亨利不重要，而玛丽女王的母亲——阿拉贡的凯瑟琳才是主人公。

　　任何一部涉及亨利八世统治时期各种纷争的戏剧，都不可能在伊丽莎白女王在世的时候上演。尽管这部戏剧被看作是莎士比亚创作生涯中虎头蛇尾的作品，但有意思的是，他是以这位教会分裂的煽动者来结束整个有关英国历史的系列戏剧创作的。80 年过去了，伤痕正在慢慢愈合。作为比较，我们可以看看考尔德伦伟大的《死后之爱》，这是一部有关压制西班牙摩尔文化的戏剧，是在菲利普二世颁发反对穆斯林风俗的法令 70 年之后创作的。西班牙和英国一样，有着类似的创伤。

　　亨利八世是英国历史上最令人厌恶的统治者之一，却没有在这部剧中遭到抨击。莎士比亚在处理凯瑟琳这个角色时，将其塑造成了笔下众多成功的女性人物之一，这是他的创作手法。凯瑟琳的自我辩护演讲——也是《冬天的故事》中赫米温妮的写照，深深地嵌在她提起父亲地位这一段之中——让人们对老一代天主教徒的高贵留下了深刻的印象。在斥责起诉她的人"内心自大"时，凯瑟琳用最平实和慎重的语言以"上帝的名义"呼吁：

> 陛下，我要求您给我做主，以仁慈待我；
> 我是最可怜的女人，我是个外来人，
> 不是在您的领地上出生的；
> 我在这里得不到公正的审判，
> 也不能保证得到友好、公平的待遇。
> 啊，陛下，我在什么事情上得罪了您？
> 我的行为又怎么叫您生气了？
> 您为什么要这样把我抛弃，
> 不赏我一点恩泽呢？

我们又一次听到了外来人[1]的事件。要知道，这可是在70年前真实发生过此事的地方进行表演的。是否有这样一种感觉，历史已经前进，而时钟不可能倒转？就像在《冬天的故事》《泰尔亲王配力克里斯》和《暴风雨》中一样，这部戏剧的主题也是承认和谅解。不过不是在故事里，而是在英国历史上。这种主题一开始是在凯瑟琳被审判之后，一个男孩子唱着优美的琼森有关俄尔甫斯的歌曲中展现，接着在凯瑟琳快死时的神秘场景中表露无遗：在"悲伤而肃穆的音乐"中，她慢慢陷入了沉睡，在莎士比亚最长的舞台说明中，六个天使"穿着白色衣袍缓缓降临，头上戴着月桂光环，手上拿着月桂树枝或

---

[1]　编注：凯瑟琳王后出身西班牙王室。

棕榈叶……"新柏拉图主义者的慰藉用在了抚平英国的伤口上。

最终，如同在莎士比亚其他后期戏剧中一样，一个婴儿被抱上舞台，成为和解的媒介。这个婴儿就是伊丽莎白女王自己。他的合作者弗莱彻创作了一个场景，附带了对她后来开创的黄金时代的恭维颂词（这和莎士比亚第 124 首十四行诗中沉默不语的墓志铭形成鲜明的对比）。也正是因为这个，莎士比亚开始慢慢地退出。不过，如以往一样，他对自己的计划守口如瓶。今天我们把这部戏剧称作《亨利八世》，和对开本的编辑选择的名字一样。但这不是莎士比亚原先的书名。借着舞台合唱之口，他用一种典型的隐蔽手法，给了我们他所有书名中最富有戏谑性的一个：《一切都是真的》。

1613 年 6 月 29 日，就在这部戏剧的一次表演中，环球剧院被大火毁于一旦。亨利·沃顿目睹了这一切：

> 国王的演员有了一部新剧，叫作《一切都是真的》，陈述了许多壮观的隆重仪式和庄严……此刻……燃放了几个表演用的弹药（加农炮）……其中一发弹药落在了一些纸或其他东西上，不知怎么地就点燃了，一开始人们还认为只是无伤大雅的小烟，他们的目光也更多投向表演。于是火在里面燃烧起来，迅速蔓延，1 个小时不到就将整幢房子夷为平地。这就是那幢极有价值的建筑灾难性的时刻……

环球剧院后来重建了，但也许对于莎士比亚来说这次火灾是时代的分界线。据推测，就在那个时候他卖掉了剧团的股份。建筑可以重建，可是那个时代再也不复返了。

"像这个时代一样容忍我们"

几乎在同一时间，莎士比亚的最后一部作品诞生了——另一部和弗莱彻合作的戏剧。这部新作就是《两位贵族亲戚》，基于乔叟的《骑士故事》而成，可能也借用了一点欧里庇得斯的作品——长久以来欧里庇得斯的拉丁译文本都是莎士比亚在阅读的。乔叟在莎士比亚这个时代的作家群中备受仰慕。"我知道这一切没什么可惊奇的，"菲利普·锡德尼在《诗歌辩护》中这样写道，"要么是他在那个迷茫的时代能够看得透彻，要么是我们在这个清晰的时代跟随着他磕磕碰碰往前走。"莎士比亚的借用引导了他的时代如何前进。

《两位贵族亲戚》是为了新剧院仓促而作吗？在序言中，弗莱彻提到"我们最近的损失"，还认为"将来会有更好的戏剧"，好像承认这一部是仓促之作。这部剧主题模糊，有性爱的不理性力量，和早期剧作相互呼应（特别是《仲夏夜之梦》）。19 世纪，托马斯·德·昆西认为，剧中莎士比亚创作的部分是英国文学中最伟大的诗歌。并不是所有人都同意他的观点，但无论是当时还是随后，都没有其他人能创作出这样的作品——它的语言是那么复杂，连意思都那么隐晦：

> 哦，我的祈祷化作冰块，
> 却因为极度的痛苦和难过，
> 化作一滴滴水。悲伤的形式
> 被更深刻的东西压制。

那么他最后的舞台诗是什么？普洛斯彼罗的告别挽词可能不是莎士比亚对舞台的告别词，也不代表他对生命最终的思想状态。有人说

《雅典的泰门》中充满仇恨的讽刺是最后留在他书桌上的剧本，但更有可能的选择是，《两位贵族亲戚》中忒修斯最后的演讲才是他最后创作的东西。这是对谜一般的神的祈愿：

> 哦，你这天国的魔术师，
> 你让我们成了什么！我们嘲笑自己所缺乏的，
> 为自己拥有的感到遗憾，在某种程度上我们还是孩童。
> 让我们感谢这一切，和你一起将我们各种问题的争论抛在一边，
> 让我们一起离开，像这个时代一样容忍我们。

从《两位贵族亲戚》中，我们看到莎士比亚对他自己时代的观念有兴趣，也浸淫于此，就像我们从一个处在艺术先锋、周游世界、对外国文化十分了解的朋友那里期待的一样。莎士比亚是文艺复兴时期的职业作家，他对欧洲人文主义有广泛的兴趣，会使用多种语言。而回到斯特拉福德——新普雷斯有个"书房"——我们可以确定在生命的最后时期，他曾待在那里阅读。也就是说，经过多年在毕肖普门和索思沃克的"日常店"里就着烛光创作之后，他的视力还算良好。但很不幸，他能看看书、管管自己的地，养养花的日子太短了。

思想状态：想到死亡

1616 年，很可能是受即将到来的小女儿（双胞胎中幸存的一个）朱迪斯的婚礼的推动，莎士比亚口授了自己遗嘱的第一稿。不过一般来说，那个时代的人们是在觉得自己很快不久于人世的时候才立遗嘱的。当时莎士比亚 51 岁，还没那么老。但他的弟弟们都已经死了，

他自己的健康状况也日渐恶化。有一个他和沃里克郡诗人迈克尔·德莱顿以及他的死对头本·琼森喝酒后发烧的说法。有些人甚至怀疑莎士比亚患有梅毒，这不是没有可能，因为他这么多年在伦敦一直都是单身的，而且在十四行诗的末尾还有很明显的对这种性病的指涉——16世纪90年代末，"疑难杂症"在他"地狱般的日子"里来临。有人注意到了遗嘱的签名，对于一个中年人来说，这个签名字迹颤抖。签字者瘫痪了？他的视力还行吗？伦敦小旅店的生活对他造成损害了吗？今天的演员是高居"饮酒职业"排行榜前列的，也许那个时候也是一样。想想吧：住在剧院；经常喝大量浓啤酒；独自吃喝；深夜创作。这一切让我们又回到了那个老说法：他的死亡是饮酒造成的。

当然，不是所有伟大作家的命运都是以失望告终的，但也不是所有的作家都能平和地走到中年。托尔斯泰在他生命的这个时候，也失去了一个小儿子。他早期的小说对死亡的看法冷酷而平静，不管是死于战争、行刑台，还是死于贫穷人家或富户的庄园。但等到50岁的时候，这种理性离开了托尔斯泰，因为他明白自己的死亡也即将来临。他写信给自己的兄弟："到了死亡的时候了——这不是真的。生活中已经没有别的事情可干，只有死亡。我时刻都能感觉到它。我在创作，很努力地创作……可我却一点也感觉不到幸福。"托尔斯泰和莎士比亚一样拥有大量的地产，他总结出一条，那就是进行更多的土地买卖是唯一能够不去想到死亡正慢慢靠近的方法。就是在一次完成这种买卖的路上，托尔斯泰待在一个乡间小旅店时，做了一个经典的梦，在梦里他的房间变成了一座坟墓。"这一切告诉了我同样一个故事——生命中没有什么东西存在，只有死亡——死亡不应该存在！"他由此创作了对死亡和濒临死亡的伟大探索——《伊凡·伊里奇之死》。

莎士比亚也是如此吗？我们可以提出这些理由：创作力下降；50

岁前就开始和别人合作创作；不断地热衷购买土地和资产。这一切是对虚幻艺术的现实替代吗？在创作生涯中，他敏锐的智慧都和艺术的有限性相关。在十四行诗中，他沉迷于纪念，在承认艺术、语言和修辞的终极缺憾时又热衷于语言的可能性："我们就是梦幻造就的东西"，"这最好的就是无法示人的"。在最后的戏剧中，特别是在《冬天的故事》中莎士比亚尽可能地使用语言，展现各种句法。在和弗莱彻合作中，那些难懂、晦涩的诗歌也许表明，他也到了这个时候，已经没有兴趣继续创作了。

　　或者一切并不是这样——他只是快乐地退隐到自家花园里，每日和玫瑰丛，和在秋千上欢笑的孙女伊丽莎白一起。我们依然寻找着线索，将我们的想法强加在他身上。

家庭丑闻

　　那年春初，在父亲遗嘱的第一稿完成后，朱迪斯·莎士比亚卷入了一场性丑闻中。这不是诗人女儿第一次卷入这种不愉快的事情了。3 年前，朱迪斯的姐姐苏珊娜被诽谤与人通奸，还感染了淋病。不过那时让莎士比亚家人满意的是，事情很快就解决了。可这一次似乎不那么简单。

　　2 月，朱迪斯嫁给了酒商托马斯·昆尼，他是约翰在斯特拉福德的朋友理查德的儿子。一个月后，这对夫妻被逐出教会，因为他们没有得到特别许可就在大斋期[1]结婚。这对整个家族来说，是一件非常

---

[1]　编注：大斋期（Lent）又称四旬期，从大斋首日到复活节前日共 40 天。在此期间需要以斋戒、施舍、克己及刻苦等方式补赔自己的罪恶。

丢脸的事情。接着又传来昆尼和另一个女人有染的消息，那个女人名叫玛格丽特·维勒，还怀了孕。她在生产的时候死了，婴儿也没保住。在肯特梅德斯通存放的教会"下流案件"的档案中，我们可以看到，托马斯被命令出席当地教堂法庭，被控道德过失。3月26日，他适时承认了和那个可怜的已死的女人有"性关系"。这很像莎士比亚戏剧中的一个场景：《一报还一报》中克劳狄奥被谴责的那一幕。

这对于朱迪斯和她父亲来说无疑是更加痛苦的羞辱。31岁的朱迪斯已经过了那个年代的适婚年龄，而她的父亲本来就对性有根深蒂固的矛盾心态。法庭强行要求托马斯进行令人尴尬的当众悔过，后来经过家人的努力才减为以罚款告终。

这就是莎士比亚改变遗嘱的背景。早些时候，他已经让律师弗朗西斯·考林斯从沃里克赶来，将遗嘱改动以保护朱迪斯的利益，并对她的丈夫附加以条件。这些焦虑带给威廉的打击一定很大。有些人认为，遗嘱上最后的签名显示他已经得病了。原始文件中有个小细节很显眼："我在此盖上我的印章"这一行中，"印章"这个词被删去，换上了"手印"。1810年，在靠近圣三一教堂墓地的地方找到一枚很漂亮的金印章戒指，大大的，有点重。这肯定是伊丽莎白时期主人十分珍惜的那种戒指。戒指上的W和S两个首字母缠绕在一起。是莎士比亚在朱迪斯婚礼前几个星期丢失了他的印章戒指吗？

结婚典礼是在2月举行的，是又一个酷寒冬天最冷的月份。他很可能戴了手套。也许那时他已经生病了，人瘦了，戒指戴在手上也松了。礼拜之后，也许他在教堂外脱下手套和一个老熟人握手。戒指很容易就掉下来遗失了，没有人注意到这一点。见戒指如见人。丢失戒指可是个不小的打击。

接二连三的祸殃打击着这个家庭。莎士比亚的妹夫威廉·哈特

（他妹妹琼的丈夫）死了，4 月 17 日安葬。"没有什么能阻挡岁月的镰刀。"

妻子安妮：神秘的好床

就是在这样的紧要关头，诗人最后一次修改了自己的遗嘱。有很多赠送给朋友和邻居的礼物：10 英镑给家乡的穷人；给伦敦的老伙伴、演员海明斯、伯比奇、康代尔留了一些钱，让他们用这些钱去购买纪念戒指。他很虔诚地记得那些叛逆的朋友和邻居哈姆内特·桑德勒以及威廉·雷诺德，还有他的教子威廉·沃克。在给朱迪斯的遗赠之后，大部分的地产都归苏珊娜和约翰·霍尔所有。

那么他的妻子呢？安妮带大了他们的孩子，一定在这些年也照看他在斯特拉福德的生意事务，都铎时期的妻子都是这样做的。不过我们几乎对她一无所知。许多丈夫在遗嘱中对配偶都有爱语（"我亲爱的妻子"），但威廉的遗嘱中没有。对于安妮，只有他的律师最后草草地加了一行："给我的妻子那张好床……"

这几个字引发了太多的评论。据说，那时大多数遗嘱都是实情，但在苦苦追寻诗人的情感时，人们对这一简洁的遗赠却有很多解读。有人将其解释为残酷或仇恨，有人将其视为慎重地指涉婚床，是诗人在最后一刻富有情感地想起来了，并指定地产的三分之一自然归于他的寡妇。最近的新观点认为，根据中世纪英国习俗法的细节，在临终之时威廉是在默认他曾不忠于婚姻，破坏了他们的"床笫之约"。在这么枯燥的文本中这是一个隐喻般的转折，但似乎有些勉强。答案还可以更简单一些，尽管有些令人心酸。

遗嘱修改后一定读给安妮听过，她知道自己能得到作为寡妇的第三份，还能继续和女儿以及约翰·霍尔一起居住在新普雷斯。那么是她希望特别指明这张床吗？如果是，为什么？答案可能就在她父亲的遗嘱里。回到 1581 年，在嫁给威廉前的那个夏天，她父亲对她原先在肖特雷村休兰德农场家里的两张床做了特别的规定："我的遗嘱是……在我房间的这两张平板床，必须在我的妻子琼有生之年或守寡期间、我的儿子巴塞罗缪和约翰或他们中活得最长的人的有生之年一直保存下去，绝不搬动。"

这床是传家宝，对哈撒韦一家来说意味着什么东西。他们的子嗣在这里一直住到 19 世纪。这两张 16 世纪后期的"平板床"（四根帷柱的框架床）直到今天还在。不过，在 1624 年安妮的兄弟巴塞罗缪的物品清单中，只提到了一张"平板床"。因此，父亲死了一年后，安妮和她的少年情人结婚时，是不是把家里的一张"平板床"从休兰德农场搬到了汉里街，条件是最终这张床还是要回归这个家？如果确实如此，就必须在她丈夫的遗嘱中特别点出了。

当然这只是猜测而已。事实是，不管是这床，还是其他，莎士比亚都给我们留下了一个谜。都铎时期的婚姻大多建立在伙伴关系和合作关系上，而不是在浪漫的爱情上。但是莎士比亚是一个相信理想的爱的人，我们只知道，尽管有那个俊俏的少年、尽管"床笫之约"被打破，他在生命的最后时刻依然爱着安妮，仍然有他在结婚之日的那种感觉，那就是她"拯救了我的生活"。

死亡的艺术

我们不知道莎士比亚最后得了什么病。可能他的女婿霍尔医生一直照顾他。很不幸的是，霍尔的两本病例记录本只有一本幸存了下来，而且这一本是从 1617 年开始记录的。也许有一天另外一本会出现，告诉我们诗人最后的日子里的临床记录，但现在也只能是想象了。

一个人知道自己要死的时候，会处理自己的东西、还掉债务、安心等待死亡的来临。都铎时期的人们会为死亡做准备，有大量的自助书籍可以引导他们。莎士比亚曾采用其中一段作为《一报还一报》中克劳狄奥的著名演讲。

那么莎士比亚自己呢？在有生之年，许多英国人一直以来用以生存的东西已经没有了。16 世纪中叶那个小小的、老派的、充满乡土气息的国家已经发生了太多改变，在人口、文化和全球视野上已经完全不是先前的那个国家了。它正处在开拓殖民和建立帝国之初，甚至就连家庭使用的桌子上的白蜡、日用品和所有的烟囱都和以往不一样了。当然，这个曾经信奉天主教的国家现在更是一个新教国家。他这一代人的角色就是度过并形成一个非凡的时代。

在那个时候，人们很自然会想到个人在历史舞台上的作用。16 世纪 60 年代，在托马斯·莫尔英语版的《乌托邦》[1] 里，有一个预言性的部分，他以和都铎王朝同样具有指导性的修辞表达出了一个时代：

> 你扮演了什么角色，努力地扮演了什么角色，尽力去做吧：不要因为另一个会更快乐，更让你记忆深刻，就去打乱眼前的这一切……你不能因为无法控制和减缓大风，就在暴风雨中放弃这艘船……千方百计，巧妙施策，为了达到目的使出漂亮招数，既然你也无法扭转局势，就不要让它更糟……

---

[1]　编注：《乌托邦》写于 1516 年，当时莫尔用的是拉丁文。

莎士比亚机智而又潇洒地处理了这一切。1616 年 4 月 22 日或 23
日，当他死于斯特拉福德的时候，他最终忠于了什么？在自己最伟大
的作品中，莎士比亚曾将这个失去了宗教慰藉的世界的紧张状态加以
戏剧化，那么在自己生命的最后时刻，他是否也转向这种慰藉，就像
现在的人们一样？我们无法确定，不过 17 世纪格鲁赛斯特郡的牧师
理查德·戴维斯的证词是很清楚的："威廉·莎士比亚，"他说，"是以
天主教徒的身份去世的。"

戴维斯没有理由撒谎，他有理由了解这一切。虽然戴维斯只代表
了一种说法，但诗人可是一个标准的新教徒，天主教徒的说法简直令
人难以置信。或许，戴维斯的意思是，他听说诗人依照天主教的信仰
从一个牧师那里接受了死前的仪式。

莎士比亚的现代自传作者对这件事情和其他类似的说法争论不
休：诗人表面上遵守新教条律内心里却怀念天主教，他是虔诚的不可
知论者，是在异教徒身上找到最大慰藉的人文主义者。毕竟，莎士比
亚是一个利用各种传统来激发想象世界的人。和许多经历过那个时代
的人一样，他很可能会避免让自己完全站在某一方，也不再对宗派信
仰涉入太深。但他毕竟是一个基督徒，《圣经》是他常常阅读的书。
在"那些为自己加冕的不确定的信仰"中，如戴维斯所说的，可能他
最终还是倾向于童年时代认定的信仰。如果在临死的时候经历了古老
的天主教仪式，也许这种对宗教的忠诚，实际上也是莎士比亚对自己
的过去、对自己的父母祖先以及英国精神的忠诚。而这一切对于很多
与他同代的人来说，是不是已经"出租了，就像出租了一个没什么价
值的农场一样"？

莎士比亚的葬礼在圣三一教堂举行，他的父母、儿子哈姆内特和
其他家庭成员都埋葬在那里。作为什一税持有人，他和家人不一样，

他有权葬在教堂里面。根据早期研究权威的说法，坟墓上的碑文是他
自己撰写的。这是他为朋友和邻居随手就作的那种打油诗，就像在公
会教堂墙上仍然可以看到的古老的基督教诗歌：

> 看在耶稣的份上，我的朋友，
> 切勿挖掘这黄土下的灵柩。
> 让我安息者将得到上帝的祝福，
> 迁我尸骨者将受到亡灵的诅咒。

据说安妮曾要求死后埋葬在他身边。但墓志铭上的诅咒让人不敢
动之分毫。于是安妮被葬在圣坛边靠近他的地方。今天他们的坟墓依
然可见，他们的女儿、女婿约翰·霍尔、托马斯·昆尼的坟墓也在那
里。到了最后，莎士比亚家族从约翰·莎士比亚的困境中解脱出来，
回到了最初：在新普雷斯，在旧克洛普顿——那是他们在威尔寇姆和
毕肖普顿拥有的土地，也是斯特拉福德人朝圣和安息的重要场所，迄
今已有 900 年。

莎士比亚的作品呢？在我们看来，他完全不在乎那些剧本的保管
和出版。据说，他很鄙视本·琼森的自负。琼森将自己的"作品"成
集，出版了一部豪华的对开本（有些同时代的人开玩笑地认为，琼森
忘了"作品"和"剧本"之间的区别）。有鉴于此，莎士比亚甚至也
没有关心过作品传承下去的问题。反而是朋友在 1623 年出版了他的
戏剧，还在序言上写下了这些文字：

> 我们将它们集结成册，让死者留名于此……没有自我谋利或
> 成名的野心，只是想记住那样值得交的一个朋友和伙伴，他曾是

我们的莎士比亚……我们希望，在你们各种能力之下，能找到足够吸引你的东西。他的智慧不能就此掩盖，也不能就此消失。读读他的作品，一次又一次，如果你仍然不喜欢他，很明显你根本就不懂他。

要不是海明斯和康代尔的努力，有一半莎士比亚戏剧会永不见天日。其他颂词中，有来自莎士比亚那好斗嘴的同行本·琼森的一份，当然他还是忍不住最后嘲笑一下莎士比亚"懂一点点拉丁文，希腊文几乎不懂"。但是琼森很大方地承认他的老对手甚至超越了古希腊和罗马最伟大的作家："他属于的不是一个时代，而是所有时代。"

后记　过去就是开场白

　　21 世纪的大多数国家不再是传统社会，或者很快就不是传统社会了。英国是率先经历伟大的文化和心理变革的国家，16 世纪开始的斗争拉开了自此之后在世界很多地方都进行过的斗争的序幕。当然，从本质上来看，现代性毁灭了传统，而传统正是过去的"赠予"。和考古学家一样，今天我们通过残骸仔细查看各种文本和残留的东西，重塑对历史的看法。不过让人感到激动和有价值的是，我们找到了现在对过去的延续，以及仍然有意义的东西。在现存的传统社会还可以看得到这些，譬如在南印度，可能在班加罗尔一条高科技电脑街区闲逛，就能走进一座寺庙，看到、听到 1000 年前人们在这里使用的同样的仪式和语言。

　　今天在英国对我们来说什么是类似于过去的呢？当然不是宗教。

詹姆斯王时期《圣经》的语言或者是英国国教祈祷书不再被看成是可以理解的，甚至和宗教相关的，它们几乎从我们的生活中消逝了。不过这些书在公众中仍然经常被提到，只是以现代译本出现，不再有诗歌部分和神秘力量的部分了。只有一部分 16 世纪的英国文化还用原先的语言表达，但也只是在惯常的公众表演或仪式上：如莎士比亚的戏剧。他的戏剧是那个时代真实的语言和想法，仍被看成是民族文化不可或缺的部分。他的戏剧也是 16 世纪文本仍在学校核心课程中以原先语言进行教学的范例。16 世纪的宗教语言已经消逝了，为死者而读的"长句子"中那些大词也不见了。但《哈姆雷特》还在。

它们向我们展示了英国变革的东西及其后 400 年的生活。都铎王朝时期有关民族文化概念中心的作品在今天没有任何地位。但这么流行的大众媒体的文本，一直在质疑当局各种手段、要人们自己思考的文本，对我们来说却很重要。莎士比亚的戏剧成为我们今天的人和他那个时代的人保持联系的媒介。

我们的现代社会开始于 16 世纪。夹杂在传统与现代、宗教与魔力、国家专制主义和个人良知之间，就算是普通百姓也窥伺到了预示着结局的先兆，不仅仅是体制结构的结局，也是统治人民那么久的理念的结局。对有些人来说，所有的宗教都被显示为人的创作，所有神圣的文本都只是人的作品。在玛丽女王的时代，德文郡的村民为一只鹅举行了一场婚礼，还有人是无神论者。人们不再知道该思考什么。尽管他还是基督徒，还在阅读《圣经》。莎士比亚也深深地卷入了所有这些质疑之中，他演变自己的文字新世界，在"时代革命"中斡旋。

在他父母的年代，英国是一个传统的社会，有圣坛屏、女圣人、圣井、有魔力的咒文、教堂啤酒和描画的恶魔。和许多同龄人一样，莎士比亚通过自己的父母了解了那个失去的世界。他的故事存在于深刻的心理层面，超过对人物刻画、爱情与友谊、权力与痛苦的语言。穿越各种文化之间，剧本有自己常常影射的神话故事的娱乐和教育力量。但从其他层面而言，莎士比亚的背景使得他将信仰、神话和大变革前的世界意象都纳入到自己的戏剧中：他的人物是国王和王后、牧师和女巫、母亲和父亲、小丑和神仙。毫无疑问这一切有助于解释他在自己观众眼中的极大普及性，也有助于我们理解为何他在今天依然受欢迎。他将我们失去的世界重生了。也许在 21 世纪这会更加明显，借着全球化，我们的过去以更快的速度离开我们。我们现在经历的变化可能终会变得比他的同龄人经历的变化更加深远。就像这个故事开始时公会教堂里的绘画一样，人类编码性的记忆在整个地球上到处被抹去。不过有可能也正是因为这个原因，随着我们自己的"时代革命"慢慢展开，莎士比亚的人性、语言、幽默和思维的坚韧没有失去，反而更加珍贵。

延伸阅读

本书认为，要想打开莎士比亚思维世界的大门，关键在于了解沃里克郡传统社会及其因都铎王朝宗教改革所引发的冲突。近30年来，历史学家对都铎王朝时期的宗教改革史进行了大幅度的修改，当然，这也使我们不得不重新考量莎士比亚的一生。

首先，大体上来说，这方面的书有：苏珊·布里格登（Susan Brigden）的《崭新的世界，遗失的世界》（*New Worlds, Lost Worlds*, 2000），此书可读性强，主要研究都铎王朝时代，且附有丰富的参考书目；克里斯托弗·黑格（C. Haigh）的《英国宗教改革》（*English Reformations*, 1993）；埃蒙·达菲（Eamon Duffy）的《圣坛的剥夺》（*The Stripping of Altars*, 1992）和《莫雷巴斯之声》（*Voices of Morebath*, 2001）。《莫雷巴斯之声》对德文郡的一个社区进行了研究，代表了来源于沃里克郡的资料所展示的变化（参见下段）。也可参考基思·托马斯（K. Thomas）的《宗教信仰和巫术的衰落》（*Religion and the Decline of Magic*，1971）；帕特里克·科林森（Patrick Collinson）的文集《上帝的子民》（*Godly People*，1983）中有篇重要的短文，研究莎士比亚的宗教背景。

接下来是有关莎士比亚父母及祖父母生活的沃里克郡旧社会的背景，这影响了他生命的前 20 年甚至更久。介绍斯特拉福德的有鲍伯·比尔曼（Bob Bearman）编著的《一个英国自治镇的历史》（*The History of an English Borough*，1997），是本较好的入门书，内有阿兰·戴尔（Alan Dyer）和安妮·休斯（Anne Hughes）写的论文。研究斯特拉福德镇物质生活的书有珍妮·琼斯（Jeanne Jones）的《莎士比亚时期英国的家庭生活 1570—1630》（*Family Life in Shakespeare's England 1570–1630*，1997），是以遗嘱和家庭财产清单为基础的研究，很有意思，是极其有用的教学辅助书。《维多利亚郡县史》（*The Victoria County History*）中关于单个教区的资料很丰富，而且现在正向网络开放。最早涉及都铎王朝时期斯特拉福德镇的政治和社会生活的书是镇议会的《会议记录和账本》（*Minutes and Accounts*），前四卷由萨维奇（Savage）和弗里普（Fripp）编辑（1921—1929），达格代尔集团出版社（Dugdale Society）出版；第五卷由莱维·福克斯（Levi Fox）编辑（1990），内容截至 1598 年；支撑牧师研究的关键证据在第三卷中可以找到（1926）；牧师的回复在多萝西·玛丽·巴拉特（D. M. Barratt）编辑、达格代尔集团出版社出版的《沃里克郡教会地产簿》（*Warwickshire Ecclesiastical Terriers*，1955）中可以寻见。有关阿登森林（Forest of Arden）的源材料汇编中，最重要的要数 J·赖兰兹（J. Rylands）的《罗灵顿档案记录》（*Records of*

Rowington，两卷本，1896，1922）和《洛克索尔修道院和庄园记录》（*Records of Wroxall Abbey and Manor*，1903），还有威廉姆·瑞奇利（W. Rickley）编辑的《诺尔公会登记簿》（*The Register of the Guild of Knowle*，1894）。更多的线索可参见早期作家的作品，如夏洛特·玛丽·斯托普丝（Charlotte M. Stopes）的《和莎士比亚同时代的沃里克郡人》（*Shakespeare's Warwickshire Contemporaries*，1897）和《莎士比亚家族》（*Shakespeare's Family*，1907），还有爱德格·弗里普（E. Fripp）的《莎士比亚的斯特拉福德》（*Shakespeare's Stratford*，1928）、《莎士比亚故地》（*Shakespeare's Haunts*，1929）及《莎士比亚研究》（*Shakespeare Studies*，1930）。马克·艾克尔斯（Mark Eccles）在《沃里克郡的莎士比亚》（*Shakespeare in Warwickshire*，1961）中有更详尽的描述。有关宗教法庭的家庭和邻里关系问题（包括莎士比亚的女儿苏珊娜），E. R. C. 布林克沃思（E. R. C. Brinkworth）的著作《莎士比亚和斯特拉福德法庭上的淫秽案》（*Shakespeare and the Bawdy Court of Stratford*，1972）影响很大。

我在序言中提到的公会教堂的损毁情况，主要有两本书对其进行了记载和描述，分别是约翰·高夫·尼克尔斯（J. G. Nichols）和托马斯·菲舍（Thomas Fisher）合著的《古代寓意画、历史画和传奇画》（*Ancient Allegorical, Historical and Legendary Paintings*，1838）以及克利福德·戴维森（Clifford Davidson）的《埃汶河畔斯特拉福德镇上的公会教堂壁画》（*The Guild Chapel Wall Paintings at Stratford-upon-Avon*，1988）。皮特 J. 鲍登（Peter J. Bowden）的《英国都铎王朝和斯图亚特王朝时期的羊毛贸易》（*The Wool Trade in Tudor and Stuart England*，1962）介绍了约翰·莎士比亚（John Shakespeare）的商人背景，尤其是他的"布罗格"生意（brogger）。本书所引用的约翰·莎士比亚的账簿被收录在由纳撒尼尔·沃伦·阿尔科克（N. W. Alcock）主编的《沃里克郡牧场主和伦敦皮具商，1532–1555》（*Warwickshire Grazier and London Skinner*, 1532–1555, 1981） 中。 约 在 1899年，托马斯·坎普（Thomas Kemp）应沃里克镇议会（Warwick Corporation）之邀，将沃里克镇的镇志节选编辑成《约翰·菲舍之书》（*The Book of John Fisher*），人们期待出现完整的版本。介绍考文垂的有查尔斯·菲西安·亚当斯（Charles Phythian Adams）的《荒凉的城市》（*Desolation of a City*, 1979）及收录在由皮特·克拉克（Peter Clark）和保罗·斯莱克（Paul Slack）主编的《英国城镇的危机和秩序，1500—1700》（*Crisis and Order in English Towns*, 1500–1700, 1972）中的"仪式和市民"（*Ceremony and the Citizen*）。介绍 16 世纪沃里克郡乡村生活的书籍有纳撒尼尔·沃伦·阿尔科克的《家乡的人们》（*People at Home*, 1993）。在科茨沃尔德丘陵地带（Cotswolds）的采访取自哈罗德·约翰·马辛厄姆（Harold John Massingham）的《人归何处》（*Where Man Belongs*, 1946）。第 36 页的采访材料来源于 A. 休因斯（A. Hewins）主编的《迪伦》（The Dillen, 1981）。

说到关于莎士比亚的传记，不得不先提塞缪尔·舍恩鲍曼（Samuel Schoenbaum）的《莎士比亚生平》（*Shakespeare's Lives*, 1993）。一些重要的纪实材料被收录在以下书中：塞缪尔·舍恩鲍曼的《莎士比亚：生活实录》（*Shakespeare: A Documentary Life*, 1975），这是布局紧凑的平装版本；大卫·托马斯（David Thomas）的《公众记录中的莎士比亚》（*Shakespeare in the Public Records*, 1985）；鲍勃·比尔曼（Bob Bearman）的《斯特拉福德镇文献记录中的莎士比亚》（平装本）（*Shakespeare in the Stratford Records*, 1994）。资料副本源自埃德蒙·克切弗·钱伯斯（E. K. Chambers）的《威廉·莎士比亚》（*William*

Shakespeare，1930）。帕克·霍南（Park Honan）的新作《莎士比亚：一生传》（*Shakespeare: A Life*，1998）记录了一个文学学者所做的一项颇有趣味的调查研究；凯瑟琳·邓肯·琼斯（K. Duncan Jones）的《粗俗的莎士比亚》（*Ungentle Shakespeare*，2001）对威廉·莎士比亚的绅士风度提出了大胆的质疑。后两部作品闪烁着很多新颖的洞见。

很多文献记录了英国都铎王朝时期人们的成长和受教育情况，如戴维·克雷西（David Cressy）的《出生、结婚和死亡：都铎和斯图亚特王朝时期英国的礼仪、宗教和生命周期》（*Birth, Marriage and Death: Ritual, Religion, and the Life Cycle in Tudor and Stuart England*，1997）及《文化和社会秩序：都铎和斯图亚特王朝时期英国的阅读和写作》（*Literacy and the Social Order: Reading and Writing in Tudor and Stuart England*，1980）。介绍莎士比亚受教育经历的一本权威性著作是托马斯·鲍德温（T. Baldwin）的两卷本《威廉·莎士比亚懂一点拉丁文，希腊文几乎不懂》（*William Shakespeare's Small Latine and Lesse Greeke*，1944）。有关奥维德（Ovid），参见安东尼·布莱恩·泰勒（A. B. Taylor）主编的《莎士比亚的奥维德》（*Shakespeare's Ovid*，2000）及乔纳森·巴特（Jonathan Bate）的《莎士比亚和奥维德》（*Shakespeare and Ovid*，1993）。本书中所引用的奥维德译本均出自牛津世界经典系列丛书（1986），由 A. D. 梅尔维尔（A. D. Melville）翻译。本书中提到的塞内卡（Seneca），参见 J. 莱弗（J. Lever）的《国家悲剧》（*The Tragedy of State*，1971）。关于考文垂之谜，参见戴安娜·惠利的"来自过去的声音：有关特莫根特和希律王的记录"（*Voices from the Past: A Note on Termagant and Herod*），收录于由 J. 巴彻勒、T. 凯恩和 C. 拉蒙特主编的《莎士比亚的连续性：为 E.A.J. 霍尼希曼而作的文章》（*Shakespeare Continuities: Essays in honor of E. A.*

J. Honigmann，1997）中。

　　有关莎士比亚的天主教信仰问题，一直争议不断。埃蒙·达菲（Eamon Duffy）的《圣坛的剥夺》（*The Stripping of Altars*，1992）给出了相关的背景介绍，此外，R. N. 斯旺顿（R. N. Swanton）的《信仰天主教的英格兰》（*Catholic England*，1993）是一本很实用的背景介绍书籍。就莎士比亚的家庭环境来说，较古老的文献中有很多颇为实用的资料，如约翰·森普尔·斯玛特（John Semple Smart）的《莎士比亚：真理与传统》（*Shakespeare: Truth and Tradition*，1928）；J. H. 德·格鲁特（J. H. de Groot）的《莎士比亚一族和古老信仰》（*The Shakespeares and the "Old Faith"*，1946）；H. 马奇曼（H. Mutschmann）和 K. 温特斯道夫（K. Wentersdorf）的《莎士比亚和天主教》（*Shakespeare and Catholicism*，1952）及皮特·米尔沃德（Peter Milward）的《莎士比亚的宗教背景》（*Shakespeare's Religious Background*，1973）。塞缪尔·舍恩鲍曼的《莎士比亚：生活实录》（*Shakespeare: A Documentary Life*，1975）罗列了一些关于约翰·莎士比亚订立遗嘱的基本事实。在《上帝的子民》（*Godly People*，1983）中，帕特里克·科林森（Patrick Collinson）很肯定地认为，这份遗嘱是真的；但是，鲍勃·比尔曼在《莎士比亚调查》（*Shakespeare Survey*，2003）中指出，在 18 世纪，造假案是有可能发生的，但很难解释它是怎样发生的。与此同时，威廉·贝尔（William Bell）的遗嘱和传记于 1587 年编撰完毕，1633 年在法国杜埃（Douai）出版。

　　介绍耶稣会使命的书有 T. 迈考格（T. McCoog）的《预估费用》（*The Reckoned Expense*，1996），R. 辛普森（R. Simpson）的《埃德蒙·坎皮恩》（*Edmund Campion*，1896），还有亨利·弗莱（Henry Foley）的《英国地方耶稣会记录》（*Records of the English Province of the Society of Jesus*，1875）是一篇很重要的论文集。汤姆·迈考格（Tom McCoog）出版了按字母顺序排列的都铎和斯图亚特王朝时期英国耶稣会士名单。在这些方面，天主教档案协会（Catholic Record Society）的各类出版物为我们提供了一个源源不断的信息库。

关于那段"逝去的岁月"，E. A. J. 霍尼希曼在他的《莎士比亚：逝去的岁月》（*Shakespeare: The Lost Years*，1985）中对莎士比亚和兰开夏郡进行了颇为引人入胜的细节描写，但是缺乏确凿的证据。继霍尼希曼之后，安东尼·霍顿（Anthony Holden）出版了《威廉·莎士比亚》（*William Shakespeare*，1999）一书，但是莎士夫特理论（Shakeshafte theory）还没经过更为细致的推敲，参见《莎士比亚季刊》（*Shakespeare Quarterly*，Vol LIII, No.1，2002）中鲍勃·比尔曼的文章。介绍莎士比亚在兰开夏郡获赞助情况的书有巴里·科沃德（Barry Coward）的《斯坦利家族、斯坦利勋爵和德比伯爵，1385—1672》（*The Stanleys, Lords Stanley and Earls of Derby 1385–1672*，1983）及 J. J. 巴格利（J. J. Bagley）的《德比伯爵》（*The Earls of Derby*，1985）。

介绍伦敦当时戏剧发展情况的书有 E. K. 钱伯斯（E. K. Chambers）的《伊丽莎白时代的舞台》（*The Elizabethan Stage*，1923），安德鲁·格尔（Andrew Gurr）的《莎士比亚的舞台，1574—1642》（*The Shakespearean Stage, 1574–1642*，1992）和《莎士比亚时期伦敦的戏迷》（*Playgoing in Shakespeare's London*，1987），赫伯特·巴里（Herbert Barry）的《莎士比亚的剧院》（*Shakespeare's Playhouses*，1987），由 J. 穆利尼（J. Mulryne）和 M. 谢岭（M. Shewring）主编的《莎士比亚环球剧院的重建》（*Shakespeare's Globe Rebuilt*，1997）以及朱利安·鲍舍（Julian Bowsher）的《玫瑰剧院》

（*The Rose Theatre*，1998）。此外，简·威尔森（Jean Wilson）的《莎士比亚的遗产》（*The Shakespeare Legacy*，1995）为我们提供了一个看待这些物质遗产及其他类似物的有趣视角。

本书中所引用的莎士比亚戏剧均参考了新版本的雅顿·莎士比亚系列和方便迅捷的牛津版本。要想了解关于戏剧和剧本方面的更一般意义上的问题的话，R. 普劳德福特（R. Proudfoot）的《莎士比亚：剧本、舞台和经典》（*Shakespeare: Text, Stage and Canon*，2001）及大卫·斯科特·凯斯坦（David Scott Kastan）的《莎士比亚与他的戏剧》（*Shakespeare and the Book*，2001）内容充实且可读性强，因而值得推荐。由斯坦利·威尔斯（Stanley Wells）主编的牛津莎士比亚主题系列丛书为人们提供了很多简便易得、趣味性又强的平装书，如，罗伯特·苗拉（Robert Miola）的《莎士比亚的阅读》（*Shakespeare's Reading*，2000）、斯蒂文·马克斯（Steven Marx）的《莎士比亚与圣经》（*Shakespeare and the Bible*，2000）。其他的主题包括女性、男性气概、种族、电影，等等。

人们对莎士比亚的早年戏剧生涯仍然有很多争议。在这方面，E. K. 钱伯斯的《伊丽莎白时代舞台》依然有很重要的参考价值。现在学者们在研究伊丽莎白女王时代的剧团，关于此，可参见 S. 麦克米林（S. McMillin）和 S. 麦克莱恩（S. MacLean）所著的《女王剧团和他们的戏剧》（*The Queen's Men and Their Plays*，1998）。E. A. J. 霍尼希曼的《莎士比亚：逝去的岁月》比较青睐斯特兰奇剧团（Strange's Men）。埃姆里斯·琼斯（Emrys Jones）的《莎士比亚源起》（*The Origins of Shakespeare*，1977）勾勒了莎士比亚的创作历程，在我看来，这本著作仍然是这类书中可读性最强的一本。彼得·托马森（Peter Thomson）的《莎士比亚的职业生涯》（*Shakespeare' s Professional Career*，1992）关注的是莎士比亚的剧作家生涯，而 P. 列维（P. Levi）的《威廉·莎士比亚的生平和时代》（*The Life and Times of William Shakespeare*，1988）则更将其视为一位孜孜不倦的诗人。戴维·克里斯特尔（D. Crystal）和本·克里斯特尔（B. Crystal）所著的《莎士比亚的文字》（*Shakespeare's Words*，2002）是探究莎士比亚超凡词汇的一本珍贵辞书。此外，弗兰克·克莫德（Frank Kermode）的《莎士比亚的语言》（*Shakespeare's Language*，2000）对任何莎士比亚爱好者或诗歌爱好者来说，都具有很重要的参考价值。

还有很多其他的相关领域有待探索，如天主教诗学。埃里森·谢尔（Alison Shell）的《天主教、争议和英语文学想象》（*Catholicism, Controversy and the English Literary Imagination*，1999）为这个领域的研究开启了道路。我能够了解到关于"IC"的知识，主要归功于她，她的一篇尚未出版的论文"为什么莎士比亚不写宗教诗歌？"（*Why didn't Shakespeare write religious verse?*）也给了我很大的启发。罗伯特·索思韦尔（Robert Southwell）也有待人们的进一步研究，令人惊讶的是，在近年来编撰的所有莎士比亚传记中都没有提到过他。我们想对其进行全面研究的话，可以参见 F. W. 布朗洛（F. W. Brownlow）的《罗伯特·索思韦尔》（*Robert Southwell*，1996），C. 德夫林（C. Devlin）的《罗伯特·索思韦尔传》（*The Life of Robert Southwell*，1956）和皮埃尔·贾内尔（Pierre Janelle）的《作家罗伯特·索思韦尔》（*Robert Southwell the Writer*，1935）。德夫林的《哈姆雷特的神学观》（*Hamlet's Divinity*，1963）生动而有创见性地探讨了以下话题，如斯特兰奇勋爵的毒杀事件、巴宾顿阴谋及阴郁的托普克利夫，等等。

在浩渺的文献中，介绍英国伦敦的著作首推约翰·斯托（John

Stow）创作于 1598 年的《伦敦调查》（*A Survey of London*）；关于英国的小酒店，可参见约翰·泰勒的《世界媒介》（*The Carriers Cosmographie*，1637）；关于英国的街道，可参见 A. 普罗克特（A. Prokter）和 R. 泰勒（R. Taylor）的《伊丽莎白时代伦敦万象》（*The A-Z of Elizabethan London*，1979）以及 R. 海德（R. Hyde）的《乔治时期伦敦万象》（*The A-Z of Georgian London*，1992）；关于公共和私人剧院的具体坐落位置，可以参见 E. K. 钱伯斯的《伊丽莎白时代的舞台》。

如今，很多教区出版了他们的教区记事录，如圣海伦（St. Helen）和圣博尔托夫（St. Botolph）的毕肖普门（Bishopsgate）、圣博尔托夫的奥尔德门（Aldgate）和圣玛丽（St. Mary）的奥德曼伯里（Aldermanbury），等等。其中银街（Silver Street）的圣奥拉夫（St. Olave）保留的记事稿本已经被伦敦市政厅图书馆的艾伦·内尔森（Alan Nelson）教授收藏。

另一个了解当地具体情况的丰富资料来源是密德萨斯和南华克区的法庭审判记录及当地行会和伦敦同业公会的材料记录。例如，我对 1603 年麻瓜街（Muggle Sreet）瘟疫的讲述就取材于《理发师和外科医师年表》（*Annals of the Barber Surgeons*，1890）。除了这些材料以外，我还用到了约翰·斯科菲尔德（John Schofield）主编的《拉尔夫·特里斯维尔的伦敦调查》（*The London Surveys of Ralph Treswell*，1987），戴维·曼德（David Mander）所著的《更多的启示，更多的力量：索迪治插图史》（*More Light, More Power: An Illustrated History of Shoreditch*，1996）以及 M. 卡林（M. Carlin）所著的《中世纪的索斯沃克》（*Medieval Southwark*，1996）。介绍伦敦各行政区和教区历史的书有约翰·詹姆斯·巴德利爵士（Sir John James Baddeley）的《克里坡门》（*Cripplegate*，1922）。此外，在斯温顿和伦敦研究室还保存有影印版的国家纪念碑记录档案，向所有的研究者开放。

关于外国来访者，有很多这方面的选集。我在第 119 页引用的无韵诗就出自于塞缪尔·索比尔（Samuel Sorbiere）所著的《英格兰之行》（*Voyage en Angleterre*），该书成书于 17 世纪，于 1709 年在英国出版。还可以参见 F. M. 威尔森（F. M. Wilson）的《陌生的岛屿》（*Strange Island*，1955）。

关于审查制度，参见简尼特·克莱尔（Janet Clare）的"艺术因官方制度而步履维艰"（*Art Made Tongue-tied by Authority*），收录于《伊丽莎白和詹姆斯一世时代的戏剧审查制度》（*Elizabethan and Jacobean Dramatic Censorship*，1999）一书中。

关于赫伯特家族，参见 M. 布伦南（M. Brennan）的《英国文艺复兴时期的文学赞助：潘姆布洛克家族》（*Literary Patronage in the English Renaissance: The Pembroke Family*，1988）。C. 伯罗（C. Burrow）的《十四行诗及诗歌全集》（*The Complete Sonnets and Poems*，2002）在我的这本书稿完成之后才出版，但是为本书中所采纳的十四行诗的创作时间提供了支持。他做出了一个很令人吃惊的更正，认为莎士比亚关于黑肤女士（the Dark Lady）的诗歌可能成诗最早。无独有偶，我经过统计，在这里提出了一个类似的疑问：莎士比亚很多致黑肤女士的诗歌真的是创作于 16 世纪 90 年代末期吗？斯蒂芬·布思（Stephen Booth）在他的《莎士比亚的十四行诗》（*Shakespeare's Sonnets*，1977）中对此进行了大量的评论，之后凯瑟琳·邓肯·琼斯（Katherine Duncan Jones）也在她的同名著作中进行了讨论。我从这两人的讨论中得到了很大的启发，很感谢他们。玛丽·若斯（Mary Wroth）的十四行诗被收录于由 M. 温·戴维斯（M. Wynne Davies）主编的《英国文艺复兴时期的女性诗人》（*Woman*

Poets of the English Renaissance，1999）中。关于艾米利亚·拉尼尔（Emilia Lanier），目前为止，苏珊妮·伍兹（Susanne Woods）在她的《拉尼尔：一位文艺复兴时期的女诗人》（*Lanyer: A Renaissance Woman Poet*，1999）中对其进行了细致而全面的研究。威廉·赫伯特（William Herbert）的一些诗歌被收录于《潘姆布洛克伯爵 R 洪·威廉诗集》（*Poems Written by the Rt Hon William Earl of Pembroke*，1660）中出版。

关于犹太人，詹姆斯·夏皮罗（James Shapiro）的《莎士比亚与犹太人》（*Shakespeare and the Jews*，1996）为我们提供了大量的参考资料。关于巴萨诺家族，可参见 D. 拉索茨基（D. Lasocki）和 R. 普莱尔（R. Prior）的《巴萨诺家族》（*The Bassanos*，1995）。

近来，人们对西蒙·弗曼（Simon Forman）表现出了浓厚的兴趣，主要著作有巴巴拉·霍华德·特雷斯特（Barbara Howard Traister）的《伦敦臭名昭著的占星师》（*The Notorious Astrological Physician of London*，2000）和 A. L. 罗西（A. L. Rowse）的《莎士比亚时代伦敦的性与社会》（*Sex and Society in Shakespeare's London*，1973），后者更侧重于讲述诗人圈子。关于性、性别及男女服装混穿，斯蒂芬·奥格尔（Stephen Orgel）在他的《扮相》（*Impersonations*，1996）一书中做了很有挑战性的论述。关于图书行业，参见彼得·布莱尼（Peter Blayney）的《圣保罗教堂里的书店》（*The Bookshops in St Paul's Churchyard*，1990），此外，布莱尼还著有《莎士比亚首部对开本》（*The First Folio of Shakespeare*，1991）。

说到诗人的战争，詹姆斯·贝德纳茨（James Bednarz）的《莎士比亚和诗人之战》（*Shakespeare and the Poets' War*，2001）是一部很引人入胜的考证著作，我根据它梳理出了当时事件的发生顺序。关于悲剧情节和希腊译本，我参考了路易斯·施莱纳（Louise Schleiner）发表于《莎士比亚季刊》（*Shakespeare Quarterly*, Vol XLI，1990）上的"莎士比亚的哈姆雷特创作：拉丁化的希腊戏剧"（*Latinized Greek Drama in Shakespeare's Writing of Hamlet*），我在本书引用了他的拉丁版本的《俄瑞斯忒斯》（*Orestes*），但做了改动。斯蒂芬·格林布拉特（Stephen Greenblatt）的《哈姆雷特的炼狱》（*Hamlet's Purgatory*，2001）观照了 16 世纪时生者与死者之间的关系变化。《奥赛罗》（*Othello*）请参照 E. A. J. 霍尼希曼主编的新雅顿版本（1999）。要想了解伊丽莎白时代黑人的一般状况，请参照纳比尔·马塔尔（Nabil Matar）的《土耳其人、摩尔人和英国人》（*Turks, Moors and Englishmen*，1999）以及由凯瑟琳·M. 亚历山大（Catherine M. Alexander）和斯坦利·威尔斯（Stanley Wells）主编的《莎士比亚和种族》（*Shakespeare and Race*，2000）。

关于爱尔兰，参见 C. 海利（C. Highley）的《莎士比亚、斯宾塞和爱尔兰的危机》（*Shakespeare, Spenser and the Crisis in Ireland*，1997）。关于《麦克白》，参见加里·威尔斯（Gary Wills）的《巫神和耶稣会士》（*Witches and Jesuits*，1995）。关于《李尔王》，参见弗兰克·布朗洛（F. Brownlow）的《莎士比亚、哈斯内特和德纳姆凶灵》（*Shakespeare, Harsnett and the Devils of Denham*，1993），本书参照了它。还可参见 J. 墨菲（J. Murphy）的《黑暗与凶灵》（*Darkness and Devils*，1984）。两部重要的早期批评著作是约翰·丹比（John Danby）的《莎士比亚的自然教条》（*Shakespeare's Doctrine of Nature*，1949）和菲利普·爱德华（Philip Edwards）的《莎士比亚和艺术的桎梏》（*Shakespeare and the Confines of Art*，1968）。

关于剧本的修正和合著的情况，参见 K. 缪尔（K. Muir）的《合著者莎士比亚》(*Shakespeare as a Collaborator*，1960) 和约翰·琼斯 (John Jones) 的《工作中的莎士比亚》(*Shakespeare at work*，1995)；《李尔王》参见由加里·泰勒 (Gary Taylor) 和迈克尔·沃伦 (Michael Warren) 主编的《王国的划分》(*Division of the Kingdoms*，1983)；《奥赛罗》参见 E. A. J. 霍尼希曼的雅顿版本 (1999)。B. 维克 (B. Vickers) 的《合作者莎士比亚》(*Shakespeare Co-author*，2002) 在本书成书后才出版，因而没有作为参考，但它证实了本书所采纳的莎士比亚与人合作创作的观点。

　　近年来炒得沸沸扬扬的关于莎士比亚的新发现最终证明不过是一场空。著名的《葬礼挽歌》(*Funeral Elegy*) 如今出现在很多莎士比亚作品选中，包括诺顿版 (Norton) 和河滨版 (Riverside)，但它很明显不是莎士比亚写的，真正作者是约翰·福德 (John Ford)。诗歌"我要死了吗？"(*Shall I Die*?) 也没有得到人们的承认；同样的还有彼得·列维 (Peter Levi) 致爱丽丝·斯特兰奇 (Alice Strange) 的舞会诗篇。尽管如此，人们仍然抱着发现更多莎士比亚作品的希望。W. A. 林格勒 (W. A. Ringler) 和 S. W. 梅 (S. W. May) 的文章"一篇可能由莎士比亚写的尾声"(*An Epilogue Possibly by Shakespeare*) 记载了关于莎士比亚的最新发现，文章收录于《现代语言学》(*Modern Philology*，1972) 杂志中。这篇尾声发现于一个亨斯顿家族 (Hunsdon household) 成员的藏书中，是 1598 年戏剧演员们对伊丽莎白女王说的，和《仲夏夜之梦》(*A Midsummer Night's Dream*) 中帕克 (Puck) 的尾声十分相像。虽然目前还处于验证阶段，但这篇尾声很可能是莎士比亚的真迹。

　　有关詹姆斯一世统治时期的文化，参见詹姆斯·德尔曼 (James Doelman) 的《国王詹姆斯一世和英格兰的宗教文化》(*King James I and the Religious Culture of England*，2000）。有关莎士比亚后期的戏剧创作，参见西蒙·帕尔弗里（Simon Palfrey）的《莎士比亚的后期创作》（*Late Shakespeare*，1997），该书的语言表达很好。有关当时的背景，参见 P. 休姆（P. Hulme）和 W. 谢尔曼（W. Sherman）主编的《〈暴风雨〉及其旅行》（*The Tempest and Its Travels*，2000）及 G. 德·苏泽（G. de Sousa）的《莎士比亚的跨文化邂逅》（*Shakespeare's Cross-cultural Encounters*，2002）。凯瑟琳·贝尔西（Catherine Belsey）的《莎士比亚和伊甸园的丧失》（*Shakespeare and the Loss of Eden*，1999）讲述了莎士比亚生前的声誉鹊起、丧子之痛和家庭解体。有关后期的音乐，参见 J. P. 卡茨（J. P. Cutts）的《音乐与信件》（*Music and Letters*，Vol IIIVI，1955）和《莎士比亚的音乐剧团》（*Musique de la Troupe de Shakespeare*，1959）。约翰逊的音乐被收录在 I. 斯平克（I. Spink）编辑的《艾尔斯》（*Ayres*，1974）专辑中。

适合于孩子阅读的书，推荐迈克尔·罗森（Michael Rosen）《威廉·莎士比亚》（*William Shakespeare*，2002）和安迪·古尔（Andy Gurr）风格轻松活泼的照片解说版《威廉·莎士比亚》（1995）。若是年龄更小一些的孩子，可以给他们看玛西亚·威廉姆斯（Marcia Williams）生动有趣的连环画系列书籍。小说有杰弗里·特雷斯（Geoffrey Trease）的《叛国罪寻踪》（*Cue for Treason*，1940）和苏珊·库珀（Susan Cooper）的《影子之王》（*King of Shadows*，1999）。特别推荐 A. 克莱伯恩（A. Claybourne）和 R. 特瑞斯（R. Treays）所著的《奥斯本莎士比亚网络博览》（*The Usborne Internet-linked World of Shakespeare*，2001），书中有超过 50 个网络链接。

最后说到莎士比亚的身后影响。斯坦利·威尔斯（Stanley Wells）的《永远的莎士比亚》（*Shakespeare for All Time*，2002）是一项人文

调研，可读性强。约翰·格罗斯（John Gross）的《莎士比亚之后》
（*After Shakespeare*，2002）有很多可圈可点的地方。将来可能会有迈
克尔·马杜苏丹（Michael Madhusudhan）的书出版，他是一位孟加拉
作家。大约二十年前的一个午夜，我在印度加尔各答的河边焚化场旁
遇到了一位云游僧人，从他口中我听说了马杜苏丹。马杜苏丹是一位
典型的孟加拉博学者，他熟知世界上多个国家的文学，包括拉丁和希
腊文学、波斯文学、梵语文学等。但是，在文章"印度人和盎格鲁—
撒克逊人"（*The Hindu and the Anglo-Saxon*，1856）中，他说英语文
学是最伟大的，而莎士比亚是这顶王冠上璀璨的宝石。他最喜欢《亨
利四世》第一部中福斯塔夫（Falstaff）与哈尔王子（Prince Hal）在
蓝野猪酒馆里的场景，愿意拿一切交换"驱逐了肥胖的杰克，就等于
驱逐了整个世界"（Banish plump Jack and banish all the world）这样的
句子。本书作者也这样认为。

　　本书初次出版两年后，又涌现出很多关于莎士比亚生活和工作
的著作，如斯蒂芬·格林布拉特（Stephen Greenblatt）的《俗世威
尔》（*Will in the World*，2004）、詹姆斯·夏皮罗（James Shapiro）的
《1599》（2005）及理查德·威尔森（Richard Wilson）的《莎士比亚
鲜为人知的一面》（*Secret Shakespeare*，2004），这些作品都充满了
引人入胜的见解。关于文本，《雅顿莎士比亚》（*Arden Shakespeare*）
和《牛津莎士比亚》（*Oxford Shakespeare*）不断重新修订，为人们
提供新的视野和剧本创作的更准确日期。比较推荐的论文集有 D. 泰
勒（D. Taylor）和 D. 博乐加德（D. Beauregard）主编的《莎士比亚
与现代化初期英格兰的基督教文化》（*Shakespeare and the Culture of
Christianity in Early Modern England*，2003），R. 达顿（R. Dutton）、
A. 芬德利（A. Findlay）和 R. 威尔森（R. Wilson）主编的《地区、宗

教和赞助》（*Region, Religion and Patronage*，2003）及《戏剧与宗教》（*Theatre and Religion*，2003）。鲍勃·比尔曼重新考察了约翰·莎士比亚的秘密遗嘱及他的工作和经商经历，其观点发表在《莎士比亚季刊》（*Shakespeare Quarterly*，2003 and 2005）上，具有重要价值。由保罗·埃德蒙森（Paul Edmondson）和斯坦利·威尔斯（Stanley Wilson）主编的《莎士比亚十四行诗》（*Shakespeare's Sonnets*，2004）属于牛津莎士比亚主题（Oxford Shakespeare Topics）系列丛书，是对莎学研究的一个精炼概括。

致谢

任何关于莎士比亚的写作都是一场合作。笔者在写作本书及编制相关纪录片的过程中得到了来自外界的许许多多的帮助。

首先向位于斯特拉福德的莎士比亚出生地基金会（the Shakespeare Birthplace Trust）表示谢意。感谢罗杰·普林格尔和玛丽安·普林格尔夫妇（Roger and Marion Pringle）、约瑟芬·沃克（Josephine Walker）、安妮·唐纳利（Anne Donnelly）、苏珊·布罗克（Susan Brock）、梅丽·麦克唐纳（Mairi McDonald）和洛伦·芬奇（Lorraine Finch）；感谢乔恩·科尔顿（Jon Colton）和汉里街（Henley Street）的全体人员；感谢理查德·莫里斯（Richard Morris）和温姆科特（Wilmcote）的所有人；感谢查尔斯（Charles），盖尔（Gail）和肖特利（Shottery）的所有人；感谢安·凯尼恩（Ann Kenyon）及荷尔之家（Halls Croft）的全体人员；感谢玛丽（Mary）和纳什之屋（Nash's House）的所有人员。还要感谢鲍勃·比尔曼，他帮我琢磨思考了很多复杂的难题；感谢斯坦利·威尔斯，他一直都在大力宣传，也以他一贯的大度和慷慨态度阅读了此书的最终稿；不用说，任何事实阐释上的错误都是因我之故。感谢利兹·弗劳尔（Liz Flower），他是我们优秀的编辑审阅人。埃汶河畔的斯特拉福德镇上其他要感谢的人包括理查德·埃金顿（Richard Edgington）和镇议会的所有人员；圣三一教堂的牧师马丁·高里克（Martin Gorick）、蒂姆·摩尔布拉杰和爱奥纳·摩尔布拉杰夫妇（Tim and Iwona Moore-Bridger）以及爱德华国王六世语法学校的所有教职工、学生和家长们；拉丁语大师基思·威尔莫特（Keith Wilmot）。还要特别感谢佩里·米尔斯（Perry Mills）一直以来的大力支持，感谢他提供了《拉尔夫·罗伊斯特·多伊斯特》（*Ralph Roister Doister*）和《蹩脚诗人》（*Poetaster*）两部戏剧的片段。

莎剧演员：我们首先而且最要感谢的是皇家莎士比亚剧团（the Royal Shakespeare Company），艾德里安·诺布尔（Adrian Noble）首先给予此项目以支持，介绍我们认识了格瑞格·多兰（Greg Doran），才使一切成为了可能。格瑞格的热情、学识、幽默和技艺给予我们所有人极大的鼓舞和启发，恰巧的是，就在我们的纪录片上映的那一年，格瑞格因他在戏剧上的杰出成就而获得了奥利弗奖（Olivier Award）。参演我们纪录片的人员有：托尼·谢尔（Tony Sher）、哈里特·沃尔特（Harriet Walter）、简·拉佩泰尔（Jane Lapotaire）、朱利安·格洛弗（Julian Glover）、马尔·斯托里（Mal Storry）、埃斯泰勒·科勒（Estelle Kohler）、亚历克斯·吉尔布雷斯（Alex Gilbreath）、雷·费伦（Ray Fearon）、德斯·巴里特（Des Barrit）、杰拉尔德·基德（Gerald Kyd）、乔·斯托·费雯（Jo Stone Fewings）、南希·卡罗尔（Nancy Carroll）、史蒂夫·努南（Steve Noonan）、罗伯·怀特洛克（Rob Whitelock）、艾德里安·席勒（Adrian Schiller）和西蒙·特林德（Simon Trinder）——如果有人将他们的技艺装在瓶子里出售，他一定会发大财。与我们一路走来的还有琳达·胡德（Linda Hood）、维克·科里（Vic Cree）、皮普·霍罗宾（Pip Horobin）、斯图亚特·麦卡恩（Stuart McCann）和布伦达·利德姆（Brenda Leedham）。感谢皇家莎士比亚剧团的罗杰·莫特洛克（Roger Mortlock）和琳达·法伦（Lynda Farren）以及天鹅剧院（Swan Theatre）的所有人员。感谢马克·赖伦斯（Mark Rylance）、克莱尔·范·坎彭（Claire Van Kampen）、谢里·普兰特（Sherri Plant）、罗恩·沃尔特－布朗（Rowan Walter-Brown）、环球剧团（the Globe Company）的所有人员以及来自于中殿律师学院（the Middle Temple）的安东尼·阿里奇（Anthony Arlidge），安东尼为我们上演了精彩绝伦的《第十二夜》。还要感谢"喜剧商店"的演员们（The Comedy Store Players），包括吉姆·斯维尼（Jim Sweeney）、保罗·莫顿（Paul Merton）、乔希·劳伦斯（Josie Lawrence）、李·辛普森（Lee Simpson）、尼尔·马拉基（Neil Mullarkey）、里查德·弗兰奇（Richard Vranch）和安迪·斯玛特（Andy Smart），在揣摩莎士比亚的喜剧上他们给了我们很大的帮助。

学者：斯坦利·威尔斯、安迪·古尔、彼得·布莱尼、弗兰克·布朗洛、理查德·威尔森、戴维·克雷西（David Cressy）和伊姆蒂亚兹·哈比卜（Imtiaz Habib）等学者毫无保留地相授了他们的专业知识，同样的还有亚历山德拉·沃尔沙姆（Alexandra Walsham）、马里恩·温－戴维斯（Marion Wynne-Davies）、埃里森·谢尔（Alison Shell）以及西沃恩·基南（Siobhan Keenan），他们无私地将还未出版的研究成果告知我们。我在本书中提到的考迪利亚·泰勒（Cordelia Taylor）及相关的解析要归功于爱兰·内尔森（Alan Nelson）。奈特·阿尔科克（Nat Alcock）、彼得·戴维森（Peter Davidson）、朱迪斯·莫斯曼（Judith Mossman）、蒂姆·威尔克斯（Tim Wilks）和戴维·克兰克肖（David Crankshaw）友好地解答了我的疑惑。还要感谢圣约翰修道院的帕姆·威利斯（Pam Willis）、戴维·特兰德尔（David Trendell）、菲利普·伯登（Philip Burden），利物浦考古研究所、罗宾·惠特克（Robin Whittaker）和沃赛斯特档案局（the Worcester Record Office）、沃赛斯特市大主教、沃里克镇职员德里克·莫德林（Dereck Maudlin）、伦敦博物馆的约翰·斯科菲尔德（John Schofield），彼得·米尔沃德（Peter Milward）、汤姆·麦库格（Tom McCoog）和英国耶稣教会（the English Society of Jesuits），约翰·瑞兰德图书馆（the John Rylands Library）、克里斯汀·霍杰茨博士（Dr. Christine Hodgetts）及沃里克镇、诺丁汉、伯明翰、诺福克、汉普郡、斯托克城等地的档案局、斯托尼赫斯特学院的詹·格拉菲斯（Jan Graffius），海伦·克里希（Helen Clish）和兰开斯特大学图书馆、盖伊·哈茨鲍特（Guy Hutsebaut）和位于安特卫普（Antwerp）的普兰廷－莫雷特斯博物馆（Plantin-Moretus Museum）、伦敦市政厅图书馆、戴维·比斯利（David Beasley）和戈德史密斯（Goldsmith）一家、伊恩·莫里（Ian Murray）、阿兰·伊斯特本（Alan Eastburn）和理发师－外科医师公会（the Company of Barber and Surgeons）、罗宾·迈尔斯（Robin Myers）和英国出版同业公会（the Stationers' Company）。感谢国家纪念档案馆（the National Monument Record）的安娜·伊维斯（Anna Eavis）、安妮·伍德沃（Anne Woodward）、伊恩·萨维奇（Ian Savage）和托尼·拉姆齐（Tony Rumsey）。尤其要感谢伊恩·德贾丁

(Ian Dejardin)、来自多维茨学院（Dulwich College）的詹·皮戈特
（Jan Piggott）以及多维茨画廊的工作人员，还有来自沃姆斯利图书
馆（the Wormsley Library）的保罗·格蒂先生（Sir Paul Getty）和布
莱恩·马格斯（Bryan Maggs）及来自福尔杰莎士比亚图书馆（Folger
Shakespeare Library）的乔治亚那·齐格勒（Georgiana Ziegler）。在众
多档案馆中，我最要感谢英国档案局（PRO）的戴维·托马斯（David
Thomas），他给予我们很大的帮助；还要感谢休·亚历山大（Hugh
Alexander）和其他的工作人员允许我们调动查阅相关的档案材料。感
谢大英图书馆（the British Library）的休·科布（Hugh Cobb）以及西
方书籍印刷部门（the Departments of Western Manuscripts and Printed
Books）的全体工作人员。

　　莎士比亚的后代、见证人及莎学研究者：我要感谢威廉·亨特
（William Hunt）和英国纹章院（the College of Arms）的全体人员、伯
纳德先生（Sir Bernard）及德·霍顿女士（Lady de Hoghton）、来自埃
德以及拉芬斯克洛夫工场（Ede and Ravenscroft）的克里斯托弗·艾
伦（Christopher Allen）和吉尔·戈弗雷（Gill Godfrey）、马克·布
思（Mark Booth）、戴维·梅雷迪斯（David Meredith）和位于拉福德
和萨顿之家（Rufford and Sutton House）的国民托管组织成员；感谢
伯明翰巴德斯利·克林顿庄园的艾兰·朗斯塔夫（Alan Longstaff）和
他的助手，他们是如此的慷慨；感谢查理寇特市的埃德蒙·费尔法
克斯·鲁西爵士（Sir Edmund Fairfax Lucy）、伯利欧·蒙塔古爵士
（Lord Montague of Beaulieu）、住在威尔顿楼（Wilton House）的赫伯
特家族、诺斯利市的德比家族（Derby family）、拉特兰伯爵（the Earl
of Rutland）、上议院的赫德利·邓肯（Hedley Duncan）、戴维·施瓦
兹（David Schwarz）和所有住在圣威妮弗雷德之井（St Winifride's

Well）地区的人们、马克·比贝（Mark Beabey）、尼克·潘克（Nick Pank）、比尔·特纳（Bill Turner）、艾伦·菲德斯（Alan Fiddes）、莱斯利·温菲尔德（Leslie Winfield）、尼克尔·赖德（Nicole Ryder）、比利·麦基恩（Peter McKeen）、彼得·莎士谢福特（Peter Shakeshaft）、伯利欧·蒙塔古爵士（Peter McCurdy）、安妮·佩顿（Anne Payton）、马克·麦尔顿威尔（Mac Meltonville）以及汉普顿宫的实验考古学家们。感谢比利·普里福伊（Billy Purefoy）和保拉·沙托纳（Paula Chateauneuf），他们贡献了美妙的卡登尼欧音乐（Cardenio music）。感谢肖迪奇区的克里斯平家族（Crispins）、圣博托尔夫教堂的奥德门（Aldgate）雷夫·布莱恩·李（Rev Brian Lee）、温迪·哈林顿（Wendy Harrington）和格洛斯特新酒店的所有工作人员、莱斯特市政厅的工作人员、伦敦塔和汉普顿宫的管理人员等。

纪录片制作人：玛雅摄影工作室的丽贝卡·多布斯（Rebecca Dobbs）很热情地为我们统筹一切事物，萨利·托马斯（Sally Thomas）是位很出色的线上制片人，巴巴拉·鲍曼（Barbara Bouman）在稀有照片和文本研究上做了大量的工作，约翰·克兰默（John Cranmer）一如既往地担任我们的计算机向导，凯文·罗万（Kevin Rowan）担任会计师。导演是戴维·华莱士（David Wallace），他曾和彼得·哈维（Peter Harvey）、内尔·莱考克（Neil Lacock）一起为了M40狙击步枪的缘故，到安第斯山和印度兴都库什山脉取景。感谢戴夫·斯科特（Dave Scott）、杰夫·贝恩斯（Jeff Baines）、彼得·伊森（Peter Eason）以及露西·华莱士（Lucy Wallace）、罗莎·罗杰斯（Rosa Rogers）、尼克尔·史密斯（Nicol Smith）和所有为制作这些纪录片出力的FT2学员。感谢我们出色的编辑格里·布兰尼根（Gerry Branigan），他所做的贡献远远不止图片编辑；感谢萨利·希尔顿

（Sally Hilton），只要有需要，她就会过来帮忙；还要感谢音乐制作人
霍华德·戴维森（Howard Davidson）、两位平面设计艺术家戴夫·麦
基恩（Dave McKean）、克里斯·克鲁帕（Chris Krupa）以及拉维尼
亚·特雷弗（Lavinia Trevor）和凯文·锡姆（Kevin Sim）。感谢英国
广播公司图书公司（BBC Books）的克里斯·威勒（Chris Weller）、萨
利·波特（Sally Potter）、雪莉·巴顿（Shirley Patton）和潘尼·帕克
（Pene Parker），此外，马丁·雷德范（Martin Redfern）和琳达·布莱
克莫尔（Linda Blakemore）为本书付出了大量的心血，艾斯特·贾格
尔（Esther Jagger）花费了很大的精力帮我删减和编辑原稿。还要向
英国广播公司电视台（BBC Television）所有帮助制作这些电影的人
致以谢意：劳伦斯·李斯（Laurence Rees）首先给我们以支持，我们
的节目制作人总是很看重他的建议；简·鲁特（Jane Root）为本系列
活动出资拉赞助；还有我们的监制克里尚·阿罗拉（Krishan Arora）
及英国广播公司独立委员会（BBC Independent Commissioning）的亚
当·坎普（Adam Kemp）。美国公共电视台（PBS）的监制利奥·伊
顿（Leo Eaton）一直是我们的坚强后盾，感谢雅各芭·阿特拉斯
（Jacoba Atlas）和美国公共电视台的所有工作人员，包括约翰·威尔
森（John Wilson）、杰克·多尔帝（Jack Dougherty）、桑迪·海贝勒
（Sandy Heberer）、吉姆·格拉（Jim Guerra）和凯西·奎特隆（Kathy
Quattrone），感谢他们的支持，其中，凯西·奎特隆起到了抛砖引玉
的作用。

　　朋友和家人：我要感谢 40 多年前我学生时代的许多朋友，我
曾和他们一起演出莎士比亚的戏剧，还要感谢理查德·科特雷尔
（Richard Cottrell）、乔纳森·米勒（Jonathan Miller）、乔纳森·詹姆
斯－摩尔（Jonathan James-Moore）以及牛津剑桥莎士比亚剧团（the

Oxford and Cambridge Shakespeare Company）的成员们。我最要感谢的是 20 世纪 60 年代在曼彻斯特教我们莎士比亚作品的两位启蒙老师，他们编排戏剧，在那还没有建造高速公路的年代，带着我们乘坐巴士到斯特拉福德观看那个时代最伟大的演出，其中有休·格里菲斯（Hugh Griffith）和保罗·罗杰斯（Paul Rogers）表演的"驱逐胖杰克"那一段。礼轻情意重，我们怀着最真挚的谢意在扉页中将此书题赠给伯特·帕纳比（Bert Parnaby）和布莱恩·菲西安（Brian Phythian）。

我以同样深挚的谢意提到我的家人：我的两个女儿明娜（Mina）和乔蒂（Jyoti）以及我的妻子丽贝卡（Rebecca）。在此书编撰过程中，我的妻子所做出的贡献超出她的想象：她提出了深刻的见解，给予了无私的支持，以极大的耐心理解着我对莎士比亚的痴迷。真心说来，这本书既是我所著，又是她所著，我对她的感激已难以落笔成文。

索引

图书在版编目（CIP）数据

　　莎士比亚是谁／（英）伍德著；方凡译 . — 杭州：
浙江大学出版社，2014.11
　　书名原文：In Search of Shakespeare
　　ISBN 978-7-308-13847-5

　　Ⅰ. ①莎… Ⅱ. ①伍…②方… Ⅲ. ①莎士比亚，
Ⅳ.（1564～1616）— 人物研究 Ⅳ.①K835.615.6

　　中国版本图书馆 CIP 数据核字（2014）第 216691 号

莎士比亚是谁

[英] 迈克尔·伍德 著　　方凡 译

责任编辑	周红聪
营销编辑	李录遥
装帧设计	八月之光
出版发行	浙江大学出版社
	（杭州天目山路 148 号　邮政编码 310007）
	（网址：http://www.zjupress.com）
排　　版	北京大观世纪文化传媒有限公司
印　　刷	北京中科印刷有限公司
开　　本	880mm×1230mm　1/32
印　　张	13.75
字　　数	330千
版 印 次	2014年11月第1版　2018年4月第2次印刷
书　　号	ISBN 978-7-308-13847-5
定　　价	49.00元